PRÉCIS ÉLÉMENTAIRE

DE

DROIT CONSTITUTIONNEL

(Organisation des Pouvoirs publics)

PAR

Félix MOREAU

AGRÉGÉ A LA FACULTÉ DE DROIT D'AIX

PARIS

LIBRAIRIE DU RECUEIL GÉNÉRAL DES LOIS ET DES ARRÊTS

ET DU JOURNAL DU PALAIS

L. LAROSE ET FORCEL, ÉDITEURS

22, RUE SOUFFLOT, 22

1892

PRÉCIS ÉLÉMENTAIRE

DE

DROIT CONSTITUTIONNEL

15,703. — Bordeaux, V⁰ Cadoret, impr., rue Montméjan, 17.

PRÉCIS ÉLÉMENTAIRE

DE

DROIT CONSTITUTIONNEL

(Organisation des Pouvoirs publics)

PAR

Félix MOREAU

AGRÉGÉ A LA FACULTÉ DE DROIT D'AIX

PARIS

LIBRAIRIE DU RECUEIL GÉNÉRAL DES LOIS ET DES ARRÈTS

ET DU JOURNAL DU PALAIS

L. LAROSE ET FORCEL, ÉDITEURS

22, RUE SOUFFLOT, 22

1892

AVERTISSEMENT

Cet ouvrage s'adresse aux Etudiants de première année. Il a pour but de leur donner des notions sur l'organisation des pouvoirs publics. On n'y cherchera donc pas les grandes théories, les exposés de principes, les généralisations qui semblent le domaine naturel du Droit Constitutionnel. En le composant, comme en développant au cours oral ses parties principales, j'ai dû me souvenir que cet enseignement est destiné à des jeunes gens qui abordent les études juridiques; qu'il doit, tout en rassemblant des notions éparses jadis en divers cours, soulager le programme surchargé des professeurs de Droit Administratif et de Procédure civile; qu'il est limité à une demi-année.

Ces considérations m'ont amené à exclure absolument les *principes constitutionnels*, la théorie des *droits de l'homme et du citoyen*, qui ne peuvent être écourtés sans inconvénients, qui exigent une connaissance complète de notre législation, qui conviennent donc à l'enseignement supérieur du doctorat. Je crois me conformer ainsi aux vues qui inspirent le nouveau programme de la licence en droit.

On me reprochera peut-être d'avoir entendu l'expression *pouvoirs publics* d'une manière toute particulière; d'y avoir compris les tribunaux administratifs ou au contraire d'en avoir exclu les autorités départementales et communales. La vérité est que la limite est difficile à établir. Il m'a paru impossible d'omettre la juridiction administrative, alors que je décrivais l'organisation judiciaire, et je n'ai pas voulu dépouiller le cours de Droit Administratif sous prétexte de le décharger.

Les rapprochements avec les constitutions françaises et étrangères tiennent une place considérable. C'est la meilleure manière d'éveiller dans les jeunes intelligences le sens critique qui garde également du conservatisme aveugle et de la manie réformatrice.

Aix, 30 juillet 1891.

ABRÉVIATIONS

A. C..........	Arrêté consulaire.
C..............	Constitution.
D.............	Décret.
L.............,	Loi.
L. C..........	Loi constitutionnelle.
L. O..........	Loi organique.
O	Ordonnance.
Scs	Sénatusconsulte.

PRÉCIS ÉLÉMENTAIRE

DE

DROIT CONSTITUTIONNEL

(Organisation des Pouvoirs publics)

INTRODUCTION

CHAPITRE I

LA SCIENCE SOCIALE ET LE DROIT

1. I. L'ORGANISME SOCIAL. — Les sociétés humaines ne sont pas des agrégats factices ou accidentels, mais des organismes vivants. Elles ne résultent ni du hasard ni d'un contrat volontaire ; elles sont des manifestations de la vie, les plus complexes et les plus hautes. Les individus sont à la société ce que les cellules sont au corps organisé : les éléments premiers d'un organisme supérieur. La société vit d'une vie propre, distincte de la vie particulière des individus, de même que l'être organique vit d'une vie propre, distincte de la vie particulière des cellules. La vie des individus collabore à la vie sociale, comme les vies cellulaires collaborent à la vie organique ; mais la vie sociale n'est pas plus la somme des vies individuelles que la vie organique n'est la somme des vies cellulaires. Les individus dans l'être social, comme les cellules dans l'être organique,

naissent, se reproduisent et meurent sans que ces événements altèrent la vie sociale ou la vie organique. Le
flux et le reflux incessants des vies individuelles laissent
intacte la vie sociale ou organique et n'influent sur elle
qu'indirectement. Au-dessus des vies individuelles, la
vie sociale ou organique suit son cours propre, soumise aux lois communes qui régissent les êtres organisés. Elle naît, se développe, se transmet et s'éteint,
distincte des individus et des cellules dont l'ensemble
agencé forme l'être social ou organique. La vie sociale
ou organique survit aux individus, et de même après
la mort sociale ou organique, les individus survivent et
entrent en de nouvelles combinaisons organiques ou
sociales.

Sans doute la vie organique ou sociale et les vies
individuelles ou cellulaires ont entre elles des relations.
La prospérité de la vie générale réagit sur les vies
particulières; la santé de l'être organique profite à
toutes les cellules qui le composent; la prospérité de
la société profite à tous ses membres. Les maladies
organiques ou sociales causent la souffrance et la mort
de plusieurs cellules ou individus. Réciproquement
lorsque beaucoup de cellules ou d'individus souffrent,
la vie générale en est affectée, et si la mort atteint un
trop grand nombre d'éléments physiologiques ou
sociaux, elle peut mettre fin à la vie générale.

Ces réserves faites, la vie sociale ou organique doit
être distinguée des vies individuelles dont elle n'est
pas la somme.

2. La vie sociale, comme la vie organique, se manifeste par des fonctions. Ces fonctions ont pour but
commun la protection et le développement de la vie
générale et, avec elle, des vies individuelles.

Les fonctions de la vie sociale, comme celles de la
vie organique, sont exercées par des organes. A ces
organes, il faut reconnaître le pouvoir de commander
afin qu'ils puissent assurer, au besoin par la force, la
collaboration de tous à la vie générale, résultat qui,

dans l'être vivant, est obtenu par les forces biologiques. Le pouvoir de commander, la force coercitive ont pour limites les nécessités de la vie sociale et des vies individuelles, comme les forces biologiques s'exercent dans la mesure et avec l'énergie réclamées par la vie organique et les vies cellulaires.

C'est un problème délicat que la fixation des bornes qu'il faut assigner au pouvoir social de commander. Trop étroites, elles s'opposent à l'intime cohésion des éléments sociaux, nécessaire à la vie commune; elles tolèrent un émiettement anarchique qui substitue une masse confuse d'individus à une Société organisée; elles laissent la Société se dissoudre et mourir. Trop larges, elles peuvent dénaturer la vie sociale, la rendre pénible; elles détournent, au profit d'organes usurpateurs, les forces vitales qui devraient être réparties dans l'être entier; elles empêchent l'équilibre qui est une des conditions de la vie, le développement normal, le fonctionnement régulier de l'être vivant et préparent encore, d'une manière différente mais tout aussi sûre, la mort générale.

Entre les deux excès, se trouve la vérité. C'est à la découvrir que s'attache la *Politique*. Cette vérité n'a d'ailleurs rien d'absolu, et la Politique n'est pas une science recherchant des lois immuables; elle est un art inventant des règles contingentes et variables. De même que la vie organique présente toutes les variantes, depuis les êtres à peine organisés jusqu'aux organismes élevés où la centralisation se combine avec une autonomie relative, de même la vie sociale se manifeste sous des formes indéfiniment variées, ici, à peine sensible dans une multitude amorphe sans chefs ni lois, là, intense dans les États civilisés et compliqués.

3. Les fonctions de la vie organique ou sociale sont plus ou moins nombreuses et diversifiées suivant la place que l'être occupe dans l'échelle vivante, suivant son degré de perfection. Le progrès se manifeste par une division croissante du travail, condition du perfectionnement dans l'exercice des fonctions. L'être est d'autant plus élevé que ses fonctions sont plus nombreuses et plus spéciales.

De même pour les organes. A des fonctions nouelles correspondent des organes nouveaux. Des fonctions jadis exercées ensemble par le même organe, se séparent et sont exercées distinctement. Divers cas d'exercice d'une même fonction reçoivent parfois dans l'organe commun des organes spéciaux.

4. Parmi les fonctions organiques ou sociales, on peut distinguer trois catégories.

Certaines fonctions intéressent la vie générale, en sorte qu'elles ne puissent être suspendues ou arrêtées sans que l'organisme entier souffre ou meure. D'autres intéressent toutes les parties de l'organisme séparément ; elles peuvent manquer en telle ou telle partie, sans que la vie générale soit atteinte, à moins que la partie lésée ne soit nécessaire à la vie générale. Les dernières n'intéressent qu'une ou plusieurs parties spéciales.

Les fonctions des deux dernières catégories ne sont étrangères à la vie générale ; indirectement, par la régularité ou l'irrégularité de leur exercice, elles réagissent sur les fonctions et la vie générales. Les fonctions générales réagissent plus directement et plus énergiquement sur les autres ; les troubles ou l'interruption qu'elles subissent ont leur contre-coup inévitable.

5. Entre la vie individuelle ou cellulaire et la vie sociale ou organique, s'échelonnent des vies intermédiaires, complexes au regard des unités, simples au regard de l'ensemble, éléments seconds de la vie générale. L'individu isolé, la cellule isolée ne se rencontrent pas dans la nature, sinon à l'état d'exception.

Les cellules de l'être organique forment entre elles des groupes et ont des relations réciproques, distinctes de leurs relations avec l'organisme entier. Les groupes à leur tour ont parfois avec l'organisme des relations particulières. De même les hommes forment des groupes dont les membres ont des rapports particuliers, distincts de leurs rapports avec la société, et ces groupes eux-mêmes peuvent avoir avec la société des rapports spéciaux.

La société ne saurait se désintéresser de ces groupements, soit à cause des relations nécessaires qu'elle a avec eux, soit à cause de l'importance qu'ils peuvent prendre, soit à cause de l'influence qu'ils exercent sur leurs membres qui sont aussi membres de la société.

Ces groupes et leurs relations sont plus ou moins complexes, plus ou moins importants. Leur complexité et leur importance dépendent d'abord de l'avancement de la civilisation; elles sont faibles dans les sociétés primitives, très grandes dans les peuples âgés et civilisés. Elles dépendent aussi du développement reçu par les fonctions générales et de la latitude laissée au pouvoir de commander; elles sont moindres dans les sociétés très centralisées où les autorités publiques se chargent de tous les services d'utilité publique, que dans celles où il est laissé un domaine à l'initiative privée. A ce nouveau point de vue, la vie générale est intéressée dans ces relations particulières; leurs frontières sont communes; ce que perdent les fonctions générales est gagné par les groupes des particuliers, et réciproquement.

6. II. L'ÉVOLUTION SOCIALE. — L'organisme social, comme l'organisme vivant, se fixe, se forme, se développe et s'éteint, non d'après des règles *a priori* ni selon les caprices des législateurs, mais en vertu de lois naturelles. Il évolue sous l'action de forces que la raison découvre et ne gouverne pas, que la volonté humaine n'influence guère. Il subit les effets de l'hérédité, l'influence du milieu, les résultats de la lutte pour la vie, tout en suivant les étapes de son développement spécifique. De ces causes multiples et diverses résulte le caractère propre de chaque société, comme l'individualité de chaque être ; il n'y a jamais eu, il n'y a pas, il n'y aura jamais deux sociétés exactement semblables, quoique toutes les sociétés offrent certains traits communs.

7. Les lois naturelles qui président à la vie sociale agissent, comme toutes les lois naturelles, lentement et irrésistiblement. Elles conduisent l'organisme de la naissance à la mort suivant une évolution que les hommes, cellules sans cesse renouvelées du corps social, trouvent très lente, et qu'ils ne peuvent ni arrêter ni précipiter sans danger. Les crises violentes de la vie sociale, les révolutions n'y contredisent pas. Elles sont comparables aux crises de la vie organique et produisent les mêmes effets. Les unes sont comme les maladies de croissance du corps social, et marquent les étapes de sa vie. Elles n'éclatent pas subitement ; elles sont préparées par une multitude de faits particuliers qui ont insensiblement modifié l'organisme ; elles ne font que mettre en lumière la somme des modifications partielles. L'être renouvelé et non nouveau qu'elles révèlent n'est qu'une transformation de l'être ancien, et la société issue d'une révolution se rattache à la société antérieure par une foule de liens. *Natura non facit saltus.*

D'autres crises restent en dehors de l'évolution sociale et sont des accidents organiques, comme la plupart des maladies qui atteignent l'être vivant. Certaines troublent la vie sociale, faiblement et passagèrement ; d'autres causent des perturbations graves et profondes, entraînent parfois la mort totale. Ainsi la vie sociale, comme la vie organique, peut ou venir lentement à son terme par la phase dernière de la sénilité, ou s'interrompre brusquement avant l'heure.

8. L'étude des lois qui président à la vie sociale est l'objet d'une science, la *Sociologie*. Née d'hier, la sociologie ne peut encore donner des résultats précis et abondants. De nombreux travailleurs sont à l'œuvre, dont les efforts ne sauraient rester stériles.

La sociologie est une science naturelle. Sa méthode est, sinon l'expérimentation, difficilement applicable aux sociétés, du moins l'observation. Les principes *a priori* en sont bannis, le raisonnement déductif n'y peut jouer qu'un rôle accessoire.

On doit rejeter également les théories qui attribuent au hasard une trop puissante influence sur la vie des sociétés, et celles qui demandent à la raison humaine les principes régulateurs de cette vie. La vie sociale est un fait naturel comme toute vie organique.

9. III. LE DROIT. — Les manifestations de la vie sociale sont nombreuses et variées. En outre, elles peuvent être considérées sous différents points de vue. Chaque catégorie de phénomènes et chaque aspect forme une branche des connaissances humaines. Dans la vie sociale et ses phénomènes, le droit, c'est-à-dire l'ensemble des institutions ([1]), est, comme on l'a dit, l'appareil coordonnateur. Il joue le rôle exercé dans la vie organique par diverses forces biologiques. Il assure l'ordre et l'équilibre, conditions de la vie. Il établit entre les éléments sociaux les rapports dont l'ensemble forme la vie sociale ; il assure, par la force coercitive, la collaboration des individus à la vie sociale ; il donne aux fonctions de cette vie les organes nécessaires et règle leur exercice ; il fixe les domaines respectifs des vies individuelles et de la vie générale ; il règlemente enfin les relations que peuvent avoir dans l'être social, les individus, les éléments sociaux.

10. Le droit ainsi conçu peut être distingué, avec une exactitude suffisante, en *droit public* et en *droit privé*. Le *droit public* concerne l'organisme social, la vie sociale. Le *droit privé* concerne les individus et leurs relations particulières. Ces deux branches du

([1]) Le mot *droit* reçoit des significations diverses. Cf. nº 14.

1*

droit ont entre elles des rapports nombreux et étroits. L'une et l'autre s'appliquent à l'homme considéré comme être sociable, sous deux points de vue différents. Le droit public le considère au point de vue de la société qu'il a formée, le droit privé le considère au point de vue de sa place propre dans la société. Les deux points de vue sont en quelque sorte complémentaires. Leur somme donnera dans tous les cas un total égal, car ils embrassent l'homme entier, considéré au point de vue juridique. Suivant les sociétés et les divers arrangements sociaux, le domaine du droit public est plus ou moins étendu que celui du droit privé. Tel service peut être réservé à l'Etat ou au contraire abandonné à l'initiative privée. Les réactions entre la vie sociale et les vies particulières mettent entre le droit public et le droit privé une frontière commune souvent indécise. Enfin ces mêmes réactions empêchent que la vie générale se désintéresse entièrement des vies particulières et que le droit public laisse entièrement libre le droit privé. Le droit public intervient au contraire sans cesse, pour tracer la sphère du droit privé et les limites assignées aux pouvoirs des organes sociaux, pour imposer aux particuliers les bornes et la mesure de leur autonomie, pour exercer sur les particuliers la surveillance exigée par la subordination des vies individuelles à la vie générale.

11. Le droit public à son tour reçoit des subdivisions.

Aux fonctions générales de la vie sociale correspond le *Droit Constitutionnel* aux deux autres catégories de fonctions correspond le *Droit Administratif* qu'on pourrait subdiviser en *Droit Administratif général* relatif aux fonctions qui s'exercent en toutes les parties de l'organisme social, et *Droit Administratif spécial* relatif aux fonctions qui ne s'exercent qu'en une ou plusieurs parties de l'organisme.

Le Droit Constitutionnel énumère les fonctions générales de la vie sociale, en réglemente l'exercice, en fixe les bornes, en institue les organes.

Le Droit Administratif pourvoit aux besoins spéciaux et locaux, en observant d'ailleurs les règles formulées par le Droit Constitutionnel ; car celui-ci, en assignant des limites aux organes des fonctions générales, a implicitement reconnu les domaines du droit administratif et du droit privé. C'est ce qu'on exprime souvent en disant après un auteur illustre, que le Droit Constitutionnel fournit au Droit Administratif et au Droit Privé leurs *têtes de chapitres*. Il pose les principes que les deux autres appliquent distributivement et en détail. Il fixe la mesure dans laquelle les besoins de la vie sociale exigent les sacrifices individuels. Il précise les droits respectifs de la collectivité et des individus, des pouvoirs publics et des citoyens.

12. Le droit subit et réfléchit l'évolution de la vie sociale. A chaque modification dans les arrangements sociaux, correspond une modification dans les institutions publiques ou privées. L'évolution juridique accompagne l'évolution sociale. Le législateur a pour devoir de connaître l'état social de son temps, de lui appliquer les lois convenables, de donner des règles nouvelles aux changements constatés, de consacrer officiellement les résultats de l'évolution sociale, de n'y apporter aucun obstacle, d'y aider dans la mesure du possible. Il ne peut espérer triompher des forces naturelles qui agissent sur la vie sociale ; à peine peut-il les diriger en leur obéissant. S'il néglige son devoir, la coutume suffira souvent aux lois insuffisantes. S'il veut résister à l'évolution sociale, s'il tente d'en enchaîner les facteurs essentiels, une de ces crises violentes qu'on appelle des révolutions renversera la vaine barrière que le droit positif avait élevée.

Il y a donc un art législatif, branche de l'art politique. Il n'y a pas de science législative, de principes universels, absolus, *a priori*, applicables à toutes les sociétés. Si l'homme garde à tous les siècles et sous toutes les latitudes les traits généraux de l'humanité, les sociétés humaines présentent des différences auxquelles répondent d'égales différences dans les institutions, et subissent de perpétuels changements, cause d'une égale mobilité dans les lois.

13. L'évolution juridique, aspect de l'évolution sociale n'est pas identique dans toutes les branches du droit. Les changements du Droit public et spécialement du Droit Constitutionnel sont plus nombreux, plus violents, plus graves que ceux du Droit privé. C'est que le Droit public détermine en grande partie le Droit privé, et le Droit Constitutionnel, les autres branches du droit. C'est aussi que la coutume, qui formée au jour le jour par une lente accumulation de faits, se modèle exactement sur l'état social, la coutume joue toujours un rôle important dans le Droit privé. Le Droit public ne doit le plus souvent que peu de chose à la coutume ; il est en général constaté par des lois expresses qui ne peuvent être modifiées que d'une manière solennelle. Enfin, c'est en matière de Droit public et constitutionnel que les résistances de la loi positive peuvent être le plus tenaces et exiger le plus impérieusement une révolution pour être brisées.

14. Le Droit, en tant qu'objet d'études, concerne la vie sociale considérée sous un aspect particulier. Il ne saurait être confondu avec la Politique, avec l'Economie politique qui considèrent la vie sociale à d'autres points de vue.

La Politique, l'art du gouvernement, recherche les meilleures règles applicables à une société donnée, dans des circonstances données, pour un but déterminé, et la meilleure manière d'obtenir l'application de ces règles.

L'Économie politique, qui étudie les lois selon lesquelles la richesse se produit, se répartit, circule et se consomme, constate l'influence exercée sur la vie sociale par les règles que l'art politique a inventées.

Le Droit accepte ces règles ; il ne les crée pas ; il en constate l'existence. Il les étudie pour elles-mêmes et sans souci des conséquences qu'elles peuvent avoir sur la vie sociale ; il en scrute et en développe le sens précis, détermine leur portée, leurs cas d'application. Il est ainsi placé entre l'art politique et la science économique, aussi nettement distinct de l'un que de l'autre.

Ceci ne veut pas dire que le jurisconsulte doive rester étranger à l'un et à l'autre. On peut affirmer au contraire qu'il demeurerait incomplet en leur restant étranger. Les connaissances humaines sont étroitement liées entre elles ; s'il est impossible de les posséder toutes, il est difficile d'en posséder une seule à l'exclusion entière des autres. Plus particulièrement, le jurisconsulte se réduirait à un rôle aveugle et servile s'il négligeait de rechercher les origines, le but et les conséquences de la règle qu'il étudie ; il pourrait appliquer la règle à faux, lui faire produire des effets contraires à ceux que l'art politique en attendait ; il manquerait ainsi à sa mission.

Le Droit n'est pas une science. Il ne recherche pas les lois des phénomènes qu'il enregistre et décrit, des phénomènes juridiques. Mais le Droit peut et doit être étudié scientifiquement. Tributaire de la Sociologie, les matériaux qu'il lui fournit ne sauraient être tirés seulement du commentaire des textes ; ils emprunteront leur plus grande valeur au concours de l'économie politique, de l'histoire et de la législation comparée.

15. Il n'a été question jusqu'ici que du *droit positif*, du droit vivant, appliqué, pratiqué. On oppose souvent au droit positif le *droit naturel*. Dans cette distinction, le droit positif est un fait contingent variable, imparfait comme toute œuvre humaine ; le droit naturel, qui serait mieux appelé *Droit rationnel* ou *absolu*, est un idéal universel, commun à tous les hommes et à toutes les sociétés, révélé par Dieu ou par la nature, découvert par un effort de la raison humaine, un but inaccessible vers lequel tendent ou doivent tendre les législations positives. La conséquence, c'est que, pour apprécier la valeur d'une loi ancienne ou moderne, il faudra la comparer au droit naturel ; la meilleure loi est celle qui serre de plus près l'idéal juridique.

Si le droit n'est qu'un des aspects de la vie sociale et si la vie sociale obéit à des lois naturelles, la théorie du droit naturel, rationnel, absolu est inacceptable. Il y a bien un droit naturel, en ce sens qu'il y a des règles qui conviennent naturellement à un état social donné ; mais ces règles varient autant que l'état social et sont comme lui dans une perpétuelle évolution. La loi positive se rapproche ou s'écarte de ces règles convenables à tel état social ; de leur conformité dépend leur excellence. L'art législatif, on l'a vu, consiste à faire les lois les plus propres à favoriser l'évolution sociale. En d'autres termes, on reconnaîtra l'existence d'un droit idéal et naturel, s'il est admis que cet idéal évolue avec la société elle-même (¹).

16. Cette question exigerait, pour une étude complète, des développements qui ne conviennent pas à cet ouvrage. Deux observations seront seules faites ici. Les nombreux interprètes du droit naturel en ont donné tout autant de formules différentes. Ce désaccord est défavorable à l'idée d'un droit absolu, gravé dans le cœur de l'homme, que la raison pourrait découvrir en se repliant sur elle-même. La voix de la nature ou de Dieu est-elle si peu distincte que chacun puisse en traduire les accents d'une manière qui lui est propre ? Chaque traduction, il serait facile de le montrer, porte sa date, la marque des idées politiques, économiques, religieuses de son auteur, lesquelles doivent toujours beaucoup au pays et au siècle qui les ont vues éclore. Les penseurs les plus libres ont subi l'influence du milieu où se mouvait leur intelligence, du peuple et du temps auxquels ils appartenaient, et ceux qui ont

---

(¹) Certains théoriciens du droit naturel admettent bien que, si l'idéal est immuable, les conceptions que les hommes s'en font sont variables. Cette concession, imposée par l'histoire des variations du droit naturel, est insuffisante. Ce qui change, c'est l'idéal lui-même et non pas seulement les conceptions humaines.

voulu ou cru s'y dérober, ont lâché la bride à une imagination désordonnée et chimérique. Aussi les œuvres des théoriciens du droit naturel pourraient-elles être traitées comme des jeux d'esprit parfois brillants, souvent ingénieux, si elles n'avaient été transplantées sur le terrain des faits, si elles n'avaient servi et ne servaient encore d'arguments à ceux qui veulent, après avoir détruit une société irrationnellement aménagée, la reconstruire d'après les plans divers du droit naturel, si elles n'avaient répandu cette idée dangereusement fausse que les mêmes institutions conviennent à tous les peuples, pourvu qu'elles soient conformes au droit naturel, si elles n'avaient inspiré ces chefs-d'œuvre constitutionnels rédigés pour l'homme abstrait et dont les hommes concrets n'ont pu s'accommoder ni jamais, ni nulle part.

17. La première observation vise donc l'incertitude qui règne sur la notion du droit naturel. Il est permis de récuser un criterium aussi fugace. D'un autre côté, l'histoire du droit et de la législation comparée font voir que la vie sociale évolue également sous des institutions dissemblables. S'il y avait un droit naturel et idéal, la prospérité des peuples devrait se mesurer sur la ressemblance de leurs lois avec les lois idéales. On ne comprendrait pas cette sorte de fatalité qui élève et abat les empires. L'explication est aisée si les sociétés humaines sont des organismes dont la vie est aussi variée dans ses formes que la vie organique, et si des lois naturelles gouvernent la naissance, le cours et l'extinction de cette vie comme de toute autre.

18. Ainsi le droit naturel ou rationnel ou absolu doit être nié. Il est inutile, sinon dangereux, de se forger un idéal juridique pour lui comparer, comme à une mesure infaillible, les droits des divers temps et des divers peuples, et de la comparaison tirer un jugement. La raison déductive reste étrangère aux faits organiques de la vie sociale.

Dans cet ordre d'idées, la seule recherche légitime

consisterait à vérifier la convenance des lois avec l'état social auquel elles s'appliquent ou s'appliquaient. Recherche difficile, car elle suppose la connaissance exacte de l'état social de tel peuple à tel moment.

L'expérience est en matière sociale l'autorité suprême. C'est elle qui fait la vérification. La vie organique ne se plie pas comme une cire molle au gré des modeleurs; ses conditions essentielles ne peuvent être modifiées sans qu'elle prenne fin ou oppose une résistance victorieuse, selon l'énergie relative de la force qui agit sur elle. De même une volonté puissante tentera d'imposer à une société humaine des institutions qui lui répugnent; elle ne saurait toucher aux points vitaux sans qu'il arrive de deux choses l'une, ou que la société périsse sous la main qui la pétrit, ou qu'elle en brise violemment le joug.

CHAPITRE II

LA SÉPARATION DES POUVOIRS

19. D'après ce qui précède, le Droit Constitutionnel étudie les fonctions sociales générales et les organes qui les exercent. Il les considère en eux-mêmes et dans leurs rapports avec les fonctions et organes spéciaux et avec les individus.

L'ensemble des fonctions sociales générales porte traditionnellement le nom d'*Etat*; leurs organes sont appelés *pouvoirs*, à cause du droit de commander aux individus qu'on est obligé de leur reconnaître pour l'accomplissement de leur mission sociale, *pouvoirs publics*, parce qu'ils servent à la vie générale de la société et appartiennent au Droit public.

20. On peut dire qu'il y a autant de pouvoirs que de fonctions de l'Etat; il importe peu qu'en fait un même organe exerce plusieurs fonctions, car une analyse sommaire suffit pour séparer ses différents rôles.

Or les fonctions de l'Etat sont plus ou moins nombreuses suivant le degré de civilisation et de centralisation. Pour un même Etat considéré à une époque déterminée, leur liste peut être indéfiniment étendue par une analyse minutieuse ou réduite par une large généralisation.

Aussi est-ce une question vainement débattue que le dénombrement des pouvoirs de l'Etat. La solution paraît devoir être différente suivant le point de vue où l'on se place. L'art politique est tenu de connaître et d'apprécier, pour les utiliser et les combiner, les forces multiples et variées qui influent sur la vie sociale. Il sera dès lors porté à compter un grand nombre de pouvoirs; à ses yeux toute influence révèle un pouvoir, et les causes qui agissent sur la vie sociale sont très nombreuses. — L'économie politique aura sans doute une analyse presque aussi détaillée ; elle étudiera une à une les fonctions de l'Etat et reconnaîtra un nombre égal de pouvoirs. — Le droit ne considère que l'exercice des fonctions et le jeu des organes. Or quels que soient la fonction et l'organe, le droit distingue nécessairement et uniquement deux phases dans chaque acte de la vie sociale ; deux manifestations du pouvoir de commander : l'une consiste dans l'énonciation de la règle obligatoire, l'autre dans son exécution. En d'autres termes, un jurisconsulte distinguera le *pouvoir législatif* qui formule la loi, le *pouvoir exécutif* qui veille à son accomplissement. Cette formule aura besoin d'être précisée et expliquée (¹).

21. Une autre théorie, presque classique, enseigne qu'il y a trois pouvoirs : le *législatif* qui édicte la loi, l'*exécutif* qui l'accomplit, le *judiciaire* qui tranche les procès. Elle invoque l'autorité de Montesquieu qui, en ces matières, vaut un argument ; mais le texte même cité habituellement contredit ouvertement la théorie des trois pouvoirs : « Il y a dans chaque Etat trois sortes de pouvoirs : la puissance législative, la puissance exécutrice des choses qui dépendent du droit des gens et la puissance exécutrice de celles qui dépendent du droit civil » (²). Ailleurs, il est vrai, Montesquieu insiste sur la nécessité de séparer le pouvoir de juger du pouvoir législatif et exécutif ; mais la question n'est plus la même ; Montesquieu n'analyse plus les pouvoirs publics et indique seulement des règles d'organisation. Or, il peut y avoir et il y a de bonnes raisons pour ne pas confier aux mêmes hommes les diverses formes du pouvoir exécutif. Le pouvoir de formuler la règle est divisé entre plusieurs autorités

---

(¹) La distinction des deux pouvoirs est implicitement consacrée par les C. de 1793 et de 1852, l'Acte Additionnel, les Chartes de 1814 et de 1830 et le Scs. 1870 ; par les C. autrichienne et italienne.

(²) *Esprit des lois*, liv. XI, ch. 6.

(n°s 25 et s.), sans qu'on ait vu là autant de pouvoirs nouveaux. Il reste donc le texte ci-dessus qui distingue une puissance législative et une puissance exécutrice, celle-ci agissant soit à l'égard de l'étranger, soit à l'égard des citoyens et qui ne nomme pas le pouvoir judiciaire. On argumente encore de l'inamovibilité des juges qui, dit-on, sépare le troisième pouvoir des deux autres. A ce compte, dans les régimes où le juge n'est pas inamovible, il n'y aurait que deux pouvoirs. La loi pourrait donc augmenter ou réduire le nombre des fonctions essentielles de l'Etat? Au reste, l'inamovibilité n'appartient pas à tous les juges (¹) et appartient à d'autres que les juges (²). L'inamovibilité est l'une des garanties d'une bonne justice, pas davantage. Il faudrait démontrer que le pouvoir judiciaire a une autre fonction que d'exécuter la loi ou tout au moins qu'il y a une différence essentielle entre ce mode d'exécution et les autres (³). Cette démonstration, nul ne l'a faite. Enfin, l'attribution qui consiste à juger est exercée en de nombreuses hypothèses par des tribunaux administratifs qui ne jouissent pas de l'inamovibilité, qui sont laissés en dehors de la conception du pouvoir judiciaire, qu'on rattache au pouvoir exécutif *stricto sensu*, faits qui s'accordent mal avec la théorie des trois pouvoirs.

22. Un grand nombre d'autres théories ont été proposées. Les unes ajoutent aux trois pouvoirs connus un quatrième : ici pouvoir administratif, là pouvoir

(¹) En France, les juges de paix et la plupart des juges administratifs ne sont pas inamovibles.
(²) Ainsi en France aux professeurs.
(³) La distinction des trois pouvoirs est faite expressément par les C. du Danemark, du Mexique, du Chili, du Salvador. Elle est implicitement admise par un assez grand nombre de Constitutions qui organisent distinctement chaque pouvoir : en France, C. 1791, an III, 1848 ; C. de Belgique, des Pays-Bas, de la Prusse, de Hambourg, de Genève, de Norwège, de Roumanie, de Grèce, des Etats-Unis, de la Colombie, des cantons de Soleure et d'Argovie, de Haïti, de Serbie.

conservateur (^{1}), ailleurs pouvoir modérateur (^{2}), pouvoir royal. Telle autre ajoute les finances et la culture publique, et divise le pouvoir exécutif en pouvoir représentatif, gouvernement et administration. Telle mentionne le pouvoir inspecteur exercé à Sparte par les éphores ; ou le pouvoir dictatorial de la République romaine ; ou le pouvoir censorial organisé à Rome et en Chine ; ou le pouvoir électoral ; ou ceux qui représentent l'opinion et la durée. — Certaines abandonnent la division classique. L'une distingue six pouvoirs : électoral, représentatif, modérateur, ministériel, judiciaire, royal ; une autre, sept : pouvoir sur les personnes, sur les choses, sur les choses publiques, sur les individus, sur les classes de personnes, pouvoir de spécification, pouvoir attractif ; une autre, huit : pouvoir déterminateur, opérateur, modérateur, postulateur, judiciaire, coercitif, certificateur, prédominant.

Il ne peut être question de discuter ces théories, et il y en a bien d'autres, qu'il faudrait au préalable longuement expliquer. Elles ont été mentionnées pour faire voir les résultats de la confusion qui est la cause de la controverse, confusion entre l'aspect politique, l'aspect économique et l'aspect juridique de la question. Les nébuleuses théories qui viennent d'être rappelées essaient de concilier ces aspects inconciliables. De pareilles tentatives étaient d'avance condamnées à l'insuccès. Au point de vue juridique, qui seul doit être le nôtre, la théorie des deux pouvoirs paraît inattaquable.

23. La question est dénuée d'intérêt pratique, elle n'est discutée que pour l'honneur des principes et de l'analyse juridique (^{3}). Elle ne doit pas être confondue avec une autre question bien autrement importante,

---

(^{1}) Constitution française de l'an VIII.
(^{2}) Constitution portugaise.
(^{3}) Aussi certaines constitutions semblent-elles l'ignorer (Allemagne, Espagne, Suède, Suisse).

celle de la séparation des pouvoirs. La première rentre dans la science sociale, la seconde appartient à l'art politique. La première est résolue abstraitement, pour toutes les sociétés ; la seconde reçoit des solutions différentes suivant les cas. La première concerne la nature même des choses ; la seconde ne touche que certains arrangements sociaux, contingents et variables. La première s'occupe des fonctions ; la seconde, des organes. Or il importe peu à l'art politique que la science généralise au point de réduire les fonctions à deux ou qu'elle analyse jusqu'à en compter un grand nombre. L'Etat, étranger à ces spéculations, n'aura que les organes nécessaires pour le bon exercice de ses fonctions et en réglera le jeu selon les besoins présents. Pour les synthétiseurs, la même fonction sera partagée entre plusieurs organes ; pour les analystes, le même organe exercera plusieurs fonctions.

24. La séparation politique des pouvoirs consiste à fixer la sphère d'action de chaque organe, non pas d'après un principe *a priori*, mais d'après les besoins contemporains, en vue de l'utilité sociale. Pour assurer l'exercice régulier des fonctions, pour favoriser la vie sociale, il peut être bon que telle fonction ou tel mode d'une fonction soit confié à un organe spécial, indépendant des autres ; au contraire il peut être indifférent ou même avantageux que deux fonctions ou deux modes de la même fonction soient exercés par le même organe. Les sociétés européennes et celles qui les imitent sont en général fondées sur ce principe pratique ; elles admettent la séparation de certains pouvoirs ou organes et la confusion de certains autres.

Ce système, fertile en applications diverses, n'est qu'un procédé de l'art politique. Il est absent d'un assez grand nombre d'organisations sociales, dont la république romaine est l'exemple le mieux connu, et qui obtiennent par d'autres règles les mêmes avantages pratiques.

25. En résumé, réserve faite sur la séparation politique des pouvoirs, qui sera étudiée à sa place, on reconnaîtra dans l'Etat la fonction législative qui formule les règles et la fonction exécutive qui les applique. Il faut donner à cette distinction son sens exact.

L'une et l'autre fonctions peuvent se subdiviser selon le cas d'exercice. A chacune des fonctions divisionnaires ne correspond pas nécessairement un organe spécial; il peut arriver qu'un même organe exerce des fonctions appartenant aux deux catégories. C'est que dans la vie sociale comme dans la vie générale, les fonctions ne sont pas isolées les unes des autres ; elles se prêtent un mutuel appui. Voyons ceci en détail.

26. Les règles qui président à la vie sociale, et dont l'expression constitue la fonction législative *largo sensu*, n'ont pas toutes la même importance. Les unes fixent l'organisation, le fonctionnement et les rapports des autorités supérieures de l'Etat, posent les principes généraux selon lesquels chacun, autorités et particuliers, doit collaborer à la vie sociale. Ce sont les *règles constitutionnelles;* leur énonciation constitue l'exercice du *pouvoir constituant.*

D'autres appliquent aux divers intérêts sociaux, d'une manière générale et sans acception de personne, les principes constitutionnels. Ce sont les *lois* proprement dites; leur énonciation est l'exercice du *pouvoir législatif* proprement dit.

D'autres concernent les détails pratiques, préparent, facilitent l'application de la constitution et des lois. Ce sont les *règlements;* leur énonciation constitue l'exercice du *pouvoir réglementaire.*

Pouvoir constituant, pouvoir législatif, pouvoir réglementaire, voilà les trois aspects de la fonction législative.

27. Les limites de ces trois pouvoirs sont indécises et ne peuvent être fixées, *a priori.* Telle constitution, comme les C. 1791 et An III, règle jusqu'à l'administration municipale et la tenue des séances législatives. Telle autre, comme les lois de 1875, se borne à quelques décisions de principe. Selon les régimes, le domaine du pouvoir réglementaire est plus ou moins vaste. La compétence du pouvoir législatif subit des variations correspondantes. Les variations dépendent sans doute de la volonté du constituant et du législateur ; mais cette volonté, quelquefois gouvernée par des théories politiques ou sociales, subit plus souvent l'influence des circonstances. Tantôt il est utile que la Constitution soit très détaillée, tantôt cela est plutôt nuisible.

28. Les trois pouvoirs ont parfois des organes communs. Il peut arriver, il arrive qu'il y ait trois organes ou, plus exactement, trois catégories d'organes. Il peut arriver aussi, il arrive qu'il n'y en ait que deux ; que le pouvoir constituant et le pouvoir législatif par exemple soient confiés aux mêmes personnes ; qu'un seul homme ou un seul corps exerce les trois pouvoirs. A supposer que les trois pouvoirs soient distincts, il n'est pas rare que telle décision de nature réglementaire soit prise par l'autorité législative, et que l'autorité réglementaire prenne des décisions de nature législative. — A l'inverse, la même fonction peut être exercée par plusieurs organes ; ainsi dans un grand nombre de pays, la loi est faite en collaboration par le chef de l'Etat, une Chambre haute et une Chambre basse ; ainsi encore le pouvoir réglementaire est reconnu, à des degrés inégaux, à tous les membres de la hiérarchie administrative.

29. Passons à la fonction exécutive. Ses aspects sont aussi multiples et divers. Remarquez que souvent la loi est obéie ou exécutée par les citoyens sans l'intervention des pouvoirs publics.

L'exécution de la règle peut être *contentieuse* ou non *contentieuse*.

Dans le premier cas, elle soulève des difficultés et des controverses résolues par des jugements ; elle est souvent confiée à des organes spéciaux dont l'ensemble constitue l'*autorité judiciaire*. Elle se distingue souvent en *justice judiciaire* qui statue sur les questions d'intérèt purement privé et *justice administrative* qui statue sur les questions où un intérêt public est engagé ([1]). Chacune de ces justices est exercée par un nombre plus ou moins grand d'organes spéciaux, de *tribunaux.*

L'application non contentieuse suppose que la loi *largo sensu* ne soulève quant à sa portée et à son sens aucune difficulté. Ses organes se divisent à leur tour en deux grandes catégories :

1° Le *gouvernement* qui exerce pour tout le territoire, toutes les personnes et toutes les matières, la fonction exécutive de l'Etat. Il comporte des subdivisions correspondant à la division du travail exécutif;

2° L'*administration*, qui exerce pour un territoire restreint, pour certaines personnes, pour certaines matières la même fonction exécutive de l'Etat. Elle se subdivise à son tour selon les nécessités de la division du travail.

30. La précision de ces formules et classifications n'existe pas dans les faits. Comme le Gouvernement et l'Administration ne diffèrent que par la sphère de leur action et non par la nature de leurs attributions, la limite entre leurs compétences est très variable. Tantôt l'Administration jouit de larges pouvoirs, tantôt au contraire le Gouvernement se réserve la connaissance et la décision de toutes les affaires.

En outre, si l'analyse sépare aisément l'exécution contentieuse et l'exécution non contentieuse, la distinction est, en certains cas pratiques, difficile à faire. Les organes qui président à l'une et à l'autre ne sont pas toujours distincts. Plusieurs agents de l'exécution non contentieuse sont appelés à rendre la justice; et les tribunaux ont des attributions non contentieuses.

31. Il faut remarquer encore que la fonction législative et la fonction exécutive sont en partie exercées par les mêmes organes. Le pouvoir réglementaire, qui est un mode de la fonction législative, appartient sou-

---

([1]) Ces notions trop vagues seront précisées (nos 508 et s.)

vent au gouvernement, organe de la fonction exécutive.
Les Chambres, organes de la fonction législative, ont
souvent des attributions judiciaires et administratives,
c'est-à-dire exécutives.

32. Il y a encore une confusion à signaler. Nous
avons distingué les fonctions générales qui constituent
l'Etat et les fonctions spéciales qui correspondent à la
vie provinciale (ou départementale) et à la vie communale. Or s'il arrive parfois que les fonctions locales sont
exercées par des organes spéciaux, il arrive souvent
qu'elles soient confiées à des organes de l'Etat, soit en
totalité soit en partie, ou que l'Etat délègue certaines
de ses fonctions aux pouvoirs locaux. Il suffit de jeter
un coup d'œil sur nos lois départementales et communales pour vérifier cette assertion ([1]). Le fait d'ailleurs
n'est pas pour suspendre ceux qui savent que la vie
sociale est intéressée dans les vies locales.

33. Ainsi la distinction qu'une analyse exacte établit
entre la fonction législative et la fonction exécutive
n'entraîne pas une distinction identique entre les
organes qui les exercent; et la distinction entre les
fonctions générales de la vie sociale et les autres ne
conduit pas à une égale séparation entre les organes.
Dans la vie sociale comme dans la vie organique, les
fonctions et les organes sont, non pas isolés, mais
étroitement unis. L'analyse scientifique seule les sépare.

([1]) Certains textes expriment l'idée d'une délégation (L.
14 déc. 1789, art. 51).

CHAPITRE III

34. I. L'ÉTAT. — Chaque société humaine vivant d'une vie propre, forme un Etat. Le même mot sert à désigner l'ensemble des fonctions générales de la vie sociale et l'être organique qu'anime cette vie.

Le groupement des hommes en Etats est un fait commun à tous les temps et à tous les lieux; c'est la manifestation universelle d'un attribut humain, la sociabilité. Il n'est dû ni aux combinaisons du hasard, ni aux caprices arbitraires des hommes; c'est un phénomène naturel, dû à l'action de causes naturelles. Pour que l'Etat existe, il ne suffit pas que plusieurs hommes vivent ensemble, habitent le même territoire, reçoivent les mêmes lois d'un même maître; de tels faits ne peuvent former qu'un agrégat artificiel et sans vie. La vie de l'Etat commence seulement lorsque sont réunies les conditions nécessaires; elle veut entre les membres du corps qu'elle anime, une communauté suffisante de race, de langue, de religion, de civilisation, de mœurs publiques et privées, d'organisation sociale, politique, domestique; encore faut-il que le temps ait donné aux liens ainsi formés la consécration de la durée.

35. On demande souvent si l'Etat est un but ou un moyen; un but, en sorte que l'intérêt collectif doive toujours l'emporter sur l'intérêt individuel et que les droits des particuliers soient subordonnés aux nécessités de l'Etat; un moyen, en sorte qu'il soit institué uniquement pour rendre aux hommes des services que l'association seule peut fournir et que les droits de l'Etat doivent toujours céder devant ceux des individus.

La réponse est contenue dans les notions ci-dessus relatives à l'organisme social. L'Etat est, à l'égard de l'homme, un organisme supérieur. Si la nature, en élaborant les êtres, a un but, ce but est d'autant plus élevé que l'être est plus complexe, et à coup sûr l'organisme supérieur ne peut être considéré comme un moyen par les organismes inférieurs qui le composent. L'état est donc un but. Cela ne veut pas dire que l'Etat sera un maître tyrannique, un minotaure avide. Son intérêt même s'y oppose. La vie sociale résulte d'un harmonieux équilibre; la prospérité de l'Etat est liée à celle des individus et celle-ci a besoin d'une liberté relative. En rompant l'équilibre, en supprimant la liberté, en stérilisant les vies individuelles, l'Etat se frapperait lui-même.

36. II. DE LA SOUVERAINETÉ. — L'Etat apparaît comme un être distinct à la fois et des autres êtres similaires et des parties qui le composent. L'individualité de l'Etat constitue sa *souveraineté*. La souveraineté de l'Etat est *externe* ou *interne*, selon qu'on étudie ses rapports avec les autres Etats ou avec ses propres membres. La *souveraineté externe* est l'affirmation de l'existence propre et autonome de l'Etat au regard des autres Etats; la *souveraineté interne* est l'affirmation de la vie sociale collective au regard des vies particulières. De même, l'être organique possède une individualité qui s'affirme et au regard de ses parties et au regard des autres êtres similaires.

La souveraineté externe et ses conséquences sont étudiées par le Droit International Public. On remarquera seulement, à l'appui de la notion ci-dessus, que le fait élémentaire de l'existence d'un Etat implique le droit de cet Etat à l'existence et que ce principe est la base de toutes les théories du Droit International Public.

37. Quant à la souveraineté interne, elle signifie que la vie collective existe indépendante des vies particulières et supérieure à elles. Dans l'échelle des êtres, les degrés sont marqués par une complexité croissante de l'organisme ; les sociétés, pour ce motif, occupent leur sommet, ou, si l'humanité entière peut être considérée à son tour comme un organisme, le degré le plus voisin du sommet. Les hommes qui composent la société sont au regard de celle-ci des organismes inférieurs, de même que le corps vivant est formé d'un grand nombre d'organismes inférieurs. Les vies inférieures doivent, par cela seul que la nature les a associées pour la formation d'une vie supérieure, collaborer à cette vie supérieure ; et si elles manquent à ce devoir, la force peut intervenir pour assurer cette collaboration et seconder la nature, comme la médecine et la chirurgie sont appelées à réprimer des troubles locaux pour assurer la vie générale du corps. Ainsi l'idée de supériorité armée, de force coercitive est contenue dans celle de la souveraineté, comme l'idée de sanction dans celle de loi. Mais elle en doit être distinguée, comme l'accessoire du principal, comme la conséquence du principe. La souveraineté de l'Etat, c'est sa supériorité organique sur ses membres ; elle est garantie dans le fait par la force.

38. La force coercitive est exercée par les pouvoirs de l'Etat et plus spécialement elle rentre dans les attributions du pouvoir exécutif. Aussi l'usage, qui ne recherche pas les principes et s'arrange des apparences, a-t-il confondu, au moins dans les pays de royauté, la force suprême et la souveraineté : on entend assez souvent par souverain le chef de l'Etat, et les gouvernés sont alors des sujets. Certains despotismes ont fait du mot *sujet* le synonyme d'esclave. Ce langage traditionnel est inexact. L'Etat seul est souverain ; les pouvoirs publics sont simplement au service de cette souveraineté. Et cette distinction reste vraie même dans les cas où l'Etat est monarchique et attribue à un seul homme tous les pouvoirs. — Le sentiment vague de la confusion faite entre la souveraineté et le pouvoir, l'impatience des hommes soumis à une royauté autoritaire et tyrannique, enfin la marche de l'évolution

sociale ont suscité l'idée que le peuple est souverain.
Si l'on entend identifier ainsi le peuple et l'Etat, l'idée
est exacte quoique la formule soit incorrecte. Encore
faudrait-il s'entendre sur la notion du *peuple*, et on
verra que, sur ce point, les théoriciens de la souveraineté du peuple professent des idées contestables. —
Les abus qu'on a faits de la souveraineté du peuple
et de celle du roi ont poussé quelques penseurs à
chercher la souveraineté loin des affaires humaines.
Plusieurs ont proclamé la souveraineté de la raison,
d'autres celles du droit. Ces formules sont peu claires ;
on n'a pu encore leur donner un sens précis, qui offre
à la discussion un terrain solide et délimité.

39. Le principal, c'est de ne pas traduire *souveraineté* par *pouvoir absolu*. Or malheureusement cette
traduction est celle des flatteurs de toutes les souve-
rainetés, populaires ou royales, et je ne sais si elle
n'est pas plus dangereuse dans son application à la
souveraineté populaire. Car le despotisme d'un homme
trouve parfois son frein dans l'opinion publique et souvent son châtiment dans les forces populaires enfin
soulevées. Le despotisme populaire est sans frein et
presque sans sanction, car la majorité tyrannique fait
en même temps l'opinion publique et a la force du
nombre. La sanction ne se retrouvera que si le despotisme populaire veut toucher aux lois naturelles ou
économiques.

La souveraineté n'implique pas un pouvoir absolu,
illimité, arbitraire. Expression de la vie sociale, elle a
pour limites les besoins de cette vie, et les pouvoirs
qui la garantissent ne peuvent les excéder sans troubler l'équilibre du tout et des parties qui est nécessaire à la vie sociale et sans mettre ainsi cette vie en
péril. Le pouvoir absolu, c'est le despotisme et l'histoire atteste qu'il n'est pas favorable à la vie sociale.

Ainsi lorsqu'on dit au peuple qu'il est souverain, il
doit entendre que la vie collective est supérieure aux
vies individuelles, qu'elle exige pour son fonctionne-

ment une soumission relative des individus, qu'au besoin la collaboration de tous sera assurée par la force dont disposent les pouvoirs sociaux. Il ne doit pas croire qu'il a le droit de s'abandonner à tous ses caprices ; surtout la faible fraction du peuple qui exerce les droits politiques ne doit pas se considérer comme le peuple entier ni se comporter en conséquence. Encore une fois, la souveraineté est l'expression de la vie sociale à laquelle concourent tous les membres de l'Etat.

40. Si telle est la vraie notion de la souveraineté, et elle est logiquement déduite de principes connus, il est inutile de disputer sur son origine divine ou populaire. Elle est de droit divin si toute vie organique dérive d'une création divine ou si, plus simplement, toute vie évolue sous l'empire de lois établies par Dieu. Elle est de droit populaire si la société s'identifie avec la nation et si toutes les parties de la nation collaborent à la vie sociale. Les deux notions concourent et se complètent ; elles ne sont pas contradictoires. On les oppose cependant l'une à l'autre comme deux principes inconciliables, sans voir qu'on en tire des conséquences identiques. Pour les uns, la souveraineté réside en Dieu, auteur et providence des sociétés humaines. Dieu choisit, pour le représenter dans la direction des peuples, tantôt ses prêtres, tantôt, et c'est l'opinion la plus répandue et la plus pratique, une famille royale. Celle-ci est sacrée, irresponsable devant les hommes, sinon devant Dieu ; elle exerce, sans partage et sans frein, tous les pouvoirs qu'elle tient de Dieu. Si elle accorde aux peuples une part dans leur gouvernement, elle fait une concession gracieuse, toujours révocable, et ne reconnaît pas un droit. — Pour les autres, la souveraineté réside dans la nation ou le peuple, sauf à préciser le sens de ces mots. La nation *hoc sensu* est sacrée elle aussi, irresponsable elle aussi ; elle exerce librement et absolument les pouvoirs les plus étendus. Si elle délègue tout ou partie de son autorité, ses représentants ne doivent être que des préposés obéissants, toujours responsables et révocables. — Pour les uns et pour les autres, la souveraineté est une autorité supérieure illimitée, absolue.

L'une et l'autre notions doivent être écartées. L'une et l'autre invoquent des concepts abstraits, indémontrables, nient le fait primordial de la vie sociale et sa soumission aux lois naturelles, se heurtent à cette objection irréductible que les sociétés vivent et meurent également en professant et en pratiquant les deux théories divergentes.

Ces théories de la souveraineté ont été faites pour étayer des doctrines politiques ; ce sont des armes de partis et on s'en aperçoit. Elles ont pour but de justifier par des considérations rationnelles telle ou telle pratique de gouvernement. A ce titre, elles échappent à la critique du jurisconsulte.

41. III. Diverses formes d'Etat. — La vie sociale est, dans ses manifestations, aussi variée que la vie organique. De même qu'il n'y a ni deux feuilles d'arbre identiques, ni deux êtres semblables, de même il n'y a pas, il n'y a pas eu, il n'y aura pas deux Etats organisés exactement de la même manière. Cependant les diverses formes de la vie sociale comme de la vie organique peuvent se ranger sous quelques types généraux. La classification peut être faite à différents points de vue.

42. 1° Si on recherche en qui réside l'ensemble des pouvoirs sociaux, sans considérer leur mode d'exercice, on distinguera avec Aristote trois formes d'Etat : la *monarchie* qui concentre tous les pouvoirs entre les mains d'un seul homme, l'*aristocratie* qui les attribue à une classe peu nombreuse, la *démocratie* ([1]) qui les

---

([1]) Je conserve à ce mot son sens ordinaire ; Aristote appelait *politie* le gouvernement du peuple et *démocratie* ou *ochlocratie* la corruption de cette forme, comme l'*oligarchie* est la corruption de l'*aristocratie*.

donne à l'universalité de la nation. On a proposé une quatrième forme, la *théocratie*, dans laquelle l'autorité résiderait en la divinité ; il semble qu'elle ne soit qu'une modalité des trois autres, due à l'invasion de la religion dans la politique ; il y a des monarchies théocratiques où souvent le monarque devient Dieu, il y a des aristocraties théocratiques administrées par les prêtres, il y a des démocraties théocratiques où le peuple croit servir Dieu en nommant ses chefs. — On a dit aussi que jamais l'une ou l'autre de ces trois formes n'avait existé à l'état pur ; que tout gouvernement humain est mixte, combine à des degrés divers les trois types fondamentaux. Cette opinion repose sur une confusion entre le siège du pouvoir et le mode de son exercice, ou encore entre les influences que subit un gouvernement et ce gouvernement même. Il est sinon impossible, du moins rare qu'un homme suffise à régir un Etat ; qu'une aristocratie ou une démocratie ne soit pas contrainte de déléguer ses pouvoirs en totalité ou en partie, en bloc ou par sections à un ou plusieurs hommes ; qu'un monarque soit assez autoritaire pour n'écouter ni les conseils d'une classe supérieure ni la voix de l'opinion publique ; que les peuples n'obéissent pas à un groupe dirigeant ou à un chef. Tout cela est vrai et les faits abondent pour le démontrer. Mais tout cela n'empêche pas que le pouvoir suprême, quel que soit son mode d'exercice, quelques influences qu'il subisse, réside ou dans un homme, ou dans un groupe d'hommes, ou dans l'universalité des hommes. Les autres éléments créent les diverses modalités de chaque type.

43. A. *La Monarchie.* — La *monarchie* ne suppose pas nécessairement un despote, exerçant seul, sans limite, sans contrôle la totalité des pouvoirs sociaux. Non seulement l'énormité de sa tâche contraint le monarque à déléguer la plupart de ses attributions, mais aussi le monarque peut, sans abdiquer ses droits, solliciter les conseils de la nation gouvernée, ou de ses représentants ou d'une classe supérieure ; il peut encore associer au gouvernement le peuple, ses délégués, une aristocratie. Ainsi la monarchie est ou absolue, ou tempérée par l'influence concédée aux sujets dans l'exercice du pouvoir monarchique. L'intervention des peuples ou des grands est parfois obligatoire. Les pouvoirs du monarque sont ceux de l'Etat ; et ceux de l'Etat ont des limites marquées par les besoins de la vie sociale. Dès qu'elles sont atteintes, rien ne peut être accompli qu'avec l'assentiment des sujets de l'Etat, à moins de tomber à la tyrannie. Cela est surtout vrai quand les droits de l'Etat et des particuliers ont été fixés par un contrat.

La *monarchie constitutionnelle* est caractérisée par ce fait que le monarque n'exerce seul ni le pouvoir législatif qu'il partage avec le Parlement nommé en partie au moins par un corps électoral tiré de la nation, ni le pouvoir exécutif réparti entre des ministres dont l'accord avec le monarque est nécessaire pour chaque acte.

On distingue encore, en suivant l'évolution de l'idée monarchique, diverses formes revêtues par le pouvoir d'un seul. La monarchie est *patriarcale* lorsqu'elle se confond avec l'autorité exercée par le père sur la famille entendue largement et embrassant, outre les parents aux divers degrés, les clients, les esclaves, les affranchis. Elle est *patrimoniale* lorsqu'elle s'analyse en un droit de propriété plus ou moins vague sur le territoire et même les hommes de l'Etat. Elle est *guerrière* lorsqu'elle se voue surtout aux expéditions militaires. Et ainsi de suite. Ces distinctions n'ont guère d'importance juridique.

On distingue la monarchie de droit divin, dans laquelle le monarque tient de Dieu le pouvoir qu'il exerce et qui, en acceptant des limitations, fait à la société gouvernée des concessions gracieuses et peut-être illégitimes ; la monarchie de droit populaire au profit de laquelle le peuple a, non pas délégué, mais abdiqué ses pouvoirs, et qui, en associant la nation au gouvernement, lui restitue une partie du don qu'elle a reçu.

La monarchie, surtout la monarchie tempérée ou constitutionnelle, n'empêche pas que l'opinion publique, les principaux ou les délégués de la nation, ne suivent des courants divers et ne se partagent en partis politiques. Le monarque est en dehors et au-dessus des partis; il n'est le serviteur, l'oppresseur d'aucun, car il ne doit ses pouvoirs à aucun. Il lui faut au contraire tenir la balance égale entre les factions, et, au besoin, empêcher la tyrannie de la majorité, l'indocilité de la minorité.

44. B. *L'Aristocratie.* — *L'aristocratie* est, d'après l'étymologie, le pouvoir des meilleurs, d'une minorité par conséquent. Les éléments déterminateurs de l'aristocratie peuvent être la naissance, l'âge, la science, la richesse (immobilière surtout), la profession, industrielle ou commerciale, le caractère sacerdotal; parfois deux ou plusieurs qualités concourent pour former la classe supérieure.

L'aristocratie gouverne directement ou par délégation, et combine souvent les deux modes. Le pouvoir législatif est, en général, exercé directement par l'assemblée générale des meilleurs, à moins que ceux-ci ne soient trop nombreux pour être réunis en corps délibérant et doivent nommer des représentants. Dans tous les cas, ce pouvoir législatif est très étendu. Le pouvoir exécutif, par la force des choses est ou confié à un homme, qui n'est pas un monarque puisque ses pouvoirs lui sont délégués et ne lui appartiennent pas, ou partagé entre plusieurs délégués, ou divisé entre les membres de l'aristocratie, dont chacun alors a sa part d'influence dans la délibération et dans l'exécution. L'aristocratie peut donc être directe, représentative, ou l'une et l'autre en même temps.

45. La forme aristocratique, parce qu'elle reconnaît le pouvoir à plusieurs hommes, oblige à prévoir le cas où tous ne seraient pas d'accord sur la décision à prendre ou la délégation à instituer. Sans parler des moyens à employer pour obtenir l'unanimité, certains régimes font prévaloir l'opinion de la majorité en fixant diversement le taux de cette majorité et obligent la minorité à accepter cette opinion; d'autres régimes reconnaissent à une seule dissidence le pouvoir d'empêcher toute décision. Le premier système permet seul un gouvernement régulier; il suppose une forte cohésion sociale; il tolère, à défaut de bonnes mœurs politiques, l'oppression des minorités par les majorités, de la sagesse par le nombre. Le second est la marque d'un régime fédératif encore existant ou à peine effacé; il assure le respect des droits les plus faibles; il condamne le pouvoir central à l'inaction, et suppose que les vies locales suppléent à la stagnation de la vie générale.

46. C. *La Démocratie.* — La démocratie serait, au sens propre, le pouvoir du peuple. La notion, obscure en soi, a été encore obscurcie par les applications qu'on en a faites.

Qu'est-ce que le peuple? Question simple en apparence et qui a reçu bien des réponses différentes. S'il est vrai que le peuple s'identifie avec la société et que toutes les vies individuelles collaborent à la vie sociale, le peuple se compose de tous les individus, sans distinction, qui composent l'Etat. Il comprend les hommes et les femmes, les majeurs et les mineurs, les riches et les pauvres, les savants et les ignorants, les vertueux et même les criminels. Dans la pure doctrine démocratique, cet ensemble bigarré est dépositaire du pouvoir social. Mais tous les individus ne collaborent pas à la vie sociale d'une manière égale ni semblable. Certains la troublent par leurs méfaits et la feraient bientôt cesser sans la répression qui corrige et la prévention qui évite. Les autres apportent un concours plus ou moins actif selon leurs capacités intellectuelles et scientifiques, selon leur activité, selon leur richesse, selon leur fécondité ou leur stérilité; il y a entre les cellules sociales comme entre les cellules organiques une hiérarchie qualitative. Les lois vraiment démocratiques doivent, en fixant les droits politiques de chacun, tenir compte des différences principales, et, si elles ne peuvent traduire exactement les innombrables et subtiles nuances de l'organisation sociale, elles doivent, en modelant l'organisation politique, en rappeler les traits généraux. Au moins ne doivent-elles pas admettre des règles qui violent ouvertement la nature des choses, par exemple ne pas donner au nombre seul l'influence prépondérante.

47. Ici commencent les divergences. On ne fait pas de difficulté pour établir une différence entre les criminels et les gens de bien, entre l'enfant et l'homme fait, entre la femme et l'homme; pour accorder à l'homme vertueux et d'âge mûr sa part dans le pouvoir du peuple, et pour la refuser au criminel, parce qu'il est criminel, à l'enfant et à la femme parce qu'ils sont incapables. L'accord cesse dès qu'on veut serrer de près ces formules vagues et surtout pousser au bout le principe qui les inspire. Quels crimes excluent-ils des droits politiques? Si la limite morale entre l'homme de bien et le méchant est parfois incertaine, combien plus controversée la limite politique! Quel est l'âge qui porte en soi l'aptitude aux affaires publiques? Et s'il faut se contenter d'une présomption, cet âge sera-t-il le même que pour les affaires civiles? Le sexe doit-il être en tout cas une présomption irréfragable de capacité politique pour les uns, d'incapacité pour les autres? Enfin et surtout l'art politique, qui admet plusieurs des différences que la nature a établies entre les hommes, ne doit-il pas les admettre toutes? Il existe dans la partie masculine âgée et vertueuse du peuple des différences aussi graves que celles qui tiennent au sexe ou à l'âge. Ne faut-il pas en tenir compte pour fixer la part proportionnelle que chacun doit prendre dans le pouvoir populaire?

48. Les questions sont redoutables, difficiles, ne peuvent sans doute pas recevoir une solution uniforme chez tous les peuples. Tous les efforts des penseurs tendent à faire admettre des distinctions nécessaires. Il y a une autre doctrine plus simple et presque brutale. Tous les hommes ayant atteint la majorité civile et exempts de graves condamnations pénales, forment une seule catégorie à laquelle les lois confient l'exercice des pouvoirs du peuple et dans laquelle chacun a une part égale d'influence, quelles que soient ses capacités, sa richesse, même sa vertu.

Telle est la conception dominante aujourd'hui, du peuple, de la démocratie; elle se résout dans l'égalité absolue entre les membres d'une catégorie. Mais c'est vainement qu'on tente de faire violence à la nature. Tandis que les lois écrites essaient de créer une égalité excessive et incomplète, la pratique, les mœurs tendent à constituer une hiérarchie analogue à celle qui existe réellement dans la société et dans la nature. Cette hiérarchie est instable comme la composition même du corps social; sinon dans les principes, car les facteurs de ce mouvement sont peu nombreux, du moins dans les personnes; différence avec la hiérarchie aristocratique, le plus souvent immobile.

49. L'action des lois dites démocratiques est limitée par de nombreuses résistances. La résistance naît d'abord de la nature même des choses. Les éléments sociaux sont inégaux entre eux soit par l'intelligence et les capacités, soit par les ressources matérielles, capital ou travail, dont ils disposent. Ils influent donc inégalement sur la vie sociale ; et l'inégalité, niée par la loi, se retrouve dans les faits. La loi ne peut atteindre qu'un petit nombre des facteurs de cette inégalité, par exemple l'hérédité pécuniaire qui transmet et accumule dans une famille certaines ressources, certains moyens d'action. Elle est impuissante à l'égard des facteurs les plus importants et les plus nombreux : l'hérédité physiologique, les différences entre les corps, les intelligences et les caractères.

2

La résistance vient aussi des lois naturelles, surtout de la concurrence vitale, de la lutte pour la vie, dans laquelle il y a des vainqueurs et des vaincus, dans laquelle le triomphe appartient aux plus heureux et aux mieux armés. La nature elle-même reconnaît l'inégalité et en admet les conséquences extrêmes.

Les lois économiques opposent aussi leur barrière aux excès démocratiques. La liberté nécessaire au progrès commercial et industriel a pour conséquence inévitable l'inégalité. Elle attribue à chaque homme le rang que méritent son intelligence, ses connaissances, son travail, ses capitaux, ses relations, sa chance même, et comme ces choses isolées ou combinées offrent nombre d'importantes variantes, il en résulte une multitude de rangs inégaux. La loi, la force aussi essaieront d'effacer ou de prévenir ce résultat. La liberté périra sous l'étreinte d'un socialisme d'Etat gouverné par la fausse notion de la démocratie. Avec la liberté disparaîtra le moteur principal du progrès, de la prospérité. La société paiera, de ses souffrances et de sa mort, les frais de la guerre engagée entre la loi positive et les lois économiques, entre l'égalité et la liberté.

Les mœurs, de leur côté, réagissent contre l'abus de l'égalité légale. Exclues du domaine politique et législatif, les castes se reforment, plus jalouses, sur le terrain des usages. Les différences de naissance, de fortune, d'éducation, de profession élèvent au sein de la multitude une foule de barrières, autour desquelles luttent ardemment les efforts qui tendent, non à les abattre, mais à les franchir et à les défendre. La chute de l'aristocratie nobiliaire n'a point nivelé la société; elle a simplement accusé des différences jadis cachées sous son ombre. Le progrès intellectuel a précisé les anciennes distinctions et en a créé de nouvelles.

D'autres résistances s'élèvent du sein même de la démocratie égalitaire. Pour mieux assurer l'égalité de tous les hommes, la loi démocratique établit chacun d'eux dans une solitude qui s'oppose théoriquement à la formation d'une hiérarchie officielle, mais qui le réduit à ses seules forces pour soutenir la lutte pour la vie et ne corrige pas, comme l'affiliation (même subordonnée) à une caste, les inégalités naturelles et sociales. La loi démocratique accuse et aggrave l'inégalité qu'elle veut effacer. À ce mal, le temps présent cherche un remède dans l'association. Or les associations se forment en vertu d'affinités diverses qui séparent les hommes en catégories tranchées. Elles créent entre leurs membres la hiérarchie tant honnie et admettent des chefs, donnant ainsi satisfaction à l'inégalité naturelle. Entre les associations, il s'établit autant de degrés qu'entre les hommes et pour les mêmes motifs.

Ainsi l'inégalité est une loi de nature. Vainement niée, combattue, pourchassée par la législation positive, elle reparaît sous mille formes. Vouloir l'effacer, c'est désirer l'impossible, c'est tenter de violenter la nature, c'est méconnaître le principe démocratique et l'exacte composition du peuple.

50. L'inégalité est donc le fond de toute vie sociale.

La vraie démocratie consiste, non pas à donner à certains membres de la société des droits uniformes, mais à donner à tous les éléments sociaux une part de pouvoir proportionnée à leur valeur et à leur importance.

Le principe posé, il reste le plus ardu, l'application. Il ne peut être ici question de tracer un plan d'organisation sociale convenant à ce pays et à ce temps ; mais seulement d'indiquer les points principaux de la question générale.

D'abord nul ne songera à reconnaître à tous les éléments sociaux une part d'action dans le gouvernement. L'art politique, en jeu ici, exige une certaine simplicité dans les instruments, et vouloir tenir compte de tout, c'est rechercher les complications. Il est nécessaire d'éliminer ceci, de retenir cela, sans exclure l'influence indirecte des éléments négligés. Ainsi les éléments sociaux devront, pour être dotés de droits politiques, avoir une certaine valeur et une certaine importance. Quelle valeur et quelle importance ? Ici se posent les questions des droits politiques des femmes, de la majorité politique, des incapacités de tout ordre, du rôle à donner aux associations et aux éléments autres que le nombre.

Les éléments sociaux étant choisis, il faut combiner leur action, mesurer la part d'influence due à chacune sur les affaires communes. Nouvelle question, la plus délicate, la plus contingente aussi. La démocratie moderne la nie et compte simplement les voix. Il y a mieux à faire, surtout avec le régime représentatif.

51. Le peuple exerce ses droits directement ou indirectement. L'exercice direct n'est guère applicable qu'au pouvoir législatif. L'assemblée générale de la communauté politique peut discuter et voter la règle obligatoire ; elle peut aussi siéger comme tribunal. Pour les autres actes d'exécution, elle sera le plus souvent obligée de déléguer un petit nombre d'hommes, un seul homme. Même ainsi limité, l'exercice direct est pour les membres de la société un travail considérable et incessant. Il suppose : que les citoyens sont libres de toute autre occupation, exempts de la nécessité de travailler pour vivre, et c'est pourquoi les rares Etats qui ont pratiqué ce régime étaient fondés sur l'esclavage ; — que les citoyens brûlent d'un zèle constant pour les affaires publiques ; qu'ils jouent en conscience, avec assiduité, leur rôle politique et qu'ils l'étudient profondément afin d'en résoudre sûrement les difficultés. Il ne convient qu'aux peuples peu nombreux ; comment réunir et diriger une assemblée de plusieurs milliers, de plusieurs millions d'hommes ? La remarque est de Rousseau, apôtre de la démocratie directe. Si toutes ces conditions ne sont pas réunies, l'exercice direct devient pour les citoyens une gêne horrible et il cède rapidement la place à une dictature à l'ombre de laquelle le peuple, délivré de ses droits politiques, vaque à ses affaires privées et gagne son pain.

Considérée dans son application, la démocratie directe court de graves dangers. Sans autre frein que sa courte sagesse et son expérience toujours jeune, rebelle à toute autorité même issue d'elle, elle manque des qualités nécessaires au gouvernement des peuples. Elle est capricieuse dans ses décisions comme dans ses choix, change arbitrairement ses lois et ses chefs, vit dans une agitation maladive dont elle ne sort le plus souvent que par la dictature subie, acceptée ou implorée.

52. Pour toutes ces raisons, l'exercice indirect est le plus fréquent. Le peuple n'est jamais appelé à faire acte législatif ou exécutif; son rôle se borne à choisir dans son sein par voie d'élection des représentants qui, soit par eux-mêmes, soit par des délégations successives, se chargeront de faire la loi et de l'appliquer. Le régime représentatif offre un grand nombre de variétés, d'abord quant au mode d'élection, ensuite quant à l'organisation des pouvoirs. Il présente avec l'aristocratie une ressemblance apparente, car l'élection peut être considérée comme un procédé pour découvrir les meilleurs et leur confier l'exercice des pouvoirs sociaux. L'apparence est fausse. Dans la forme aristocratique, les meilleurs ont les pouvoirs qu'ils exercent; dans la forme démocratique indirecte, les élus sont des délégués, le pouvoir appartient au peuple. Il en résulte que la responsabilité au moins morale des élus qui est un ressort important de la démocratie n'existe pas dans la forme aristocratique. En outre, dans la forme aristocratique, les meilleurs doivent leur situation à une qualité qui leur est propre; dans la forme démocratique ils la tiennent de l'élection populaire.

53. La démocratie faisant résider le pouvoir dans un nombre d'hommes plus ou moins considérable, est forcée de prévoir le cas, très fréquent sans doute, où les hommes ne sont pas unanimes soit sur la décision à prendre, soit sur les représentants à choisir. La loi du nombre, le triomphe de la majorité, la soumission de la minorité, s'imposent fatalement, car il n'y a pas de supérieur commun qui puisse indiquer et faire prévaloir la solution préférable. Au moins faut-il que toutes les précautions soient prises pour qu'une majorité se forme réelle, sincère, éclairée et sage. Comment ne pas remarquer que la théorie vulgaire de la démocratie omet ces précautions en égalisant politiquement les suffrages naturellement inégaux, et qu'il est plus exact et plus sûr de proportionner le rôle politique à l'importance et à la valeur des éléments sociaux ?

54. Que la démocratie soit égalitaire ou hiérarchisée, qu'elle s'exerce directement ou par représentants, les pouvoirs populaires ne sont jamais exercés que par des catégories plus ou moins larges, formées par l'exclusion des membres réputés incapables ou indignes. Il suit de là, mais la conséquence est contestée, que les individus appelés par les lois à un rôle politique exercent une fonction et non pas un droit. De cette idée, on conclura notamment que ces fonctions ne sauraient être décernées avec trop de soin et de précaution et qu'elles doivent être exercées dans l'intérêt commun du peuple entier, non pour l'avantage particulier de leurs détenteurs.

55. 2° On sait déjà que le pouvoir monarchique, aristocratique ou démocratique, peut être exercé soit directement, soit par délégués ou représentants. Cette deuxième classification des formes d'Etat est donc suffisamment connue. On évitera pourtant de confondre les délégués et les représentants.

Dans les régimes monarchiques et aristocratiques, les délégations ont pour motif l'impossibilité matérielle de faire régler par un seul homme ou par un petit nombre d'hommes, les innombrables affaires que suscite le gouvernement d'un pays.

Dans la forme démocratique, le régime représentatif est dû d'abord à des causes de même nature, quoique différentes, à la difficulté de réunir des assemblées trop nombreuses, à l'impossibilité d'enlever fréquemment les citoyens à leurs travaux; il est dû encore à d'autres motifs, à l'incapacité du citoyen pour régler les questions politiques, aux dangers spéciaux que recèle la foule délibérante et agissante. Les représentants sont une élite que le peuple, supposé apte à bien choisir, désigne pour appliquer aux affaires publiques une intelligence et des connaissances supérieures.

Le délégué peut donc être assez exactement comparé à un mandataire; le représentant ne peut l'être. Le délégué a des pouvoirs strictement limités et rend compte de leur usage au mandant. Le représentant a une large mission, dans l'accomplissement de laquelle il doit s'inspirer des besoins réels plutôt que des volontés aveugles du peuple. La nation exerce sur ses actes un contrôle actif; mais ce n'est pas en lui imposant un programme précis et en vérifiant l'exécution de chaque article, c'est en appréciant l'effet de ses actes sur la vie sociale. Si l'on tient à l'idée inexacte de mandat, on dira que le délégué a pour mandat d'accomplir tels actes déterminés, et que le représentant est chargé de gérer au mieux les intérêts communs. Il est plus exact de dire que le délégué accomplit un mandat, le représentant exerce une fonction. Cette distinction, entre autres conséquences, refuse au peuple le droit de révoquer ses représentants, et laisse à ceux-ci une large initiative.

56. 3° En considérant l'organisation seule du pouvoir exécutif et, dans celle-ci, le mode seul qui pourvoit à la magistrature suprême de l'Etat, on distingue la forme royale et la forme républicaine.

La forme royale est caractérisée par le principe de l'hérédité, qui assure aux membres d'une famille, selon des règles variées, la transmission de la fonction exécutive la plus élevée. La forme républicaine pratique les modes autres que l'hérédité, habituellement l'élection sous des combinaisons diverses ([1]).

([1]) L'histoire offre quelques exemples de royauté élective,

On ne confondra pas *monarchie* et *royauté*. La monarchie revèt en général la forme royale; mais on comprendrait que le pouvoir social résidât sur un homme en l'absence d'une transmission héréditaire, ainsi en vertu d'une désignation divine plus ou moins authentique, en vertu du sort diversement consulté. D'un autre côté, la royauté peut coexister avec la forme aristocratique ou démocratique; la famille royale n'est alors qu'un élément social de premier rang ou bien le roi compte parmi les représentants du peuple. La monarchie reconnaît en un seul homme la plénitude du pouvoir social; la royauté peut ne conférer au roi que l'exercice limité de pouvoirs qui appartiennent aux meilleurs ou au peuple.

On ne confondra pas davantage *démocratie* et *république*. L'aristocratie a souvent revêtu la forme républicaine et organisé des délégations temporaires ou viagères de tel ou tel pouvoir. La royauté peut être démocratique; le peuple, en se réservant l'exercice du pouvoir législatif et l'autorité judiciaire, peut déléguer au titre héréditaire le pouvoir exécutif proprement dit.

La distinction en royauté et république ne vise que le procédé qui pourvoit à la magistrature suprême de l'Etat. Elle omet les attributs de cette magistrature et l'organisation entière du pouvoir législatif. Or de ces deux chefs peuvent naître une foule de combinaisons variées, en général conciliables avec la royauté comme avec la république. La forme républicaine peut être une dictature temporaire; la royauté un titre vain. L'hérédité est la seule caractéristique sûre, exclue par l'une, admise par l'autre.

57. 4° Supposons enfin les divers pouvoirs confiés à des organes différents. Selon les rapports que ces

c'est-à-dire d'un pouvoir électif et viager. Je n'ai pas cru devoir en faire une forme distincte. Il est vrai que la durée viagère du pouvoir peut produire quelques effets inconnus des pouvoirs temporaires. Mais ces différences sont faibles et permettent de ranger la royauté élective dans les formes présidentielles.

organes auront entre eux, selon qu'ils seront cantonnés dans leurs domaines respectifs ou associés avec influence réciproque, le gouvernement sera dit *indépendant* ou *parlementaire*. On comprendra mieux plus tard cette distinction (n°s 447 et s.).

Elle est indépendante de la forme royale ou républicaine du pouvoir exécutif, de la source monarchique, aristocratique ou démocratique du pouvoir. Elle n'a place que dans un régime de représentation ou de délégation; elle ne se comprend pas dans un régime où les pouvoirs seraient exercés directement.

————————

CHAPITRE IV

CONSTITUTIONS IMPLICITES ET EXPLICITES

58. Les règles constitutionnelles peuvent être implicites ou explicites.

Implicites, elles n'existent qu'à l'état de coutume; elles sont appliquées en fait, mais ne sont pas expressément formulées par un acte ayant pour objet l'organisation des pouvoirs publics. Comme tout être vivant, toute société humaine a une constitution au moins coutumière ou implicite, car elle a des règles qui président à sa vie. — Les sociétés primitives n'ont que des constitutions implicites; c'est l'usage seul qui fixe les pouvoirs des chefs et les droits des individus. Des sociétés très civilisées ont vécu sous le même régime. L'ancienne France n'avait, sur le pouvoir royal et ses limites, sur les droits des différents corps de l'Etat et des particuliers, que des usages. A peine quelques règles avaient passé dans des ordonnances que le roi avait le droit de modifier à son gré. Au reste, on peut dire que la constitution n'est qu'implicite, lorsqu'elle est formulée en la forme législative proprement dite, par une loi ordinaire. L'Angleterre contemporaine n'a encore qu'une constitution implicite; les différents rouages de son gouvernement fonctionnent en vertu de coutumes ou de lois ordinaires; le cabinet, qui en est le ressort principal, n'a même pas d'existence légale. On cite, il est vrai, des actes solennels assez nombreux : mais ces actes n'organisent rien; ils limitent le pouvoir royal, réservent les droits des particuliers; ce sont, à proprement parler, des contrats entre la nation et le roi.

Les règles constitutionnelles sont explicites, lorsqu'elles sont formulées par un acte spécial, émané d'une autorité supérieure aux pouvoirs constitués, ayant un caractère impératif et non contractuel. Le mot *Constitution* prend alors un sens plus précis; il désigne « l'acte par lequel sont déterminés les droits politiques d'une nation, la forme de son gouvernement, et l'organisation des pouvoirs publics dont son gouvernement se compose ». De tels actes ne datent en France que de l'ère révolutionnaire, et la plupart des Constitutions étrangères datent de ce siècle (1).

59. Les constitutions implicites ont leurs avantages. Elles laissent à la coutume son action légitime; elles permettent les modifications insensibles et continues que réclament des changements analogues dans l'état social, elles évitent les révolutions; elles assurent l'évolution pacifique et sûre des institutions; elles sont tout à la fois conservatrices et progressistes; elles empêchent la promulgation de règles contraires à l'état social; elles entretiennent une parfaite harmonie entre la nation et les institutions. Mais elles ne peuvent toujours suffire. Elles conviennent aux peuples calmes et patients, jouissant de longues traditions constitutionnelles, attachés à leurs vieilles institutions. Tel est le peuple anglais. Le gouvernement actuel de l'Angleterre est très différent du régime pratiqué au XVIII, au XV ou au XII siècle, et cependant aucune loi solennelle n'a modifié l'organisation politique. C'est la coutume qui a limité l'action du pouvoir royal, réduit l'influence de la Chambre des Lords, donné la réalité du pouvoir à la Chambre des Communes et au cabinet qui en

(1) Il y a cependant quelques exceptions. En Portugal, les lois de Lamégo remontent à 1143; la Hongrie a sa Bulle d'Or depuis 1222; la Suisse a des traités fédéraux depuis 1291; la plus ancienne Constitution suédoise remonte à 1442 et a été suivie de plusieurs autres; une loi royale a organisé le Danemark, dès 1665; enfin et surtout les Etats-Unis de l'Amérique du Nord ont élaboré, de 1777 à 1787, une Constitution qui a sans doute éveillé en France l'esprit constituant préparé par les enseignements de Rousseau.

est l'expression. La démocratie s'infiltre lentement et sûrement dans la constitution anglaise.

Les constitutions explicites ont d'autres avantages. Elles apportent, dans les matières les plus importantes, une précision souvent utile. Elles fixent officiellement la part d'influence reconnue à chaque pouvoir et suppriment les conflits qui naissent souvent d'une coutume incertaine. Après les révolutions politiques, une constitution explicite a l'utilité de constater leurs résultats, d'organiser la victoire du parti triomphant, d'assurer l'obéissance des vaincus et la modération des vainqueurs. Aussi conviennent-elles plutôt aux peuples divisés, où sur chaque question constitutionnelle des opinions diverses réunissent de nombreux adhérents ; aux peuples dont les mœurs politiques sont récentes, imparfaites ou violentes. Elles sont surtout nécessaires lorsqu'elles constatent les concessions d'un pouvoir absolu et les droits conquis par le peuple. Enfin il y a des nations dont le génie ne se contente pas d'une coutume, aime les textes précis et les formules écrites ; telles sont les nations de civilisation latine, et entre toutes, telle est la nation française. La France est sans conteste le pays qui s'est donné les constitutions les plus nombreuses et les plus étendues. La raison en est dans l'esprit systématique des hommes de la Révolution ; cet esprit n'était lui-même que le résultat d'une combinaison entre l'esprit juriste et romaniste des légistes et l'esprit classique et déductif inauguré par Descartes et à peine coloré par la fougueuse imagination de Rousseau. Imbus de ces deux traditions les hommes d'Etat de la Révolution et leurs héritiers — ils sont nombreux — ont traité la question constitutionnelle comme un problème de métaphysique ou de géométrie. Erreur capitale aux yeux de ceux qui regardent la science sociale comme une science naturelle.

Tout imparfaites qu'elles fussent, les constitutions françaises avaient le mérite de formuler les principes du régime nouveau et de réorganiser les pouvoirs publics. Plusieurs des principes étaient erronés, les règles étaient souvent puériles ou dangereuses. Mais dans le trouble qui accompagnait la Révolution, les textes constitutionnels essayaient de donner une assiette certaine à la société renouvelée. Sans eux, l'anarchie eût été plus grave encore. Le peuple français ne pouvait puiser dans son expérience ses règles de conduite; il les trouvait dans la Constitution, ou du moins il croyait les trouver et c'était le principal. A leur tour, les Chartes de 1814 et de 1830, en rétablissant la royauté, lui donnèrent des caractères précis et des droits limités.

60. Il est rare qu'un peuple n'ait qu'une constitution explicite ou que des coutumes. Les premières constitutions françaises semblent bien prétendre à tout prévoir pour tout régler. Mais ces tentatives manquées se justifiaient par les circonstances. Lorsque les temps sont calmes, que l'accord s'est fait dans la nation sur un certain nombre de questions, que des mœurs politiques commencent à se former, les constitutions explicites peuvent se faire plus brèves, ne régler que les points principaux ou encore controversés, et abandonner le surplus à la coutume. C'est ce qui s'est passé en France il y a seize ans. Les lois de 1875 se bornent à organiser les pouvoirs publics et à fixer sommairement leurs attributions. Elles supposent, sans les proclamer, un grand nombre de principes ou d'usages que la nation paraît avoir définitivement acceptés.

61. Parmi les constitutions explicites, les unes donnent à un Etat nouveau sa première organisation; ainsi les constitutions fédérales (Allemagne, Suisse, Républiques américaines), la constitution belge. Les autres, les plus nombreuses, donnent à un Etat ancien une forme nouvelle.

LIVRE I

Les constitutions de la France (¹).

CHAPITRE V

LA CONSTITUTION DE 1791.

62. Les cahiers des Etats généraux contenaient un vœu tendant à la rédaction d'une constitution explicite, nouvelle selon les uns, restaurée en son état primitif selon les autres, et même des indications précises sur les points principaux.

Ils étaient unanimes sur les points suivants. Le gouvernement est une monarchie héréditaire de mâle en mâle par ordre de primogéniture. Le roi est inviolable et sacré ; il exerce le pouvoir exécutif. La loi est faite par la nation ou ses représentants et complétée par la sanction royale. Les impôts et les emprunts doivent être votés par la représentation nationale. L'impôt n'est voté que pour une durée limitée, d'une session à une autre. Le droit de propriété et la liberté individuelle sont garantis. Les agents administratifs sont responsables de leurs actes.

Il y avait désaccord sur la permanence ou la périodicité de l'assemblée, sur la décision en ordres, sur les droits du roi à son égard, etc.

63. Les députés porteurs de ces cahiers avaient la ferme intention de donner à la France une constitution.

(¹) Le résumé qui va suivre est fait exclusivement au point de vue de l'organisation des pouvoirs publics.

Ils l'affirmèrent le 17 juin 1789 en se déclarant
« Assemblée nationale, interprète de la volonté nationale, travaillant à l'œuvre commune de la restauration
nationale, de la régénération de la France ». Plus
solennel et plus précis est le serment du Jeu de Paume.
« L'Assemblée nationale considérant qu'appelée à fixer
la Constitution du royaume, opérer la régénération de
l'ordre public et maintenir les vrais principes de la
monarchie, rien ne peut empêcher qu'elle ne continue
ses délibérations dans quelque lieu qu'elle soit forcée
de s'établir, et qu'enfin partout où ses membres sont
réunis, là est l'Assemblée nationale ; arrête que tous
les membres de cette Assemblée prêteront à l'instant
le serment solennel de ne jamais se séparer et de se
rassembler partout où les circonstances l'exigeront
jusqu'à ce que la Constitution du royaume soit établie
et affermie sur des fondements solides, et que ledit
serment étant prêté, tous les membres et chacun en
particulier confirmeront par leur signature cette résolution inébranlable ».

Louis XVI, que ces déclarations successives excluaient
de toute participation au pouvoir constituant, contesta
d'abord à l'Assemblée son caractère. Vainement sollicité de prendre la direction du mouvement en présen-
tant un projet de constitution, il niait que les députés
eussent mission de constituer la France et se bornait à
indiquer un programme de réforme : vote de l'impôt
par les représentants de la nation ; garantie de la dette
publique ; obligation pour tous de contribuer aux
charges de l'Etat ; inviolabilité de la propriété, y
compris les droits féodaux ; liberté individuelle, liberté
de la presse, institutions provinciales ; réformes dans
la justice, dans les lois civiles et criminelles (Déclaration du 23 juin 1789). Ce plan pratique et non théorique
ne pouvait suffire aux députés qui rêvaient une grande
œuvre doctrinale.

Quelques-uns pourtant résistaient comme le roi,
alléguant le caractère impératif de leurs mandats qui

ne donnaient pas le droit de faire une constitution et demandant à retourner devant leurs électeurs.

Mais dès le 27 juin 1789, le roi cédait, donnait au clergé et à la noblesse l'autorisation de se joindre au Tiers-Etat qui avait déjà reçu l'adhésion de la majorité du clergé et de plusieurs nobles, déliait les députés scrupuleux de leurs mandats impératifs dont l'annulation fut prononcée par l'Assemblée, le 8 juillet.

64. Le pouvoir constituant de l'Assemblée fut dès lors exercé sans difficulté. Le 6 juillet, les trente bureaux furent chargés de nommer les trente membres d'un comité qui fixerait l'ordre dans lequel la Constitution serait formée; le 9, Mounier proposa un préambule sur les droits de l'homme et une constitution sur le gouvernement. Le 14 juillet, un comité de huit membres fut chargé de préparer la Constitution. Le 29, Champion de Cicé présenta une déclaration des droits de l'homme et les principes de la Constitution et proposa de distinguer dans la suite les lois constitutionnelles et les lois d'administration.

La nuit du 4 août, qui vit les privilégiés renoncer à leurs avantages, donna au travail constituant une direction nouvelle. Après avoir voté (26 août) la déclaration des droits de l'homme et du citoyen, l'Assemblée commença une série de lois ayant pour but l'abolition de l'ancien régime, la formule du droit nouveau, l'application des principes de 1789.

Entre temps, le comité de constitution avait été renouvelé. Un comité de révision lui fut adjoint pour séparer les lois constitutionnelles et en former un ensemble. Le rapport général de Thouret fut déposé le 8 août 1791, le vote achevé le 3 septembre; la sanction royale fut donnée le 13 septembre, et la Constitution fut jurée le 14.

65. La C. 1791 comprend : une déclaration des droits de l'homme et du citoyen, un préambule et huit titres.

La *déclaration des droits* reproduit le texte voté le

26 août 1789. Elle est proclamée « en présence et sous les auspices de l'Etre suprême », parce que « l'ignorance, l'oubli et le mépris des droits de l'homme, sont les seules causes des malheurs publics et de la corruption des gouvernements », et « afin que cette déclaration constamment présente à tous les membres du corps social leur rappelle sans cesse leurs droits et leurs devoirs; afin que les actes du pouvoir législatif et ceux du pouvoir exécutif pouvant être à chaque instant comparés avec le but de toute institution publique en soient plus respectés; afin que les réclamations des citoyens fondées désormais sur des principes simples et incontestables tournent toujours au maintien de la Constitution et au bonheur de tous ».

« Le but de toute association politique est la conservation des droits naturels et imprescriptibles de l'homme ». Ces droits sont :

1° L'égalité devant la loi « soit qu'elle protège, soit qu'elle punisse », et pour l'admission aux emplois publics. Les distinctions ne peuvent être motivées que sur l'utilité publique et fondées que sur les vertus et les talents.

2° La liberté, qui « consiste à pouvoir faire tout ce qui ne nuit pas à autrui » dans les limites fixées par la loi; liberté de conscience, de pensée, de parole, de plume et de presse, sauf la répression légale des abus. Nul ne peut être accusé, arrêté, détenu, puni qu'en vertu d'une loi antérieurement promulguée. Tout accusé est présumé innocent.

3° La propriété. Elle ne peut être atteinte que pour une nécessité publique évidente et légalement constatée, moyennant une juste et préalable indemnité.

4° La sûreté. Les ordres arbitraires, les rigueurs inutiles doivent être réprimés.

5° La résistance à l'oppression.

Ces droits sont garantis par une force publique « instituée pour l'avantage de tous et non pour l'utilité particulière de ceux auxquels elle est confiée ».

La force publique et les dépenses d'administration rendent nécessaire une contribution commune, établie entre les citoyens également, en raison de leurs facultés.

« Le principe de toute souveraineté réside essentiellement dans la nation ». Toute autorité doit en émaner expressément. Tous les citoyens ont le droit de concourir par eux-mêmes ou par leurs représentants à la formation de la loi, à l'établissement, la perception et l'emploi de l'impôt.

« La loi est l'expression de la volonté générale ». Elle « n'a le droit de défendre que les actions nuisibles à la société » et « ne doit établir que des peines strictement et évidemment nécessaires ». Tout citoyen lui doit obéissance et n'est tenu d'obéir qu'à elle.

Il n'y a pas de constitution sans la séparation des pouvoirs et la garantie des droits.

« La société a le droit de demander compte à tout agent public de son administration ».

66. Le préambule « abolit irrévocablement les institutions qui blessaient la liberté et l'égalité des droits.

Titre 1er. *Dispositions fondamentales garanties par la Constitution.* — La Déclaration est reprise et précisée sur quelques points ; elle est mise au-dessus du législateur. Le texte promet des secours publics, l'enseignement public, des fêtes nationales, un Code civil commun à tout le royaume.

Titre II. *De la division du royaume et de l'état des citoyens.* — « Le royaume est un et indivisible ; son territoire est distribué en 83 départements ; chaque département en districts ; chaque district en cantons ». — Suivent des règles très faciles sur l'acquisition et la perte de la qualité de Français.

67. Titre III. *Des pouvoirs publics.* — La souveraineté « une, indivisible, inaliénable et imprescriptible », appartient à la nation qui ne peut l'exercer que par délégation. Le pouvoir législatif est délégué à une

Assemblée élue, le pouvoir exécutif au roi, le pouvoir judiciaire à des juges élus.

Chapitre Ier. *De l'Assemblée nationale législative.* — Elle est unique et permanente. Elle se renouvelle en entier de plein droit tous les deux ans. Le roi ne peut la dissoudre. Elle comprend 745 membres, outre ceux des colonies; 247 représentent le territoire à raison de 3 par département, sauf Paris qui n'a de ce chef qu'un député; 249 représentent la population et 249 la contribution directe, selon l'importance du département aux deux points de vue.

Elle est élue au suffrage à deux degrés. — Les Assemblées primaires se réunissent au chef-lieu de canton, de plein droit, le deuxième dimanche de mars, tous les deux ans. En sont membres, les citoyens actifs, c'est-à-dire les Français, âgés de 25 ans, domiciliés dans le canton, payant une contribution directe égale à la valeur de trois journées de travail, inscrits au rôle des gardes nationales, ayant prêté le serment civique. Les accusés, les faillis, les insolvables en sont exclus. Ces Assemblées nomment les électeurs à raison d'un électeur pour cent citoyens actifs. L'électeur doit être citoyen actif et être propriétaire, usufruitier ou locataire d'un bien d'une certaine valeur, variable selon les localités. — L'Assemblée électorale se réunit au chef-lieu du département, de plein droit le dernier dimanche de mars. Tous les citoyens actifs du département peuvent être élus députés, sauf les incompatibilités. Le député sortant est rééligible une fois, puis il doit laisser passer une législature.

Le député représente la nation, et non le département qui le nomme. Il n'a pas de mandat impératif.

Des suppléants, en nombre égal au tiers du nombre des représentants, sont nommés en même temps.

Les députés se réunissent de plein droit le premier lundi de mai, sous la présidence provisoire du doyen d'âge. Ils vérifient leurs pouvoirs et élisent leur bureau dès qu'il y a 373 membres vérifiés. Le chiffre de 373

est nécessaire pour les votes pendant le mois de mai.
Les retardataires peuvent être frappés d'amende par
l'Assemblée.

Les représentants prêtent serment de vivre libres
ou mourir et jurent fidélité à la Constitution. Ils sont
inviolables sauf le cas de flagrant délit, à moins que
l'Assemblée n'autorise la poursuite ou l'arrestation.

68. Chapitre II. *De la royauté, de la régence et des
ministres.* — La royauté est indivisible, héréditaire de
mâle en mâle, par ordre de primogéniture. Le roi des
Français — c'est son seul titre — est inviolable et
sacré; il est soumis à la loi; à sa majorité ou à son
avènement, il prête serment à la nation, à la loi, à la
Constitution. Il est réputé abdiquer lorsqu'il refuse ou
rétracte le serment, lorsqu'il dirige une force armée
contre la nation, lorsqu'il refuse de rentrer en France
sur l'invitation du Corps législatif. Ses biens particuliers font partie du domaine de la nation. Sa liste
civile est fixée au début du règne par le Corps législa-
latif.

Les ministres sont nommés par le roi. Les députés,
les membres du tribunal de cassation, les personnes
portées sur la liste du haut jury ne peuvent être ministres, deux ans encore après avoir perdu leur qualité.
La signature d'un ministre est nécessaire pour qu'un
ordre royal soit exécutoire. Les ministres sont responsables et peuvent être accusés par le Corps législatif pour
les actes qui attentent à la sûreté nationale, à la Constitution, à la propriété, à la liberté individuelle et pour
les dissipations de deniers. Leur responsabilité n'est
pas dégagée par un ordre même écrit du roi. Ils doivent, à l'ouverture de chaque session, rendre compte
des dépenses au Corps législatif.

69. Chapitre III. *De l'exercice du pouvoir législatif.*
— L'Assemblée a seule l'initiative et le vote des lois.
Le texte énumère les objets qui ne peuvent être réglés
que par une loi. En outre, l'Assemblée déclare la
guerre sur la proposition du roi, réclame la paix,

ratifie les traités de paix, d'alliance et de commerce. Elle fixe le lieu de ses séances, en a la police et peut requérir la force armée; elle se proroge elle-même, exerce la discipline sur ses membres. Elle fait son règlement intérieur, dont la Constitution fixe quelques points (publicité des séances, etc.).

Le roi peu refuser sa sanction aux lois votées par l'Assemblée; mais la loi votée par trois législatures successives ne peut être repoussée. Certains actes sont valables sans la sanction royale; ils portent en général le nom de *décret*.

Le roi, averti par l'Assemblée de sa constitution, peut ouvrir et clore la session en personne. Il peut aussi en cas de besoin convoquer le Corps législatif prorogé. Il correspond avec lui par des messages contresignés par un ministre; il peut être reçu par l'Assemblée, alors celle-ci cesse d'être un corps délibérant.

Les ministres ont entrée au Corps législatif; ils peuvent être entendus en toute matière, mais n'ont droit à la parole que pour les affaires de leur département.

70. Chapitre IV : *De l'exercice du pouvoir exécutif*. — Le roi, qui n'a pas l'initiative des lois et ne peut que recommander un objet à l'attention du Corps législatif, a le pouvoir exécutif suprême. Il est le chef de l'administration générale; il a le commandement des armées et est chargé de veiller à la sûreté extérieure du royaume. La Constitution énumère les fonctions dont il nomme les titulaires.

Il est chargé de promulguer tous les actes du Corps législatif et de les envoyer aux tribunaux. Il ne peut faire que « des proclamations conformes aux lois pour en ordonner ou en rappeler l'exécution ».

Il dirige seul les relations diplomatiques et la guerre; il signe les traités. La guerre est déclarée au nom de la nation.

Les administrateurs élus des départements et des districts n'ont aucun caractère représentatif, aucune action sur les pouvoirs législatif, judiciaire, militaire. Leurs attributions ont trait essentiellement à l'impôt; elles sont fixées par la loi. Le roi peut annuler leurs actes et les suspendre, sauf à en référer au Corps législatif qui peut les dissoudre et les renvoyer aux tribunaux.

71. Chapitre V : *Du pouvoir judiciaire.* — Il doit être rigoureusement séparé des pouvoirs législatif et exécutif. La justice par commissaires est prohibée. La loi ne peut toucher au droit des citoyens de constituer dés arbitres.

La justice est rendue gratuitement par des juges élus à temps par le peuple et institués par le roi, inamovibles, sauf le cas de forfaiture. Il y aura des juges de paix pour concilier les affaires civiles. Le jury sera établi en matière criminelle, pour l'accusation et le jugement. L'accusateur public sera élu. Des garanties sont données contre l'arbitraire et les abus de pouvoir.

Un tribunal de cassation assure l'exacte observation des lois en annulant les décisions illégales.

Une Haute-Cour, qui comprend un haut jury et des membres du tribunal de cassation, juge, sur l'accusation du Corps législatif, les ministres et les attentats à la sûreté de l'Etat.

Le roi nomme auprès des tribunaux des commissaires pour assister aux procès criminels, requérir l'application de la loi, faire exécuter les jugements, dénoncer certains délits.

Il est rendu compte annuellement au Corps législatif de l'administration de la justice. Il lui est référé pour l'interprétation de la loi lorsqu'après deux cassations, une troisième sentence, conforme aux premières, a été rendue.

TITRE IV : *De la force publique.* — TITRE V : *Des contributions publiques.* — TITRE VI : *Des rapports de la nation française avec les nations étrangères.*

72. TITRE VII : *De la révision des décrets constitutionnels.* — « La nation a le droit imprescriptible de changer sa constitution » mais « par les moyens pris dans la Constitution même ». Il y a lieu à révision lorsque trois législatures en ont émis le vœu; la sanction royale n'est pas nécessaire. La quatrième législature augmentée de 249 membres élus pour la population, fait la révision en se limitant aux points indiqués; puis les 249 membres supplémentaires se retirent. Les députés de la troisième législature sont inéligibles à la quatrième.

TITRE VIII : *Dispositions diverses.*

CHAPITRE VI

LA CONSTITUTION DE 1793

73. La C. de 1791 dura moins d'une année. Le 10 août 1792, l'Assemblée législative vota deux lois provisoires. L'une suspendait le roi de ses pouvoirs jusqu'à la décision d'une Convention nationale, donnait asile dans l'enceinte du Corps législatif à la famille royale jusqu'au rétablissement de l'ordre et chargeait une Commission de préparer un projet relatif à une Convention nationale ; un autre organisant le nouveau ministère, un dernier sur l'éducation du prince royal. — L'autre loi réglait l'exercice provisoire du pouvoir exécutif. Les six ministres étaient nommés par l'Assemblée d'après un mode bizarre et compliqué. Les actes du Corps législatif avaient force de loi sans la sanction royale.

Le 11 août fut votée la loi relative à l'élection de la Convention. Elle admet aux assemblées primaires tous les Français âgés de 21 ans, ayant un an de domicile, vivant de leur travail ou de leurs revenus, à l'exception des domestiques. Pour être électeur ou député, il fallait de plus l'âge de 25 ans. C'était presque le suffrage universel, mais à deux degrés encore. Les représentants devaient être investis d'une confiance illimitée. Les Assemblées durent jurer « de maintenir la liberté et l'égalité ou de mourir en les défendant ».

74. La Convention, dans sa première séance (21 septembre 1792) vota l'abolition de la royauté et la proclamation de la République vainement demandées à l'Assemblée législative par des pétitions des Marseillais, puis des Parisiens (9 août 1791). Le même jour, il fut déclaré qu' « il ne peut y avoir de constitution que celle qui est acceptée par le peuple ».

Le 11 octobre 1792, un comité de constitution composé en majeure partie de Girondins fut nommé. Le rapport de Condorcet fut déposé le 15 février 1793. La discussion subit le contre-coup des querelles politiques qui déchiraient la Convention. Commencée le 17 avril, elle fut arrêtée après le vote de la Déclaration des droits de l'homme, par l'insurrection du 31 mai et la chute des Girondins.

75. Une brève analyse suffira pour la C. girondine. Elle comprend une Déclaration des droits en 33 articles et 13 titres comptant ensemble 334 articles.

La Déclaration des droits supprime la mention de l'Etre Suprême. Elle ajoute à la liste des droits naturels de l'homme, la garantie sociale qui signifie que la société doit garantir à chacun l'exercice de ses droits naturels. Elle cite la liberté des cultes, du travail, du commerce et de la culture. La personne humaine est inaliénable. Il y a oppression lorsque la loi viole les droits civils, politiques et naturels qu'elle doit garantir.

La Constitution distingue la division administrative et la division politique. Le district est supprimé et remplacé par de grandes communes divisées en sections.

Sont électeurs, tous les Français âgés de 21 ans et remplissant certaines conditions de résidence. Celles-ci ne sont pas requises pour l'éligibilité.

Les assemblées primaires comptent de 400 à 900 électeurs. Elles élisent tous les fonctionnaires, interviennent dans la confection des lois et des constitutions, délibèrent tous les dimanches sur les affaires publiques et communales. Les administrations locales sont nommées par elles. Le gouvernement peut nommer dans leur sein un commissaire. Elles peuvent proposer des lois au Corps législatif.

Le pouvoir exécutif est confié à ses ministres élus par le peuple. Ils délibèrent en commun ; ils n'ont pas l'initiative des lois. Le Corps législatif peut les accuser devant un jury national.

Le peuple nomme trois commissaires de trésorerie pour le maniement des fonds et trois commissaires de comptabilité.

Le Corps législatif comprend une assemblée annuelle. Il rend soit des lois, actes généraux et durables, soit des décrets, actes individuels et passagers.

Tout citoyen peut saisir une assemblée primaire d'une censure sur les actes des pouvoirs publics. La demande approuvée par une assemblée est soumise à toutes les assemblées du département. Il suffit que dans deux départements la majorité soit favorable à la censure pour que toutes les assemblées primaires soient saisies.

Les Conventions nationales se réunissent tous les vingt ans sur un vote du Corps législatif ou des assemblées primaires. Les modifications qu'elles apportent à la Constitution sont soumises à la ratification du peuple.

En matière judiciaire, l'arbitrage est obligatoire. Le jury est étendu aux affaires civiles. Le tribunal de cassation est remplacé par des censeurs judiciaires en tournées.

76. Les Montagnards chargèrent le Comité de salut public de rédiger une constitution. Le rapport de Hérault de Séchelles fut déposé le 10 juin 1793 et la Constitution votée entre le 11 et le 24. Soumise au plébiscite (9 août 1793), elle fut approuvée par 1,801,918 voix contre 11,610.

Elle comprend une Déclaration des droits en 35 articles et 124 articles groupés sous 25 rubriques.

77. La déclaration est faite « en présence de l'Être Suprême » et invoque les motifs indiqués en 1791. Elle distingue la société qui a pour but le bonheur commun et le gouvernement « institué pour garantir à l'homme la jouissance et les droits naturels et imprescriptibles ». Ces droits sont : l'égalité devant la nature et la loi et devant les emplois publics ; la liberté qui est « le pouvoir de faire tout ce qui ne nuit pas aux droits d'autrui » ; la sûreté qui consiste dans la protection

accordée par la société à chacun de ses membres pour
la conservation de sa personne, de ses droits et de ses
propriétés ; la propriété qui est « le droit de jouir et
de disposer à son gré de ses revenus, du fruit de son
travail et de son industrie » ; nul ne peut en être privé
que pour une nécessité publique et moyennant une
juste et préalable indemnité.

Sont reconnues les libertés d'opinion, de parole, de
presse, de réunion, de culte, de travail, de culture, de
commerce, de pétition.

La personne humaine est inaliénable. Tout engagement à vie est nul. Il n'y a pas de domesticité.

La loi est l'expression de la volonté générale. « Elle
ne peut ordonner que ce qui est juste et utile à la
société » ; elle « doit protéger la liberté publique et
individuelle contre l'oppression de ceux qui gouvernent ». De là de nombreuses garanties pour l'arrestation et le jugement des accusés.

« Chaque citoyen a un droit égal de concourir à la
formation de la loi et à la nomination de ses mandataires ou de ses agents » ; à l'établissement et à l'emploi
des contributions établies pour l'utilité publique.

La société est tenue de donner l'instruction et les
secours.

La garantie sociale assure à tous la jouissance et la
conservation des droits ; les conditions sont : des limites
claires aux fonctions publiques, la responsabilité des
fonctionnaires.

La souveraineté une, indivisible, inaliénable et
imprescriptible, réside dans le peuple entier et non
dans une fraction. La mort est due à quiconque l'usur-
perait. Le peuple a toujours le droit de changer sa
constitution.

Les fonctions publiques constituent des devoirs ;
elles sont temporaires et entraînent responsabilité.

« La résistance à l'oppression est la conséquence des
autres droits de l'homme : il y a oppression contre le
corps social lorsqu'un seul de ses membres est opprimé ;

il y a oppression contre chaque membre, lorsque le corps social est opprimé.

»Quand le gouvernement viole les droits du peuple, l'insurrection est pour le peuple et pour chaque portion du peuple, le plus sacré des droits et le plus indispensable des devoirs » (art. 33-5).

78. I. *De la République.* — Elle est une et indivisible.

II. *De la distribution du peuple.* — Il est distribué pour l'exercice de sa souveraineté en assemblées primaires de canton; pour l'administration et la justice, en départements, districts, municipalités.

III. *De l'état des citoyens.* — L'exercice des droits de citoyen est subordonné à de faciles conditions. L'âge de 21 ans suffit. Les étrangers sont largement admis.

IV. *De la souveraineté du peuple.* — Le peuple souverain nomme les députés, délibère sur les lois, nomme les électeurs qui choisissent les fonctionnaires administratifs et judiciaires.

V. *Des assemblées primaires.* — Elles se composent de 200 à 600 citoyens domiciliés dans le canton depuis six mois au moins. Elles nomment leurs bureaux, font leur police. Le vote a lieu au scrutin ou à haute voix, au gré du votant.

VI. *De la représentation nationale.* — Elle a pour base unique la population. Il y a un député pour 40,000 habitants. Il est élu à la majorité absolue au premier tour, à la majorité relative et au besoin au bénéfice de l'âge ou du sort, au deuxième tour. Tout électeur est éligible. Le député représente la nation entière. L'élection a lieu le 1er mai de chaque année.

VII. *Des assemblées électorales.* — Elles se composent de membres choisis par les assemblées primaires, à raison d'un membre si l'assemblée a 300 citoyens au plus, de deux si elle compte plus de 300 citoyens.

VIII-IX-X. *Du Corps législatif. Tenue des séances du Corps législatif. Fonctions du Corps législatif.* — Il est unique, indivisible, annuel, permanent. Il se réunit le 1er juillet de chaque année, et ne se constitue que si la

majorité absolue de ses membres est présente. Ses
membres sont inviolables et irresponsables, sauf le cas
de flagrant délit et l'autorisation de l'assemblée. Son
règlement est en partie fixé par la Constitution. Il
propose des lois et rend des décrets sur des objets
énumérés par le texte.

XI. *De la formation de la loi.* — La loi, précédée
d'un rapport, est votée par le Corps législatif, imprimée et envoyée aux communes. Elle devient définitive
si dans les quarante jours il n'y a pas de réclamation
formulée par un dixième des Assemblées primaires
dans la moitié plus un des départements. S'il y a
réclamation, toutes les assemblées primaires sont con-
sultées sur la loi.

XII. *Intitulé des lois et décrets.* — « Au nom du peuple français ».

XIII-XIV. *Du conseil exécutif. Des relations du conseil exécutif avec le Corps législatif.* — Il se compose
de vingt-quatre membres élus par le Corps législatif
sur une liste élue par les électeurs à raison d'un candidat par département. Il est renouvelé par moitié à la
fin de chaque session. Il est chargé de l'administration
générale, de l'exécution des lois et décrets. Il nomme
hors de son sein les agents en chef de l'administration
dont le Corps législatif fixe le nombre et les fonctions,
les agents extérieurs. Il négocie les traités. Il est
responsable devant le Corps législatif. Il y a entrée et
place séparée, il est entendu lorsqu'il a un compte à
rendre ou sur l'invitation de l'assemblée.

XV. *Des corps administratifs et municipaux.*

XVI. *De la justice civile.* — Elle est rendue par des
arbitres convenus; par des juges de paix et des arbitres publics élus annuellement.

XVII. *De la justice criminelle.* — Elle est rendue par
des jurés qui statuent sur « le fait et l'intention » et des
tribunaux criminels élus annuellement qui appliquent
la peine. La mise en accusation est prononcée par
d'autres jurés.

XVIII. *Du tribunal de cassation.* — Il est unique. Il n'examine pas le fond des procès, mais recherche si la loi a été violée. Il est élu annuellement.

XIX. *Des contributions publiques.* — XX. *De la trésorerie nationale.* — XXI. *De la comptabilité.* — XXII. *Des forces de la République.*

XXIII. *Des Conventions nationales.* — Ce sont des assemblées ordinaires, excepté qu'elles ont le droit de réviser, sur des points indiqués à l'avance, la Constitution. Le peuple est consulté sur leur convocation lorsqu'un vœu de révision a été formulé par un dixième des assemblées primaires dans la moitié plus un des départements.

XXIV. *Des rapports de la République française avec les nations étrangères.* — XXV. *De la garantie des droits.*

CHAPITRE VII

79. La C. de 1793, qui ne fixait pas de date pour sa mise en activité, ne fut jamais appliquée. La L. du 19 vendémiaire An II déclara le gouvernement révolutionnaire jusqu'à la paix, plaça le conseil exécutif, les ministres, les généraux, tous les corps constitués sous la surveillance du Comité de salut public qui devait, tous les huit jours, rendre compte à la Convention.

Le gouvernement révolutionnaire fut organisé par la L. du 14 frimaire An II. Elle plaça dans la Convention « le centre unique de l'impulsion du gouvernement ». Les corps constitués et les fonctionnaires furent mis sous l'inspection des Comités de salut public. Les deux Comités devaient rendre compte à la Convention tous les mois. Le Comité de salut public était en outre chargé « des opérations majeures en diplomatie ». Les représentants en mission aux armées étaient sous sa dépendance, devaient correspondre avec lui chaque jour, ne pouvaient suspendre les généraux sans lui en référer. D'autres représentants devaient aller épurer les autorités locales, également subordonnées aux Comités. Les tribunaux durent rendre compte tous les dix jours au conseil exécutif.

La L. du 12 germinal An II supprima le conseil exécutif et les ministres, et institua douze commissions composées en général de deux membres et d'un adjoint. La Convention les nommait sur la présentation du Comité de salut public auquel, d'ailleurs, elles étaient subordonnées. La L. du 16 fructidor an II porta à 16 le nombre des comités.

80. La C. du 5 fructidor An III remplaça celle de 1793 sans que celle-ci eût été expressément abrogée, tant elle semblait oubliée et impossible. Elle avait pourtant été réclamée par Lecointre dans la séance du 29 ventôse An III et par les insurrections du 12 germinal et du 1er prairial An III comme elle le fut plus tard par les Babouvistes. Mais la commission nommée le 4 floréal An III pour préparer les lois organiques de la C. de 1793 reconnut que celle-ci était inapplicable et proposa un nouveau projet.

81. La C. de l'An III comprend : une déclaration des droits en 22 articles, une déclaration des devoirs en 9 articles, un préambule en 2 articles, 14 titres comptant 377 articles.

La *Déclaration des droits* est proclamée « en présence de l'Être Suprème ». Son contenu ne diffère guère du texte de 1791. « Les droits de l'homme en société sont la liberté, l'égalité, la sûreté, la propriété ». Les définitions ne changent pas sensiblement. Il faut en dire autant pour la notion de la loi et les garanties données à la liberté individuelle. — « Aucune loi ni criminelle ni civile ne peut avoir d'effet rétroactif. Les contributions publiques sont établies pour l'utilité générale et proportionnellement aux facultés de chacun ». « Chaque citoyen a un droit égal de concourir, immédiatement ou médiatement, à la formation de la loi, à la nomination des représentants du peuple et des fonctionnaires ». La souveraineté appartient à l'universalité des citoyens ; nul ne peut se l'attribuer. Les fonctions publiques dérivent d'une délégation légale et ne peuvent devenir la propriété des titulaires. Les conditions de la garantie sociale sont : la division et les limites des pouvoirs, la responsabilité des fonctionnaires.

Quant à la *Déclaration des devoirs*, elle échappe à l'analyse.

Le préambule proclame que la République française est une et indivisible et que l'universalité des citoyens français est le souverain.

82. TITRE I : *Division du territoire*. — Le territoire est divisé par le Corps législatif en départements subdivisés en cantons et en communes. La Constitution s'applique aux colonies, également divisées en départements.

TITRE II : *Etat politique des citoyens.* — Le droit de vote et l'accès des fonctions publiques sont réservés aux citoyens. Les conditions se rapprochent de celles de 1791. L'âge est abaissé à 21 ans ; il faut savoir lire et écrire, exercer une profession manuelle.

TITRE III : *Assemblées primaires.* — Il y a dans chaque commune comptant moins de 5,000 habitants une assemblée communale qui élit les agents et leurs adjoints ; — dans chaque canton une ou plusieurs assemblées primaires comptant entre 450 et 900 citoyens ayant un an de résidence dans le canton. Elles nomment un bureau, ont leur police et statuent sur la qualité de citoyen sauf les droits des tribunaux et du Corps législatif. Elles se réunissent de plein droit le 1er germinal de chaque année pour élire les électeurs et divers fonctionnaires.

Elles sont convoquées pour la révision de la Constitution. Le vote est secret. La corruption est punie de la perte temporaire puis définitive des droits de citoyen. Nul ne peut paraître armé à l'assemblée, voter deux fois ou par procuration.

TITRE IV : *Assemblées électorales.* — Chaque assemblée primaire nomme annuellement de un à quatre électeurs, rééligibles après deux ans. Les conditions requises sont outre la qualité de citoyen la possession comme propriétaire usufruitier ou locataire d'un bien d'une valeur déterminée. — L'assemblée électorale se réunit pour dix jours au plus le 20 germinal de chaque année. Elle élit les membres du Corps législatif, du tribunal de cassation, des tribunaux civils et criminels, les hauts jurés, les administrateurs du département. Elle ne peut, sans commettre un attentat à la sûreté générale, se réunir spontanément, correspondre avec d'autres, recevoir des pétitions, émettre des vœux. — Ses opérations ne sont vérifiées que par le Corps législatif. Mais le commissaire départemental du Directoire peut se faire communiquer les procès-verbaux et dénoncer les infractions à la Constitution.

83. Titre V : *Pouvoir législatif. — Dispositions générales.* — Le Corps législatif se compose de deux assemblées renouvelées par tiers tous les ans. Il est permanent, mais peut s'ajourner. Il se réunit de plein droit le 1er prairial de chaque année. Il n'a aucune part au pouvoir exécutif et au pouvoir judiciaire. Il ne peut déléguer ses attributions ni créer des comités permanents. Ses membres ne peuvent exercer les fonctions publiques, ni garder leurs sièges plus de six années consécutives après lesquelles un intervalle de deux ans est nécessaire. Ils représentent la nation entière. Leur indemnité est fixée à la valeur de trois mille myriagrammes de froment.

La population est l'unique base de la représentation fixée tous les dix ans par le Corps législatif. Il n'y a pas lieu à élections partielles à moins que l'un des Conseils ne perde plus d'un tiers de ses membres.

Les deux Conseils siègent séparés mais dans le même lieu, et publiquement. Ils nomment leur bureau chaque mois et ont la police sur leurs membres et dans leur résidence. Ils n'assistent à aucune cérémonie publique. Ils ont une garde.

Conseil des Cinq-Cents. — Ses membres doivent avoir l'âge de trente ans et résider en France depuis dix ans au jour de leur élection. Il a seul l'initiative des lois. Son règlement est en partie fixé par la Constitution.

Conseil des Anciens. — Il compte 250 membres. Les conditions requises sont : l'âge de 40 ans, la qualité de marié ou veuf, la résidence en France depuis quinze ans. Il approuve ou rejette les résolutions votées par l'autre Conseil, sans pouvoir les amender. La résolution approuvée devient une loi : la résolution rejetée ne peut être représentée avant un an. Les Anciens ont seuls le droit de changer la résidence du Corps législatif; leur décret est exécutoire sous peine d'attentat à la sûreté de l'Etat. Le règlement est en partie fixé par la Constitution.

Garantie des membres du Corps législatif. — Ils sont irresponsables et inviolables, sauf le cas de flagrant délit et l'autorisation du Corps législatif. Celui-ci peut les renvoyer devant la Haute-Cour pour des faits déterminés. Ils sont alors suspendus. L'inviolabilité commence au jour de l'élection et cesse trente jours après la fin des fonctions.

Relations des deux Conseils entre eux. — Ils s'avertissent l'un l'autre de leur constitution et correspondent par quatre messagers élus. L'un des Conseils ne peut s'ajourner plus de quatre jours sans l'assentiment de l'autre.

Promulgation des lois. — Elle est faite, dans la forme prescrite, par le Directoire exécutif dans les deux jours du vote, ou le jour même si l'urgence a été déclarée.

84. Titre VI : *Pouvoir exécutif*. — Il est délégué à un Directoire exécutif comptant 5 membres élus par les Anciens sur une liste décuple formée par les Cinq-Cents. Les directeurs doivent avoir 40 ans et avoir été ministres ou membres du Corps législatif. Les députés en fonctions sont inéligibles encore un an après la fin de leur mandat.

Le Directoire se renouvelle par cinquième tous les ans ; le membre sortant est inéligible pendant cinq ans. Il lui faut trois membres au moins pour délibérer. Chaque membre à tour de rôle le préside pendant trois mois.

Il pourvoit à la sûreté intérieure et extérieure du pays, peut faire des proclamations conformes aux lois et pour leur exécution, dispose de la force armée sans la commander, peut décerner des mandats d'arrêt contre les conspirateurs, et nomme à certaines fonctions énumérées.

Les ministres (six au moins, huit au plus) doivent avoir 30 ans et n'être ni parents ni alliés des directeurs.

Leurs attributions sont réglées par la loi. Ils ne forment pas un conseil et sont responsables.

Le Directoire peut inviter le Corps législatif à prendre tel objet en considération. Il lui doit chaque année un compte-rendu de la situation financière. Il réside dans le même lieu, ne peut s'absenter plus de cinq jours sans l'autorisation du Corps législatif. Il correspond avec les Conseils par les messagers d'Etat.

Les directeurs ont le logement, une garde et un traitement égal à la valeur de 50,000 myriagrammes de froment. Ils sont inviolables.

TITRE VII : *Corps administratifs et municipaux.*

85. TITRE VIII : *Pouvoir judiciaire. Dispositions générales.* — Il est profondément séparé des pouvoirs législatif et exécutif. Les commissions et tribunaux d'exception sont prohibés. Tout juge doit avoir trente ans. Il ne peut être destitué que pour forfaiture, et suspendu qu'après une mise en accusation.

Justice civile. — Les plaideurs ont le droit absolu de constituer des arbitres dont les décisions, à moins d'une convention contraire, sont sans appel. Chaque arrondissement a un juge de paix et des assesseurs élus tous les deux ans et rééligibles. Ils ont une compétence fixée par la loi, mais sont surtout chargés de concilier les plaideurs. Chaque département a un tribunal civil de vingt membres au moins, élus tous les cinq ans et rééligibles, outre cinq suppléants. Le Directoire y est représenté par un commissaire et un substitut. L'appel est porté à l'un des trois tribunaux similaires les plus voisins. Le tribunal nomme les présidents de ses sections. Le commerce a ses tribunaux.

Justice correctionnelle et criminelle. — Ici se retrouvent les garanties traditionnelles depuis 1789 en faveur de la liberté individuelle. Le juge de paix statue sur les délits dont la peine n'excède pas trois jours de prison ou la valeur de trois journées de travail. Les tribunaux correctionnels peuvent aller jusqu'à deux ans de prison. Il y en a de trois à six par département.

Ils sont composés d'un président pris parmi les juges du tribunal civil, de deux juges de paix ou assesseurs. Le Directoire y a un commissaire. L'appel va au tribunal criminel.

En matière criminelle, il y a : 1° les jurys d'accusation en nombre égal à celui des tribunaux correctionnels. Le président du tribunal correctionnel est directeur du jury et peut poursuivre certains crimes. Le commissaire du Directoire auprès du tribunal correctionnel remplit les mêmes fonctions auprès du jury d'accusation ; 2° les jurys de jugement, composés de douze membres au moins. Chaque département en a un. La décision du jury est souveraine ; 3° les tribunaux criminels composés d'un président et de quatre juges tirés tous les six mois du tribunal civil. Chaque département possède un tribunal criminel auprès duquel se trouvent un accusateur public chargé de poursuivre les verdicts d'accusation, de recevoir les dénonciations et de surveiller les officiers de police, et un commissaire du Directoire chargé de veiller à l'application de la loi et de faire exécuter les jugements.

Tribunal de cassation. — Il est unique. Il statue sur les demandes en cassation fondées sur les violations des lois de fond ou de forme, sur les renvois et les règlements de juges. Il annule, sur la dénonciation du Directoire, les actes contenant un excès de pouvoir. Il soumet le compte-rendu annuel de ses travaux au Corps législatif qui ne peut casser ses arrêts, mais seulement poursuivre les faits de forfaiture. Le nombre de ses membres ne peut excéder les trois quarts du nombre des départements. Ils sont élus, par cinquième chaque année, par les assemblées électorales à tour de rôle, et indéfiniment rééligibles. Chacun a un suppléant élu. Le gouvernement est représenté par un commissaire et des substituts.

Haute-Cour de justice. — Elle comprend : 1° cinq juges élus par le tribunal de cassation sur une liste de quinze membres tirés au sort ; ils nomment leur président; 2º deux accusateurs élus par le même tribunal dans son sein; 3º des hauts-jurés élus annuellement. Elle est compétente pour les accusations admises par le Corps législatif contre ses membres ou les directeurs. Le Conseil des Cinq-Cents la convoque, fixe son siège et rédige l'acte d'accusation.

TITRE IX : *Force armée.* — TITRE X : *Instruction publique.* — TITRE XI : *Contributions.* — TITRE XII : *Relations extérieures.*

86. TITRE XIII : *Révision de la Constitution.* — Elle a lieu sur la proposition des Anciens ratifiée par les Cinq-Cents, réitérée trois fois d'année en année. Elle est faite par une assemblée spéciale à laquelle chaque département envoie deux membres réunissant les conditions requises pour les Anciens. L'assemblée de révision ne peut délibérer que sur les points indiqués et pendant trois mois au plus. Ses décisions sont soumises à la ratification des assemblées primaires. Ses membres sont irresponsables et inviolables.

TITRE XIV : *Dispositions générales.*

La Constitution fut complétée par les lois du 5 et du 13 fructidor An III, qui règlent les détails de la transition au nouveau régime, et qui ont pour but principal d'imposer aux électeurs l'obligation de faire entrer dans les Conseils nouveaux les deux tiers des membres de la Convention.

Les deux lois et la Constitution furent soumises au plébiscite le 1er vendémiaire An IV. La Constitution fut approuvée par 1,057,390 voix contre 49,977; les deux lois par 167,758 voix contre 95,373. Il y avait quatre millions d'électeurs.

CHAPITRE VIII

LA CONSTITUTION DE L'AN VIII ET LE PREMIER EMPIRE

87. Constamment violée par tout le monde, la C. de l'An III succomba sans difficulté le 18 brumaire de l'An VIII. L'acte voté le 19 brumaire par une petite fraction des Cinq-Cents et par une forte majorité des Anciens, ajourne le Corps législatif pour trois mois, nomme une commission consulaire exécutive « investie de la plénitude du pouvoir directorial » et deux commissions de vingt-cinq membres élues respectivement par les deux Conseils et chargées d'expédier les affaires urgentes. Ces deux commissions devaient préparer des changements à la Constitution, sans autre but « que de consolider, garantir et consacrer inviolablement la souveraineté du peuple français, la République une et indivisible, le système représentatif, la liberté, l'égalité, la sûreté et la propriété ». La commission consulaire pouvait leur proposer ses vues. En fait, elles subirent l'influence prépondérante de Bonaparte qui fit modifier dans un sens monarchique le plan apporté par Sieyès.

88. La Constitution née de ces travaux porte la date du 22 frimaire An VIII. Soumise à l'approbation populaire, elle fut ratifiée par 3,011,007 voix contre 1,562 (plébiscite publié le 18 pluviôse An VIII). Elle compte 7 titres et 95 articles.

TITRE I : *Exercice des droits de cité.* — La République française est une et indivisible. Son territoire européen est distribué en départements et arrondissements communaux. Les citoyens de l'arrondissement communal élisent un dixième d'entre eux pour former la liste communale de notabilité où devront être pris les fonctionnaires communaux. Cette liste élit un dixième de ses membres pour former la liste départementale appelée à fournir les fonctionnaires des départements. Cette dernière liste élit enfin un dixième de ses membres pour former la liste nationale des éligibles aux fonctions publiques. Les listes sont complétées et peuvent être modifiées tous les trois ans.

89. Titre II : *Sénat conservateur.* — Il statue sur les actes qui lui sont déférés comme inconstitutionnels par le gouvernement ou le Tribunat et choisit sur la liste nationale les Consuls, les membres du Corps législatif, du Tribunat, du tribunal de cassation et les commissaires de comptabilité. Ses séances ne sont pas publiques.

Il se compose de 80 membres inamovibles et à vie, âgés de 40 ans au moins. Il se recrute lui-même entre les candidats proposés par le Premier Consul, le Tribunat et le Corps législatif; il ne peut repousser le candidat présenté simultanément par les trois pouvoirs. Le Premier Consul sortant de charge est nécessairement sénateur; c'est une faculté pour les deux autres, sauf s'ils sont démissionnaires. Les sénateurs reçoivent un traitement et sont inéligibles à toute fonction publique.

90. Titre III : *Pouvoir législatif.* — Toute loi doit être proposée par le Gouvernement, communiquée au Tribunat, décrétée par le Corps législatif.

Le Tribunat se compose de 100 membres âgés de 25 ans, renouvelés par cinquième tous les ans et indéfiniment rééligibles. Il discute et vote l'adoption des lois, et envoie trois de ses membres pour défendre son opinion devant le Corps législatif. Il peut dénoncer au Sénat les actes inconstitutionnels, émettre des vœux, sauf sur des procès.

Le Corps législatif se compose de 300 membres âgés de 30 ans, renouvelés par cinquième tous les ans et rééligibles après un an. Tous les départements doivent y être représentés. Sa session dure quatre mois à dater du 1er frimaire. Il vote la loi sans la discuter, après avoir entendu les orateurs du gouvernement et ceux du Tribunat. La loi votée est promulguée le dixième jour qui suit le vote. Deux cents personnes peuvent assister aux séances des deux Assemblées.

91. Titre IV : *Gouvernement* (¹). — « Le gouvernement est confié à trois consuls, nommés pour dix ans et indéfiniment rééligibles ». Chacun est élu avec son rang.

Le Premier Consul a pour attributions propres la promulgation des lois et la nomination des fonctionnaires, sauf les juges de paix et de cassation. Pour les autres actes, les deuxième et troisième Consuls ont voix consultative.

Le Gouvernement propose les lois et fait les règlements nécessaires pour leur exécution ; il dirige les recettes et les dépenses conformément à la loi, et la fabrication des monnaies ; il pourvoit à la sûreté intérieure et extérieure de l'Etat, dispose de la force armée, décerne les mandats contre les conspirateurs, entretient les relations diplomatiques, signe les traités et les soumet à l'approbation du Corps législatif.

Le Conseil d'Etat est chargé, sous la direction des Consuls, de préparer les projets de loi et les règlements d'administration publique, de résoudre les difficultés en matière administrative. Ses membres sont désignés par le Gouvernement pour défendre les projets de loi devant le Corps législatif.

Les ministres procurent l'exécution des lois et règlements. « Aucun acte du gouvernement ne peut avoir d'effet s'il n'est signé par un ministre ». Les adminis-

(¹) C'est sur ce point que la C. An viii s'écarte le plus du plan de Sieyès. Celui-ci faisait nommer à vie par le Sénat un grand électeur qui avait six millions de traitement, qui faisait rendre la justice en son nom, qui représentait la France aux yeux de l'étranger, et qui nommait et révoquait deux consuls, l'un pour la paix, l'autre pour la guerre, pris sur la liste nationale. Ceux-ci désignaient sur la même liste, les ministres, investis de l'autorité exécutive, un Conseil d'Etat intermédiaire nécessaire entre le gouvernement et les Assemblées. Le Sénat pouvait toujours « absorber » un fonctionnaire et couper court ainsi aux essais d'usurpation.

trations locales leur sont subordonnées. L'un d'eux est chargé du Trésor; il ne peut payer qu'en vertu d'une loi, d'un arrêté consulaire et d'un ordre ministériel. Les comptes des ministres sont publiés.

Les ministres et les conseillers d'Etat doivent être pris sur la liste nationale.

92. TITRE V : *Tribunaux.* — Chaque arrondissement communal a un ou plusieurs juges de paix élus pour trois ans par les citoyens, et dont la fonction principale est de concilier les plaideurs.

En matière civile, la loi organisera deux degrés de juridiction.

En matière criminelle, les deux jurys et le tribunal criminel sont maintenus. L'accusation est soutenue par le commissaire du gouvernement. Les délits seront jugés par des tribunaux correctionnels, avec appel aux tribunaux criminels.

Le tribunal de cassation est conservé sans changement.

Les juges de cassation sont pris sur la liste nationale; ceux d'appel et de première instance, sur la liste départementale; les juges de paix sur la liste communale.

Les magistrats, sauf les juges de paix, sont inamovibles, à moins qu'ils ne soient rayés des listes ou coupables de forfaiture.

93. TITRE VI : *Responsabilité des fonctionnaires publics.* — « Les fonctions des membres soit du Sénat, soit du Corps législatif, soit du Tribunat, celles des Consuls et des conseillers d'Etat, ne donnent lieu à aucune responsabilité ». Les délits de ces personnes ne peuvent être poursuivis qu'avec l'autorisation du corps auquel elles appartiennent.

Les ministres sont responsables des actes du Gouvernement déclarés inconstitutionnels, de leurs propres actes contraires à la Constitution, aux lois ou aux règlements, de l'inexécution des lois et règlements. Ils sont dénoncés par le Tribunat, mis en accusation par le

Corps législatif, jugés par une Haute-Cour, qui comprend des juges de cassation et des jurés pris sur la liste nationale.

Le tribunal de cassation désigne la juridiction compétente pour les délits professionnels des magistrats.

« Les agents du gouvernement autres que les ministres ne peuvent être poursuivis pour des faits relatifs à leurs fonctions qu'en vertu d'une décision du Conseil d'Etat ; en ce cas, la poursuite a lieu devant les tribunaux ordinaires » (art. 75).

TITRE VII : *Dispositions générales.*

94. La C. An VIII fut complétée par d'importantes lois organiques (L. 28 pluviôse An VIII sur l'administration ; L. 27 ventôse An VIII, sur l'organisation judiciaire ; L. 18 germinal An X, sur les cultes, etc.).

Elle n'arrêta pas d'ailleurs la série des actes arbitraires, seulement il existait désormais un corps suprême pour couvrir de son autorité toutes les violations de la Constitution. Par exemple le Scs. 15 nivôse An IX, approuva l'arrêté consulaire de la veille qui ordonnait la déportation sans jugement de 130 personnes.

95. Après la paix d'Amiens, le Tribunat émit le vœu (16 floréal An X) qu'une récompense nationale fût votée au Premier Consul. Le 18, le Sénat accorda la prorogation de ses pouvoirs pour dix ans. Le peuple, consulté par Bonaparte, lui conféra le consulat à vie par 3,568,185 voix contre 8,374.

Le plébiscite fut organisé par le Scs. du 16 thermidor An X, qui compte 10 titres et 86 articles.

96. TITRE I. — Il y a une assemblée par canton, un collège électoral par arrondissement, et un autre par département.

TITRE II : *Assemblées de canton.* — Elles se composent des citoyens domiciliées et inscrits dans la commune. Le gouvernement les convoque pour des objets et une durée qu'il fixe. Elles élisent notamment les membres des collèges électoraux, et proposent au premier consul deux citoyens pour chaque poste de juge de paix ou de suppléant.

donnée, ainsi que la formule exécutoire des jugements. Le texte prescrit en outre des formalités pour la rédaction et la conservation des lois et sénatusconsultes.

TITRE XVI. — Il règle la formule du plébiscite.

103. Le Sénat du premier empire rendit un grand nombre de Scs. J'en relève seulement trois. Un Scs. de 1805 permet au Sénat, en l'absence du Corps législatif, de voter une levée d'hommes. Celui du 19 août 1807 supprime tacitement le Tribunat en donnant la discussion des lois à trois commissions de 7 membres nommées par le Corps législatif. La commission compétente débat le projet devant le Corps législatif contradictoirement avec les orateurs du Conseil d'Etat. Le même acte exige l'âge de 40 ans pour les membres du Corps législatif. Le Scs. 15 novembre 1813 donne à l'Empereur la nomination du président du Corps législatif.

CHAPITRE IX

104. Le Scs. An x, art. 54 donnait au Sénat le droit de pourvoir aux cas non prévus. Ce texte suggéra à Talleyrand une ressource, le 30 mars 1814. 63 sénateurs (sur 142) répondirent à sa convocation et nommèrent un Gouvernement provisoire de 5 membres chargé de rédiger une Constitution dont les bases étaient indiquées (1er avril 1814). Les mêmes sénateurs votèrent le 3 avril la déchéance de Napoléon Ier, sous le prétexte de nombreuses violations de la Constitution que le Sénat avait d'ailleurs approuvées ou tolérées.

Ce vote fut ratifié le même jour par 77 voix sur 303 membres français du Corps législatif.

L'Empereur abdiqua le 4 avril sous la condition que sa dynastie et les institutions actuelles seraient maintenues, puis le 11 avril sans conditions.

Mais déjà le Gouvernement provisoire avait proposé un projet de constitution, et le Sénat l'avait voté (5 et 6 avril). Le Corps législatif donna son adhésion le 7 avril.

105. Les principes indiqués dans l'acte du 1er avril 1814 étaient : la conservation du Sénat et du Corps législatif sauf les réformes exigées par la liberté des élections et des opinions ; — le maintien des droits et avantages des militaires ; — la consécration de la dette publique et des ventes de biens nationaux ; — la liberté des cultes, de conscience et de la presse ; — l'amnistie pour toutes les opinions politiques.

La Constitution du 6 avril 1814 se compose de 29 articles sans classification et même sans ordre.

Elle rétablit, au profit de Louis XVIII et des Bourbons, la monarchie héréditaire de mâle en mâle par

122. La Constitution compte 12 chapitres et 116 articles.

Chapitre I : *Souveraineté.* — Inaliénable et imprescriptible, elle réside dans l'universalité des citoyens français.

Chapitre II : *Droits des citoyens garantis par la Constitution.*

Chapitre III : *Pouvoirs publics.* — « Tous les pouvoirs publics, quels qu'ils soient, émanent du peuple. Ils ne peuvent être délégués héréditairement. La séparation des pouvoirs est la première condition d'un gouvernement libre ».

Chapitre IV : *Pouvoir législatif.* — Il est délégué à une assemblée unique de 750 membres élus, d'après la population seulement, au suffrage universel direct et secret de tous les Français âgés de 21 ans et jouissant de leurs droits. Sont éligibles, les électeurs âgés de 25 ans, sauf les incapacités et les incompatibilités que fixera une loi électorale. L'élection se fait par département, au scrutin de liste ; le vote a lieu au chef-lieu de canton. La date est fixée par une loi ; sinon, les élections se font de plein droit le trentième jour qui précède le terme de la législature. — L'Assemblée est élue pour trois ans et se renouvelle intégralement. Ses membres sont rééligibles. — Elle est permanente, mais peut s'ajourner et nomme alors une commission de 25 membres qui partage avec le président de la République le droit de la convoquer. Elle désigne sa résidence et se donne une garde.

Chaque député représente le peuple entier. Le mandat impératif est nul. Les députés sont irresponsables et inviolables, à moins que l'Assemblée n'autorise les poursuites. Ils ne peuvent renoncer à leur indemnité. Les séances sont publiques ; mais l'Assemblée peut se former en comité secret. La présence de la moitié plus un des membres est requise pour la validité des votes. Les lois, sauf le cas d'urgence, sont soumises à trois délibérations. L'initiative des lois appartient à chaque député.

123. Chapitre V : *Pouvoir exécutif.* — Il est délégué à un Président de la République élu pour quatre ans, le deuxième dimanche de mai, au suffrage universel direct et secret. L'Assemblée vérifie la validité de l'élection et, si aucun candidat ne réunit la majorité absolue des votants et deux millions de voix, choisit elle-même entre les cinq noms les plus favorisés par le scrutin. Le Président doit être âgé de 30 ans et n'avoir jamais perdu la qualité de Français ; il n'est rééligible qu'après quatre ans : le même délai est imposé aux parents jusqu'au sixième degré du Président sortant et au Vice-Président.

Le Président de la République prête serment à la République et à la Constitution. Il a l'initiative et l'exécution des lois, la disposition, mais non le commandement de la force armée. Il ne peut céder une portion du territoire, dissoudre ni proroger l'Assemblée, suspendre la Constitution ou les lois. Il ne peut faire la guerre, signer un traité sans l'assentiment de l'Assemblée, ni faire grâce sans l'avis du conseil d'Etat. Une loi seule peut gracier ou amnistier les individus condamnés par la Haute-Cour.

Le Président promulgue les lois au nom du peuple, dans le mois du vote en principe, dans les trois jours si la loi est urgente. Pendant ce délai, il peut demander à l'Assemblée une seconde délibération, alors définitive. La promulgation, omise par le Président de la République, est faite par le président de l'Assemblée.

Le Président de la République reçoit les lettres de créance des ambassadeurs étrangers ; il préside aux solennités nationales ; il nomme et révoque les ministres ; il nomme et révoque en conseil des ministres les agents supérieurs, et sur la proposition du ministre compétent les agents secondaires de l'administration. Il peut suspendre pour trois mois les fonctionnaires électifs et même, avec l'avis du Conseil d'Etat, les destituer.

Il doit chaque année exposer à l'Assemblée l'état

des affaires de la République. Ses actes, sauf ceux qui concernent les ministres, doivent être contresignés par ceux-ci.

Les fonctionnaires, y compris le Président, sont responsables des actes du gouvernement et de l'administration. Toute atteinte portée par le Président aux droits de l'Assemblée est un crime de haute trahison ; dès lors, le pouvoir exécutif passe à l'Assemblée ; la Haute-Cour entre immédiatement en activité.

La loi fixe le nombre et les attributions des ministres. Ils ont entrée à l'Assemblée, peuvent y être entendus et se faire assister de commissaires nommés par le Président de la République.

Il y a un Vice-Président de la République, nommé par l'Assemblée entre trois candidats proposés par le Président et pris hors de sa famille, soumis au même serment, remplaçant le Président empêché.

Chapitre VI : *Conseil d'Etat*. — Il est consulté sur certains projets de loi du Gouvernement désignés par la loi, et sur les projets d'initiative parlementaire que l'Assemblée lui renvoie ; il prépare les règlements d'administration publique et peut être chargé par la loi de les rédiger ; il contrôle et surveille les fonctionnaires. La loi fixe ses autres attributions.

Ses membres sont nommés pour six ans, renouvelés par moitié et indéfiniment renouvelables. Ils ne peuvent être révoqués que par l'Assemblée sur la proposition du Président de la République. La présidence appartient au Vice-Président de la République.

Chapitre VII : *Administration intérieure*.

124. Chapitre VIII : *Pouvoir judiciaire*. — La justice est rendue gratuitement et publiquement au nom du peuple français.

Le Président de la République nomme, sous les conditions légales, les juges et le ministère public. Les juges, sauf les juges de paix, sont inamovibles et à vie, sous réserves des causes légales de révocation, suspension ou mise à la retraite. Les tribunaux spéciaux sont provisoirement conservés.

Les conflits d'attribution seront déférés à un tribunal dont les membres seront élus en nombre égal par la cour de cassation et le Conseil d'Etat. Le ministre de la justice préside. Le même tribunal connaît des recours formés contre les arrêts de la cour des comptes pour incompétence ou excès de pouvoir.

Les délits du Président de la République et des ministres, les attentats contre la sûreté de l'Etat sont déférés par l'Assemblée à la Haute-Cour. Celle-ci comprend : 1° cinq juges élus annuellement par la cour de cassation dans son sein et deux suppléants ; ils nomment leur président ; — 2° trente-six jurés et quatre suppléants tirés au sort sur une liste à laquelle chaque département fournit un conseiller général (non député) tiré au sort ; les récusations sont soumises au droit commun. Le ministère public est nommé suivant les cas par le Président de la République ou l'Assemblée. Les deux tiers des voix sont exigés pour la condamnation.

Le Président de la République n'est justiciable que de la Haute-Cour ; l'Assemblée peut renvoyer les ministres devant les tribunaux ordinaires.

Tout fonctionnaire peut être renvoyé par l'Assemblée ou le Président au Conseil d'Etat dont le rapport est publié.

Chapitre IX : *Force publique.* — Chapitre X : *Dispositions particulières.*

125. Chapitre XI : *Révision de la Constitution.* — Le vœu en doit être émis trois fois à un mois d'intervalle et à la majorité des trois quarts sur 500 votants au moins, pendant la dernière année d'une législature. Elle est faite par une assemblée de 900 membres, élus pour trois mois et qui doivent se borner, sauf les cas urgents, à la révision.

Chapitre XII : *Dispositions transitoires.*

126. La loi du 11 décembre 1848, conformément à l'article 115 de la Constitution, indiqua les sujets à régler par des lois organiques avant la séparation de

Titre III : *Collèges électoraux.* — Le collège d'arrondissement compte 1 électeur pour 500 habitants, 120 membres au moins, 200 au plus. Celui du département compte 1 électeur pour 1,000 habitants, entre 200 et 300 membres. Les électeurs sont élus à vie par les assemblées de canton entre les six cents plus fort imposés à la contribution foncière dont le ministre des finances dresse la liste. — Cessent d'être électeurs, ceux qui perdent la qualité de citoyen, ceux qui manquent à trois réunions successives, ceux que rayent les trois quarts des électeurs sur la proposition du Gouvernement. Les vides ne sont comblés que pour les assemblées de canton qui ont perdu un tiers de leurs électeurs. Nul ne peut être membre de deux collèges. Les fonctionnaires sont admis, mais non les membres du Corps législatif et du Tribunat. Le Premier Consul peut, à toute époque, ajouter à chaque collège d'arrondissement dix membres pris dans la Légion d'honneur ou signalés par leurs services, et à chaque collège de département, vingt membres dont dix pris dans la même catégorie, et dix pris parmi les plus fort imposés. Il nomme le président de chaque collège.

Le collège d'arrondissement présente deux citoyens, dont l'un au moins étranger au collège, pour former la liste qui donne les tribuns.

Le collège de département présente deux citoyens domiciliés dans le département, dont l'un au moins étranger au collège, pour former la liste qui donne les sénateurs.

Les deux collèges présentent chacun deux citoyens domiciliés dans le département dont l'un au moins étranger aux collèges, pour former la liste sur laquelle le Corps législatif doit être pris. Cette liste doit porter au moins trois noms par place.

Les collèges électoraux sont renouvelés par tiers tous les cinq ans.

97. Titre IV : *Consuls.* — Ils sont nommés à vie. Ils sont membres du Sénat et le président. Le Premier Consul présente au Sénat des candidats pour le deuxième et le troisième consulats; le troisième candidat est nécessairement nommé. De même, le Premier Consul peut désigner son successeur qui entre dès lors au Sénat, ou déposer aux archives du Sénat un vœu écrit qui sera connu à sa mort.

Le Premier Consul est remplacé dans les vingt-quatre heures de sa mort. S'il a laissé un vœu écrit, le Sénat choisit entre les candidats proposés par les deux autres Consuls et est tenu de se décider à la deuxième présentation. Son obligation ne naît qu'à la troisième, s'il n'existe pas de vœu écrit.

Les dépenses du gouvernement sont fixées par une loi au début de chaque consulat.

98. TITRE V : *Sénat.* — Il émet, sur l'initiative du Gouvernement des sénatusconsultes organiques, sur les matières constitutionnelles; il faut alors les deux tiers des voix; — des sénatusconsultes ordinaires sur divers objets spécifiés; la simple majorité suffit. Il conserve sa composition. Cependant, les membres du grand conseil de la Légion d'honneur y siègent de droit ainsi que les ministres qui n'y ont pourtant pas voix délibérative. En outre, le Premier Consul a le droit de nommer des sénateurs sans pouvoir porter le nombre total au delà de 120. Les sénateurs peuvent être Consuls, ministres, membres de la Légion d'honneur, inspecteurs de l'instruction publique ou employés à des missions extraordinaires et temporaires.

Le Premier Consul nomme un conseil privé composé, outre les Consuls, de deux ministres, deux sénateurs, deux conseillers d'Etat, deux grands-officiers de la Légion d'honneur. Le conseil privé délibère sur les projets de sénatusconsultes et donne son avis sur les traités que le Premier Consul ratifie et communique au Sénat avant de les publier.

99. TITRE VI : *Conseillers d'Etat.* — Ils ne peuvent être plus de cinquante. Ils se divisent en sections. Les ordre de primogéniture. Le roi, inviolable, a le pouvoir exécutif, la sanction des lois, le droit d'inviter les Chambres à s'occuper d'un objet, le droit de grâce, la nomination directe du ministère public et des premiers présidents, la nomination des magistrats sur la présentation du tribunal. Il reçoit le serment de tous les Français et jure fidélité à la Constitution.

Le Sénat compte de 150 à 200 membres nommés par le roi et héréditaires. Les princes y siègent à leur majorité. Les sénateurs de l'empire y entrent de droit. Le Sénat siège publiquement ou secrètement à son gré.

Le Corps législatif de trois cents membres est élu tous les cinq ans par les collèges électoraux. Il se réunit de plein droit le 1er octobre de chaque année. Il peut être convoqué extraordinairement par le roi; il peut être dissous, mais doit être remplacé dans les trois mois. Il discute et vote les lois. Il siège publiquement à moins d'un vote contraire.

Les deux Chambres ont l'initiative des lois; les lois de finances doivent commencer au Corps législatif. Leurs membres sont inviolables à moins d'autorisation de la Chambre; ils ne peuvent être jugés que par le Sénat.

Les ministres peuvent être pris dans leur sein; ils contresignent les actes royaux et en sont responsables.

Puis viennent les droits garantis.

106. Louis XVIII, pour sauvegarder le droit divin, écarta, dans la déclaration de Saint-Ouen (2 mai 1814), la constitution sénatoriale, sans en répudier les principes. Il promettait un gouvernement représentatif, deux Chambres votant l'impôt, la responsabilité des ministres devant les Chambres dont l'une aurait le droit d'accusation et l'autre jugerait; il garantissait la liberté individuelle, la liberté des opinions, des votes, de la presse, des cultes, le droit de propriété, la dette publique, les pensions, grades et honneurs de l'armée, l'ancienne et la nouvelle noblesse, la Légion d'honneur, l'admissibilité de tous les citoyens aux emplois et aux grades, l'inamovibilité et l'indépendance du pouvoir judiciaire.

Le 18 mai, il désigna neuf sénateurs, neuf députés et quatre commissaires royaux pour appliquer ces idées. La Charte, rédigée par les commissaires, approuvée par la commission et par le roi, fut *octroyée* dans la séance d'ouverture de la session législative, le 4 juin 1814.

107. La Charte débute par un préambule qui en déduit les motifs. « Louis, par la grâce de Dieu, roi de France et de Navarre », constate les obligations que lui impose son retour, le désir de tous vers la paix et vers une charte constitutionnelle. Il considère que ses prédécesseurs n'ont pas hésité à modifier, suivant les temps, l'exercice de l'autorité entière qui réside dans la personne du roi, et que le temps présent réclame une charte où, dans l'intérêt même des peuples, l'autorité monarchique soit restaurée et les institutions retrempées dans le passé. « A ces causes, nous avons volontairement et par le libre exercice de notre autorité royale accordé et accordons, fait concession et octroi à nos sujets, tant pour nous que pour nos successeurs et à toujours de la Charte constitutionnelle qui suit ».

Elle compte 76 articles rangés sous 8 rubriques.

Droit public des Français. — La Charte reconnaît les droits ci-dessus énumérés.

Forme du gouvernement du Roi. — Le Roi, inviolable et sacré, est couvert par les ministres responsables. Il a le pouvoir exécutif, commande les armées, déclare la guerre, fait les traités, nomme à tous les emplois. Il propose, sanctionne et promulgue les lois ; il fait les règlements pour leur exécution et la sûreté de l'Etat. Sa liste civile est fixée au début de chaque règne.

Il propose la loi à l'une ou à l'autre Chambre à son choix ; la loi de l'impôt doit être portée d'abord à la Chambre des députés. Les deux Chambres, d'un commun accord, peuvent supplier le roi de proposer une loi sur tel objet et en indiquer le contenu désirable.

« Toute loi doit être discutée et votée librement par la majorité de chacune des deux Chambres ».

108. *De la Chambre des Pairs.* — « Portion essentielle de la puissance législative », elle commence et finit sa session en même temps que la Chambre des Députés. Le roi nomme les Pairs en nombre illimité, au titre viager ou héréditaire. Les Pairs siègent à l'âge de 25 ans et votent à 30 ans. Les princes du sang sont Pairs de droit, et votent à 25 ans, mais ils ne siègent que sur l'ordre officiel du Roi.

La Chambre des Pairs est présidée par le chancelier, à son défaut par un pair désigné par le Roi. Elle juge les crimes de haute trahison et les attentats à la sûreté de l'Etat. Ses délibérations sont secrètes. Elle seule peut autoriser l'arrestation d'un Pair et le juger criminellement.

De la Chambre des députés des départements. — Les députés sont élus pour cinq ans par les collèges électoraux des départements, et renouvelés annuellement par cinquième. Sont éligibles, les citoyens ayant 40 ans d'âge et payant 1,000 fr. d'impôt direct. Sont électeurs, les individus ayant plus de 30 ans et payant 300 fr. d'impôt direct. La moitié au moins des députés doivent avoir dans le département leur domicile politique.

Le Roi convoque la Chambre tous les ans; il peut la proroger et même la dissoudre à la charge d'en convoquer une nouvelle dans les trois mois. Il nomme le président sur présentation.

La Chambre siège publiquement et se partage en bureaux.

Elle ne peut voter un amendement à une loi sans le consentement du Roi. Elle reçoit la première les lois d'impôts qui ne deviennent définitives que par le vote de la Chambre des pairs et la sanction du roi. L'impôt foncier est voté tous les ans; les autres peuvent être établis pour plusieurs années. La Chambre ne reçoit que des pétitions écrites.

Les députés sont affranchis de la contrainte par

corps pendant la session, six semaines avant et six semaines après. Ils ne peuvent être poursuivis criminellement pendant la session qu'en cas de flagrant délit ou en vertu d'une autorisation de la Chambre.

109. *Des Ministres.* — Ils peuvent appartenir aux Chambres, y entrer et y parler. Ils sont accusés pour trahison ou concussion par la Chambre des députés et jugés par la Chambre des pairs.

De l'ordre judiciaire. — « Toute justice émane du roi » qui nomme et institue les juges. Ceux-ci, sauf les juges de paix, sont inamovibles. L'organisation judiciaire est conservée. Nul ne pourra être distrait de ses juges naturels ; les commissions et les tribunaux extraordinaires, excepté les juridictions prévôtales, sont interdits.

Des droits particuliers garantis par l'Etat.

Puis viennent deux dispositions transitoires. Enfin « nous ordonnons que la présente Charte constitutionnelle, mise sous les yeux du Sénat et du Corps législatif conformément à notre proclamation du 2 mai, sera envoyée incontinent à la Chambre des pairs et à celle des députés ».

110. En rentrant de l'île d'Elbe, Napoléon prononça la dissolution des Chambres et convoqua les collèges électoraux pour le mois de mai à Paris afin de modifier la Constitution (13 mars 1815). Avant la date fixée, il exposa des idées nouvelles et libérales à Benjamin Constant et le chargea de rédiger une constitution qui, approuvée par le Conseil d'État, fut promulguée le 22 avril 1815.

111. *L'Acte Additionnel aux constitutions de l'empire* a, comme la Charte de 1814, un préambule qui l'explique et le justifie. L'Empereur expose que son désir « d'organiser un grand système fédératif européen », avait fait ajourner « l'établissement de plusieurs institutions intérieures plus spécialement destinées à protéger la liberté des citoyens ». De l'abandon de ses projets « résulte la nécessité de plusieurs modifications importantes dans les constitutions, sénatusconsultes et autres actes qui régissent cet empire ».

Les dispositions annoncées forment 67 articles en 6 titres.

112. Titre I : *Dispositions générales.* — Les constitutions de l'empire sont maintenues sous les modifications qui suivent.

Le pouvoir législatif est exercé par l'Empereur et par deux Chambres. L'une, la Chambre des pairs, se compose de membres héréditaires; ils siègent à 21 ans et votent à 25 ans. Les princes français y siègent à 18 ans et votent à 21. Elle est présidée par l'archichancelier de l'empire ou par un pair nommé par l'Empereur. — L'autre, la Chambre des représentants, compte 629 membres élus par le peuple, renouvelés intégralement tous les ans et rééligibles. L'âge requis pour l'éligibilité est 25 ans. La Chambre vérifie les pouvoirs de ses membres et nomme son président sous l'approbation de l'Empereur.

Les pairs et les députés sont exemptés de la contrainte par corps pendant la session et les 40 jours qui suivent; ils ne peuvent être poursuivis criminellement qu'en cas de flagrant délit ou en vertu d'une autorisation de leur Chambre. Les pairs ne peuvent être jugés que par leur Chambre.

La qualité de pair ou de député est compatible avec toutes les fonctions publiques sauf celles de comptables. Le préfet et le sous-préfet sont inéligibles dans leur circonscription.

L'Empereur se fait représenter devant les Chambres par les ministres qui en sont membres, par les ministres d'Etat, par les conseillers d'Etat. Il ajourne la Chambre des députés et peut la dissoudre sauf à en réunir une autre dans les six mois.

Les Chambres doivent siéger simultanément. Les séances sont publiques, mais le comité secret peut être exigé par le gouvernement ou par dix membres à la Chambre des pairs, vingt-cinq à la Chambre basse.

Aucun discours écrit, sauf les rapports et les comptes-rendus, ne peut y être lu. Le Gouvernement propose les lois ; les amendements sont soumis à son approbation. Les deux Chambres d'un commun accord peuvent solliciter une loi sur tel objet et en indiquer le contenu désirable.

113. Titre II : *Collèges électoraux et mode d'élection.* — Les collèges électoraux des arrondissements et des départements sont maintenus. Ils sont complétés chaque année par les assemblées de canton.

Les représentants peuvent être choisis hors du département, en ce cas des suppléants domiciliés sont élus. L'industrie et le commerce auront une représentation spéciale, élue par le collège de département sur la présentation des chambres de commerce et des chambres consultatives.

Titre III : *Loi de l'impôt.* — La loi seule peut établir un impôt, autoriser un emprunt, l'aliénation d'un domaine de l'Etat, l'échange d'un territoire, une levée d'hommes.

La Chambre des représentants reçoit la première les projets de loi relatifs au budget et aux comptes, aux impôts, aux emprunts, aux levées de troupes. L'impôt direct est voté chaque année ; les autres impôts peuvent être accordés pour plusieurs années.

Titre IV : *Ministres et leur responsabilité.* — Tout acte du Gouvernement doit être contresigné par un ministre ayant portefeuille. Les ministres peuvent être accusés par la Chambre basse et jugés par la Chambre des pairs. Celle-ci est aussi compétente à l'égard des chefs militaires accusés d'avoir compromis la sûreté ou l'honneur de la nation. Elle a un pouvoir discrétionnaire pour la qualification des faits et l'application des peines. — L'art. 75 C. de l'An VIII sera modifié.

Titre V : *Pouvoir judiciaire.* — Le jury et la publicité des débats criminels sont maintenus. L'Empereur nomme les juges qui seront inamovibles après une épuration et sauf les juges de paix et les juges du commerce. Les tribunaux militaires ne sont compétents que pour les délits militaires. La Haute-Cour est supprimée. L'Empereur accorde les grâces et les amnisties. « Les interprétations des lois demandées par la cour de cassation sont données dans la forme d'une loi ».

Titre VI : *Droits des citoyens.* — Le plébiscite proclamé le 1ᵉʳ juillet 1815 ratifia l'Acte Additionnel par 1,305,206 contre 4,206.

114. Après Waterloo et la nouvelle abdication de Napoléon (22 juin 1815), une proposition, faite le 13 juin, en vue de codifier les constitutions de l'empire se transforma en une demande de révision. Une commission composée d'un député de chaque département fut nommée et délégua une commission centrale dont le rapport fut déposé le 29 juin. La discussion commença le 5 juillet à la Chambre basse et fut interrompue le 7 par les événements, après le vote de 50 articles. Elle avait été ajournée par la Chambre des pairs.

Le projet de constitution comprenait 104 articles et 9 titres. Il ne contenait aucune règle nouvelle et copiait les constitutions impériales. Cependant, il accordait aux Chambres l'initiative des lois, défendait à l'Empereur de commander les armées, de conclure les traités et de quitter le territoire sans l'assentiment des Chambres.

115. Louis XVIII n'avait plus, lorsqu'il rentra en 1815, les illusions de 1814. Acceptant résolûment les faits accomplis sans désavouer publiquement les idées qui inspiraient la Charte, il s'attacha à appliquer celle-ci dans un esprit libéral et parlementaire.

Le 13 juillet 1815, il rendit une ordonnance qui donnait aux Chambres le droit de réviser quelques articles de la Charte et réglait à nouveau l'élection des députés. Chaque collège d'arrondissement devait élire autant de candidats que le département aurait de députés; le collège de département qui nommait les députés devait en prendre au moins la moitié parmi les candidats. Les membres des collèges devaient avoir

25 ans et être les plus fort imposés. Les éligibles devaient avoir 25 ans et payer 1,000 fr. d'impôts directs.

L'O. 19 août 1815 accorda l'hérédité à tous les pairs.

Le 5 février 1817 parut une loi électorale. Elle déclarait électeurs tous les Français âgés de 30 ans, payant 300 fr. d'impôts directs et jouissant de leurs droits civils et politiques. Chaque département formait un collège électoral, divisé, au-dessus de 600 électeurs, en sections de 300 électeurs au moins. Le Roi convoquait les collèges électoraux et en nommait les présidents. Leur session durait dix jours au plus. L'élection avait lieu au scrutin de liste et pouvait comporter trois tours de scrutin. Aux deux premiers, la majorité absolue des votants et un nombre de voix égal au quart des électeurs inscrits étaient requis pour l'élection. Le troisième n'avait lieu qu'entre les plus favorisés des scrutins précédents en nombre double de celui des députés à élire; la majorité relative suffisait; à égalité de voix le plus âgé était élu. Les préfets et les généraux commandants étaient inéligibles dans leurs départements. Les députés ne recevaient aucune indemnité.

La loi du 29 juin 1820 ajouta au collège de département, le collège d'arrondissement. Elle fixait à 258 le nombre des députés; 172 devaient être nommés avec l'adjonction jusqu'à concurrence du quart du collège, des plus fort imposés du département.

La loi du 9 juin 1824 établit le renouvellement intégral de la Chambre des députés tous les sept ans.

Tels sont, jusqu'à l'année 1830, les actes les plus importants du gouvernement de la Restauration. On remarquera que la Charte pouvant être révisée par les Chambres, les lois constitutionnelles se confondaient dans ce régime avec les lois ordinaires. Cette doctrine ne fut pourtant pas admise par Charles X qui prétendit pouvoir modifier la Charte par des ordonnances et provoqua, par l'exercice de ce droit, une révolution.

CHAPITRE X

116. Entre les O. du 25 juillet 1830, inutilement rétractées le 29, je retiens seulement celle qui concernait les élections. Le collège d'arrondissement élisait autant de candidats que le département comptait de députés et se divisait en autant de sections qu'il devait nommer de candidats. Le collège de département, composé du quart des plus fort imposés, élisait les députés et devait en prendre la moitié au moins entre les candidats. Le vote était écrit sur le bureau même. La Chambre se renouvelait par cinquième tous les ans.

117. Le 7 août, la Chambre des députés, prenant en considération les faits accomplis, refuse d'accepter l'abdication de Charles X (2 août) en faveur de son petit-fils, de consulter la nation sur les modifications de la Charte, de faire nommer des députés nouveaux pour élire le Roi. Elle « déclare que le trône est vacant en fait et en droit et qu'il est indispensable d'y pourvoir... que, selon le vœu et dans l'intérêt du peuple français, le préambule de la Charte constitutionnelle est supprimé comme blessant la dignité nationale en paraissant octroyer aux Français des droits qui leur appartiennent essentiellement... » et que certains articles doivent être modifiés. Elle annule les nominations de pairs faites par Charles X. Enfin, elle appelle au trône, avec le titre de *Roi des Français* et sans l'obliger à prêter serment à la Charte modifiée, Louis-Philippe d'Orléans avec sa descendance mâle par ordre de primogéniture.

La Chambre des pairs adhéra à cet acte, en exceptant les nominations des pairs, faites par Charles X,

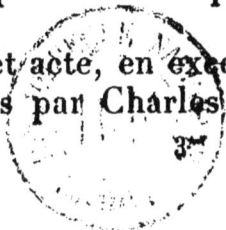

pour lesquelles elle s'en remettait à la prudence du prince.

118. La Charte de 1830 est donc une seconde édition, revue et corrigée, de celle de 1814. Elle n'en reproduit pas le préambule, on sait pourquoi. Elle compte 70 articles sous 8 rubriques : droit public des Français, forme du gouvernement du roi, Chambre des pairs, Chambre des députés, ministres, ordre judiciaire, droits particuliers garantis par l'Etat, droits particuliers.

Comparée pour son contenu à son modèle, la Charte de 1830 supprime, modifie, ajoute des dispositions.

Elle supprime les articles transitoires; ceux que rendent inutiles les innovations; ceux qui sont contraires aux doctrines triomphantes.

Elle modifie un grand nombre de textes. Elle partage entre le Roi et les Chambres l'initiative des lois, défend au Roi d'user de son pouvoir réglementaire pour suspendre les lois, abaisse à 25 ans l'âge requis pour l'électorat et à 30 l'âge d'éligibilité, donne à la Chambre des députés et aux collèges électoraux le droit d'élire leurs présidents, fait renouveler la Chambre basse intégralement tous les cinq ans, rend publiques les séances de la Chambre des pairs, prohibe toutes les juridictions prévôtales; enfin elle ne limite pas les cas de responsabilité criminelle des ministres.

Elle ajoute que la loi seule peut admettre une troupe étrangère au service de la France, que les nominations de pairs faites par Charles X sont annulées, que « la France reprend ses couleurs », que le roi prêtera serment à la Charte en présence des Chambres.

Elle renvoie à la loi pour les conditions de l'électorat et de l'éligibilité, le nombre des députés.

Elle promet des lois sur l'organisation de la pairie, la responsabilité des ministres et fonctionnaires, la réélection des députés promus à des fonctions publiques salariées, le vote annuel du contingent militaire, etc.

119. Sur le premier point, la L. 29 décembre 1831 donne au roi la nomination des pairs à la condition de les choisir dans 21 catégories de notables : anciens fonctionnaires, membres de l'Institut, propriétaires, industriels ou commerçants payant 3,000 fr. d'impôts directs, membres de certaines assemblées. Le nombre des pairs est illimité. L'hérédité est supprimée.

La L. 19 avril 1831 fixe à 459 le nombre des députés, abaisse à 200 fr. le cens requis pour l'électorat et à 500 le cens d'éligibilité. Le suffrage est direct; aux deux premiers tours de scrutin, il faut obtenir le tiers des voix des électeurs inscrits. Le vote est uninominal. Les députés ne reçoivent aucune indemnité.

La responsabilité des ministres et des fonctionnaires fit l'objet d'un projet de loi présenté en 1835, voté en partie en 1836 et rejeté en bloc.

La réélection fut imposée aux députés nommés fonctionnaires par la L. 12 septembre 1830.

CHAPITRE XI

120. Le 24 février 1848, la Chambre des députés, envahie par l'émeute, nomme, en dépit de l'abdication de Louis-Philippe en faveur de son petit-fils, le comte de Paris, un Gouvernement provisoire chargé de consulter la nation. Ce gouvernement prononce le même jour la dissolution des Chambres et proclame la République deux jours après.

Le D. 5 mars 1848 convoque une Assemblée constituante. Elle comptera 900 membres, élus au scrutin de liste. Les électeurs voteront au chef-lieu de canton. Sont électeurs tous les Français âgés de 21 ans et ayant six mois de résidence dans la commune. Sont éligibles tous les citoyens âgés de 25 ans. Le chiffre de 2,000 voix suffit pour assurer l'élection. Les députés recevront une indemnité de 25 fr. par jour.

L'Assemblée proclama à son tour la République (4 mai 1848). Elle confia le pouvoir exécutif d'abord à une Commission de cinq membres (9 mai), puis au général Cavaignac (24 juin). Le 12 mai, elle décida la création d'une commission de Constitution de 18 membres, et la nomma les 17 et 18. Le rapport d'Armand Marrast fut déposé le 19 juin; le texte discuté une première fois du 4 septembre au 23 octobre, fut adopté dans son ensemble le 4 novembre. Il ne fut pas soumis au plébiscite malgré deux motions en ce sens.

121. La Constitution du 4 novembre 1848 a un préambule en huit paragraphes, qui en style solennel, expose les caractères, les principes, les bases, les tendances de la deuxième République, indique les droits et les devoirs des citoyens et de la République,

122. La Constitution compte 12 chapitres et 116 articles.

Chapitre I : *Souveraineté.* — Inaliénable et imprescriptible, elle réside dans l'universalité des citoyens français.

Chapitre II : *Droits des citoyens garantis par la Constitution.*

Chapitre III : *Pouvoirs publics.* — « Tous les pouvoirs publics, quels qu'ils soient, émanent du peuple. Ils ne peuvent être délégués héréditairement. La séparation des pouvoirs est la première condition d'un gouvernement libre ».

Chapitre IV : *Pouvoir législatif.* — Il est délégué à une assemblée unique de 750 membres élus, d'après la population seulement, au suffrage universel direct et secret de tous les Français âgés de 21 ans et jouissant de leurs droits. Sont éligibles, les électeurs âgés de 25 ans, sauf les incapacités et les incompatibilités que fixera une loi électorale. L'élection se fait par département, au scrutin de liste ; le vote a lieu au chef-lieu de canton. La date est fixée par une loi ; sinon, les élections se font de plein droit le trentième jour qui précède le terme de la législature. — L'Assemblée est élue pour trois ans et se renouvelle intégralement. Ses membres sont rééligibles. — Elle est permanente, mais peut s'ajourner et nomme alors une commission de 25 membres qui partage avec le président de la République le droit de la convoquer. Elle désigne sa résidence et se donne une garde.

Chaque député représente le peuple entier. Le mandat impératif est nul. Les députés sont irresponsables et inviolables, à moins que l'Assemblée n'autorise les poursuites. Ils ne peuvent renoncer à leur indemnité. Les séances sont publiques ; mais l'Assemblée peut se former en comité secret. La présence de la moitié plus un des membres est requise pour la validité des votes. Les lois, sauf le cas d'urgence, sont soumises à trois délibérations. L'initiative des lois appartient à chaque député.   3***

123. Chapitre V : *Pouvoir exécutif.* — Il est délégué à un Président de la République élu pour quatre ans, le deuxième dimanche de mai, au suffrage universel direct et secret. L'Assemblée vérifie la validité de l'élection et, si aucun candidat ne réunit la majorité absolue des votants et deux millions de voix, choisit elle-même entre les cinq noms les plus favorisés par le scrutin. Le Président doit être âgé de 30 ans et n'avoir jamais perdu la qualité de Français ; il n'est rééligible qu'après quatre ans : le même délai est imposé aux parents jusqu'au sixième degré du Président sortant et au Vice-Président.

Le Président de la République prête serment à la République et à la Constitution. Il a l'initiative et l'exécution des lois, la disposition, mais non le commandement de la force armée. Il ne peut céder une portion du territoire, dissoudre ni proroger l'Assemblée, suspendre la Constitution ou les lois. Il ne peut faire la guerre, signer un traité sans l'assentiment de l'Assemblée, ni faire grâce sans l'avis du conseil d'Etat. Une loi seule peut gracier ou amnistier les individus condamnés par la Haute-Cour.

Le Président promulgue les lois au nom du peuple, dans le mois du vote en principe, dans les trois jours si la loi est urgente. Pendant ce délai, il peut demander à l'Assemblée une seconde délibération, alors définitive. La promulgation, omise par le Président de la République, est faite par le président de l'Assemblée.

Le Président de la République reçoit les lettres de créance des ambassadeurs étrangers ; il préside aux solennités nationales ; il nomme et révoque les ministres ; il nomme et révoque en conseil des ministres les agents supérieurs, et sur la proposition du ministre compétent les agents secondaires de l'administration. Il peut suspendre pour trois mois les fonctionnaires électifs et même, avec l'avis du Conseil d'Etat, les destituer.

Il doit chaque année exposer à l'Assemblée l'état

des affaires de la République. Ses actes, sauf ceux qui concernent les ministres, doivent être contresignés par ceux-ci.

Les fonctionnaires, y compris le Président, sont responsables des actes du gouvernement et de l'administration. Toute atteinte portée par le Président aux droits de l'Assemblée est un crime de haute trahison ; dès lors, le pouvoir exécutif passe à l'Assemblée ; la Haute-Cour entre immédiatement en activité.

La loi fixe le nombre et les attributions des ministres. Ils ont entrée à l'Assemblée, peuvent y être entendus et se faire assister de commissaires nommés par le Président de la République.

Il y a un Vice-Président de la République, nommé par l'Assemblée entre trois candidats proposés par le Président et pris hors de sa famille, soumis au même serment, remplaçant le Président empêché.

Chapitre VI : *Conseil d'Etat.* — Il est consulté sur certains projets de loi du Gouvernement désignés par la loi, et sur les projets d'initiative parlementaire que l'Assemblée lui renvoie ; il prépare les règlements d'administration publique et peut être chargé par la loi de les rédiger ; il contrôle et surveille les fonctionnaires. La loi fixe ses autres attributions.

Ses membres sont nommés pour six ans, renouvelés par moitié et indéfiniment renouvelables. Ils ne peuvent être révoqués que par l'Assemblée sur la proposition du Président de la République. La présidence appartient au Vice-Président de la République.

Chapitre VII : *Administration intérieure.*

124. Chapitre VIII : *Pouvoir judiciaire.* — La justice est rendue gratuitement et publiquement au nom du peuple français.

Le Président de la République nomme, sous les conditions légales, les juges et le ministère public. Les juges, sauf les juges de paix, sont inamovibles et à vie, sous réserves des causes légales de révocation, suspension ou mise à la retraite. Les tribunaux spéciaux sont provisoirement conservés.

Les conflits d'attribution seront déférés à un tribunal dont les membres seront élus en nombre égal par la cour de cassation et le Conseil d'Etat. Le ministre de la justice préside. Le même tribunal connaît des recours formés contre les arrêts de la cour des comptes pour incompétence ou excès de pouvoir.

Les délits du Président de la République et des ministres, les attentats contre la sûreté de l'Etat sont déférés par l'Assemblée à la Haute-Cour. Celle-ci comprend : 1° cinq juges élus annuellement par la cour de cassation dans son sein et deux suppléants ; ils nomment leur président ; — 2° trente-six jurés et quatre suppléants tirés au sort sur une liste à laquelle chaque département fournit un conseiller général (non député) tiré au sort ; les récusations sont soumises au droit commun. Le ministère public est nommé suivant les cas par le Président de la République ou l'Assemblée. Les deux tiers des voix sont exigés pour la condamnation.

Le Président de la République n'est justiciable que de la Haute-Cour ; l'Assemblée peut renvoyer les ministres devant les tribunaux ordinaires.

Tout fonctionnaire peut être renvoyé par l'Assemblée ou le Président au Conseil d'Etat dont le rapport est publié.

Chapitre IX : *Force publique.* — Chapitre X : *Dispositions particulières.*

125. Chapitre XI : *Révision de la Constitution.* — Le vœu en doit être émis trois fois à un mois d'intervalle et à la majorité des trois quarts sur 500 votants au moins, pendant la dernière année d'une législature. Elle est faite par une assemblée de 900 membres, élus pour trois mois et qui doivent se borner, sauf les cas urgents, à la révision.

Chapitre XII : *Dispositions transitoires.*

126. La loi du 11 décembre 1848, conformément à l'article 115 de la Constitution, indiqua les sujets à régler par des lois organiques avant la séparation de l'Assemblée nationale : responsabilité des dépositaires de l'autorité publique, Conseil d'Etat, élections, etc. Deux lois seulement furent votées par la Constituante, l'une sur le Conseil d'Etat (3 mars 1849), l'autre sur les élections (15 mars 1849).

L'Assemblée législative vota des lois sur l'organisation judiciaire (8 août 1849), l'état de siège (9 août 1849), le tribunal des conflits (4 février 1850) et modifia la loi électorale (31 mai 1850) pour restreindre le suffrage universel.

CHAPITRE XII

127. Un million de pétitionnaires sollicitaient la révision de la Constitution pour assurer la réélection de Louis-Napoléon Bonaparte comme Président de la République. Malgré un rapport favorable de Tocqueville, il n'y eut que 232 députés favorables (19 juillet 1851); la majorité des trois quarts requise par la Constitution n'était pas atteinte. Le Président passa outre; un D. 2 décembre 1851 prononça la dissolution de l'Assemblée et du Conseil d'Etat; rétablit le suffrage universel et convoqua le peuple dans ses comices pour approuver les bases de la Constitution future. Le plébiscite ratifia les faits accomplis et les bases constitutionnelles par 7,439,216 voix contre 640,737. La rédaction de la Constitution, d'abord confiée à une commission, fut remise le 13 janvier 1852 à M. Rouher; le texte rédigé en une nuit fut promulgué le 14 janvier.

128. La C. 1852 rappelle dans un préambule les cinq bases soumises au plébiscite : un chef de l'Etat responsable nommé pour dix ans; des ministres dépendant du chef de l'Etat ; un conseil d'Etat préparant les lois et les soutenant devant le Corps législatif; un Corps législatif nommé par le suffrage universel sans scrutin de liste, discutant et votant les lois; une seconde assemblée formée de toutes les illustrations du pays, pouvoir pondérateur, gardien du pacte fondamental et des libertés publiques.

Puis viennent 58 articles répartis en 8 titres.

129. Titre I. — « La Constitution reconnaît confirme et garantit les grands principes proclamés en 1789 et qui sont la base du droit public des Français ».

Titre II : *Forme du Gouvernement de la République.*
— Louis-Napoléon Bonaparte est nommé Président
pour dix ans. Il gouverne par les ministres, le Conseil
d'Etat, le Sénat et le Corps législatif. « La puissance
législative s'exerce collectivement par le Président de
la République, le Sénat et le Corps législatif ».

Titre III : *Président de la République.* — Il est responsable devant le peuple auquel il peut toujours faire
appel. Il est le chef de l'Etat, commande l'armée,
déclare la guerre, signe les traités, nomme aux emplois,
a seul l'initiative des lois, les sanctionne et les promulgue, fait les décrets et règlements nécessaires pour
leur exécution. Il a le droit de grâce. Il peut déclarer
l'état de siège à charge d'en référer au Sénat. La justice est rendue en son nom.

Chaque année, il expose aux Chambres l'état des
affaires. Son traitement est fixé par un sénatusconsulte
pour toute la durée de ses fonctions. Il peut recommander au peuple un candidat à sa succession. S'il meurt
en exercice, le Sénat convoque le peuple et gouverne
provisoirement avec les ministres formés en conseil.

Les corps constitués et les fonctionnaires jurent
fidélité à la Constitution et au Président.

« Les ministres ne dépendent que du chef de l'Etat;
ils ne sont responsables que chacun en ce qui le concerne des actes du gouvernement; il n'y a point de
solidarité entre eux; ils ne peuvent être mis en accusation que par le Sénat ».

130. Titre IV : *Sénat.* — Composé de 80 membres
la première année et de 150 au maximum, il comprend
les cardinaux, les maréchaux, les amiraux et les sénateurs nommés par le Président. Les fonctions de sénateurs sont viagères et gratuites; le président peut
accorder à chaque sénateur une dotation de 30,000 fr.
au plus.

Le président de la République nomme annuellement
le bureau du Sénat, convoque et proroge le Sénat à
son gré. Les séances ne sont pas publiques.

Le Sénat, « gardien du pacte fondamental et des libertés publiques », peut s'opposer à la promulgation des lois contraires à la Constitution, à la religion, à la morale, à la liberté des cultes, à la liberté individuelle, à l'égalité des citoyens devant la loi, à l'inviolabilité de la propriété et au principe de l'inamovibilité de la magistrature ; ou qui pourraient compromettre la défense du territoire. Il règle par des sénatusconsultes que le Président de la République sanctionne et promulgue : la Constitution de l'Algérie et des colonies, les lacunes et l'interprétation de la Constitution. Il annule les actes dénoncés comme inconstitutionnels par le Gouvernement ou une pétition. Il peut proposer au Président un projet de loi « d'un grand intérêt national » ; apporter à la Constitution des changements soumis à l'assentiment du président. Les cinq bases ci-dessus ne peuvent être modifiées sans l'approbation du peuple. Enfin lorsque le Corps législatif est dissous, le Sénat, sur la proposition du Gouvernement, pourvoit aux cas urgents.

131. TITRE V : *Corps législatif.* — « L'élection a pour base la population ». Les députés sont élus pour six ans au suffrage universel sans scrutin de liste. Il y a un député pour 35,000 électeurs. Les ministres ne peuvent être députés.

Le chef de l'État convoque, ajourne et proroge le Corps législatif. Il peut le dissoudre à charge de convoquer le nouveau dans les six mois. Il en nomme annuellement le bureau parmi les députés.

La session ordinaire du Corps législatif dure trois mois. Les séances sont publiques, à moins de comité secret. Les journaux ne peuvent en publier que le procès-verbal officiel. « Le Corps législatif discute et vote les projets de loi et l'impôt ». Les amendements ne sont discutés qu'après leur admission par le Conseil d'État.

Les pétitions ne peuvent être adressées qu'au Sénat.

TITRE VI : *Conseil d'État.* — Il compte de 40 à 50

membres pour le service ordinaire nommés et révoqués par le chef de l'Etat. Celui-ci préside le Conseil d'Etat et nomme un vice-président. Les ministres y ont voix délibérative.

Le Conseil d'Etat est chargé, sous la direction du Gouvernement, de rédiger les projets de loi et les règlements d'administration publique, de résoudre les difficultés en matière administrative. Le chef de l'Etat peut désigner des conseillers pour défendre les lois devant le Sénat et le Corps législatif. Le traitement des conseillers d'Etat est de 25,000 fr.

TITRE VII : *Haute-Cour*. — Elle juge, sur l'accusation du Président de la République, les attentats contre la sûreté de l'Etat et la personne même du Président.

TITRE VIII. — La Constitution entrera en vigueur dès la formation des corps qu'elle crée. Les décrets rendus entre le 2 décembre 1851 et cette date auront force de loi.

En fait, la mise en activité eut lieu le 29 mars 1852.

132. Entre les nombreux décrets-lois rendus avant la mise en activité de la Constitution, il faut signaler celui du 25 janvier 1852 sur le Conseil d'Etat que nous retrouverons et celui du 2 février 1852 sur l'élection des députés. Ce dernier fixe à 261 le nombre des députés; l'Algérie et les colonies n'en élisent pas; le Gouvernement fixe les circonscriptions et convoque les électeurs. Sont électeurs, tous les Français âgés de 21 ans et jouissant des droits politiques, excepté différentes classes d'incapables. Sont éligibles, tous les électeurs âgés de 25 ans, sauf les incompatibilités.

La Haute-Cour fut organisée par un Scs. du 10 juillet 1852. Elle se compose : 1° d'une chambre d'accusation et d'une chambre de jugement, formées chacune de cinq conseillers à la cour de cassation nommés, ainsi que le président et le ministère public, par le chef de l'Etat; — 2° d'un haut jury de 36 membres et 4 suppléants tirés au sort sur une liste à laquelle chaque département fournit un conseiller général, également tiré au sort. La procédure et les peines sont celles du droit commun.

133. La Constitution du 14 janvier 1852 contenait virtuellement l'Empire. Le Scs. du 7 novembre 1852, rendu sur de nombreuses pétitions et un message présidentiel, put rétablir la dignité impériale sans toucher aux institutions elles-mêmes. Son objet principal est l'organisation de l'hérédité dans la famille impériale. A défaut d'héritier, l'Empereur sera nommé par le conseil des ministres, augmenté des présidents du Sénat, du Corps législatif et du Conseil d'Etat. — Le plébiscite consacra le second empire par 7,842,863 voix contre 238,582.

Le Scs. du 25 décembre 1852 augmenta sur certains points les attributions du pouvoir exécutif. L'Empereur acquit le droit de grâce et d'amnistie, le droit de présider le Sénat et le Conseil d'Etat, de faire seul des traités de commerce, de déclarer l'utilité des travaux publics pour lesquels les crédits sont votés par le Corps législatif. Il accorde aux princes français le droit de siéger au Sénat et au Conseil d'Etat. Il ne peut nommer plus de 150 sénateurs.

Le budget est divisé en chapitres et articles, voté par ministère. La répartition des crédits et les virements se font par décrets en Conseil d'Etat.

Le compte-rendu annuel des affaires publiques est présenté aux présidents des bureaux du Corps législatif, sous la présidence du président du Corps. Le procès-verbal des séances de l'Assemblée ne mentionne pas les discours, mais seulement les opérations et les votes. Les officiers généraux en réserve sont éligibles au Corps législatif; ils sont réputés démissionnaires dès qu'ils reprennent de l'activité. Les membres du Sénat et du Corps législatif reçoivent une indemnité.

La régence, non prévue dans la C. 1852, fut réglée par le Scs. du 17 juillet 1856.

Le Scs. du 27 mai 1857 accorda un député de plus aux départements dont le nombre des électeurs dépassait de plus de 17,500 un nombre exact de fois 35,000. Un autre, du 17 février 1858 imposa à tout candidat à la députation, un serment de fidélité envers la Constitution impériale. Un autre, du 4 juin 1858, étendit la compétence de la Haute-Cour.

Ces actes, joints à certaines lois organiques, donnaient au second empire le caractère d'une monarchie absolue.

134. Peu après, une évolution en sens contraire, vers l'Empire libéral, commence à se dessiner.

Le Scs. 24 novembre 1860 autorise les Chambres à voter annuellement une adresse à l'Empereur et promet le compte-rendu sténographique des séances organisé par le Scs. 2 février 1861. L'Empereur peut nommer des ministres sans portefeuille.

Le Scs. 31 décembre 1861 décide que le budget sera divisé en sections de ministères, en chapitres et en articles; qu'il sera voté par sections (il y en avait 56); qu'une loi seule pourra ouvrir des crédits supplémentaires ou extraordinaires.

Le Scs. 18 juillet 1866 abroge la restriction à trois mois de la durée de la session législative, élargit légèrement le droit d'amendement, prohibe toute discussion de la Constitution en dehors du Sénat.

Le Scs. 19 janvier 1867 supprime l'adresse et organise le droit d'interpellation.

Celui du 14 mars 1867 donne au Sénat, qui tend ainsi à devenir une Chambre Haute, le droit d'exiger en tous cas une nouvelle délibération, renvoyée à la session suivante, du Corps législatif sur une loi.

Le Scs. 8 septembre 1869 est le plus significatif. Il donne l'initiative des lois au Corps législatif comme à l'Empereur. Les amendements ne peuvent être votés qu'après communication au Gouvernement et avis du Conseil d'Etat. Le Sénat peut s'opposer à la promulgation d'une loi ou exiger une nouvelle délibération.

Il siège publiquement. Le Corps législatif nomme son bureau. Les deux assemblées font leur règlement, peuvent interpeller le Gouvernement et voter des ordres du jour motivés. Le budget est voté par chapitres. La loi seule peut modifier les tarifs douaniers ou postaux. Les ministres dépendent de l'Empereur ; ils forment un conseil sous sa présidence ; ils peuvent faire partie des Chambres, y entrer et y parler ; le Sénat seul peut les accuser.

135. La tendance libérale aboutit enfin au Scs. 20 avril 1870, approuvé le 31 mai par 7,347,806 voix contre 1,558,123.

Le préambule rappelle le plébiscite ; puis se succèdent 8 titres comptant 45 articles.

Le *titre I* se borne à consacrer les principes de 1789.

Le *titre II* confirme l'Empire et règle l'hérédité. A défaut d'héritier, l'Empereur sera nommé et l'hérédité sera réglée par un plébiscite dont le texte sera rédigé par les Chambres sur la proposition du conseil des ministres. La régence reste sous l'empire du Scs. 17 juillet 1856. La famille impériale est sous l'autorité de l'Empereur. Les princes entrent au Sénat et au Conseil d'Etat à l'âge de 18 ans, en vertu d'une permission de l'Empereur.

TITRE III : *Forme du gouvernement de l'Empereur.* — L'Empereur gouverne avec le concours des ministres, du Conseil d'État, du Corps législatif et du Sénat. Il partage avec les Chambres l'initiative des lois. Le Corps législatif reçoit le premier les lois d'impôt.

TITRE IV : *Empereur.* — Il est responsable devant le peuple auquel il peut toujours faire appel. Il est le chef de l'Etat, commande les armées, déclare la guerre, fait les traités et les règlements d'administration publique, nomme aux emplois, sanctionne et promulgue les lois, a le droit de grâce et d'amnistie.

La justice est rendue en son nom ; les juges sont inamovibles. La loi seule peut modifier les tarifs douaniers et postaux. Les ministres, nommés par l'Empereur et responsables devant lui, forment un conseil. Ils peuvent faire partie des Chambres, y entrer et y parler. Les fonctionnaires de tout ordre et les membres des Chambres jurent fidélité à l'Empereur.

TITRE V : *Sénat*. — La composition et le recrutement du Sénat ne sont pas modifiés; les décrets de nomination devront être motivés. Les nominations annuelles ne peuvent excéder le chiffre de 20, et le nombre total, les deux tiers du nombre du Corps législatif. Les sénateurs sont viagers et inamovibles. L'Empereur nomme le bureau annuel du Sénat parmi ses membres. Il convoque et proroge le Sénat; le Sénat siège publiquement; il discute et vote les lois.

TITRE VI : *Corps législatif*. — Les députés sont élus pour six ans au moins par le suffrage universel au scrutin uninominal. Ils discutent et votent les lois, élisent leur bureau à chaque session, siègent publiquement.

L'Empereur convoque et ajourne le Corps législatif; il peut le dissoudre à la charge d'en convoquer un autre dans les six mois.

TITRE VII : *Conseil d'Etat*. — Il est chargé de préparer, sous la direction de l'Empereur, les lois et règlements, de juger le contentieux administratif, de soutenir devant les Chambres les projets du Gouvernement. Ses membres sont nommés et révoqués par l'Empereur. Les ministres y siègent et y votent.

TITRE VIII : *Dispositions générales*. — Les pétitions ne peuvent être adressées qu'au Sénat. Différents articles de la C. 1852 sont expressément abrogés ou confirmés. La Constitution ne peut être modifiée que par le peuple sur la proposition de l'Empereur.

CHAPITRE XIII

LES ÉVÉNEMENTS DE 1870 A 1875.

136. Le 4 septembre 1870, deux jours après le désastre de Sedan, le Corps législatif fut envahi et forcé de se séparer avant d'avoir pu statuer sur le projet de loi présenté par le comte de Palikao instituant un gouvernement provisoire de cinq membres, sur la proposition Thiers tendant à la nomination d'un conseil exécutif, sur la proposition Jules Favre portant déchéance de Napoléon III et création d'un conseil de gouvernement.

Dans la soirée du même jour, les députés de la Seine, réunis à l'Hôtel de Ville de Paris, proclamèrent la République et constituèrent un gouvernement provisoire de onze membres sous la présidence du général Trochu. Une délégation fut bientôt (12 septembre 1870) chargée d'organiser la lutte en province pendant que le Gouvernement provisoire s'enfermait dans Paris assiégé.

Ce gouvernement et sa délégation exercèrent les pouvoirs les plus absolus. Le D. 8 septembre annonçait une convocation des électeurs pour la nomination d'une Constituante, conformément à la loi du 15 mars 1849 ; le 16, la date fut fixée au 2 octobre ; le 23, elle fut ajournée indéfiniment, et, de fait, le pouvoir fut exercé sans contrôle et sans contrepoids par le Gouvernement ([1]) et la délégation. Les actes accomplis pendant cette période troublée ont été soumis à une révision sévère par l'Assemblée nationale. Quelques-uns ont été annulés ; ceux qui ont été maintenus ont acquis une pleine valeur législative.

137. Après l'armistice conclu le 28 janvier 1871,

([1]) Celui-ci eut soin de demander à la population parisienne la confirmation de ses pouvoirs (D. 1er novembre 1870).

deux décrets (29 janvier et 2 février 1871) prescrivirent pour le 8 février l'élection d'une Assemblée nationale, qui devait se réunir à Bordeaux.

L'Assemblée nationale tint sa première séance le 12 février. Le 17, elle nomma Thiers chef du pouvoir exécutif pour exercer ses fonctions sous l'autorité de l'Assemblée avec le concours des ministres choisis et présidés par lui-même. Le 1er mars, la dynastie impériale fut déclarée déchue. Le 10, Thiers proposa d'ajourner les questions relatives à la forme du gouvernement futur pour se vouer à l'œuvre patriotique, plus pressante. Ce *pacte de Bordeaux* fut voté le 11 mars, et l'Assemblée se sépara aussitôt après pour se réunir à Versailles le 20 mars.

Sans négliger les lois rendues nécessaires par les malheurs publics, l'Assemblée tenta de donner une espèce d'organisation au pouvoir intérimaire qu'elle avait créé. Au mois de juin, quelques membres avaient proposé de donner à Thiers la présidence de la République pour cinq ans et de l'écarter de la tribune. Le 12 août, M. Rivet déposa une proposition qui nommait Thiers président irrévocable de la République jusqu'à la séparation de l'Assemblée qui ne pourrait tarder plus de trois ans. L'Assemblée vota le 31 août une loi connue sous le nom de *Constitution Rivet*.

Le préambule de la L. 31 août 1871 réserve le pouvoir constituant de l'Assemblée. Le Président de la République exerce ses pouvoirs sous l'autorité de l'Assemblée jusqu'au terme des travaux de celle-ci. Il est responsable devant elle; ses actes sont contresignés par un ministre. Il réside auprès de l'Assemblée et doit être entendu par elle lorsqu'il a informé le président de son intention. Il promulgue les lois dès qu'elles lui sont transmises, en surveille et assure l'exécution. Il nomme et révoque des ministres responsables devant l'Assemblée, soit solidairement, soit individuellement.

138. Ce régime de défiance ne devait pas durer. Dès le 20 janvier 1872, Thiers donna sa démission et ne la retira que sur les prières de l'Assemblée. Par un message du 13 novembre, il invitait l'Assemblée à organiser la République. Une commission de 30 membres fut chargée de préparer une loi sur les attributions des pouvoirs publics et la responsabilité ministérielle. Ainsi fut faite la L. 13 mars 1873.

Cette loi réserve à son tour le pouvoir constituant de l'Assemblée. Le Président de la République ne communiquera désormais avec l'Assemblée que par des messages lus par les ministres ; il ne portera la parole qu'en vertu d'une autorisation préalable de l'Assemblée et la séance sera levée après son discours. Il ne peut être présent aux délibérations. Les lois doivent être promulguées dans le mois qui suit le vote et, si elles sont urgentes, dans les trois jours. Le Président peut demander une nouvelle délibération d'une loi déclarée urgente et, en dehors de ce cas, demander que la troisième lecture soit renvoyée à deux mois. Ces droits n'existent pas quant aux lois constitutionnelles. Les interpellations sont adressées aux ministres. Le Président ne peut parler que sur les affaires extérieures et sur celles des affaires intérieures que l'Assemblée déclare intéresser la politique générale et la responsabilité présidentielle.

Enfin l'Assemblée ne se séparera pas avant d'avoir voté des lois constitutionnelles ; le Gouvernement est chargé de les préparer.

139. Le 24 mai 1873, Thiers, blâmé par l'Assemblée à l'occasion de sa politique intérieure, démissionna et fut remplacé par le maréchal de Mac-Mahon dont les pouvoirs furent prorogés pour sept ans par la L. 20 novembre 1873.

Le 20 mai 1873, un projet de lois constitutionnelles avait été déposé par le Gouvernement. Malgré le message du 5 novembre, qui tendait à ajourner la discussion, une commission de 30 membres fut nommée le 20 novembre. Ses travaux traînèrent en longueur. On lui renvoya le projet déposé par le Gouvernement de Thiers, celui du Gouvernement nouveau déposé le 15 mai 1874, la proposition Casimir Périer (15 juin 1874) proclamant la République et fixant les bases de la Constitution, le message présidentiel du 9 juillet 1874.

Le 15 juillet, M. de Ventavon déposa un rapport sur quelques dispositions; le 3 août, M. Lefèvre-Pontalis déposa un rapport sur l'organisation d'un Sénat. La session de 1874 fut close sans vote positif; l'Assemblée se contenta de repousser le 23 juillet la proposition Casimir Périer.

Enfin au mois de janvier 1875, la discussion des lois constitutionnelles fut abordée. La commission ne voulait qu'organiser le septennat personnel du maréchal de Mac-Mahon. L'assemblée alla plus loin et fit une constitution. Elle vota, le 24 février 1875, une loi en 11 articles fixant l'organisation et les attributions du Sénat et, le 25 février, une autre loi en 9 articles, sur l'organisation des pouvoirs publics, fixant la composition du pouvoir législatif, l'organisation et les attributions du pouvoir exécutif, la procédure de la révision de la Constitution et le siège des pouvoirs publics. L'insuffisance de ces deux lois donna lieu à la L. 16 juillet 1875 sur les rapports des pouvoirs publics, dont les 13 articles concernent les relations du Gouvernement et des Chambres, certaines attributions du chef de l'Etat, sa responsabilité et celle des ministres, l'inviolabilité des députés et celle des sénateurs.

140. Les lois du 24 février, du 25 février et du 16 juillet 1875, sont actuellement les lois constitutionnelles de la France ([1]). De nombreuses propositions de révision ont été déposées depuis 1875. La plupart ont été abandonnées ou repoussées. Deux lois de révision seulement ont été rendues : celle du 21 juin 1879 a abrogé l'art. 9 L. 25 février 1875; celle du 14 août 1884 a abrogé l'art. 1 § 3 L. 16 juillet, modifié l'art. 5 § 2 et l'art. 8 § 3 L. 25 février, enlevé le caractère constitutionnel aux art. 1 à 7 L. 24 février.

([1]) La L. 16 juillet 1875 est la seule qui ait été, dès 1875, qualifiée *constitutionnelle*; les deux autres ne l'ont été que dans la L. R. 14 août 1884. Aucun doute n'a jamais été élevé sur leur nature.   4*

CHAPITRE XIV

141. En Allemagne, le Saint-Empire romain, détruit en 1806, a été remplacé successivement par :

1° La Confédération du Rhin, formée par 16 princes allemands acceptant l'hégémonie de la France (12 juillet 1806) ;

2° La Confédération germanique, née du Congrès de Vienne et de l'acte du 10 juin 1825, composée de 38 États sous la présidence de l'Autriche. Elle était travaillée par un mouvement général tendant à resserrer les liens fédératifs et à créer une représention commune, et de là les réformes de 1848 et 1849 provoquées par la Révolution française du 24 février 1848. D'un autre côté, les rivalités et les dissensions de la Prusse et de l'Autriche aboutirent à la guerre de 1866, qui écarta cette dernière des affaires allemandes ;

3° La Confédération de l'Allemagne du Nord, organisée par la C. 25 juin 1867, comprenant 21 états sous la présidence de la Prusse. Pendant la guerre franco-allemande (1870-71), quatre états de l'Allemagne du Sud (Bade, Bavière, Hesse, Würtemberg) accédèrent à la Confédération. Le 18 janvier 1871, le roi de Prusse fut proclamé Empereur d'Allemagne, et le nouvel empire a été organisé par la C. 16 avril 1871.

Parmi les différents états allemands, plusieurs possédaient, avant 1789, une constitution : Hesse, Mecklembourg, Saxe-Altenbourg, Saxe-Cobourg, Saxe-Gotha, Würtemberg, villes libres de Brême, Hambourg, Lübeck. D'autres jouissaient d'une Charte octroyée par le souverain : Bade, Bavière, Brunswick, Hesse, Prusse, Saxe-Weimar. Les révolutions françaises de 1789, 1830, 1848 ont provoqué soit la rédaction de

nouvelles constitutions, soit l'octroi de nouvelles chartes, soit la révision des actes constitutionnels antérieurs.
Il est impossible de suivre ces mouvements dans le
détail. Je me contente de donner la date de la Constitution actuellement en vigueur dans les principaux
états allemands : Prusse, 31 janvier 1850; Bavière,
26 mai 1818; Saxe, 4 septembre 1831; Würtemberg,
25 septembre 1831; Bade, 22 août 1818.

142. La formation de la monarchie austro-hongroise
remonte à la Pragmatique Sanction du 19 avril 1713,
qui consacre entre les différents Etats, et spécialement
entre l'Autriche et la Hongrie, une union personnelle.

En 1848, une constitution commune fut octroyée;
elle fut plus tard révisée, puis suspendue. Il en résulta
d'assez graves difficultés enfin tranchées en 1867 par
un accord qui institue un parlement autrichien et un
parlement hongrois votant séparément les lois qui
règlent les rapports entre les deux pays, et un parlement formé de délégations des deux autres pour statuer sur les affaires communes. L'accord a été renouvelé pour dix ans en 1877, puis en 1887. Ces événements ont donné lieu pour les pays allemands aux lois
fondamentales de 1867; la Hongrie a reçu aussi à la
même date des lois analogues, mais les textes constitutionnels hongrois sont nombreux et s'échelonnent
sur une longue série de siècles.

La Suisse, qui vivait depuis 1291 sous un régime
fédératif établi par des traités, se donna, le 12 avril
1798, une constitution unitaire sur le modèle français.
L'essai eut peu de succès, le régime fédératif fut
rétabli par l'acte de médiation du Premier Consul du
19 février 1803 et le pacte fédéral de 1815. Celui-ci,
après un essai de révision en 1832, fit place à la C du
12 septembre 1848. Celle-ci à son tour, après un nouvel essai de révision en 1872, a été remplacée par la
C. du 29 mai 1874. La révision de 1879 a eu pour seul
but de rétablir la peine de mort.

Les constitutions cantonales ont été fréquemment rédigées et révisées en ce siècle. La plupart n'ont reçu leur forme définitive que depuis 1870.

143. En Italie, les campagnes de Bonaparte provoquèrent la formation de plusieurs républiques. Le Premier Consul devint même Président de la République italienne, fondée le 26 janvier 1802. L'institution et la chute de l'Empire français donnèrent lieu à deux autres séries d'actes constitutionnels. De même, les événements de 1848 furent le signal d'un nouveau mouvement constitutionnel. Je note le statut fondamental du royaume de Sardaigne (4 mars 1848), successivement étendu aux provinces rattachées aux états sardes, et actuellement en vigueur pour le royaume d'Italie. Il faut ajouter la *loi des garanties* (13 mai 1871) rendue après l'occupation de Rome.

L'histoire constitutionnelle de l'Espagne en ce siècle est assez agitée. Elle commence à la C. du 6 juillet 1807, dictée par Napoléon Ier, et aboutit à celle du 30 juin 1876, votée par les Cortès et actuellement en vigueur.

En Portugal, la Charte rendue le 29 avril 1826, après diverses vicissitudes, est encore en exécution. Elle a été révisée en 1852, 1878 et 1885.

En Danemark, le mouvement constitutionnel date de 1830 ; il aboutit à la C. du 5 juin 1849, révisée le 28 juillet 1866.

La Suède a des lois constitutionnelles depuis le xvie siècle et la fondation de la monarchie héréditaire. Les C. suédoises sont nombreuses. Celle qui fonctionne aujourd'hui remonte au 6 juin 1809 ; elle a été révisée en 1866 et en 1885. — La Norvège est régie par la C. 16 mai 1814 plusieurs fois modifiée. — Les relations entre les deux pays sont réglées par l'acte d'union du 6 août 1815.

Les Pays-Bas ont subi depuis 1795 le contre-coup de toutes les révolutions françaises. Leur C. actuelle remonte au 11 octobre 1848. — Le Luxembourg est régi par un texte qui date du 17 octobre 1868.

La Belgique a reçu, le 7 février 1831, une C. qui n'a pas été modifiée.

La Turquie est encore une monarchie absolue, tempérée sur certains points par des traités internationaux. En 1876, une constitution instituant deux Chambres avait été promulguée et même mise en vigueur. Suspendue par la guerre turco-russe de 1877, cette tentative n'a pas été renouvelée.

La Grèce reçut sa première constitution en 1822 avec son indépendance; elle en a eu plusieurs; celle qu'elle possède date des 16-28 novembre 1864 et a subi de légères modifications en 1865.

En Roumanie, le régime autonome créé en 1829 a été plusieurs fois réorganisé; il est soumis aujourd'hui à la C. des 30 juin-12 juillet 1866 modifiée en 1878 et en 1884.

La Serbie a conquis son indépendance de 1804 à 1826; la principauté est devenue royaume en 1882, et a reçu une nouvelle constitution le 22 décembre 1888.

La principauté de Bulgarie a été créée par le traité de Berlin en 1878 et organisée par la C. 16 avril 1879.

La Russie, à part la Finlande qui jouit encore de la C. suédoise de 1772, vit sous un régime purement autocratique. Les lois fondamentales et les statuts organiques de l'Empire sont contenus dans le livre I du Svod ou Code général publié en 1832.

144. L'Angleterre n'a jamais eu de constitution au sens moderne du mot. Ses institutions ont évolué paisiblement sous l'action de la coutume, consacrée par quelques lois ordinaires. Les chartes anglaises, dont les plus importantes remontent aux xiie et xiiie siècles ([1]), ne font que confirmer les droits des peuples à l'égard des rois et n'organisent pas les pouvoirs publics.

_____

([1]) Charte des libertés (1100), grande charte (1215), statut de tallagio (1297), pétition du droit (1627), bill des droits (1689), acte d'établissement (1701).

La plupart des colonies anglaises sont restées jusqu'en 1840 sous l'autorité immédiate de la métropole. Depuis, le self-government plus ou moins étendu a été introduit dans leur régime.

L'Egypte reçut d'Ismaïl-Pacha, autorisé par le Sultan, des institutions représentatives, le 26 novembre 1866. Aucune application n'a suivi. En ces dernières années de nouvelles tentatives ont été faites (L. 1ᵉʳ mai 1883, 7 février 1882).

L'Etat libre d'Orange, créé le 10 avril 1854, a une constitution datée du 8 mai 1879.

Celle du Transvaal remonte au 13 février 1858.

145. Les Etats-Unis de l'Amérique du Nord se sont organisés par une constitution fédérale du 1ᵉʳ mars 1781, renouvelée le 17 septembre 1787. Ce dernier texte, entré en application en 1789, est encore aujourd'hui en vigueur; il a reçu, en 1789, 10 amendements et quelques autres ont été votés postérieurement. L'Union américaine, grâce à des adhésions et à des acquisitions successives, comprend actuellement le district fédéral, 44 états, 9 territoires. Ces derniers n'ont pas de constitution propre; chaque état a la sienne.

Parmi les états, plusieurs jouissaient, avant l'union, d'institutions accordées soit par des chartes royales (Caroline du Nord, Connecticut, Maryland, Massachussets, New-York, Rhode Island, Virginie), soit par les lords propriétaires du sol (New-Jersey). La Pennsylvanie a été organisée par William Penn.

Dès les premières années de l'indépendance, les états qui formèrent la première Union se donnèrent des constitutions conformes au nouvel ordre de choses. Il en fut de même des états qui successivement accédèrent à l'Union ou lui furent cédés par des puissances étrangères. Ces diverses constitutions ont souvent été remaniées. 3 seulement remontent au siècle dernier. 12 sont postérieures à 1870.

Pour les autres Etats de l'Amérique, le régime constitutionnel est en général contemporain de l'émancipation. Les événements y ont été nombreux. Les principales constitutions en vigueur actuellement sont : au Mexique, celle du 12 février 1857 ; en Colombie, celle du 4 août 1886 ; au Vénézuela, celle d'avril 1881 ; au Pérou, celle du 10 novembre 1860 ; en Bolivie, celle du 15 février 1878 ; au Chili, celle du 1er décembre 1874 ; dans la Confédération Argentine, celle du 23 septembre 1860. Le Brésil, qui vivait sous la C. du 25 mars 1824, a reçu une constitution républicaine, le 24 février 1891.

Le Japon a inauguré le régime parlementaire le 28 novembre 1890.

CHAPITRE XV

LES LOIS DE 1875.

146. I. Les lois constitutionnelles de 1875 ne se présentent pas comme une œuvre doctrinale. Elles ne contiennent aucune déclaration sur : leur but, comme le font la C. de 1848 et les C. de l'Empire allemand, des Etats-Unis et de la Suisse; leur principe et leur base, comme la C. de 1848 et celle du Mexique; leur caractère démocratique ou autre, comme celle de 1848 et celles de plusieurs cantons suisses; l'indépendance de l'Etat, comme les C. de Portugal, Norvège, Luxembourg, etc.; son indivisibilité, comme les C. de 1793, An III et 1848, et les C. de Roumanie, de Saxe, de Wurtemberg, de Norvège, de Luxembourg; les droits et les devoirs réciproques de l'Etat et des citoyens, comme les C. An III et 1848, et celles de Bavière, Espagne, Italie, Pays-Bas, Saxe, Serbie, Confédération Argentine; les droits naturels et garantis aux particuliers, comme en énumèrent toutes les C. françaises et presque toutes les C. étrangères.

147. II. Les lois de 1875 n'ont pas été mises sous la protection divine, ni proclamées « en présence de Dieu » comme la C. de 1848, ou « en présence de l'Etre Suprême » comme celles de 1791, 1793 et de l'An III. — L'article 1 § 3 de la L. du 16 juillet 1875 était ainsi conçu : « Le dimanche qui suivra la rentrée, des prières seront adressées à Dieu dans les églises et dans les temples pour appeler son secours sur les travaux des Assemblées ». Cette disposition a été abrogée par la L. R. 14 août 1884, art. 4. Elle était la consécration d'un usage établi par une résolution de l'Assemblée nationale, renouvelée chaque année (1ᵉʳ août 1872). Son exécution était régie par la L. du 18 germinal an x, art. 49.

La prescription de prières publiques ne se trouve que dans la C. suédoise. Mais le plus souvent, la Constitution reconnaît une religion d'Etat.

148. III. Les lois de 1875 ne s'expriment pas formellement sur le principe de la souveraineté.

L'Assemblée nationale repoussa une proposition tendant à proclamer la souveraineté du peuple (24 février 1875). Mais le principe est sous-entendu et inspire toutes les règles.

Les autres C. françaises, à part la Charte de 1830, consacraient soit la souveraineté du peuple, soit celle du monarque. Les C. étrangères qui organisent la forme républicaine reconnaissent en général la souveraineté du peuple, et la même formule se retrouve dans les C. de Belgique, Grèce et Roumanie, pays de royauté. La souveraineté du monarque est reconnue par les C. de Bavière, Luxembourg, Wurtemberg et par le Svod russe.

149. IV. La forme du gouvernement n'est indiquée que par l'institution du Président de la République, formule préférée à celle de : Président du gouvernement de la France, que proposait un amendement. L'Assemblée nationale avait déjà implicitement reconnu le caractère républicain des institutions provisoires en proclamant la déchéance de la dynastie impériale (1ᵉʳ mars 1871), en organisant les pouvoirs de Thiers (17 février et 31 août 1871) et ceux du maréchal de Mac-Mahon (24 mai et 30 novembre 1873). Néanmoins, elle refusait, malgré plusieurs demandes en ce sens, de statuer, par un vote de principe, sur la forme du gouvernement, repoussait la proposition Casimir Périer qui consacrait la République (23 juillet 1874), et prétendait organiser des institutions temporaires. Elle s'écartait ainsi des exemples fournis par toutes les C. françaises, sauf la Charte de 1830 et par plusieurs C. étrangères, Bavière, Colombie, Confédération Argentine, Danemark, Haïti, Italie, Norvège, Portugal, Mexique, Salvador, Saxe, Serbie, Suède, Russie.

Actuellement, la forme républicaine du gouvernement est expressément reconnue par le dernier alinéa ajouté à l'art. 8 L. 25 février 1875, par la L. R. 14 août 1884, art. 2. « La forme républicaine du Gouvernement ne peut faire l'objet d'une proposition de révision ».

150. V. La C. de 1875 est, on n'en peut douter, représentative quoiqu'elle n'en dise rien. Le peuple n'est jamais appelé à exercer directement aucun pouvoir et n'a, d'autre part, à la souveraineté que ses droits électoraux ; toutes les autorités constituées n'ont de pouvoirs qu'en vertu d'une délégation plus ou moins éloignée du peuple. Tous les pouvoirs sortent du peuple, le peuple n'en exerce directement aucun.

La consultation directe du peuple a été souvent demandée. Dans l'Assemblée nationale, plusieurs voulaient que le peuple indiquât son opinion sur les institutions à régler ou sur la constitution faite. Plus récemment, on a proposé soit de soumettre aux électeurs la révision constitutionnelle, les déclarations de guerre ou même toute loi, soit de rendre la consultation populaire obligatoire si un million d'électeurs la réclamaient.

Les C. françaises présentent ici bien des différences. Une seule, celle de 1793, associait les assemblées primaires d'une certaine façon à la confection de la loi ; elle leur donnait aussi un rôle dans la révision de la Constitution. Sur ce dernier point, le même principe se retrouve dans les C. de l'An III, An VIII et 1852, dans le Scs. de 1870.— En sens inverse, les deux Chartes et l'Acte additionnel donnent au chef de l'Etat la nomination d'une Chambre Haute. Celle-ci ne représentait donc que le monarque ; cependant, comme la Charte de 1830 prescrivait le choix des Pairs dans des catégories, ce régime semblait donner une représentation spéciale à ces catégories. La Charte de 1814 était *octroyée*, et le pouvoir royal, revendiquant son origine divine, se défendait d'être représentatif du peuple. — Les C. de 1791 et 1848 organisent des délégations par le peuple des différents pouvoirs et par conséquent un régime représentatif.

La même diversité se rencontre parmi les C. étrangères. Le Svod russe écarte expressément l'idée de la représentation et fait de l'empereur la source de toute autorité. Le même principe est en vigueur dans les deux Mecklembourg. — Dans plusieurs cantons suisses, le peuple est appelé soit à voter des lois, soit à ratifier des lois votées par les Assemblées législatives, soit à statuer sur la révision de la Constitution, soit à opposer un veto aux lois votées par les Chambres. Parfois même l'initiative, en matière législative ou constitutionnelle, est reconnue à un nombre variable de citoyens (V. C. fédérale suisse, C. cantonales de Berne, Genève, Grisons, Lucerne, Schaffouse, Soleure, Uri, Vaud, etc.). Un régime analogue fonctionne dans quelques Etats de l'Amérique du Nord (New-York et Californie). — La Constitution se déclare représentative en : Confédération Argentine, Italie, Mexique, Pays-Bas, Portugal, Roumanie, Salvador, Serbie. Le caractère représentatif appartient ici à une Assemblée unique, là à deux Chambres, ailleurs à l'une des deux. La C. portugaise le reconnaît au Roi, et la même doctrine est professée en Angleterre. — La plupart des constitutions étrangères organisent, sans le proclamer le régime représentatif.

151. VI. La population forme l'unique base de la représentation, selon la division administrative du territoire prescrite par la L. 22 décembre 1789 et faite par la L. 26 février 1790. Chaque département a, dans l'une et l'autre Chambre, un nombre de représentants proportionnel au chiffre de sa population. La proportion, toujours approximative, est plus exacte pour la Chambre des Députés que pour le Sénat.

Le principe paraît avoir été adopté sans difficulté pour la Chambre des Députés. Quant au Sénat, plusieurs voulaient (n° 244) le composer en totalité ou en partie de membres de droit, de membres nommés par le chef de l'Etat, de membres choisis par le Sénat lui-même. D'autres proposaient l'attribution à l'armée, au clergé, à la magistrature, à l'enseignement, à l'agriculture, au commerce, à l'industrie, au travail d'une représentation proportionnelle à l'importance sociale de ces éléments et non au nombre d'hommes qui les composent. D'autres enfin, assignaient à tous les départements un nombre égal de sénateurs. Ces idées n'ont pas triomphé.

Elles ne sont expressément consacrées par aucune C. française. Celles qui donnaient au chef de l'Etat la nomination de la Chambre Haute comptaient assurer ainsi la représentation de ces éléments non populaires. La C. de 1791 répartissait les députés en trois classes, représentant le territoire, la population, l'impôt direct, élus par le même corps électoral. L'Acte Additionnel promettait une représentation spéciale à l'industrie, à la propriété manufacturière et commerciale. La C. de 1852 prenait pour base le nombre des électeurs et non le nombre des habitants.

En Serbie et en Prusse, l'élément contribution influence sensiblement l'élément population. En Roumanie, dans la plupart des Etats allemands, en Autriche, les divisions administratives et les classes sociales jouent aussi un rôle. Parfois un nombre fixe, au moins pour l'une des Chambres, est attribué à chaque état confédéré (Allemagne, Canada, Etats-Unis, Suisse) ou à chaque circonscription (Autriche, Italie).

152. VII. Les lois de 1875 se bornent donc, en dehors de toute préoccupation théorique et doctrinale, à régler les points les plus importants de l'organisation politique. Il reste à préciser leur domaine dans l'espace et dans le temps.

Elles s'appliquent non seulement au territoire européen de la France, mais aussi dans les colonies. En effet, elles donnent des représentants à différentes colonies. Elles ne sauraient au contraire s'appliquer aux pays soumis au protectorat de la France.

Seules, les C. de l'An III et 1848 se déclarent applicables aux colonies. Le Scs. de l'An x et la C. de 1852 renvoient à une Constitution spéciale par le Sénat ([1]); la C. de l'An viii et la Charte de 1830, à des lois particulières; la Charte de 1814, à des lois ou règlements particuliers. La C. de 1791 était étrangère aux colonies. Celle de 1793 était muette.

Ce silence est gardé par la plupart des C. étrangères. Celle des Pays-Bas reproduit notre C. 1791. Celles d'Espagne et de Portugal renvoient à la loi, non sans poser quelques principes. Les colonies anglaises ont chacune un régime particulier.

153. VIII. L'art. 10 L. 24 février 1875 est ainsi conçu : « Il sera procédé à l'élection du Sénat un mois avant l'époque fixée par l'Assemblée nationale pour sa séparation. Le Sénat entrera en fonctions et se constituera le jour même où l'Assemblée nationale se séparera ». Et la L. du 30 décembre 1875, art. 5 décida : Le Sénat et la Chambre des Députés se réuniront à Versailles, le mercredi, 8 mars 1876. Les pouvoirs de l'Assemblée nationale prendront fin le jour de leur réunion ». Ainsi fut fixée la date de la mise en activité du régime actuel.

Les C. impériales fixaient en général pour leur exécution la proclamation du plébiscite qui les approuvait. Celle de 1851 la retardait jusqu'à la constitution des grands corps de l'Etat. La Charte de 1814, octroyée, entrait en vigueur dès sa date; elle contenait quelques dispositions transitoires. La C. 1848 ne fixait que la date de l'élection présidentielle. Celle de l'An III fut complétée à ce point de vue par les L. 5 et 13 fructi-

_____

([1]) Le Sénat vota (3 mai 1854) une Constitution pour la Martinique, la Guadeloupe et la Réunion, et divers actes relatifs à l'Algérie.

dor An III. Les C. 1791 et de 1793, la Charte de 1830 sont muettes.

Il en est de même de presque toutes les C. étrangères. On trouve une date précise pour la mise en vigueur du Svod russe, des lois constitutionnelles de l'Autriche, de l'Alsace-Lorraine, de l'Islande. On trouve encore indiquée la date de la sanction royale (Grèce, Serbie), de l'acceptation par le peuple (Suisse), la ratification des Etats conférés (Etats-Unis), la réunion des Chambres nouvelles (Italie).

154. IX. Les lois de 1875 ont été votées sans terme contre l'avis d'un parti considérable qui voulait les faire cesser en même temps que les pouvoirs du maréchal de Mac-Mahon. Elles ne sont pas soumises à des révisions périodiques.

Elles ne prévoient pas et excluent donc implicitement la suspension de leur autorité. Il en est de même de la C. 1793 et des Chartes. Ce n'est pas une raison pour que l'état de siège, qui subordonne les autorités civiles aux chefs militaires, ne puisse être proclamé. Il est déclaré par une loi, en cas de péril imminent résultant d'une guerre étrangère ou d'une insurrection à main armée ; un décret en conseil des ministres suffit si les Chambres sont ajournées ; elles se réunissent alors de plein droit deux jours après. Si la Chambre des Députés est dissoûte, l'état de siège ne peut être déclaré qu'en cas de guerre et pour les territoires menacés ; les électeurs et les Chambres doivent être convoqués immédiatement (L. 3 avril 1878).

La C. 1848 prévoit l'exception après avoir refusé au chef de l'Etat le droit de suspendre son empire. La C. An VIII dit qu'une loi peut, en cas de révolte armée ou de troubles menaçant la sûreté de l'Etat, suspendre l'empire de la Constitution pour le temps et les lieux qu'elle détermine ; le même droit appartient au Gouvernement pendant les vacances du Corps législatif qui doit être convoqué en même temps. L'Acte Additionnel réserve le droit au Gouvernement

pour le cas d'invasion étrangères, aux Chambres pour
le cas de troubles civils; pendant les vacances législatives, l'Empereur peut déclarer l'état de siège à la
charge de saisir les Chambres dans les quinze jours de
leur rentrée. La C. 1852 donne le droit au chef de
l'Etat sous l'obligation d'en référer au Sénat. Les C.
1791 et An III, le Scs. 1870 se placent au-dessus et à
l'abri des corps qu'ils organisent. La C. 1793, les
Chartes sont muettes. Les Constitutions françaises ont
été plus souvent supprimées que suspendues. On peut
citer pourtant les L. 23 nivôse An VIII et 22 frimaire
An IX, l'A. C. 15 pluviôse An IX.

Les C. de Belgique, Luxembourg, Roumanie, Serbie
prohibent toute suspension; celles d'Espagne, Prusse,
Portugal la permettent aux Chambres, ou, sous leur
contrôle, au pouvoir exécutif en cas de danger exté-
rieur ou de troubles intérieurs.

155. X. Une loi spéciale a réglé le cas où les Chambres seraient dissoutes ou empêchées de se réunir.
(L. 15 février 1872). Le Conseil général de chaque
département se réunit sans convocation, pouvoit au
maintien de l'ordre et nomme deux délégués. Les délégués des Conseils généraux doivent se réunir auprès
du Gouvernement légal. L'assemblée des délégués
prend provisoirement les mesures nécessaires pour
rétablir les institutions régulières. Elle se dissout dès
que les Chambres se sont reconstituées. Si elles ne le
sont pas après un mois, l'assemblée prescrit des élections générales. Le Conseil général ne délibère que si
la majorité de ses membres est présente; l'assemblée
des délégués que si la moitié plus un des départements
y sont représentés.

Ce système, qui donne à des corps administratifs un
rôle politique, a été préféré à une autre proposition
qui voulait faire élire des suppléants, dont le nombre
eût été égal au tiers du nombre des représentants, et
qui seraient réunis de plein droit dans le cas prévu.

156. Les lois de 1875 n'ont pris aucune précaution

particulière pour assurer le respect dû aux règles constitutionnelles. Elles se sont bornées à prévoir le crime
d'attentat à la sûreté de l'Etat, sans même le définir.

La L. 29 décembre 1875, après un grand nombre
de lois rendues sur tous les régimes, punissait les attaques par la parole ou la presse, soit contre les lois
constitutionnelles, soit contre les droits et les pouvoirs
du gouvernement de la République. Les peines étaient
celles que prononçait pour le même fait, la L. 11 août
1848 : emprisonnement de trois mois à cinq ans,
amende de 300 à 600 fr. La L. 29 juillet 1881 a supprimé ce délit. Cette indulgence déplaît à plusieurs
qui voudraient des pénalités rigoureuses soit contre
les prétendants qui provoqueraient au renversement
de la République, soit contre quiconque demanderait
que la forme du gouvernement soit changée.

En Allemagne, certaines attaques à la Constitution
ou surtout aux autorités de l'Empire allemand, sont
qualifiées haute trahison et jugées en conséquence.

La C. suisse donne vaguement à l'assemblée fédérale
le soin d'assurer le respect de la constitution fédérale.

157. La Constitution peut être librement étudiée,
discutée, critiquée. La même liberté n'a pas existé
sous tous les régimes. Sans parler des œuvres de la
censure, une note insérée au *Moniteur officiel* du
28 novembre 1861 prohiba toute discussion relative à
la Constitution, et le Scs. 18 juillet 1866 réserva ce
droit au Sénat, à l'exclusion de tous les particuliers.

158. XII. Les lois de 1875 ne créent aucun corps
gardien de la Constitution. Il n'existe aujourd'hui
aucun équivalent des Sénats de l'An viii et de 1852.
L'expérience a démontré la complète inutilité d'une pareille institution qui n'a guère servi qu'à revêtir d'une
apparence régulière les violations de la Constitution.

Elles ne contiennent rien qui ressemble aux formules
de 1791, 1793, de l'An iii et de 1848 sur les gardiens
de la Constitution, dont on retrouve un écho dans
quelques constitutions étrangères (Grèce).

LIVRE II

———

CHAPITRE XVI

159. I. Pouvoir constituant. — Le pouvoir constituant formule les règles qui président à l'organisation, au fonctionnement et aux rapports des pouvoirs publics.

Il appartient tantôt au monarque, tantôt aux meilleurs, tantôt au peuple, selon la forme de l'Etat. En France, sous l'empire des lois de 1875, il appartient comme tous les autres pouvoirs, au peuple.

Le peuple, dans les états démocratiques, exerce le pouvoir constituant soit directement, soit indirectement. Il est quelquefois appelé à émettre un vote affirmatif ou négatif sur sa constitution. Plus souvent, il remet à des représentants la mission délicate d'organiser les pouvoirs publics.

L'exercice direct du pouvoir constituant par le peuple n'est presque jamais entier. Il est impossible, même dans un Etat de médiocre étendue, que le peuple se réunisse spontanément au même jour, à la même heure, au même lieu, pour cet exercice. Le peuple sera toujours convoqué soit pour une date fixée par la loi, à des périodes régulières, soit pour un cas particulier. La nécessité d'une convocation est déjà une restriction au pouvoir constituant direct du peuple. — Le peuple n'improvisera pas dans ses délibérations un texte constitutionnel. Il votera sur une proposition apportée ou par les pouvoirs constitués ou par un particulier ; et l'influence exercée sur l'ignorance et l'incertitude du peuple par les textes proposés est une nouvelle restriction à un pouvoir constituant. — Souvent ceux qui remettent au peuple la décision sur les lois constitutionnelles ne lui reconnaissent que la faculté d'accepter ou de repousser en bloc un projet compliqué et étendu, que le peuple n'a pas la faculté d'amender sur un point particulier. Le pouvoir constituant direct est alors réduit au minimum.

160. L'exercice direct ne présente guère d'avantage ni pratique, ni théorique. La confection d'une loi constitutionnelle, l'appropriation des formes politiques à un état social donné, est l'œuvre la plus délicate du monde. Elle exige une intelligence et des connaissances peu communes, une gravité exceptionnelle, une impartialité rare, un sens fin et exact de la situation générale. Tout cela ne saurait se rencontrer dans la masse populaire. La foule, inspirée par quelques principes simplistes, poussée par quelques meneurs, n'apporterait pas dans la discussion d'une Constitution les qualités subtiles qui sont utiles. Ses votes émis presque au hasard risqueraient de désorganiser un ensemble dont toutes les parties doivent s'équilibrer harmonieusement. Force sera donc de demander au peuple un *oui* ou un *non* sur l'ensemble. Le pouvoir constituant est profondément atteint par ce procédé, le seul pratique. Le peuple est placé dans l'alternative ou d'accepter une Constitution qui lui paraît défectueuse en partie ou en totalité, ou de prolonger le provisoire avec ses inconvénients et ses souffrances. L'histoire prouve que le premier parti est généralement choisi. Le peuple, surtout le peuple français, accepte avec empressement tous les régimes qu'on lui propose, parce qu'il préfère quelque chose à rien et aussi parce qu'il n'est guère capable de juger les questions constitutionnelles. Son ignorance fait sa docilité.

Si le peuple ne peut discuter et voter une Constitution, il sait constater et apprécier l'influence exercée par les institutions sur la prospérité de l'Etat et des particuliers. Son attachement aux régimes prospères, son impatience des régimes néfastes, voilà son action sûre et légitime en matière constitutionnelle. Son rôle, pour être négatif, n'en est pas moins important. L'opinion publique, produit des changements sociaux, indice de l'état d'âme de la société, indiquera à l'art politique les modifications utiles.

161. L'exercice indirect du pouvoir constituant est donc préférable. Le peuple remettra à des représentants une tâche qui excède ses facultés.

L'application a été très variée. Tantôt les règles constitutionnelles sont confondues avec les règles législatives, proposées, discutées et votées selon la même procédure et par les mêmes autorités ; tantôt elles sont séparées par quelques différences dans la procédure et dans le vote ; tantôt elles sont formulées par une autorité spéciale, dont l'organisation, à son tour, admet un grand nombre de systèmes.

162. Les circonstances donnent au pouvoir constituant et aux autorités qui l'exercent, des caractères et une portée très différents. Il peut s'agir de consacrer les résultats d'une révolution, de refaire dans son ensemble la Constitution du pays, d'organiser un régime nouveau, de soumettre à une critique attentive tous les principes ou toutes leurs conséquences. Il peut s'agir seulement de modifier telle règle spéciale sans toucher aux autres, de *réviser* la Constitution existante.

163. L'histoire constitutionnelle de la France fournit l'exemple et la justification des considérations qui précèdent.

Le peuple n'a jamais été appelé à discuter une Constitution. Il a violemment renversé plusieurs Gouvernements et quelquefois proclamé la République. Encore en ces actes, le peuple consistait-il en général en une poignée de Parisiens que la masse passive autorisait

de son inaction silencieuse. En matière constitutionnelle, le peuple a plutôt taillé que cousu. Il a voté
cependant sur les bases de la future C. de 1852.

Le pouvoir constituant du peuple est reconnu par la
C. de 1791, par la Convention (21 septembre 1792),
par les C. de 1793, An III, par le Scs. de 1870. La C.
de 1791 lui en refuse l'exercice direct; les autres ne
lui assurent que la ratification des propositions qui lui
sont faites.

La ratification populaire a été demandée pour les
seules C. de 1793, An III, An VIII, pour les Scs. de
l'An X, de l'An XII et de 1870.

L'exercice indirect a été remis à des Assemblées
spéciales soit pour le vote définitif par les C. 1791, An
VIII, 1848 et 1852, soit pour des décisions soumises
au peuple par celles de 1793 et de l'An III. L'Assemblée était permanente (Sénat) d'après les C. An VIII et
1852. Le pouvoir constituant est virtuellement remis
au Corps législatif par la Charte de 1830, qui ne met
aucune différence entre la loi constitutionnelle et la
loi ordinaire et qui annonce la révision par les Chambres d'un de ces articles.

La Charte de 1814 semble bien réserver au Roi le
pouvoir constituant. Elle est présentée comme une
concession de l'autorité royale. Louis XVIII s'engage
à mettre la Charte sous les yeux des Chambres, non à
l'y faire discuter. Il se reconnaît cependant rappelé
par l'amour de son peuple. La Charte ne prescrit
aucune procédure spéciale pour sa révision; mais
comme l'O. 13 juillet 1815 annonçait que 14 de ses
articles seraient soumis à la révision du Corps législatif, on peut se demander si les modifications constitutionnelles dépendaient de la seule volonté royale
ou du pouvoir législatif. La première interprétation
admise par les O. 1830 a causé une révolution. La
même question pouvait s'élever à propos de l'Acte additionnel.

164. Voilà les textes. Passons aux faits.

Louis XVI et quelques députés aux Etats généraux contestaient le pouvoir constituant que l'Assemblée nationale, s'appuyant sur ses cahiers, s'attribua sans tarder. La question mériterait un examen si Louis XVI n'avait bientôt cédé.

L'Assemblée exerça en fait le pouvoir constituant et le pouvoir législatif. La distinction, parfois expresse, souvent douteuse, fut précisée par la C. 1791, qui maintint comme lois ordinaires les actes qui n'avaient pas passé dans son texte.

L'Assemblée législative, qui n'avait part qu'au pouvoir législatif, mit la main sur le pouvoir constituant en suspendant l'autorité royale et en convoquant une Convention nationale.

Celle-ci, après avoir reconnu les droits du peuple, abolit la royauté (21 septembre 1792), prit des mesures contre son retour (4 décembre 1792) et finit par organiser le Gouvernement révolutionnaire.

C'est un coup d'Etat qui a mis fin au régime de l'An III, à celui de 1848; c'est une révolution qui a renversé le second Empire, la Royauté de 1830, et même celle de 1814, car la révision de la Charte, faite par les Chambres, ne fit que consacrer les résultats du mouvement populaire.

165. Les coups d'Etat et les révolutions ont pour effet commun de remettre provisoirement les pouvoirs à des hommes qui n'y ont aucun droit régulier. Les événements sont plus forts que les textes et le fond emporte la forme. Les efforts tentés en 1814 et en 1870 pour l'exercice des droits du Sénat sont demeurés inutiles et presque ridicules. Les gouvernements provisoires exercent nécessairement tous les pouvoirs, y compris le pouvoir constituant. Le moins qu'ils puissent faire est de convoquer une assemblée, ce qui est déjà le règlement de plusieurs questions constitutionnelles.

166. L'Assemblée, réunie le 13 février 1871, affirma en mainte circonstance son pouvoir constituant. Le 17 février, elle se déclare « dépositaire de l'autorité souveraine » et, « en attendant qu'il soit statué sur les institutions de la France », elle nomme le chef du pouvoir exécutif. Le 1er mars, elle confirme la déchéance de Napoléon III ; le 31 août, elle organise des institutions provisoires « considérant qu'elle a le droit d'user du pouvoir constituant, attribut essentiel de la souveraineté dont elle est investie ». Dans l'acte du 13 mars 1873, elle réserve « dans son intégrité le pouvoir constituant » qui lui appartient. Enfin et surtout elle rédige les lois constitutionnelles de 1875. En même temps, l'Assemblée nationale faisait un grand nombre de lois organiques, exerçant ainsi simultanément les pouvoirs constituant et législatif. Enfin, comme l'Assemblée de 1848, elle déléguait le pouvoir exécutif.

En dépit de ces affirmations répétées, en dépit même de l'exercice qu'elle fit du pouvoir constituant, l'Assemblée n'accomplit pas son programme constitutionnel sans soulever des contestations de principe. Un parti important dans l'Assemblée même, soutenu par un certain nombre de pétitions prétendait que les députés élus le 8 février 1871 n'avaient pas reçu le mandat de donner à la France une constitution ; il demandait la dissolution de l'Assemblée et l'élection d'une Constituante investie par le peuple de pouvoirs spéciaux. Il soutenait que l'Assemblée n'avait été élue, aux termes de l'armistice qui en stipulait la convocation, que pour traiter de la paix seulement ; que la convocation des électeurs ayant été faite d'après la loi de 1849, l'Assemblée, si elle avait dû être constituante, aurait compté 900 membres tandis qu'elle en comptait 750 comme l'Assemblée législative. — La majorité appuyait le pouvoir constituant de l'Assemblée sur le D. 10 septembre 1870 qui convoquait les électeurs pour nommer une constituante et sur l'instruction ministérielle du 6 février 1871. Sans aller, comme elle en fut sollicitée, jusqu'à frapper de déchéance les députés qui niaient ses pouvoirs, l'Assemblée vota les lois constitutionnelles, refusa de soumettre les décisions à une assemblée nouvelle, de consulter le peuple sur la forme du Gouvernement, de faire ratifier par lui la nouvelle Constitution.

Dans la majorité même, beaucoup ne voulaient pas faire une constitution définitive. Ils désiraient simplement organiser le régime auquel présiderait le maréchal de Mac-Mahon, de même que l'acte du 31 août 1871 avait organisé les pouvoirs de Thiers. Ils pensaient imposer une trêve aux passions politiques qui divisaient une assemblée sans majorité stable, et attendaient du temps la solution des problèmes politiques que l'Assemblée n'avait su que poser.

C'est au milieu de ces controverses et de ces incertitudes que les lois de 1875 ont été votées. Les questions soulevées à cette date ont aujourd'hui perdu tout intérêt. Les lois de 1875 sont considérées unanimement comme la Constitution de la France.

Elles organisent l'exercice indirect du pouvoir constituant, et distinguent les règles constitutionnelles des règles législatives. Celles-ci sont votées successivement par les deux Chambres. Les lois constitutionnelles ne peuvent être modifiées que selon la procédure de la révision.

167. II. RÉVISION. — La révision de la Constitution est prévue par la L. C. 25 février, art. 8 : « Les Chambres auront le droit, par délibérations séparées prises dans chacune, à la majorité absolue des voix, soit spontanément, soit sur la demande du Président de la République, de déclarer qu'il y a lieu de réviser les lois constitutionnelles. Après que chacune des deux Chambres aura pris cette résolution, elles se réuniront en Assemblée nationale pour procéder à la révision. Les délibérations portant révision des lois constitutionnelles, en tout ou en partie, devront être prises à la majorité absolue des membres composant l'Assemblée nationale ». La L. R. 14 août 1884 a ajouté à ce texte la disposition suivante : « La forme républicaine du Gouvernement ne peut faire l'objet d'une proposition de révision ».

168. A. *Initiative de la révision.* Elle appartient :

1º Au Président de la République. — La L. C. la lui réservait exclusivement pour un temps, par une disposition aujourd'hui sans application. « Toutefois, pendant la durée des pouvoirs conférés par la loi du 20 novembre 1873 à M. le Maréchal de Mac-Mahon, cette révision ne peut avoir lieu que sur la proposition du Président de la République ».

On a soutenu qu'en exigeant des délibérations séparées, la L. C. avait voulu marquer une différence entre les projets de lois et les projets de révision ; que le Gouvernement devait déposer *simultanément* le projet de révision aux deux Chambres, et non pas *successivement*. En faveur de cette procédure, on fait remarquer que la question de priorité entre les deux Chambres serait difficile à régler ; que si la première Assemblée saisie repoussait le projet, l'autre ne pourrait exprimer son opinion, et que si elle l'adoptait, son vote influencerait celui de l'autre Chambre.

Le texte ne me paraît pas favorable à cette interprétation. Il a voulu simplement, par l'emploi des termes cités et de quelques autres, trancher les questions que soulève la révision constitutionnelle ; notamment, il veut que la révision soit décidée par chaque Chambre délibérant séparément et non par la réunion des deux Assemblées. La révision au contraire sera faite par les deux Chambres confondues. Ainsi la décision sera prise séparément et exécutée en commun. L'opposition est nettement marquée par la comparaison des al. 1 et 2 de l'art. 8. Le mot « délibérations » du § 1 est employé ailleurs (L. 16 juillet 1875, art. 7 § 2), à propos d'une loi ; or la loi ne doit pas être présentée simultanément aux deux Chambres. — La priorité sera réglée selon les convenances politiques. — Que l'une des Chambres soit exposée à ne pas exprimer son avis, cela est fréquent et n'a aucun inconvénient, puisque l'accord des deux est nécessaire. Craint-on l'influence du premier vote ? Cette crainte

ne s'accorde guère avec le désir de voir les deux
Chambres formuler leur avis. On n'obtiendrait en
pratique que la simultanéité des présentations, et non
celle des votes. Enfin cette influence s'exercera bien
dans le cas où la résolution sera née dans une des
Chambres.

Le texte n'est pas assez clair pour commander une
solution qui déroge au droit commun qui ne s'appuie
sur aucun motif juridique, dont l'application serait
difficile.

169. Le Gouvernement pourra donc ou saisir les
deux Chambres en même temps, ou saisir l'une d'elles
seulement. En ce dernier cas, il portera le projet à
son choix devant la Chambre des Députés ou devant le
Sénat.

Quelques personnes pensent au contraire qu'il doit
le déposer d'abord à la Chambre des Députés, parce
que celle-ci est issue directement du suffrage universel
du peuple souverain ; le Sénat ne serait saisi qu'après
un vote favorable de la Chambre. D'autres disent, à
l'inverse, que le Sénat est le modérateur des pouvoirs.
le conservateur de la Constitution, et doit recevoir le
premier les demandes de révision. — Les motifs invoqués des deux parts me semblent étrangers à la question. La loi constitutionnelle n'exprime aucune des deux
solutions et ne déroge pas au droit commun qui permet, sauf en matière financière, de saisir indifféremment l'une ou l'autre Chambre.

170. 2° Aux deux Chambres. L'initiative appartient
sans différence au Sénat et à la Chambre des Députés.

On a soutenu qu'en exigeant des délibérations séparées, la loi constitutionnelle avait voulu que chaque
Chambre fût saisie par un de ses membres, et que la
transmission du projet de résolution voté par l'autre,
n'eût que la valeur d'un avis officieux. Outre les motifs
déjà discutés, on argumente du mot *spontanément* qui
implique un projet né dans chaque assemblée. Ce sens
me paraît forcé. Le texte veut seulement reconnaître

l'initiative de la révision aux Chambres comme au Président de la République. Au reste, que signifie dans ce système la transmission, même officieuse? N'enlève-t-elle pas aux décisions de la deuxième Chambre la spontanéité et la liberté qu'on déclare nécessaires?

Ainsi le texte ne paraît pas s'opposer à une transmission officielle qui saisirait une Chambre de la resolution votée par l'autre. La pratique des Chambres, notamment en 1879, est cependant contraire.

Le projet de résolution peut être proposé par un seul membre.

Dans tous les cas, la révision n'aura lieu que si les deux Chambres votent des résolutions identiques. Si les deux textes différaient, elle ne pourrait être faite et le projet serait à considérer comme rejeté. Il pourrait être repris.

Les projets de résolution, quel qu'en soit l'auteur, peuvent être amendés. Mais si le texte voté par une Chambre est modifié par l'autre, les résolutions n'étant plus identiques, la révision n'aura pas lieu.

Les résolutions qui décident la révision doivent être prises à la majorité absolue des voix, c'est-à-dire votées par la moitié plus un des membres de la Chambre. La majorité absolue sur les votants, les absents n'étant pas comptés, ne suffirait pas. Il n'est pas nécessaire que la majorité s'élève au-dessus de la moitié plus un.

Aucun délai n'est exigé entre la proposition et le vote, ni pour l'émission du vote.

Les résolutions de ce genre sont dispensées par le règlement des deux lectures.

Elles sont valables par elles-mêmes. Le Président de la République n'a ni consentement ni sanction à leur donner. Je ne pense pas qu'il ait le droit d'exiger une nouvelle délibération (L. 26 juillet 1875, art. 2), car il ne s'agit pas de lois.

La révision n'a pas lieu périodiquement à époque fixe; elle peut avoir lieu à tout moment de la session des Chambres; aucune période n'est désignée pour la demander ou au contraire pour l'exclure. Si elle est refusée, soit par l'une des Chambres, soit par l'Assemblée nationale, aucun délai n'est imposé pour la demander de nouveau.

171. Les facilités des lois de 1875 ont permis l'essor d'un nombre considérable de demandes en révision, dues les unes au Gouvernement, les autres au Parlement et surtout à la Chambre des Députés. Deux seulement sont venues à terme, en 1879 et en 1884; elles émanaient l'une et l'autre du Gouvernement. Les autres ont été retirées, ou oubliées, ou enfin ont succombé devant la résistance de l'une des Chambres.

Cette résistance s'appuyait sur de bons motifs. Les constitutions ne peuvent être sans inconvénient condamnées à l'immobilité; mais elles ne doivent être modifiées que rarement et pour des motifs graves, sous peine de perdre toute autorité. Surtout il ne faut pas faire de la révision une arme de parti, un moyen de remuer les masses à l'aide de formules obscures autant que dangereuses. La révision doit être une œuvre de sagesse, non de passion.

172. L'initiative de la révision est réservée au chef de l'Etat par les Scs. An x et 1870. Elle appartient au Sénat, sauf l'approbation du Gouvernement, d'après la C. 1852. La C. An III donne l'initiative aux Anciens, sauf la ratification du Conseil des Cinq Cents; la révision ne peut avoir lieu qu'après avoir été décidée trois fois à trois ans d'intervalle. La C. 1791 prohibe la révision pendant les deux premières législatures et l'autorise ensuite si trois législatures consécutives en émettent le vœu. Celle de 1848 ne permet le vœu de révision que dans la dernière année d'une législature, le soumet à trois votes à un mois d'intervalle et exige à chaque fois la majorité des trois quarts sur cinq cents votants. D'après la C. 1793, la révision est de droit lorsque, dans la moitié des départements plus un, elle est réclamée par le dixième des assemblées primaires. Les Chartes ne distinguent pas les lois constitutionnelles des lois ordinaires.

173. *Droit comparé.* — L'initiative de la révision appartient en général aux différents pouvoirs. Aux États-Unis, elle est reconnue en outre aux législatures des États et la révision doit être faite lorsque les deux tiers des États la réclament. En Suisse et dans plusieurs cantons, elle est donnée à un certain nombre de citoyens. Elle est réservée au roi en Bavière ; à la Chambre-Basse (un tiers des membres) en Portugal.

La révision a été exclue : pour un délai fixe en Grèce (10 ans) et en Portugal (4 ans) ; pour les temps de régence en Belgique, Luxembourg, Pays-Bas, Roumanie, Serbie. Le vœu doit être : renouvelé trois fois à 15 jours d'intervalle en Roumanie, à 6 jours en Portugal ; formulé par deux législatures successives en Danemark, Grèce, Norvège, Suède ; à la première session en Norvège. Il exige la majorité des trois quarts en Grèce, des deux tiers aux États-Unis. Le peuple est consulté en Suisse. Le consentement du chef de l'État est nécessaire en Danemark, Norvège, Suède.

La révision a lieu périodiquement dans plusieurs cantons suisses : Genève, etc.

En Angleterre, on a douté que les Communes puissent, sans un mandat spécial, toucher au régime des pouvoirs publics.

174. B. *Assemblée nationale.* — Il est procédé à la révision par une Assemblée nationale formée de la Chambre des Députés et du Sénat réunis. Les deux Chambres perdent momentanément leur individualité ; chacun de leurs membres devient un membre de l'Assemblée nationale. Il en résulte que le Sénat, beaucoup moins nombreux que la Chambre, n'a pas une égale influence sur les votes relatifs à la révision.

Quelques-uns pensent que les Chambres, élues pour exercer le pouvoir législatif, n'ont aucun titre au pouvoir constituant ; qu'elles devraient, après avoir reconnu la nécessité de la révision, remettre le soin de la faire, soit au peuple lui-même, soit à une Assemblée élue spécialement pour réviser la Constitution ; que du moins, elles devraient, par des élections générales, se retremper dans la nation et recevoir un mandat spécial. Ils ajoutent que la procédure prescrite en 1875 manque de la solennité désirable pour les modifications aux lois fondamentales de l'Etat.

Les motifs me paraissent faibles. Les électeurs, en élisant les Chambres, n'ignorent pas qu'elles sont appelées, le cas échéant, à réviser la Constitution; s'ils leur donnent un mandat, il s'étend jusqu'à ce pouvoir. La solennité qu'on souhaite ne serait obtenue que par des élections qui ajouteraient au trouble que la politique et la révision jettent dans la vie publique. Cela n'est pas désirable.

175. Il est regrettable au contraire que le Sénat n'ait pas, dans l'œuvre si grave de la révision, une influence au moins égale à celle de la Chambre; que sa faiblesse numérique l'empêche d'exercer, en matière constitutionnelle, les droits qu'il exerce en matière législative. La gravité des questions soulevées semblerait devoir lui faire reconnaître des droits supérieurs, à cause du rôle modérateur et conservateur qu'il doit jouer. Si l'on refusait de lui réserver la révision en en donnant l'initiative au Gouvernement et à la Chambre, du moins pourrait-on soumettre la loi constitutionnelle à la procédure ordinaire, en exigeant une majorité spéciale pour le vote des modifications.

176. Le système admis en 1875 est nouveau dans notre histoire constitutionnelle. La C. 1791 confiait la révision à l'Assemblée ordinaire augmentée de 249 députés élus pour la population. D'après celle de 1793, la révision devait être préparée par une convention nationale élue comme à l'ordinaire, et soumise à l'approbation du peuple. La C. An III crée une assemblée de révision à laquelle chaque département envoie deux députés réunissant les conditions requises pour les membres du Conseil des Anciens; ses décisions sont soumises à l'approbation des assemblées primaires. La C. 1848 remet la décision à une assemblée spéciale de

900 membres. Les C. impériales la remettent au Sénat ; cependant d'après celle de 1852 les cinq bases fondamentales ne pouvaient être modifiées que par un plébiscite, et le Scs. de 1870 déclare : « La Constitution ne peut être modifiée que par le peuple ». Sous le régime des deux Chartes, une loi ordinaire suffit. Charles X prétendit pouvoir modifier la Charte par de simples ordonnances.

177. L'Assemblée nationale se réunit à Versailles, dans la salle occupée jadis par la Chambre des Députés (L. 22 juillet 1879, art. 3 al. 2). Cette loi, qui a fixé à Paris le siège des pouvoirs publics, a prescrit la réunion de l'Assemblée nationale à Versailles. La raison de l'exception est moins peut-être le désir de soustraire la révision constitutionnelle aux hasards d'un mouvement populaire que la nécessité de trouver une salle suffisante pour contenir les 900 membres du Parlement. L'Assemblée nationale n'a pas le droit de désigner le lieu de ses séances ; mais rien ne l'empêche de le changer. La loi de 1879 oblige, il est vrai, les membres des deux Chambres à se réunir dans le local qu'elle indique. Elle ne saurait lier l'Assemblée, qui a le droit de refaire la Constitution. On objecterait vainement que l'Assemblée nationale n'a pas le pouvoir législatif et ne peut abroger une loi. — La C. An III permettait à l'Assemblée de révision de changer la résidence que lui assignait le Conseil des Anciens, pourvu qu'elle gardât une distance de 20 myriamètres entre son siège et celui des Chambres.

Aucune loi ne dit dans quel délai l'Assemblée nationale devra se réunir. Il est dans l'esprit du texte constitutionnel que ce délai soit très court ; on ne peut préciser davantage. Le délai de huitaine proposé en 1874 n'a pas été consacré par un texte.

La loi ne dit pas davantage à qui il appartient de convoquer l'Assemblée nationale. En pratique, la convocation est faite par le président du Sénat, qui, on va le voir, est de droit le président de l'Assemblée.

La durée des délibérations de l'Assemblée n'est pas limitée ; elles durent jusqu'à l'achèvement de la révision. La durée était limitée à trois mois par les C. An III et 1848.

« Lorsque les deux Chambres se réunissent en Assemblée nationale, leur bureau se compose des président, vice-présidents et secrétaires du Sénat » (L. 16 juillet 1875, art. 11, al. 2). Le règlement adopté en 1879 et 1884 a été celui de l'Assemblée de 1871. Cependant « les délibérations portant révision des lois constitutionnelles, en tout ou en partie, devront être prises à la majorité absolue des membres composant l'Assemblée nationale » (L. 25 février 1875, art. 8, al. 3). La majorité absolue est calculée, selon les décisions prises par l'Assemblée en 1879 et 1884, sur le nombre légal des deux Chambres, en comptant non seulement les absents, mais encore les sièges vacants pour une raison quelconque. La majorité absolue suffit ; il n'est pas nécessaire, pour qu'une disposition soit admise, qu'elle réunisse un chiffre de voix supérieur. — Le Scs. An x exigeait les deux tiers des voix au Sénat.

178. *Droit comparé.* — La révision est souvent faite par les Chambres ordinaires, délibérant séparées : Allemagne, Angleterre, Autriche, Bade, Bavière, Belgique, Danemark, Chili, Luxembourg, Pays-Bas, Prusse, Roumanie, Saxe, Suède, Suisse, Mexique, Haïti, Würtemberg. Mais la procédure législative subit quelques changements. Ici, il faut un certain nombre de votants : la moitié des membres en Autriche et en Prusse, les deux tiers en Belgique, à Haïti, en Roumanie, les trois quarts en Bavière, en Bade, en Luxembourg, en Saxe ; ailleurs, une majorité spéciale : les deux tiers des voix en Autriche, Bade, Belgique, Haïti, Luxembourg, Mexique, Würtemberg, Pays-Bas, Roumanie ; les deux tiers en Bavière, Saxe, Suède ; parfois le vote doit être renouvelé soit dans la même session (Prusse), soit dans la suivante (Bavière, Chili, Saxe, Suède) ; parfois une dissolution et des élections générales précèdent la révision (Belgique, Danemark, Luxembourg, Pays-Bas, Roumanie). En Allemagne, 14 voix opposantes (sur 58) dans le Conseil fédéral suffisent pour le rejet.

En Grèce, la Chambre est dissoute et doublée en nombre pour faire la révision.

En Norvège, la révision est faite par la législature suivante; le projet est publié par la presse. En Portugal, la révision est renvoyée aussi à la législature suivante, investie par les électeurs d'un mandat spécial.

Aux Etats-Unis, en Serbie, dans la Confédération Argentine, une Assemblée spéciale est élue.

Dans les cantons de Berne, de Soleure, la révision est faite ou par l'Assemblée nationale ordinaire, ou par une Assemblée spéciale, selon la décision du peuple.

179. C. POUVOIRS DE L'ASSEMBLÉE NATIONALE. — Elle exerce, cela n'est pas douteux, le pouvoir constituant. Mais l'exerce-t-elle d'une manière illimitée, ou bien les résolutions qui la mettent en activité peuvent-elles préciser les points seuls soumis à son examen? La question a été soulevée et vivement discutée, surtout en 1884. Les uns soutenaient que la résolution pouvait ne contenir que ces mots : *Il y a lieu de réviser les lois constitutionnelles* (¹) ; les autres exigeaient que les articles soumis à la révision fussent énumérés et que l'Assemblée nationale ne pût examiner que ceux-là.

La première opinion paraît la plus juridique. Elle emprunte sa formule à la loi constitutionnelle elle-même, et ceci a d'autant plus d'importance qu'après l'alinéa qui statue en termes généraux sur la déclaration *qu'il y a lieu de réviser les lois constitutionnelles*, vient un autre alinéa qui parle des *délibérations por-*

(¹) On a même prétendu que cette formule était la seule qui pût être votée; ceci me semble exagéré. Il vaut mieux, comme la loi constitutionnelle, respecter la liberté des Chambres.

tant révision des lois constitutionnelles en tout ou en partie. Ainsi l'attention du constituant en 1875 a été appelée sur la révision partielle et le texte voté a une signification certaine. Au reste ses intentions sont bien connues; en écrivant l'art. 8 L. 25 février 1875, il voulait laisser la porte ouverte à une restauration monarchique; comment aurait-il accepté une révision limitée? D'un autre côté, la question proposée intéresse l'interprétation de la Constitution; or si chacun peut donner son avis sur le sens d'un texte constitutionnel, l'Assemblée seule peut interpréter la Constitution; les Chambres sont incompétentes à cet égard et leurs votes sont sans valeur. Enfin on ne conçoit pas que les pouvoirs constitués puissent limiter les droits du pouvoir constituant.

Les partisans de la révision limitée ne peuvent sérieusement opposer à ces arguments qu'une raison politique. Le Sénat, dont l'existence est sans cesse attaquée, n'acceptera jamais une révision illimitée grâce à laquelle il pourrait être supprimé par une Assemblée dont ses membres ne fournissent que le tiers. Ce motif, très puissant en politique, n'existe pas au point de vue juridique. On a vainement tenté de le fortifier en disant que l'Assemblée nationale n'existe que par la volonté des Chambres et que celles-ci peuvent mettre à son existence des conditions et des restrictions, puisqu'elles pourraient l'empêcher d'exister. Ce raisonnement n'est qu'une pétition de principe, car la question est précisément de savoir si les Chambres ont en effet le droit prétendu. La maxime : *qui peut le plus peut le moins*, n'est pas toujours vraie.

180. Les révisions de 1879 et de 1884 ont été décidées sous la forme limitée. En 1882, la Chambre des Députés avait voté la formule illimitée; la révision n'eut pas lieu. Un grand nombre de propositions sous la même forme ont été déposées.

Quelle est la sanction de la limitation? Les lois de 1875 n'en indiquent aucune et c'est une raison de plus pour penser qu'elles sont opposées à ce système. En pratique, on oppose la question préalable à toute proposition étrangère au programme arrêté à l'avance, toute discussion est ainsi arrêtée.

Les C. de 1791, de 1793, de l'An III et de 1848 consacrent le système de la révision limitée. La même solution est implicitement consacrée par les C. impériales qui réservent le plébiscite ou l'initiative du Gouvernement. En ce dernier cas, il est vrai, le Gouvernement est toujours libre de présenter une nouvelle proposition.

Quelques Constitutions étrangères adoptent expressément la révision limitée : Belgique, Grèce, Pays-Bas, Luxembourg, Serbie. Celle de Grèce prohibe la révision totale. La même et celle de Norvège défendent les modifications aux principes fondamentaux.

181. L'Assemblée nationale a-t-elle le pouvoir législatif ? La négative est certaine en présence de la L. 25 février 1875, art. 1 al. 1. L'Assemblée ne peut voter aucune loi, quelle qu'en soit l'urgence. Il ne peut y avoir aucun inconvénient pratique : les deux Chambres n'ont qu'à se séparer pour recouvrer le pouvoir législatif.

L'Assemblée de 1884 a donc excédé ses pouvoirs en conservant le caractère législatif aux art. 1 à 7 L. C. 24 février 1875, auxquelles elle retirait le caractère constitutionnel. Elle ne pouvait qu'abroger ces articles qu'une loi ordinaire eût ensuite remplacés ; elle était incompétente pour leur donner la nature législative. — La C. 1848 permettait à l'Assemblée de révision de prendre les mesures législatives urgentes.

On a remarqué, et l'observation est exacte, que les deux révisions de 1879 et de 1884 ont restreint au profit des lois ordinaires, le domaine de la Constitution. C'est une tendance regrettable. Les formes de la révision, si peu protectrices qu'elles soient, opposent encore une barrière à l'impatience de certains réformateurs. Ils seront trop à l'aise le jour où une loi

ordinaire pourra bouleverser tout notre régime politique et priver notre Constitution des freins qui leur
pèsent.

182. L'Assemblée nationale, investie du pouvoir
constituant, a le droit d'interpréter la loi constitutionnelle, de fixer le sens exact d'une disposition obscure.
Si l'explication qu'elle donne peut être contestée comme
interprétation, elle vaudra toujours comme révision.
Pour décider ainsi, il faut admettre que la révision peut
être illimitée.

Le droit d'interpréter la Constitution n'est prévu que
par le Scs. An xii qui en attribue l'exercice au Sénat
sur l'initiative du Gouvernement. En Bavière et en
Saxe elle est réservée à la Haute-Cour d'Etat.

183. D. Effets de la réunion de l'Assemblée nationale. — On a prétendu que la réunion de l'Assemblée
nationale suspendait immédiatement et de plein droit
les pouvoirs constitués; que jusqu'à l'achèvement de
l'œuvre de révision, toute la Constitution était remise
en question. Cette doctrine ne peut être produite que
par les partisans de la révision illimitée. Ceux qui
pensent que les pouvoirs de l'Assemblée nationale sont
limités à des objets précis ne peuvent pas soutenir que
les textes non visés sont suspendus. Au reste, la thèse
ne paraît pas exacte. Un texte en vigueur n'est pas
suspendu par la déclaration qu'il y a lieu de le modifier; il ne perdra sa valeur que par la loi qui l'abroge
ou le modifie; pour qu'il en fût autrement, il faudrait
un texte précis qui n'existe pas. Les pouvoirs constitués restent donc en exercice avec leurs attributions.

L'idée de la suspension juridique des pouvoirs constitués a été proposée afin d'en tirer deux conséquences :
d'abord que le Gouvernement, n'ayant plus qu'une
existence provisoire, ne peut présenter à l'Assemblée
nationale ou soutenir un projet de révision ; ensuite
que les ministres ne peuvent, en cette qualité seule et
s'ils n'appartiennent pas aux Chambres, avoir entrée

et parole dans l'Assemblée. Il est certain que les textes relatifs aux droits du Gouvernement ne lui donnent pas expressément ces deux droits. Il n'est guère moins certain que l'intention du pouvoir constituant en 1871 ne fut pas de les leur refuser. On ne comprendrait pas que le Gouvernement pût solliciter la révision et ne pût pas y intervenir.

184. Ainsi les pouvoirs constitués ne subissent aucune suspension juridique. Il est clair qu'en fait les Chambres ne sauraient siéger aux heures où leurs membres siègent dans l'Assemblée nationale. Mais cette suspension de fait ne s'opposerait pas aux réunions et aux délibérations que chaque Chambre pourrait avoir entre deux séances de l'Assemblée.

Quant au Président de la République, il ne perd, par le fait de la réunion de l'Assemblée nationale, aucune de ses attributions. L'usage de telle ou telle prérogative peut être moins convenable ou moins politique en un pareil moment; il est toujours licite. Ainsi le Président de la République peut ajourner les Chambres, dissoudre la Chambre des Députés. A plus forte raison exerce-t-il ses attributions purement exécutives.

Il n'a reçu de la loi constitutionnelle aucun droit, aucune obligation à l'égard de l'Assemblée nationale. Il ne pourrait donc ni l'ajourner, ni la dissoudre, ni suspendre ses séances. Mais comme les Chambres ne perdent pas leur existence légale et que le chef de l'Etat conserve à leur égard de pareils droits, il peut indirectement, en agissant sur les Chambres, agir sur l'Assemblée nationale. Et toutefois l'ajournement des Chambres ne serait peut-être pas une raison pour que l'Assemblée nationale, formée par leurs membres et non par elles-mêmes, ne pût pas continuer de siéger. La dissolution (n° 470) au contraire, mettant fin à l'existence de la Chambre des Députés, rendrait impossibles les séances de l'Assemblée.

185. E. Lois de révision. — Elles sont valables dès qu'elles sont votées par l'Assemblée nationale. Elles ne sont pas soumises à la ratification populaire, ni à la sanction du Président de la République. Celui-ci ne pourrait même pas exiger de l'Assemblée nationale une seconde délibération, car la L. C. 16 juillet 1875 art. 7 ne lui donne ce droit qu'à l'égard des lois proprement dites.

Les lois de révision sont des lois constitutionnelles; elles ne peuvent être modifiées ou abrogées que selon la même procédure.

Aucun texte ne prescrit un délai pour leur promulgation. La L. C. 16 juillet 1875 art. 7 est inapplicable aux lois constitutionnelles. Il ne suffirait même pas de les déclarer urgentes, comme on l'a fait en pratique, pour imposer au chef de l'Etat un délai de trois jours. La responsabilité parlementaire serait, le cas échéant, l'unique et suffisante ressource.

On connaît les nombreux plébiscites de notre histoire constitutionnelle. Les C. 1793, An III, 1852, le Scs. 1870 prescrivaient la ratification populaire.

Droit comparé. — Les constitutions qui font faire la révision par l'ensemble des pouvoirs législatifs réservent souvent par cela même la sanction du chef de l'Etat.

Les constitutions des cantons suisses sont soumises à l'approbation des autorités fédérales, qui est subordonnée à diverses conditions précisées par la Constitution, et en général à la ratification populaire, comme la Constitution fédérale, lorsque le peuple ne les a pas directement votées.

En Allemagne, aux Etats-Unis, au Mexique, la ratification des états confédérés est réservée.

LIVRE III

Le Parlement.

CHAPITRE XVII

DE LA DUALITÉ DES CHAMBRES

186. I. Principe. — « Le pouvoir législatif s'exerce par deux assemblées : la Chambre des Députés et le Sénat » (L. C. 25 février 1875 art. 1, al. 1).

La loi constitutionnelle tranche, d'une façon expresse et presque solennelle, une grave question, discutée depuis 1789, encore débattue de nos jours : l'exercice du pouvoir législatif doit-il être confié à une seule assemblée ou à deux Chambres? [1].

187. La Constituante décida, le 10 septembre 1789, que l'Assemblée législative serait unique et inscrivit la même règle dans la C. 1791. Ce vote n'était peut-être pas l'expression exacte des idées de l'Assemblée, car sur 1,200 députés, 710 seulement y prirent part et 499 votèrent le principe. D'ailleurs, outre les arguments que nous retrouverons, ce vote s'explique par les circonstances : on cherchait à organiser quelque chose qui différât des Etats-Généraux discrédités et considérés inexactement comme formés de trois Chambres ; d'autre part, les partisans du système contraire hésitaient à organiser une Chambre Haute, les uns craignant qu'elle ne fût un obstacle aux réformes, les autres craignant qu'elle n'y cédât trop facilement.

---

[1] Le système de la Chambre unique fut voté (11 février 1875) puis répudié.

L'unité du Corps législatif se retrouve dans : la L. 10 août 1792 convoquant une Convention nationale ; la C. 1793, conforme sur ce point au projet girondin ; la L. 14 frimaire An ii, organisant le Gouvernement révolutionnaire ; le D. 5 mars 1848, convoquant une Assemblée nationale ; la C. 1848. L'Assemblée de 1848 repoussa à une grande majorité (530 voix contre 289), le système des deux Chambres.

Il faut, malgré les apparences, ajouter à cette liste : les différentes constitutions impériales à deux exceptions près. Elles organisent, il est vrai, un Sénat, mais ce corps est moins une Chambre qu'un gardien du pacte fondamental ; il veille à l'exécution de la Constitution, il ne participe pas au vote de la loi. Là C. An viii, confirmée par les Scs. An x et An xii, instituait un Tribunat et un Corps législatif ; l'un discutant, l'autre votant, comme deux sections d'une même Chambre. Le Tribunat disparut le 19 août 1807. Quant au Sénat du Second Empire, il pouvait, en cas de dissolution du Corps législatif, prendre les mesures nécessaires à la marche du Gouvernement. — Les exceptions très peu importantes en fait, sinon en théorie, sont : l'Acte Additionnel qui institue une Chambre des Pairs à l'imitation de la Charte de 1814, et le Scs. 21 mai 1870 qui, sous la pression des idées libérales, donne au Sénat les attributions et le caractère d'une Chambre Haute.

Le système des deux Chambres fut appliqué d'abord par la C. An iii, en haine et par crainte de la Convention, et lui survécut dans les deux commissions législatives créées par l'acte du 19 brumaire An viii. — Il n'a été réellement organisé que par les Chartes.

Enfin, plus près de nous, c'est une Assemblée unique qui, de 1871 à 1875, a exercé le pouvoir législatif ; c'est à deux Chambres qu'appartient ce pouvoir depuis quinze ans ([1]).

___

([1]) La suppression du Sénat a été demandée au Congrès (12 août 1884).

188. De cet historique sommaire, il est permis de retenir quelques remarques. Les deux systèmes semblent avoir été pratiqués pendant un nombre égal d'années, depuis 1789 jusqu'à 1891. Si pourtant on réfléchit que les Assemblées uniques de 1789 à 1795, de 1848 à 1852, de 1871 à 1875 ont siégé pendant des époques troublées ou malheureuses, on conviendra que l'avantage d'une durée calme et régulière revient au système des deux Chambres.

Les deux systèmes ont été pratiqués indifféremment par tous les régimes politiques. Il faut donc écarter du débat les arguments tirés de l'étiquette royale ou républicaine des institutions.

L'histoire constitutionnelle nous montre une Assemblée unique fonctionnant, soit aux époques de transition et d'organisation, soit à des moments troublés, soit sous un Gouvernement autoritaire, soit enfin dans des périodes de malheurs nationaux. Il est possible, probable même, que pour élaborer une Constitution, pour panser les blessures de la patrie, une Chambre unique travaille plus vite et mieux; qu'un Gouvernement populaire et autoritaire se contente d'une Chambre. Mais la question débattue suppose sans doute des circonstances normales et le règne de la liberté.

Il est remarquable que le Premier et le Second Empires ont considéré l'institution d'une seconde Chambre comme une concession à la liberté publique, et l'Acte Additionnel déclare que les guerres extérieures en avaient seules retardé l'organisation.

Enfin, s'il faut juger des systèmes par leurs résultats, la préférence doit être accordée au régime des deux Chambres. C'est une assemblée unique qui a organisé la Terreur, une autre qui a présidé à l'anarchie tumultueuse de 1848; c'est ce même régime qui a rendu possible, nécessaire, l'autocratie impériale et a été conservé par elle. C'est une assemblée unique qui, après avoir guéri les maux de la guerre, n'a pas su se garder des luttes stériles de 1875. A vrai dire, le régime institué en l'An III n'a pas donné de brillants résultats. Mais il est difficile de contester que la Monarchie et la République constitutionnelles aient été les périodes les plus paisibles, les plus fécondes et les plus libres.

189. Ces constatations, décisives à mon avis, n'ont rien d'imprévu. Considérés *a priori*, les deux systèmes semblent les annoncer. L'Assemblée unique est sans contrôle, sans contrepoids et sans frein. Comment ne s'enivrerait-elle pas de sa toute-puissance? comment ne céderait-elle pas à la tentation d'imposer en toutes choses sa volonté arbitraire? comment se garderait-elle des excès législatifs qui règlent, par une série ininterrompue de lois minutieuses, tous les détails de la vie publique et privée, et des contradictions et redites qui en sont les dangers inévitables? Il lui sera difficile de résister aux passions politiques dont elle est issue. Elle ne voudra pas mûrir ses œuvres. Dans son ombrageuse irritabilité, elle soulèvera de graves conflits avec le pouvoir exécutif, dont la solution ne pourra être qu'un coup d'Etat parlementaire ou gouvernemental. Si elle les évite, c'est que ou bien elle aura asservi et annihilé le pouvoir exécutif, ou bien elle se sera aveuglément soumise à lui. Dans les deux cas, c'est le despotisme.

Deux Chambres se contrôlent, se balancent, se modèrent réciproquement. Les votes de surprise sont presque impossibles. Les réformes sont étudiées deux fois et mûries. La tyrannie ne peut naître ni au profit d'un Parlement divisé ni au profit d'un homme qui aurait deux obstacles à vaincre, deux servilités à obtenir. Les conflits avec l'exécutif seront plus rares, et plus facilement résolus; car l'union des deux Chambres attestera d'une manière éclatante le désaccord du chef de l'Etat avec le pays, leur désaccord donnera au Gouvernement un point d'appui et, par la dissolution, un moyen de consulter en dernier ressort le pays.

Dans un régime républicain, la coexistence de deux Chambres permet de leur donner la nomination du Chef de l'Etat sans faire de celui-ci leur créature et

leur serviteur; avec une seule Chambre, il est presque
nécessaire de le faire élire par le suffrage universel et
de constituer ainsi, en face de la Chambre élective, un
pouvoir rival issu de la même origine, au risque d'insolubles conflits.

Enfin la Chambre Haute permet d'organiser la représentation d'un grand nombre d'éléments sociaux, qui
n'auraient aucune place dans l'Assemblée unique;
celle-ci le plus souvent ne représentera que le nombre,
élément important mais non unique (n°s 46 et s.).

190. On objecte que la Chambre Haute se comprend
dans les pays aristocratiques, dans les états fédératifs
où, par une égale représentation de chaque canton ou
Etat, elle sert à sauvegarder les droits des Etats confédérés, souvent très inégalement peuplés et par suite
inégalement représentés dans la Chambre Basse. Dans
un pays démocratique et unitaire comme la France, la
Chambre Haute est inutile si elle est d'accord avec
l'autre, nuisible si elle est en désaccord. Il faut répondre
d'une part qu'il n'y a pas de société sans une aristocratie quelconque; d'autre part que la Chambre Haute,
d'accord avec l'autre, en augmente l'autorité, en désaccord avec elle, joue son rôle de modérateur et empêche
les réformes contestables.

On objecte encore que « la loi est la volonté du
peuple », « qu'un peuple ne peut avoir deux volontés
différentes sur le même objet », que « la nation est
une » et que « sa représentation doit être une ». Si
ces idées sont justes, elles condamnent l'Assemblée
unique comme les deux Chambres, car ici et là la nation
est représentée par plusieurs centaines d'hommes,
formant une majorité et une minorité, et a donc deux
volontés différentes sur le même objet. La conclusion
logique, c'est la délégation de la souveraineté populaire
à un seul individu, exprimant une seule volonté. Au
reste, l'objection, même fondée, n'avancerait à rien. A
supposer (n°s 319 et s.) que la loi soit « l'expression de
la volonté générale », il s'agit moins d'en obtenir une

formule quelconque qu'une formule sûre et exacte.
Reste à savoir si pour l'obtenir une seule Chambre
vaut mieux que deux.

On insiste et on fait remarquer que la majorité qui met
obstacle à une loi dans l'une des Chambres pourrait
être la minorité, si les deux Assemblées n'en faisaient
qu'une. Par exemple si les représentants sont au nombre de 600 et forment une seule Chambre, la majorité
nécessaire sera de 301 voix ; s'ils forment deux Assemblées égales en nombre, 151 voix suffiront pour tenir en
échec le reste de la représentation. Un chiffre moindre
sera nécessaire si les deux Chambres sont inégales en
nombre. Un pareil résultat est la négation du système représentatif et de la doctrine démocratique.—L'argument
n'est valable que pour le cas où les 600 représentants
sortent d'un même système électoral ; leur répartition
en deux Chambres peut sembler un sectionnement
illogique et injuste. Encore pourrait-on dire que la
seconde Chambre est une garantie, et qu'une loi qui
rencontre en elle une majorité hostile n'est pas réclamée
par l'opinion publique. La raison ne vaut rien, si la
Chambre Haute doit représenter d'autres éléments
sociaux que la Chambre-Basse.

191. On a rarement proposé l'institution de trois
Chambres. Sieyès demanda à l'Assemblée constituante
une Chambre en trois sections renouvelées alternativement. L'idée a été reprise récemment sous une autre
forme. La Chambre unique se diviserait en trois sections ; pour chacune, chaque département nommerait
des députés ; chacune aurait une compétence spéciale
et toute loi serait soumise à la section compétente
selon son objet. Les sections se renouvelleraient à tour
de rôle.

Je ne connais aucune application du système des
trois Chambres. Le Sénat du Premier Empire ne fut
pas une Chambre, mais un corps gardien de la Constitution.

192. *Droit comparé.* — La dualité des Chambres

existe dans l'immense majorité des Etats. Les exceptions sont rares : Bulgarie, Grèce, Luxembourg, Serbie, plusieurs petits Etats allemands, Orange, Transvaal, Hawaï, Bolivie, quelques provinces du Canada et
de l'Australie. Plusieurs assemblées uniques comprennent des éléments divers et sont soumises à des règles
de votation particulières, en sorte qu'en réalité elles
se rapprochent beaucoup du régime des deux Chambres. — En certains Etats, la seconde Chambre est due
au caractère fédératif : Conseil des Etats en Suisse,
Sénat aux Etats-Unis, dans la Confédération Argentine,
au Mexique ; chaque canton ou Etat y envoie un même
nombre de représentants.

Le Conseil Fédéral allemand se compose des délégués
des Etats, en nombre vaguement proportionnel à la
population. Il ne se borne pas à voter sur les lois, il a
également un rôle consultatif et des attributions réglementaires, qui en font une institution très originale.

193. II. Conséquences. — L'existence de deux
Chambres soulève plusieurs questions.

A. Les deux Chambres auront-elles la même organisation, le même nombre de membres, le même système de recrutement, les mêmes électeurs, les mêmes
conditions d'éligibilité, les mêmes incapacités et éligibilité, le même mode de renouvellement, une égale
durée ? La réponse est en général négative et les
différences portent sur un plus ou moins grand nombre de points. Que la Chambre Haute assure la représentation d'éléments sociaux particuliers, ou qu'elle
serve seulement de modérateur à la Chambre Basse,
elle doit en tout cas différer en quelque chose de
celle-ci, sous peine d'en être la doublure inutile.

Les lois de 1875 ont établi entre les deux Chambres
des différences relatives :

1° *Au nombre.* Celui des sénateurs est fixe ; celui de
la Chambre des Députés est déterminé par la loi électorale et varie assez sensiblement, par exemple suivant

l'accroissement de la population. Les députés sont beaucoup plus nombreux que les sénateurs, près du double ;

2° *Au système de recrutement.* Les lois de 1875 donnaient au Sénat lui-même l'élection à 75 sièges. Cette différence a disparu depuis 1884.

3° *Au corps électoral.* La Chambre est élue au suffrage universel; le Sénat par un corps électoral spécial;

4° *Aux conditions d'éligibilité.* Elles sont plus rigoureuses pour le Sénat que pour la Chambre;

5° *Aux incapacités et incompatibilités.* En 1875, elles étaient moins étendues pour le Sénat que pour la Chambre. Elles ont été rendues semblables pour les deux Chambres par des lois récentes;

6° *Au mode de renouvellement.* Le Sénat est élu pour neuf ans et se renouvelle par tiers. Les députés sont élus pour quatre ans et se renouvellent intégralement.

194. B. Les deux Chambres auront-elles les mêmes attributions? Si la Chambre Haute est considérée comme une garantie d'une bonne législation, d'un fonctionnement harmonieux de la Constitution, elle ne saurait avoir en principe des attributions sensiblement plus nombreuses ou moins nombreuses que la Chambre Basse. Le rôle modérateur qui lui est assigné et les différences d'organisation qui en dérivent peuvent conduire à lui réserver quelques droits et à établir, pour l'exercice de ses attributions, quelques règles particulières.

Si la Chambre Haute sert à la représentation de certains éléments sociaux déterminés, surtout si elle n'est pas issue d'une élection, il pourra suffire de lui accorder le contrôle sur les actes législatifs de la Chambre Basse, et de lui réserver quelques droits non législatifs.

Enfin si la Chambre Haute est instituée dans un Etat fédératif, elle est spécialement chargée d'assurer l'exécution entière du pacte fédéral et tire de ce caractère des droits spéciaux.

Les lois de 1875, fidèles à la tradition, donnent en général aux Chambres les mêmes attributions, mais admettent quelques différences de détail. Le Sénat a comme attributions propres : 1° de donner ou de refuser son assentiment à la dissolution de la Chambre des Députés (L. du 25 février 1875, art. 5) ; — 2° de juger le chef de l'Etat, les ministres, toute personne qui lui est déférée pour attentat à la sûreté de l'Etat (L. du 24 février 1875, art. 9 ; L. du 16 juillet 1875, art. 12) ; — 3° de révoquer les conseillers d'Etat nommés avant 1875 (L. du 25 février 1875, art. 4). Cette attribution ne peut s'exercer aujourd'hui, depuis le renouvellement total de Conseil d'Etat.

La Chambre a comme attributions propres : 1° de mettre en accusation le Président de la République et les ministres (L. du 16 juillet 1875, art. 12) ; — 2° de recevoir et de voter la première les lois de finances (L. du 24 février 1875, art. 8).

195. Telles sont les différences consacrées par des textes. Elles se trouvent en général dans les C. françaises qui admettent deux Chambres. Celle de l'An III réservait au Conseil des Anciens l'initiative de la révision, le choix de la résidence des pouvoirs publics ; au Conseil des Cinq Cents l'initiative des lois.

A ces différences certaines, quelques-uns veulent ajouter que la responsabilité parlementaire des ministres n'a lieu que devant la Chambre des Députés ; c'est-à-dire qu'un ministre battu à la Chambre serait tenu moralement de se retirer, et que, battu au Sénat, il pourrait rester à son poste. Cette opinion est contraire au texte qui déclare les ministres « responsables devant les Chambres » (L. du 25 février 1875, art. 6). La pratique suivie depuis 1875 lui est favorable.

Plusieurs personnes songent à modifier les attributions du Sénat, veulent en faire une simple Chambre de contrôle à l'égard des lois votées par les Députés, mais lui donnent d'autres attributions extra-législatives, par exemple en matière de nomination des fonctionnaires. D'autres songent à rétablir le Sénat de l'An VIII et de 1852. Le jour où ces idées triompheraient, le système des deux Chambres aurait vécu.

196. C. Dans le cercle des attributions communes, les deux Chambres jouissent-elles de pouvoirs égaux? ou bien l'une d'elles est-elle prépondérante et impose-t-elle légalement sa volonté à l'autre?

Les motifs qui recommandent la dualité des Chambres forcent à les reconnaître égales en pouvoirs. Si chaque Chambre représente certains éléments sociaux, et si cette représentation a été jugée utile pour la société, on ne voit pas de bonne raison pour sacrifier ceux-ci ou ceux-là. La dualité des Chambres implique leur égalité, à moins d'être un leurre, un mensonge constitutionnel. Si la seconde Chambre a pour but de modérer la première, elle ne le remplira qu'à la condition de jouir des mêmes pouvoirs. Sa résistance, si elle n'est pas légalement invincible, sera une comédie lassante.

La valeur de ces considérations n'est pas diminuée par l'objection, proposée par ceux qui soutiennent la prépondérance de la Chambre fondée sur le plus large suffrage, que la Chambre populaire seule représente le peuple et exprime la volonté nationale. Il est faux que les élus du plus large suffrage représentent le peuple; ils ne représentent qu'un élément, le nombre. Il est faux qu'ils expriment la volonté nationale; ils expriment à peine celle du nombre.

Au reste, ceux qui formulent la thèse contraire sont les partisans mal résignés de l'unité de la Chambre. L'inégalité aboutirait fatalement à la suppression de la Chambre inférieure et inutile.

Les lois de 1875 ne résolvent pas expressément la question. En conférant aux deux Chambres les mêmes attributions sans différencier leurs pouvoirs, elles leur donnent implicitement des pouvoirs égaux.

197. Cette solution, qui a pour elle l'autorité d'une pratique constante en France, n'est guère discutée pour la plupart des matières. Elle a soulevé, pour les lois de finances, des contestations assez vives.

Un parti important soutient que le Sénat peut bien rejeter en bloc le budget voté par la Chambre, rejeter un article seulement de ce budget, mais qu'il n'a pas le droit d'établir un crédit nouveau, de voter un crédit que la Chambre aurait supprimé dans le projet du Gouvernement. L'argument principal en ce sens, si l'on néglige les motifs politiques qui ont suscité cette opinion, est tiré d'un texte constitutionnel, l'art. 8 L. C. 25 février 1875 : « Le Sénat a, concurremment avec la Chambre des députés, l'initiative et la confection des lois. Toutefois les lois de finances doivent être, en premier lieu, présentées à la Chambre des Députés et votées par elle ». Il résulte de là, dit-on, que le Sénat ne jouit pas de l'initiative en matière financière ; or ce serait exercer l'initiative que de voter un article que la Chambre n'aurait pas admis. — Cette interprétation n'a pas prévalu. Elle est contraire à la tradition ; la même formule adoptée en 1814 et en 1830 n'a jamais été entendue ainsi. Elle force le sens du texte, qui a voulu établir, non pas une différence dans les droits financiers des Chambres, mais un ordre dans la discussion des lois de finances. Pour rompre sur ce point particulier avec la tradition parlementaire, pour mettre entre les deux Chambres une inégalité de cette importance, il faudrait un texte précis. Celui qu'on invoque ne l'est pas, on est bien forcé de le reconnaître. L'opinion proposée pourrait avoir les plus graves conséquences. Le Sénat, empêché de voter des dépenses qu'il jugerait nécessaires, rejetterait le budget tout entier, suspendrait tous les services et soulèverait un conflit aigu que résoudrait une dissolution de la Chambre.

Cette doctrine est aujourd'hui peu suivie. On a vainement essayé soit de la faire admettre par l'Assemblée

nationale comme interprétation officielle de la Constitution, soit de la faire consacrer par un texte explicite.

198. Les deux Chambres étant égales en droits, la
loi n'existe que par leur accord et passe et repasse de
la Chambre au Sénat et réciproquement jusqu'à ce
qu'un texte réunisse la majorité et dans l'une et dans
l'autre. Si l'accord ne peut pas s'établir, la loi est
rejetée. On comprend qu'un conflit naisse de l'entête-
ment de chaque Chambre à voter chaque fois dans le
même sens. Comment résoudre ce conflit? La C. 1875,
pas plus que les précédentes, n'en donne un moyen
formel. En fait, grâce à la condescendance des Chambres et surtout du Sénat, aucune difficulté sérieuse ne
s'est produite. S'il s'en présentait, le Président de la
République pourrait, avec l'avis conforme que le Sénat
ne lui refuserait pas, dissoudre la Chambre, et les électeurs, en réélisant celle-ci ou en nommant des membres
nouveaux, donneraient tort ou raison au Sénat. Mais
ce remède est héroïque et ne saurait être employé fréquemment ni sans raison sérieuse. Il suppose d'ailleurs
l'initiative du Président de la République. Enfin, il
n'est pas décisif : le Sénat peut s'obstiner après les
élections. Il faudrait donc attendre le renouvellement
du Sénat et encore se pourrait-il que la situation n'en
fût pas modifiée, les deux Chambres n'ayant pas les
mêmes électeurs.

En un cas particulier, la loi a donné la solution du
conflit. Si le Président de la République a provisoirement prononcé l'état de siège et que la levée en soit
demandée aux Chambres, leur désaccord vaut pronon-
ciation de la levée (L. 4 avril 1878).

Les règlements des Chambres décident que, lorsqu'une loi votée par l'une a été modifiée par l'autre,
elles peuvent nommer chacune une commission pour
élaborer une nouvelle rédaction. Si les commissions
n'ont pu se mettre d'accord ou si chaque Chambre
persiste dans son premier vote, la loi ne peut être

remise à l'ordre du jour avant deux mois, à moins que le Gouvernement ne le demande.

Comme règle générale, on a proposé soit de faire délibérer les deux Chambres réunies sous la présidence du chef de l'Etat, soit de confier à deux commissions le soin de préparer la conciliation et, en cas d'insuccès, de remettre la délibération à deux mois, soit de faire décider que le Sénat n'aurait qu'un veto suspensif et devrait céder si la Chambre votait deux fois dans le même sens. Ce dernier système, qui détruirait l'égalité entre les Chambres, est limité par quelques-uns aux matières financières.

199. *Droit comparé.* — La plupart des Constitutions étrangères donnent aux deux Chambres les mêmes attributions, soit expressément (Suède), soit en réglant leur compétence commune.

La priorité quant aux lois de finances est généralement accordée à la Chambre Basse. Elle a soulevé en Angleterre des discussions sur les droits des Lords à établir des crédits. Elle est étendue aux lois de recrutement en Roumanie, Mexique, République Argentine, aux propositions du Gouvernement en Portugal, à toutes les lois en Norvège et en Pays-Bas.

La Chambre Basse jouit aussi assez souvent du droit d'accusation politique. Le jugement en ce cas est ordinairement remis à la Chambre Haute.

La Chambre Basse a seule le vote du budget en Roumanie, Mexique; le droit d'enquête en Pays-Bas; le droit d'amendement en matière financière en Prusse et Würtemberg et en toutes matières en Bade et en Pays-Bas; l'initiative en matière financière et militaire dans la République Argentine; en toutes matières en Pays-Bas; plusieurs autres attributions au Mexique.

La Chambre Haute a seule l'approbation des traités et de diverses nominations aux États-Unis; la proclamation de l'état de siège, dans la République Argentine; divers droits sur l'état civil royal et la régence en Portugal et en Italie; de nombreuses attributions au Mexique.

L'égalité de pouvoirs, qui résulte de l'identité des attributions, est parfois formellement reconnue (Espagne, Saxe, Suède, Chili, Etats-Unis). La pratique anglaise contemporaine donne à la Chambre des Communes une supériorité marquée sur la Chambre des Lords. Celle-ci a été l'objet d'un blâme voté sur la proposition du Gouvernement par la Chambre-Basse (1882).

Les conflits sont prévus et réglés notamment en Autriche; après deux délibérations, le chiffre le plus faible d'impôts ou de soldats est adopté [1]; en Bade et Suède, les voix des deux Chambres sont additionnées pour déterminer la majorité; à Hambourg, le conflit est résolu tantôt par la Cour suprême, tantôt par une députation de décision dont les membres sont tirés en nombre égal du Sénat par le sort, de la bourgeoisie par l'élection [2]; en Portugal, la décision est remise à une commission tirée par moitié des deux Chambres; en Norvège, après deux rejets de la Chambre Haute, la loi est définitive si elle réunit les deux tiers de voix dans la Chambre Basse; dans la République Argentine, la loi rejetée par une Chambre doit être votée dans l'autre par les deux tiers des voix et ne peut alors être repoussée dans la première que par la même majorité; en Danemark, aux Etats-Unis, une commission mixte prépare un projet de conciliation; en Saxe et dans la République Argentine, outre ce système de commissions, la loi n'est rejetée au deuxième vote que par la majorité des deux tiers; en Würtemberg, des conférences sont permises; en matière financière, les voix sont additionnées; en toute autre matière, la décision appartient au roi. Plus souvent, la Constitution prescrit le renvoi de la loi à une autre session (Bavière).

[1] Les lois autrichiennes et hongroises règlent aussi le conflit élevé entre les délégations des deux pays.
[2] Le Sénat est en même temps Chambre Haute et Gouvernement.

En Colombie, les deux Chambres peuvent s'envoyer des orateurs.

200. Les lois de 1875 s'occupent de manière très inégale des deux Chambres. La composition et le mode de recrutement du Sénat forment l'objet d'une loi constitutionnelle (24 février 1875), complétée par une loi organique (2 août 1875). Les mêmes sujets en ce qui concerne la Chambre des Députés sont renvoyés à une loi ordinaire, la Constitution se bornant à prescrire l'élection par le suffrage universel.

L'anomalie s'explique par le désir de rendre plus stable cette Chambre-Haute dont le principe était contesté et dont l'organisation avait soulevé bien des difficultés.

Elle a cessé par la L. R. 14 août 1884, art. 3. « Les articles 1 à 7 de la loi constitutionnelle du 24 février 1875, relative à l'organisation du Sénat, n'auront plus le caractère constitutionnel ». Cette formule a l'intention de laisser aux textes cités le caractère purement législatif.

Les lois électorales des deux Chambres sont donc des lois ordinaires. Cela est-il bon ou vaut-il mieux que la Constitution contienne les règles relatives à l'électorat et à l'éligibilité? Les uns pensent que la loi électorale doit être constitutionnelle, parce qu'elle pose des principes de la plus haute importance, vraiment caractéristiques du régime politique. Les autres aiment mieux une loi ordinaire; la matière est très mobile, reflète les progrès sociaux; elle doit pouvoir être facilement mise au courant, sans les solennités de la révision. — Il ne semble pas qu'on puisse *a priori* préférer l'un ou l'autre système. La loi électorale doit être constitutionnelle lorsqu'elle tranche des questions discutées et pose des principes contestés qu'il est bon de mettre à l'abri des surprises législatives. En tout autre cas, elle pourra être simplement une loi ordinaire.

La pratique distingue volontiers. La Constitution indique parfois les règles générales et abandonne l'application détaillée à une loi ordinaire. Ainsi les deux Chartes, les C. 1848 et 1852, le Scs. 1870. Les C. 1791, 1793, An iii sont plus détaillées, surtout la première. La différence des temps explique la différence des procédés.

Droit comparé. — En général, la Constitution pose quelques principes et renvoie pour le surplus à une loi électorale; elle contient beaucoup plus de détails sur la Chambre Haute que sur la Chambre Basse. Les C. de la Norvège, de la Suède et du Würtemberg contiennent la loi électorale. Celle de l'Empire allemand ne contient que le principe du suffrage universel et direct.

CHAPITRE XVIII

LA CHAMBRE DES DÉPUTÉS

201. I. COMPOSITION. *Nombre des députés.* — La C. 1875, qui fixe le nombre des sénateurs, n'indique ni le nombre des députés ni son rapport avec la population. Un nombre fixe était donné par les C. 1791, An III, 1848, par l'Acte Additionnel ; le rapport avec la population par la C. 1793, avec le nombre des électeurs par la C. 1852.

Ce point est aujourd'hui réglé par la loi électorale qui peut suivre les variations subies par le chiffre de la population. La L. 30 novembre 1875 donnait 533 députés ; celle du 28 juillet 1881, 555 ; celle du 16 juin 1885, 584. La loi, actuellement en vigueur, du 14 février 1889, crée 576 députés. Les colonies qui, en 1875 n'avaient que 7 députés, en ont aujourd'hui 16.

Les Chambres Basses des autres régimes étaient moins nombreuses ; les assemblées uniques plus nombreuses.

Les assemblées nombreuses ont plus d'inconvénients que d'avantages. Comme les foules, elles sont impressionnables, mobiles, divisées. Leur masse flottante ne se fixe que par le groupement autour de quelques chefs qui mènent seuls la politique. Les autres membres, sans personnalité et souvent sans valeur, ne sont que des machines à voter entre les mains des chefs des groupes. Le grand nombre n'est ni nécessaire ni suffisant pour assurer l'exacte représentation du pays ; il permet l'accès du Parlement aux médiocrités.

202. La plupart des lois électorales établissent une proportion entre le chiffre de la population de chaque circonscription électorale et le nombre de députés attribué à cette circonscription. Aussi les différences que révèlent les recensements donnent-elles lieu à des propositions tendant à augmenter ou à diminuer la représentation nationale. La C. An iii prescrivait un remaniement décennal par le Corps législatif (¹); la loi du 15 mars 1849, tous les 5 ans.

203. *Catégories de députés.* — Les lois constitutionnelles et électorales ne reconnaissent qu'une origine à la Chambre, le suffrage universel, et ne forment pas plusieurs représentations particulières. Tel est d'ailleurs le système généralement suivi. Cependant la L. 29 juin 1820 faisait élire une partie des députés par les collèges d'arrondissement et le reste par les collèges de département, d'une composition différente. L'Acte Additionnel annonçait une représentation spéciale du commerce et de l'industrie nommée par les collèges électoraux sur la proposition des Chambres de commerce et consultatives.

Il n'existe pas de députés suppléants; la proposition d'en créer a été faite. La C. 1791 voulait qu'il en fût nommé en nombre égal au tiers du chiffre total de l'Assemblée.

204. *Mode de scrutin.* — La L. C. laisse à la loi électorale la solution d'une question toujours discutée : les députés seront-ils nommés au scrutin uninominal (²) ou au scrutin de liste ? La question ne se pose plus qu'entre ces deux systèmes et l'on a oublié le système de la L. 22 décembre 1789, d'après lequel les députés étaient nommés successivement, par un scrutin spécial, par les électeurs de tout le département.

Dans le premier système, la population et le territoire sont divisés en circonscriptions dont chacune nomme un député; dans le second chaque circonscription, plus étendue (en France le département), nomme

---

(¹) La même règle existe en Belgique et aux Etats-Unis.
(²) On dit souvent : scrutin d'arrondissement, parce que dans ce système chaque arrondissement a au moins un député. L'expression n'est pas exacte, car plusieurs arrondissements nomment plus d'un député et sont divisés en circonscriptions.

plusieurs députés et alors chaque électeur inscrit sur son bulletin de vote autant de noms qu'il y a de représentants à élire. Le scrutin uninominal a été adopté par la L. 11-12 août 1792, la C. 1793, la L. 29 juin 1820, la L. 19 avril 1831, la C. 14 janvier 1852, le Scs. 1870. — Le scrutin de liste a été adopté par la C. An III, l'O. 13 juillet 1815, la L. 5 décembre 1817, la L. 29 juin 1820, l'O. 25 juillet 1830, le D. 5 mars 1848, la C. 1848, le D. 29 janvier 1871. — Depuis 1870, l'un et l'autre systèmes ont été plusieurs fois votés et abrogés. L'Assemblée nationale, élue au scrutin de liste, le supprima (11 novembre 1871), et adopta le scrutin uninominal (L. 30 novembre 1875, art. 14). Le scrutin de liste a été proposé en 1880, voté par la Chambre le 19 mai 1881; repoussé par le Sénat le 9 juin 1881; compris dans le projet de révision du Gouvernement, en 1882, qui le faisait inscrire dans la Constitution; adopté par la L. 16 juin 1885 et enfin abrogé par la L. 14 février 1889.

205. On ne peut dissimuler que cette dernière loi n'ait été qu'un moyen de lutter contre la popularité grandissante du général Boulanger dont les succès électoraux devaient leur retentissement au scrutin de liste et au nombre considérable d'électeurs qu'il appelle aux urnes. L'événement a prouvé que la Chambre et le Gouvernement avaient bien vu leur intérêt. Cette considération n'est pas indifférente au fond même du débat. Le scrutin uninominal est une barrière opposée aux ambitieux qui tendent au pouvoir par le plébiscite. Il est plus difficile de présenter sa candidature et de soutenir la lutte électorale dans 550 circonscriptions que dans 83 départements. Les succès partiels ont moins d'importance par le chiffre des voix et moins de retentissement. — De plus, et là est la raison décisive, le scrutin uninominal permet à l'électeur de savoir ce qu'il fait, il vote pour un seul homme qu'il connaît généralement ou qu'il peut connaître; il choisit son représentant en connaissance de cause. Le scrutin de

liste oblige l'électeur à s'abstenir ou à voter en aveugle
pour une série de candidats dont la plupart lui sont
inconnus ; pour éviter l'embarras de faire un choix
difficile ou aveugle, il acceptera une liste dressée à
l'avance par un comité politique qui portera en tête
un nom populaire ou sympathique (*candidat remor-
queur*) à la faveur duquel passeront d'autres noms
indignes ou obscurs. L'élection manquera donc de
sincérité et de vérité.

Le scrutin de liste établit entre les électeurs des
divers départements une inégalité injustifiable. Les
citoyens, théoriquement égaux, quel que soit leur
domicile, nomment ici trois députés, là une dizaine
et cette différence ne s'appuie sur aucune raison ; elle
tient seulement au hasard qui domicilie celui-ci en tel
département, celui-là en tel autre. Il est vrai que les
arrondissements comptent un nombre variable d'électeurs, chaque électeur a sur le choix du député unique
une influence plus ou moins grande ; qu'une très légère
différence dans la population de deux arrondissements
peut doubler la représentation de l'un. Mais à ceci,
une bonne division électorale remédiera aisément ; et
même, la seconde inégalité corrige la première en
beaucoup de cas. Au reste, les imperfections inévitables ne tiennent pas, comme pour le scrutin de liste,
au principe lui-même.

Le scrutin de liste assure une excessive prépondérance des villes, où les électeurs sont massés et souvent dirigés par des comités, sur les campagnes, où
les électeurs sont dispersés et sans direction.

206. On objecte, à l'appui du scrutin de liste, que
la nation est une et non composée de circonscriptions
artificielles ; qu'elle devrait former un collège électoral
unique ; que ce mode étant impraticable à cause du
nombre des électeurs et des députés, il faut du moins
adopter le système qui s'en rapproche le plus, le scrutin de liste. — Tout cela importe peu. L'essentiel, c'est,
non pas d'observer une logique rigoureuse, mais d'ob-

tenir une expression sincère et exacte de la nation. Les considérations invoquées ne prouvent pas que le scrutin de liste assure la sincérité et l'exactitude de la représentation nationale.

L'électeur, ajoute-t-on, votera pour un homme et non, comme il le devrait, pour des principes politiques et sociaux. Il se laissera influencer par les personnalités locales, les passions locales, les coteries locales. Il sera plus accessible à la corruption et à la vénalité. Il mettra dans la lutte électorale l'ardeur et l'âpreté des inimitiés villageoises. Le député élu sera sous la dépendance immédiate de ses électeurs. — Je réponds que si l'électeur vote pour un homme honnête et intelligent qu'il connaît bien, au lieu de voter pour des principes nuageux et contestés qu'il connaît à peine, c'est tant mieux. On ne lui demande pas une opinion précise sur les innombrables problèmes législatifs; on lui demande de désigner l'homme le plus apte à les résoudre. Il est possible que la lutte électorale soit mesquine, violente, vénale; mais il ne paraît pas que le scrutin de liste ait évité ces inconvénients et il en a d'autres. Il vaut mieux travailler à améliorer les mœurs électorales que de compter sur un mode de votation. Le scrutin de liste soustrait peut-être le député à la tyrannie des électeurs; ne le met-il pas sous l'influence du Gouvernement dont le concours est si précieux dans les circonscriptions étendues? En pratique, n'arrivera-t-il pas souvent que la liste sera formée par les transactions des arrondissements (¹)?

Le scrutin de liste, dit-on enfin, permet la représentation des minorités et favorise les transactions par l'établissement d'une liste commune formée de membres appartenant aux divers partis. — Il paraît plus vraisemblable que les transactions n'auront lieu qu'entre

(¹) La loi du 28 mai 1790 annulait les élections s'il y avait eu convention de répartir les sièges entre les districts ou de les attribuer successivement à chacun.

les différentes nuances d'un même parti, pour l'écrasement total des adversaires communs.

207. Pour conjurer les indéniables dangers des deux modes de scrutin, on a parfois proposé des combinaisons mixtes. Certains partisans du scrutin de liste proposent de sectionner les départements nommant plus de 3, de 5, de 7, de 10 députés. Certains partisans du scrutin uninominal admettent le vote par liste dans les arrondissements qui nomment plus d'un député, et même de réunir deux par deux les arrondissements qui en nomment un. L'une ou l'autre de ces combinaisons aurait sans doute des avantages sérieux.

208. La L. 14 février 1889 abroge la L. 16 juin 1885 et donne en principe un député à chaque arrondissement administratif et, à Paris, à chaque arrondissement municipal. Si la population de l'arrondissement dépasse cent mille habitants, il est ajouté un député par cent mille habitants ou pour toute fraction de cent mille. Il eût peut-être mieux valu réduire à soixante-dix ou quatre-vingt mille le maximum et ne donner un député de plus qu'aux excédants d'une importance sensible.

La loi développe son principe en formant des circonscriptions qu'une loi seule peut modifier. Elle prend pour base le chiffre de la population et non celui des électeurs inscrits ou non inscrits sur les listes électorales. La nation se compose, en effet, de tous les individus, électeurs et autres. Ce système est traditionnel ; seule, la C. de 1852 donnait un député pour 35,000 électeurs inscrits.

On a discuté en 1885 la question de savoir si les étrangers résidant en France, plus nombreux aux départements frontières, devaient compter pour le calcul du nombre des députés, et la L. du 16 juin 1885 prescrivait de les déduire. La question ne peut pas se poser sous l'empire de la L. du 13 février 1889 qui fixe les circonscriptions et donne à chacune un député.

209. *Droit comparé.* — Le nombre des députés est

fixé par la Constitution dans les Etats allemands, en Autriche, Italie, Norvège. — Le rapport avec la population est fixé soit exactement (Bavière, Danemark, Grèce, Mexique, République Argentine, Suisse), soit par maximum et minimum (Luxembourg), soit par maximum (Belgique, Etats-Unis), ou minimum (Espagne, Serbie) seulement. — Le chef de l'Etat nomme quelques membres en Serbie et en divers Etats allemands. — En Autriche, Roumanie, Etats allemands, la propriété foncière en général, la propriété noble, le commerce, l'industrie, diverses classes sociales ou professions, les villes, les campagnes ont des représentants distincts, ou encore la Chambre comprend des membres de droit. — En Angleterre, les députés sont nommés, les uns par les comtés, d'autres par les cités et bourgs, d'autres par les Universités.

Le scrutin est uninominal en Allemagne, Bade, Danemark, Grèce, Hongrie, Mexique, Prusse, Suède; plurinominal en Autriche, Belgique, Pays-Bas, Serbie. Les deux systèmes concourent en Angleterre, Bavière, Espagne, Italie, Norvège, Portugal, Roumanie, Suisse.

Des députés suppléants sont nommés en Autriche-Hongrie (Délégations), Saxe, dans plusieurs Républiques américaines (Mexique, Vénézuéla).

210. II. Elections. — Il y a lieu à élections législatives : 1° au cas de renouvellement de la Chambre. « Les députés sont élus pour 4 ans » (L. 30 nov. 1875, art. 15). Ce délai apparaît pour la première fois dans notre histoire constitutionnelle. On a connu des délais plus courts : 3 ans (C. An III et 1848), 2 ans (C. 1791), 1 an (C. 1793); des délais plus longs : 5 ans (C. An VIII, Chartes, Acte Additionnel), 6 ans (C. 1852), 7 ans (L. 9 juin 1824). La Constituante siégea environ 2 ans et 1/2, la Convention 3 ans, l'Assemblée de 1848 1 an, celle de 1871 5 ans. — Les courtes durées assurent une constante conformité de vues entre l'électeur et l'élu. Les longues durées rendent plus rare l'agitation qui

accompagne toute élection, font le député indépendant
de ses électeurs, favorisent la formation des traditions
parlementaires. Le délai de 4 ans paraît tout concilier.

Aucun texte n'assigne aux élections une date précise,
comme le faisaient les C. 1791, 1793. Comme il ne faut
pas que le Gouvernement, en cas de besoin, se trouve
entre une Chambre expirée et une Chambre non encore
élue ou entre deux Chambres coexistant longtemps,
« les élections générales ont lieu dans les soixante
jours qui précèdent l'expiration des pouvoirs de la
Chambre des députés » (L. 16 juin 1885, art. 6).

211. « La Chambre se renouvelle intégralement »
(L. 30 novembre 1875, art. 15). Cela veut dire que tous
les députés achèvent leurs fonctions en même temps.
Le renouvellement est partiel lorsqu'une fraction seulement de la Chambre sort de fonctions, les autres
membres conservant leur siège jusqu'à une autre date
et ainsi de suite à tour de rôle.

Le renouvellement intégral est le système de la C.
1791, de l'Acte Additionnel, de la L. 9 juin 1824, de la
Charte de 1830, des C. 1848 et 1852. Certains le considèrent comme le meilleur mode de consultation nationale, le plus sincère et le moins troublant pour le pays.

Le renouvellement partiel est adopté par les C. An III
et la Charte de 1814 (par tiers tous les ans); par la C.
An VIII (par cinquième).

Le renouvellement partiel avait été vainement défendu
devant l'Assemblée nationale. Depuis 1875, un grand
nombre de propositions en ce sens ont été faites sans
succès. On peut le concevoir s'appliquant simultanément à tous les départements, ce qui est difficile,
parce qu'on ne peut exactement diviser le nombre
variable des députés de chaque département. Il est
plus simple de composer des séries de départements
entiers, successivement appelés au renouvellement.
Mais alors le renouvellement n'exprime pas les fluctuations de l'opinion dans le pays entier.

A la condition de ne pas rendre les élections trop fréquentes et de ne pas étendre excessivement la durée, le renouvellement partiel paraît préférable. Il assure la stabilité des traditions parlementaires, permet l'éducation politique des nouveaux députés, modère leur ardeur novatrice tout en réveillant l'activité des anciens membres, évite les brusques changements politiques, prépare et facilite les évolutions législatives. Les séries de départements devraient comprendre chacune des circonscriptions de toutes les régions.

212. 2° Au cas de dissolution (n° 470). En ce cas encore, les élections sont générales. Elles doivent avoir lieu dans les trois mois.

3° Dans le cas d'option en faveur d'une circonscription faite par un député élu sénateur ou par un sénateur élu député. Il est alors pourvu à la vacance dans le délai d'un mois (L. 30 novembre 1875, art. 16). Avant la L. 17 juillet 1889, il y avait lieu à option et par suite à élection dans le cas où un même député était élu par plusieurs circonscriptions.

4° Dans le cas de vacance d'un siège par décès, démission ou autrement. L'élection doit avoir lieu dans les trois mois de la vacance (L. 30 novembre 1875, art. 16).

5° Dans le cas d'invalidation (n° 284). L'élection doit avoir lieu dans les trois mois (L. 30 novembre 1875, art. 16).

213. Dans les trois derniers cas, l'élection est partielle et peut porter sur un seul siège. Il en a été ainsi à peu près à toute époque en France. Cependant, les élections partielles sont proscrites implicitement par la C. 1791 et le Scs. An x. La C. An iii ne les permet que pour les cas où l'une des Chambres a perdu plus du tiers de ses membres. Les L. 16 juin 1885 et 13 février 1889 ont suspendu toute élection partielle, jusqu'au renouvellement intégral qui allait avoir lieu la même année.

Ces lois n'avaient qu'une application transitoire et

la dernière n'avait qu'un but politique. Il est permis de penser qu'il serait bon de soumettre à une réglementation les élections partielles. Elles sont très coûteuses pour l'Etat. Elles entretiennent dans le pays une agitation fâcheuse et elles devraient être suspendues tant que la représentation d'un département ne serait pas sensiblement diminuée. La réglementation se concilie plus facilement avec le scrutin de liste qu'avec le scrutin uninominal. Diverses propositions en ce sens, faites soit à l'Assemblée nationale, soit à la Chambre, soit au Sénat, ont échoué. On a proposé aussi de faire procéder aux élections partielles à des dates fixes, par exemple deux fois par an.

214. *Droit comparé.* — Le délai de 4 ans existe en Bade, Belgique, Grèce, République Argentine, Roumanie ; — celui de 3 ans en Danemark, Norvège, Suède, Suisse ; — celui de 2 ans, aux Etats-Unis, Mexique ; — celui d'un an en Salvador ; — celui de 5 ans en Allemagne, Espagne, Italie, Prusse ; — celui de 6 ans en Autriche, Bavière, Luxembourg, Saxe, Würtemberg.

Le renouvellement est intégral en Angleterre, Autriche, Bavière, Chili, Colombie, Danemark, Espagne, Etats-Unis, Grèce, Haïti, Hongrie, Italie, Mexique, Norvège, Portugal, Prusse, Salvador, Suède, Suisse, Uruguay, Würtemberg. Il est partiel, par moitié tous les 2 ans en Bade, Belgique, Paraguay, Pays-Bas, République Argentine ; par moitié tous les 3 ans en Luxembourg et dans quelques états allemands ; par tiers tous les 2 ans au Pérou, en Saxe.

215. *Corps électoral.* — La Chambre des Députés est nommée par le suffrage universel dans les conditions déterminées par la loi électorale (L. 25 février 1875 art. 1, al. 2). Le principe fut développpé par la L. 30 novembre 1875 qui appelait à l'électorat politique d'une part les électeurs municipaux d'après la L. 7 juillet 1874, d'autre part les citoyens résidant depuis six mois dans la commune. Ces deux catégories ont été fondues en une seule par la L. du 5 avril 1884, qui fixe la théorie du suffrage universel.

Pour pouvoir voter, il faut : 1° remplir les conditions requises pour l'électorat ; 2° être inscrit sur une liste électorale.

Les conditions requises pour l'électorat sont (L. 5, avril 1884, art. 14) :

a). La qualité de Français. La L. 26 juillet 1889 assimile expressément au Français de naissance l'étranger naturalisé ;

b). La jouissance des droits civils et politiques ;

c). L'âge de 21 ans accomplis ;

d). L'absence d'une des causes d'incapacités établies par la loi. Le D. 2 février 1852 énumère 17 cas d'incapacités perpétuelles (art. 15) et 4 cas d'incapacités temporaires (art. 16). Ces textes ont été adoucis sur trois points par la L. 24 janvier 1889.

216. Dans chaque commune « la liste électorale comprend : 1° tous les électeurs qui ont leur domicile réel dans la commune ou y habitent depuis six mois au moins ; 2° ceux qui y auront été inscrits au rôle d'une des quatre contributions directes ou au rôle des prestations en nature et, s'ils ne résident pas dans la commune, auront déclaré vouloir y exercer leurs droits électoraux. Seront également inscrits, aux termes du présent paragraphe, les membres de la famille des mêmes électeurs compris dans la cote de la prestation en nature, alors même qu'ils n'y sont pas personnellement portés, et les habitants qui, en raison de leur âge ou leur santé, auront cessé d'être soumis à cet impôt ; 3° ceux qui, en vertu de l'art. 2 du traité du 10 mai 1871, ont opté pour la nationalité française et déclaré fixer leur résidence dans la commune conformément à la loi du 19 juin 1871 ; 4° ceux qui sont assujettis à une résidence obligatoire dans la commune en qualité soit de ministres des cultes reconnus par l'Etat, soit de fonctionnaires publics.

» Seront également inscrits les citoyens qui, ne remplissant pas les conditions d'âge et de résidence ci-dessus indiquées lors de la formation des listes, les rempliront avant la clôture définitive.

» L'absence de la commune résultant du service militaire ne portera aucune atteinte aux règles ci-dessus édictées pour l'inscription sur les listes électorales » (L. 5 avril 1884, art. 14).

La liste est dressée dans chaque commune par une commission comprenant : le maire, un délégué du préfet, un délégué du conseil municipal (¹). Tout citoyen inscrit a le droit de demander la radiation ou l'inscription d'un autre citoyen. L'affaire est jugée par la commission, avec appel au juge de paix et pourvoi devant la cour de cassation. Les fraudes en ces matières sont punies de la prison, de l'amende, de la privation des droits civiques. La liste des électeurs par ordre alphabétique est déposée au secrétariat de la mairie où chacun peut en prendre communication et copie.

Il est facile de comprendre qu'un même électeur peut se trouver inscrit sur plus d'une liste électorale, par exemple sur la liste de la commune où il a son domicile et sur celle de la commune où il est inscrit au rôle de l'impôt direct. Cet électeur ne peut, sans encourir des pénalités (D. 2 février 1852, art. 34), exercer ses droits électoraux dans les deux communes. Il semble même résulter de la discussion de la L. 5 avril 1884 rapprochée des textes antérieurs que sa deuxième inscription serait illicite, si du moins il l'avait réclamée.

Les listes électorales sont permanentes depuis 1828 et valent pour un an. Elles sont révisées chaque année.

Les militaires et marins, quoique régulièrement inscrits sur la liste électorale, ne peuvent voter, même s'ils se trouvent dans la commune au jour du vote, à moins qu'ils ne soient en congé régulier, en disponi-

(¹) Je néglige quelques particularités sur Paris, Lyon et les communes divisées en sections.

bilité, en non-activité, en résidence libre ou dans le cadre de réserve (L. 30 novembre 1875, art. 2). Au contraire, la L. 31 mai 1850 prescrivait leur vote en tous cas; les bulletins étaient envoyés dans les communes. La L. 6 juillet 1791 les faisait voter dans leur ville de garnison. Celle du 28 février 1790 leur permettait de voter s'ils se trouvaient dans leur commune le jour du vote.

217. Telle est l'organisation actuelle du suffrage universel. Je ne songe pas à discuter un principe qui s'impose comme un fait acquis et définitif. Je me bornerai à quelques brèves remarques, puis au rappel des autres systèmes électoraux.

L'examen des conditions auxquelles est subordonné l'électorat montre que le suffrage universel, tel qu'il est pratiqué, est le privilège des mâles majeurs et qu'il n'établit entre eux aucune différence tenant soit aux capacités, soit aux professions et à leur diverse influence sur la vie sociale, soit enfin à la fortune ou à l'indice qui en est souvent accepté par la loi électorale, l'impôt direct, le cens.

D'abord, le suffrage universel est le privilège des mâles majeurs. Ici deux questions se posent. La femme, au moins égale en nombre, souvent supérieure en intelligence à l'homme, doit-elle rester exclue des droits politiques? et peut-on dire que le suffrage est universel lorsque la moitié du peuple en est privée? — D'autre part, la majorité civile, qui est présumée suffisante pour la gestion des intérêts particuliers, est-elle suffisante aussi pour la gestion des intérêts publics? Je ne saurais discuter ces deux questions sans examiner le principe même du suffrage universel et je me borne à les signaler en ajoutant que si la deuxième est presque oubliée, la première est très sérieusement discutée en certains pays, qu'il existe un courant d'opinion sensible vers l'étude attentive et critique des raisons qui réservent à l'homme l'électorat politique.

Le suffrage universel donne à toutes les voix une

valeur égale. On a dès longtemps remarqué que la
pratique dément la théorie, que les personnes que
distinguent leur fortune et, plus rarement, leurs capacités, disposent d'un grand nombre de voix. Je ne
veux pas dégager l'argument que fournit aux adversaires du suffrage universel ce fait que ses partisans
présentent comme un de ses avantages. Il me suffit de
constater que la loi aboutit ainsi à tout autre chose
que l'égalité des suffrages qu'elle proclame et manque
ainsi son but; qu'elle tolère des groupements légitimes, mais aussi l'influence illégitime de personnalités
remuantes, de comités sans mandat, de politiciens de
profession; qu'elle risque d'enlever au suffrage universel la sincérité qui lui est indispensable.

L'Assemblée nationale de 1871 fut saisie d'un grand
nombre de projets tendant à restreindre le suffrage universel ou à en modifier le système. Les uns élevaient à
24, 25, 30 ans la majorité électorale, exigeaient deux
ou trois ans de domicile dans la commune ou le canton,
augmentaient la liste des incapacités électorales, demandaient le paiement d'une contribution directe. D'autres,
et ce sont les tentatives les plus curieuses, essayaient
de rompre l'uniforme égalité du suffrage universel et
d'associer indirectement au suffrage ceux que la loi
exclut, par exemple en faisant voter les femmes, les
mineurs et les interdits par leurs représentants légaux
(maris, tuteurs) ou des mandataires en forme, en don-
dant au chef de famille un nombre de voix proportionnel au nombre des membres de la famille, en donnant
deux ou plusieurs suffrages à diverses catégories de
personnes distinguées par leurs capacités. Il semble
que ces propositions, qui ne tenaient compte que du
nombre et des capacités, qui excluaient toute considération de fortune, qui assuraient l'influence du peuple
entier et non d'un groupe d'hommes, auraient pu exercer quelque action sur la loi électorale. Mais elles cho-
quaient les idées vulgaires sur le suffrage universel et
n'auraient sans doute rencontré dans l'opinion publi-

que qu'un accueil défavorable. Au reste, elles risquaient
de faire asseoir au foyer domestique les passions politiques et leurs tristes discordes.

Depuis 1875, la tendance des projets de loi électorale est plutôt vers un adoucissement des conditions
mises à l'exercice des droits d'électeur. On demande
la réduction du nombre des incapacités et du délai de
domicile.

218. Le suffrage universel soulève une autre question.

L'électorat est-il un droit pour celui qui en est investi,
ou bien est-il une fonction ? Lorsque l'électorat est
subordonné à des conditions rigoureuses d'âge, de
domicile, de cens ou de fortune, on admet facilement
qu'il est une fonction publique, pour ce motif, entre
autres, qu'il n'appartient qu'à un petit nombre de personnes qui composent le peuple et parce que les électeurs doivent réunir les qualités jugées nécessaires pour
la mission qui leur est conférée. Si ces raisons sont
bonnes, elles doivent faire décider de même sous
l'empire du suffrage universel ; car on y retrouve
l'exclusion de la plus grande partie des individus qui
forment le peuple, le choix de ceux qui semblent aptes
à exercer les droits politiques. La conclusion est
repoussée cependant par l'opinion dominante aujour-
d'hui, mais non pas dans toutes ses conséquences.

Notamment, si l'électorat est un droit, l'électeur
peut bien être moralement tenu de voter, mais la loi
ne peut pas l'y contraindre sous des pénalités. L'abstention est un oubli des devoirs civiques, elle ne peut
être traitée et punie comme un délit. Or, soit à
l'Assemblée nationale, soit à la Chambre des Députés,
on a souvent proposé de rendre le vote obligatoire.
Les uns se bornent à demander que les noms des
abstentionnistes soient affichés ; d'autres réclament
une amende, proportionnée à la contribution personnelle et mobilière ; d'autres veulent même la suspension temporaire ou la privation définitive des droits

électoraux, au moins en cas de récidive. Plusieurs
réservent à l'électeur le droit de se faire rayer des
listes électorales et d'écarter ainsi le fardeau électoral.
On a proposé aussi de compter les bulletins blancs
comme des suffrages exprimés, de priver de représentant, pour un temps, les circonscriptions où les
abstentions seraient très nombreuses.

Ces propositions diverses sont dues au chiffre considérable des abstentions. Un grand nombre d'électeurs,
un tiers environ du chiffre total, n'exercent jamais
leurs droits, soit par négligence, soit parce que les
candidats ne leur plaisent pas. Il résulte de là que les
élections ne donnent pas une exacte représentation du
pays légal; or, sans vérité, le suffrage universel n'est
pas défendable. Aussi faut-il approuver les efforts tentés pour obtenir le plus de votes possible. Ces efforts
mêmes attestent l'imperfection, le défaut d'éducation
politique du suffrage universel, ils contredisent la
doctrine de l'électorat-droit, ils tendent à porter la
main sur la liberté individuelle. Les sanctions pénales
me paraissent difficiles à admettre. Il serait plus simple, plus exact et plus juste de priver de l'électorat
temporairement, puis définitivement l'abstentionniste
endurci.

219. C'est encore pour assurer la vérité du suffrage
universel et son expression aussi complète que possible, que l'on a songé à faciliter le vote de ceux qui ne
peuvent, à raison de leur profession ou pour tout autre
motif, se trouver le jour de l'élection dans la commune
où ils doivent voter. Il sera sans doute difficile d'ima-
giner une combinaison qui atteigne ce but sans violer
soit le principe du secret du vote, soit le principe que
le vote doit être donné en personne, enfin sans ouvrir
la porte aux fraudes électorales.

220. Le suffrage universel était à la base de la C. 1793,
dont on se rappelle les faciles et larges dispositions,
mais qui ne fut jamais appliquée. En réalité, il date
de 1848. Proclamé par le D. 5 mars qui appelle à voter

pour l'élection de la Constituante tous les Français
âgés de 21 ans et ayant six mois de résidence dans la
commune, il est adopté par la C. 4 novembre 1848 et
organisé par la L. 15 mars 1849, qui exige les mêmes
conditions et établit quelques incapacités. Depuis il a
été conservé par la C. 1852, le Scs. 1870, les lois de
1875. Il est vrai que le D. 2 février 1852 a étendu la
liste des incapacités résultant des condamnations pénales. Mais les conditions d'âge et de domicile sont
restées très faciles, et la condition de cens n'a pas été
rétablie. La loi du 31 mai 1850 avait porté une grave
atteinte au principe en exigeant trois ans de domicile
dans la commune.

Laissons de côté le système compliqué de l'An viii
et de l'An x, dans lequel les suffrages des citoyens ne
servent qu'à dresser des listes de notabilité et à présenter des candidats; on remarquera que, si la condition de cens n'est pas exigée pour cet exercice restreint
du droit de suffrage, la condition de domicile est plus
rigoureuse (1 an).

Il faut également classer à part les C. 1791 et An iii
qui admettent le suffrage à deux degrés. La première
exige pour les électeurs au premier degré l'âge de
25 ans, le serment, le domicile, le paiement d'une
contribution directe, le service militaire; pour les
électeurs du second degré, la qualité de propriétaire,
usufruitier ou locataire d'un bien d'une certaine valeur,
en outre de la qualité de citoyen actif. La seconde,
presque semblable pour les électeurs du second degré,
exige pour le premier degré l'âge de 21 ans seulement.

Les lois électorales de la Restauration exigèrent en
général l'âge de 30 ans et le paiement d'une contribution directe de 300 francs. De ce dernier chef, elles
donnaient aux femmes, propriétaires d'immeubles,
une influence indirecte sur les élections; les impôts
payés par la femme mariée comptaient à son mari;
ceux payés par la femme veuve ou séparée, à celui de
ses fils ou gendres qu'elle désignait.

La L. du 29 juin 1820 répartissait les députés entre les collèges d'arrondissement et ceux de département et donnait à certains électeurs le droit de voter dans les deux collèges. Les O. du 13 juillet 1815, 5 septembre 1816, 25 juillet 1830 donnaient aux premiers la présentation des candidats, aux derniers l'élection des députés.

La L. du 19 avril 1831 abaissa l'âge de l'électorat à 25 ans et le cens à 200 fr. et même, pour certaines capacités, à 100 francs; les biens des femmes comptaient à leurs maris ou fils.

L'Acte Additionnel organisait un système compliqué, des collèges d'arrondissement et de département ayant les uns et les autres leurs députés, et élus eux-mêmes par les assemblées de canton.

221. Le suffrage universel vote directement, c'est-à-dire que chaque électeur concourt sans intermédiaire à l'élection. Le suffrage est dit à deux degrés lorsque la masse des électeurs se borne à nommer ceux qui, à leur tour, nommeront le député. Ce dernier mode était, on vient de le voir, celui des C. de 1791 et de l'An III, et même de celles de l'An VIII et de ses dérivés y compris l'Acte Additionnel. Le suffrage à deux degrés est proposé par quelques-uns comme un correctif du suffrage universel; cette idée n'est pas actuellement en faveur. On a vainement proposé à l'Assemblée nationale le suffrage à deux et même à trois degrés.

Les lois actuelles n'ont pas adopté le système de candidatures pour partie obligatoires, imaginé sous la Restauration (D. 13 juillet 1815 et 25 juillet 1830). L'Assemblée nationale avait été saisie d'un projet de loi électorale, d'après lequel un comité cantonal, composé du conseiller général, du juge de paix et des maires présentait un candidat et d'une autre proposition, basée sur le même principe, mais composant l'assemblée cantonale avec dix-huit catégories de personnes. L'idée est ingénieuse; l'application sincère en serait difficile et aurait l'inconvénient d'augmenter l'agitation que crée toute élection politique, de faire pénétrer davantage les passions politiques dans les affaires locales.

222. *Droit comparé.* — Le suffrage universel et direct existe en Allemagne, Espagne, Grèce, aux Etats-Unis et dans un grand nombre de Républiques américaines. Il ne faut pas oublier que la majorité est parfois assez tardive : ainsi en Allemagne elle est fixée à 25 ans ; — que la loi électorale est parfois prodigue d'incapacités : ainsi en Allemagne encore. En Suisse au contraire, l'âge requis est 20 ans en général ; le domicile exigé est de 3 mois, et la condition n'existe pas pour les nationaux de naissance.

Le suffrage universel à deux degrés existe dans la plupart des États allemands, au Mexique. Là encore les différences sont sensibles. Les lois allemandes sont assez exigeantes pour l'âge et le domicile ; la loi mexicaine fixe l'âge à 21 ans et l'abaisse à 18 ans pour ceux qui sont mariés.

On peut rapprocher des pays du suffrage universel ceux qui se contentent, outre l'âge de 21 ans, d'une facile condition de cens ou de capacité : Belgique, Italie, Pays-Bas, Portugal.

Le Danemark exige l'âge de 30 ans, une bonne réputation, un an de domicile ([1]).

Voici des régimes plus compliqués et plus rigoureux.

Angleterre. — Les députés représentent les uns les comtés ; d'autres les bourgs jouissant d'une représentation ; les derniers, les Universités. Les derniers *acts*, notamment la loi du 25 juin 1885, tendent à réduire au profit des comtés et par suite de l'élément population, la représentation des bourgs. — La majorité électorale est fixée à 21 ans ; il faut en outre une condition de cens. La loi du 6 décembre 1884 a notable-

---

([1]) Presque toutes les lois étrangères refusent aux domestiques les droits électoraux. Cf. C. 1791 et An III.

ment adouci cette exigence et a supprimé les différences qui existaient à cet égard entre les trois royaumes. L'effet de ces réformes a été de porter le chiffre des électeurs de trois millions à cinq; il ne reste qu'un pas à faire pour atteindre au suffrage universel.

Autriche. — Chaque pays de la monarchie forme quatre collèges : grands propriétaires fonciers, villes, chambres de commerce et d'industrie, communes rurales. Celles-ci votent à deux degrés. L'âge requis est 24 ans; un cens est exigé pour le deuxième et le quatrième collèges.

Norvège. — Le suffrage est à deux degrés. Les conditions communes sont : 25 ans d'âge, 5 ans de domicile, serment constitutionnel, qualité de propriétaire foncier ou de fonctionnaire ou d'ancien fonctionnaire.

Prusse. — Le suffrage est à deux degrés. Les conditions communes sont : 25 ans d'âge et l'électorat municipal. Le collège électoral est divisé en trois groupes dont chacun représente un tiers de l'impôt foncier et nomme un tiers des députés.

Roumanie. — Le suffrage est direct; chaque circonscription se divise en trois collèges fondés sur la fortune et l'impôt.

Serbie. — Le roi nomme un quart des députés; le reste est élu à deux degrés par les citoyens majeurs et payant l'impôt.

Suède. — Le suffrage est direct dans les villes, à deux degrés dans les campagnes. Les conditions sont : l'électorat municipal, un taux de fortune ou de cens.

Certains pays ont donné aux femmes des droits électoraux. En Autriche, les femmes appartenant à la catégorie des grands propriétaires fonciers concourent à l'élection des représentants de ce collège. En Islande, les filles et les veuves votent. En Massachussetts, les femmes votent si elles le demandent. En Finlande, les femmes participent à l'élection des représentants de la bourgeoisie, les filles, veuves et femmes séparées en personne, les femmes mariées par leur mari. En Utah, les femmes ont aussi l'électorat. La Chambre des Communes en Angleterre a voté, en 1886, un bill conférant l'électorat aux femmes. Le vote par mandataire est admis en Autriche (pour le premier collège) et par la C. zurichoise.

Le vote par correspondance est permis en Angleterre aux maîtres ès-arts des Universités, en Norvège à tous les électeurs. Le vote est obligatoire au Mexique en Salvador, dans le canton de Zurich, etc.

223. *Élections.* — Les règles relatives aux formalités des élections sont parfois fixées par la Constitution (1791, 1793, An III, An X). Elles sont plus souvent contenues dans une loi ordinaire.

Les électeurs sont convoqués par un décret du Président de la République. Ils n'ont en aucun cas le droit de se réunir spontanément, l'époque du renouvellement de la Chambre fût-elle arrivée et même passée. Les C. républicaines autorisent le peuple à se réunir sans convocation, à une date fixe, pour procéder aux élections.

La date de l'élection est fixée par le décret de convocation. Un délai de 20 jours au moins doit s'écouler entre la convocation et l'élection. Ce délai forme la période électorale, consacrée par les candidats et leurs agents aux actes de propagande. Ces actes sont : les circulaires, professions de foi, placards, manifestes émanant soit du candidat, soit d'un électeur, signés par le candidat (aucune autorisation n'est exigée, il suffit d'un dépôt au parquet du Procureur de la République); les distributions de bulletins de vote (le dépôt au parquet n'est même pas exigé); les réunions électorales auxquelles peuvent assister les électeurs de la circonscription, les membres du Parlement, les candidats ou leurs mandataires; elles peuvent être tenues deux heures après une déclaration faite à l'autorité municipale ou préfectorale par deux personnes dont l'une au moins est domiciliée dans la commune.

Le jour de l'élection doit être un dimanche, afin que tout le monde puisse voter sans préjudice pour le travail. Le scrutin dure un jour. Il est ouvert à 8 heures du matin, fermé à 6 heures du soir. Un arrêté préfectoral, affiché cinq jours au moins avant le vote, peut avancer l'ouverture sans dépasser 5 heures du matin. Le scrutin fermé avant l'heure légale n'est pas nul, mais le chiffre de voix requis pour la majorité est augmenté du nombre des abstentions relevées dans la commune où l'irrégularité a eu lieu.

224. Chaque électeur vote au chef-lieu de la commune et à la maison commune. Le préfet divise en sections de vote les communes si étendues ou si peuplées que tous les électeurs ne pourraient voter commodément au même lieu.

Il est présidé aux opérations électorales par un bureau composé du maire, de 4 assesseurs (les deux électeurs les plus âgés et les deux plus jeunes présents à l'ouverture de la séance), d'un secrétaire pris également parmi les électeurs. S'il y a plusieurs sections de vote, le maire y est suppléé par des adjoints ou des conseillers municipaux. Ce bureau est chargé de résoudre provisoirement les difficultés en les relatant au procès-verbal qu'il dresse des opérations électorales. Le président a la police de la salle.

Chaque électeur vote en personne. Il justifie de son identité par la carte électorale qui lui est remise par les soins de l'autorité municipale, mais ce moyen n'est pas exigé exclusivement par la loi. Le bulletin plié est remis au président du bureau qui le dépose dans l'urne (qui est une boîte) fermée.

225. Le vote est donc secret. C'est là un principe essentiel de notre système électoral. Il n'a pas toujours été admis. La C. de 1793 permettait à l'électeur de voter en secret ou à haute voix, à son gré. L'O. du 25 juillet 1830 ordonnait que l'électeur inscrivît son bulletin sur le bureau même. A part ces deux textes, qui n'ont été appliqués ni l'un ni l'autre, la loi électorale a toujours consacré le vote secret ([1]).

Beaucoup trouvent même que le principe n'est pas suffisamment garanti. Pour obtenir que l'électeur dépose dans l'urne le bulletin qui lui convient, pour éviter qu'à la seule vue de ce bulletin, ceux qui peuvent agir sur la liberté du citoyen ne soient avertis de son vote, les uns demandent que l'Etat se charge d'imprimer tous les bulletins sur un papier spécial et uniforme et les fasse distribuer aux portes des salles de vote, que tous autres bulletins soient nuls ([2]); d'autres veulent que chaque bulletin soit placé par l'électeur lui-même sous une enveloppe impénétrable, d'un type uniforme, fournie par l'État, et que cette opération soit faite dans la salle même du vote dans un abri où nul ne pourra influencer le votant ([3]). Le nombre des enveloppes donnerait le nombre des suffrages exprimés. Les noms des votants seraient publiés. Certaines de ces propositions ont été votées, sans jamais devenir des lois définitives. Il ne faut peut-être pas le regretter. Le mieux est souvent l'ennemi du bien. Le secret du vote ne serait obtenu qu'au prix de complications excessives qui peuvent tromper, dérouter, dégoûter l'électeur. Serait-il même obtenu? l'enveloppe ne servirait-elle pas mieux encore à couvrir les influences?

226. Le vote doit être, non seulement secret, mais encore libre, et à vrai dire le secret n'est qu'un moyen d'assurer la liberté.

La liberté du vote se concilie très bien avec l'influence qu'une haute situation matérielle ou morale donne à

([1]) En Hongrie, le vote est public et verbal.

([2]) Tel est le système de la Belgique.

([3]) Ce système ou ses analogues fonctionnent en Angleterre, en Norvège, en Roumanie, en plusieurs cantons suisses et Etats américains. La Grèce pratique un système ingénieux, dont l'explication est un peu longue. On a parlé d'appliquer l'électricité au suffrage.

certaines personnes sur un grand nombre d'électeurs. Réduite à l'exemple, aux conseils, à la propagande par la parole ou la presse, cette influence est légitime, nécessaire même, car elle est le correctif du suffrage universel et de son excessive égalité. Elle devient coupable dès qu'elle s'exerce par d'autres moyens, si elle agit sur la volonté des électeurs par des promesses d'argent ou de faveur, par des menaces relatives à leurs moyens d'existence, aux conséquences des votes sur leurs intérêts privés ou sur les intérêts généraux. Elle devient alors de la corruption électorale ; elle vicie l'élection et encourt des pénalités. La sanction la plus efficace et la plus logique consisterait à suspendre ou à priver de leurs droits électoraux les circonscriptions qui se seraient montrées trop souvent accessibles à la corruption. Tel est le système anglais.

Le Gouvernement, la plus haute personnalité et la plus grande influence du pays, a souvent revendiqué le droit, accordé à tous, de diriger par des conseils les choix des électeurs, de recommander les candidats qu'il lui serait agréable de voir nommés. On s'accorde à reconnaître que, même réduite à cette mesure, l'influence du Gouvernement est trop grande et trop générale pour que la liberté du vote soit respectée. Le Gouvernement doit donc s'abstenir strictement dans la lutte électorale. A plus forte raison, ses agents ne doivent-ils pas exercer sur les électeurs la *pression administrative*. Il n'existe d'ailleurs aucune sanction spéciale pour la réserve imposée au Gouvernement et à ses agents. La responsabilité parlementaire des ministres, l'invalidation des candidats officiels doivent suffire ; mais elles ne suffiront que si le Gouvernement n'a pas réussi à faire élire une majorité dévouée. Quant aux poursuites pénales, elles supposent que l'influence administrative a revêtu les caractères de la corruption électorale.

On a souvent proposé d'ériger la simple candidature officielle en crime ; de la définir : l'intervention du

Gouvernement, de ses fonctionnaires et de ses agents salariés ; de la punir par l'amende, la prison, la dégradation civique. En tout cas, le fonctionnaire serait déchu de ses fonctions et de ses droits politiques. Le candidat qui aurait accepté l'étiquette ou l'influence officielle serait inéligible pour un temps ou frappé de peines. Enfin tout citoyen pourrait assigner les coupables devant les tribunaux. Ces propositions n'ont pas abouti. Elles sont, en effet, excessives.

227. Le scrutin fermé, le bureau procède au dépouillement, compte les voix obtenues par chaque candidat. L'opération est faite publiquement. Le nombre des bulletins trouvés dans l'urne doit être égal à celui des émargements faits, à chaque vote, sur une copie des listes électorales. S'il est supérieur, la différence est retranchée à chaque candidat, mais non du chiffre total des voix. La majorité requise pour l'élection est la même, chaque candidat a moins de chances de l'obtenir. On n'attribue à chaque candidat que les suffrages exprimés (ce qui exclut les bulletins blancs, c'est-à-dire qui ne portent aucun nom, et ceux où le candidat n'est pas clairement désigné, où par exemple, il manque le prénom alors que deux candidats ont le même nom), et les bulletins valables, ce qui exclut·ceux où le votant se fait connaître, ceux qui expriment une opinion sur le candidat, ceux qui portent le nom d'un candidat qui ne s'est pas conformé à la L. 17 juillet 1889 (n° 241). Sont valables : les bulletins portant plus de noms qu'il n'en faut ; le premier seul (les premiers au scrutin de liste) compte ; — les bulletins raturés, pourvu qu'un nom ne soit pas biffé ; — les bulletins gommés, c'est-à-dire sur lesquels le nom imprimé a été recouvert d'une bande collée portant un autre nom.

Le rôle du bureau doit se borner à compter les bulletins et à statuer provisoirement sur leur validité. Les bulletins sont annexés au procès-verbal.

Les résultats des communes sont centralisés au chef-lieu du département où a lieu un recensement général

par une commission de trois conseillers généraux désignés par le préfet. La commission proclame les résultats. Elle n'a pas à statuer sur l'éligibilité des candidats, mais à compter les suffrages. La proclamation
donne au député l'exercice provisoire de ses droits
(n⁰ˢ 252, 285, 376).

Pour être élu au premier tour, il faut obtenir la
majorité absolue (la moitié plus un) des votants et un
nombre de voix égal au quart des électeurs inscrits.

Si aucun candidat ne réunit ces deux conditions, il
y a lieu à un second tour de scrutin, le deuxième
dimanche qui suit la proclamation des résultats, soit
quinze jours après le premier tour. Alors la majorité
relative (le chiffre de voix le plus élevé) suffit, quel que
soit le nombre des votants. Si deux ou plusieurs candidats obtiennent le même nombre de suffrages, le plus
âgé est élu.

La simple majorité relative dès le premier tour suffit d'après les L. 15 mars 1849 et 31 mai 1850. Un
nombre de voix égal au huitième des électeurs inscrits
suffit d'après la L. 1849 ; un tiers d'après les L. 29 juin
1820 et 19 avril 1831 ; la nécessité du quart se trouve
dans les L. 31 mai 1856 et 18 février 1873. Les conditions ne s'adoucissent qu'au troisième tour dans les L.
22 décembre 1789, 5 février 1817, 29 juin 1820. Le
scrutin de ballotage, où la majorité relative suffit avec
un nombre quelconque de votants, n'a lieu qu'entre les
deux candidats les plus favorisés par les votes, d'après
les L. 1789 et 1817.

Les conditions exigées actuellement permettent qu'un
député soit élu au second tour de scrutin par un chiffre
de voix insignifiant. On a songé à empêcher ce résultat
en ordonnant le renvoi de toute élection dans laquelle
la moitié des électeurs inscrits n'auraient pas voté.

Les élections causent des dépenses de toute nature
qui incombent naturellement les unes à l'Etat (affichage
du décret de convocation), les autres aux communes
(bureaux de vote), les dernières aux candidats (bulletins,

etc). On a émis l'idée que l'Etat devrait faire les frais
jusqu'ici imposés aux candidats.

228. *Représentation des minorités.* — On a dès longtemps remarqué que le système électoral qui vient
d'être exposé n'est pas parfait. S'il est d'une grande
simplicité, il est d'une égale brutalité et peut aboutir à
des injustices. Il suffit d'une voix de majorité ou même
du bénéfice de l'âge pour qu'un candidat ou une liste
l'emporte sur une autre. Si le fait se produit dans un
grand nombre de circonscriptions, les élections ne
répondent pas exactement à l'opinion du pays. Les
députés ne représentent qu'un peu plus de la majorité
des électeurs, et une minorité presque égale à la majorité est privée de représentants. Il y a plus : la minorité peut exclure des Chambres la majorité. Supposons
que dans la moitié plus un des collèges électoraux, les
candidats d'un parti passent à quelques voix de majorité, et que, dans les autres, ils succombent en ne réunissant qu'un nombre insignifiant de suffrages. La
majorité dans la Chambre appartiendra au parti qui,
dans l'ensemble du pays, aura obtenu le moins de suffrages.

Dans la pratique, les faits ne sont pas aussi saisis-
sants. Les partis sont assez également répartis dans les
circonscriptions et les différences se compensent réciproquement. Si la minorité d'un parti reste ici sans
représentant, ailleurs elle exclut la minorité du parti
adverse. Ces compensations paraissent encore suffisantes à beaucoup de personnes. On ne peut nier
cependant qu'elles soient insuffisantes surtout avec le
scrutin de liste; qu'elles soient livrées au hasard; que,
d'ailleurs, comme certains partis en France semblent
posséder certaines régions déterminées, chacun d'eux
soit sans représentants dans les régions où il n'est pas
le vainqueur exclusif. Le suffrage universel donne donc
de lui-même une expression inexacte ; dans chaque
région, la minorité n'a aucun moyen de faire entendre
sa voix.

Ces faits sont incontestables. On a fait remarquer, et l'observation a son importance, que la représentation proportionnelle est difficile à accepter lorsque la minorité conteste le principe même et la forme du Gouvernement. Elle pourrait aboutir à former une Chambre sans majorité stable, et à rendre impossible un Gouvernement régulier. Elle ferait placer au premier rang parmi les questions électorales, la question purement politique, au détriment des affaires du pays.

Malgré cette restriction, qui ne vise d'ailleurs qu'un petit nombre de peuples, l'idée de la représentation proportionnelle a un grand nombre de partisans. Dans la plupart des pays, des sociétés pour l'étude de cette question se sont formées et ont fait proposer aux Chambres divers systèmes.

Les combinaisons imaginées dans ce but sont nombreuses, diverses et souvent très compliquées.

Voici seulement des exemples.

229. *Système du vote accumulé.* — Chaque électeur dispose d'autant de votes qu'il y a de députés à élire et il peut attribuer plusieurs suffrages au même candidat. En imposant ce mode de votation à ses adhérents, un parti bien discipliné peut concentrer ses votes sur un petit nombre de candidats et leur assurer un nombre de voix suffisant pour qu'ils soient élus. — Outre que ce système suppose une discipline rigoureuse et des électeurs rompus à cette pratique délicate, il peut se faire qu'une opinion répandue dans tout le pays n'ait dans chaque circonscription qu'un nombre d'adhérents trop faible pour que l'accumulation des votes produise le résultat désiré. Le fonctionnement même régulier de ce système n'assurerait pas la proportion exacte dans la représentation de la majorité et de la minorité. La discipline du parti le plus nombreux et les calculs des chefs peuvent ne laisser à la minorité qu'une représentation insignifiante ; et d'autre part les calculs des chefs de la minorité peuvent être inexacts ou déçus dans la pratique. — Ce système est appliqué en

Portugal pour partie depuis 1884, dans les Etats américains de l'Illinois, de l'Ohio, de l'Utah depuis 1872, dans la colonie anglaise du cap de Bonne-Espérance.

230. *Système du vote limité.* — Chaque électeur ne peut voter que pour un nombre de candidats inférieur au nombre des députés à élire. Par exemple s'il y a 3 sièges à pourvoir, chaque bulletin ne pourra porter que deux noms. Les votes de la majorité profiteront à deux candidats, la minorité aura le troisième siège.

Ce système est assez simple. Il choque cependant les idées courantes en restreignant le droit de vote de chaque électeur. Ce qui est plus grave à mes yeux, c'est qu'il détermine comme fatalement la part assignée à la minorité dans la représentation. Que cette minorité soit forte ou faible, elle aura toujours le même nombre de sièges invariablement fixé par la loi. La proportion désirée n'existe pas.

Ce système est suivi : en Italie depuis 1882, mais quelques collèges seulement compte plusieurs députés ; dans l'Etat de New-York pour la Constituante périodique et seulement pour un quart des membres ; dans la Pennsylvanie, pour la Constituante périodique ; au Brésil depuis 1875 ; en Espagne depuis 1878, mais d'une part quelques collèges seulement sont dotés de plusieurs députés et d'autre part dix sièges sont réservés à ceux qui ont obtenu le plus de suffrages dans l'ensemble du pays ; en Suisse depuis 1881 pour les élections au Conseil national ; à Malte depuis 1852 ; en Portugal, mais pour une partie seulement. Il était consacré par le projet de constitution des Girondins en 1793.

231. *Système du quotient* ([1]). — Il consiste à déterminer un quotient électoral, c'est-à-dire un chiffre de voix nécessaire pour qu'un candidat soit élu. Ce quotient est obtenu en divisant le nombre des électeurs

---

([1]) Ce système est susceptible de plusieurs combinaisons. Je cite celle qui a été appliquée.

par le nombre des candidats. Chaque électeur établit
son bulletin en inscrivant les candidats dans l'ordre de
ses préférences. Cela posé, le dépouillement du scrutin
se fait de la manière suivante. On compte au nom d'un
des candidats, appelons-le *Primus*, les bulletins qui
portent ce nom en tête ; dès que le quotient électoral
est atteint, Primus étant élu, on ne s'occupe plus de
lui. On passe à un autre candidat, *Secundus*, et on lui
compte soit les bulletins où il est porté en première
ligne, soit ceux où il vient le deuxième, *Primus* étant
le premier, mais qui n'ont pas encore été dépouillés.
Dès que *Secundus* a obtenu le quotient électoral, on
l'abandonne et on passe à *Tertius* auquel on attribue
soit les bulletins qui le nomment le premier, soit ceux
non encore dépouillés où il vient après Primus et
Secundus qui ne comptent plus. Enfin quelques sièges
sont réservés aux candidats restés au-dessous du
quotient électoral. Leurs bulletins sont centralisés
dans la capitale, additionnés ; les plus favorisés sont
élus.

Ce système est le plus ingénieux et le plus équitable
de tous. Malheureusement il est un peu compliqué. Il
exige de l'électeur un classement délicat et minutieux,
des commissions de recensement un travail long et
assez difficile. Il semble masquer le suffrage universel
et paraît peu compatible avec lui. Aussi le Danemark
qui l'a adopté dès 1855, sur la proposition d'un ministre mathématicien, l'a-t-il restreint à la Chambre
Haute en 1863 et aux électeurs du second degré en
1867. La Serbie l'a adopté en 1888. Il a été proposé à
l'Assemblée nationale et à la Chambre.

En résumé, la question est posée, mais non encore
résolue d'une manière satisfaisante. Il sera difficile de
trouver une solution exacte et simple, applicable à tous
les modes de suffrage. Aussi l'idée n'a-t-elle abouti que
très rarement, et a-t-elle échoué en plusieurs pays,
ainsi dans plusieurs cantons suisses.

232. III. Eligibilité ; Incapacités ; Incompatibilités.
Eligibilité. — « Tout électeur est éligible, sans condition de cens, à l'âge de 25 ans accomplis » (L. 30 novembre 1875, art. 6).

Deux conditions sont requises pour l'éligibilité :

1° La qualité d'électeur. Il n'est pas nécessaire que
l'électeur soit inscrit sur une liste électorale ; il suffit
qu'il puisse l'être. L'étranger naturalisé ne devient
éligible que dix ans après le décret de naturalisation,
à moins qu'une loi n'abrège ce délai à un an au moins.
La règle ne s'applique pas à l'ancien Français qui
recouvre sa nationalité (L. 26 juin 1889, art. 3).

2° L'âge de 25 ans. C'est l'âge fixé par la plupart
des Constitutions et des lois électorales de la France.
Une seule, la C. 1793, se contente de 21 ans. L'âge de
40 ans était exigé par la Charte de 1814 ; celui de
30 ans par la C. An III, celle de l'An VIII (au moins
pour le Corps législatif) et la Charte de 1830. L'âge
doit exister au jour de l'élection, et non pas seulement
au jour de l'entrée en fonctions ou de la vérification
des pouvoirs ([1]).

La loi de 1875 ne met entre l'électorat et l'éligibilité
d'autre différence que celle de l'âge. Ce système date
en France du D. 5 mars 1848. On a connu des systèmes plus larges. La C. 1793 déclarait éligible tout
électeur, et cette règle a encore ses partisans. Celle de
1791 ne demandait pas, à la différence de la L.
22 décembre 1789, le domicile et le cens exigés pour
l'électorat du second degré. A l'inverse, la C. An III
veut la résidence en France pendant les 6 années qui
précèdent l'élection ; les Chartes et les lois électorales
entre 1814 et 1848 exigent en principe le domicile
politique dans le département et un cens assez élevé.

La loi française n'a jamais exigé des députés un
temps passé dans l'exercice des fonctions publiques,
comme le demandait Mirabeau en 1789.

([1]) V. Scs. 27 avril 1811, L. 25 mars 1818.

233. *Droit comparé.* — L'âge requis pour l'éligibilité est celui de 25 ans, en Bavière, Belgique, Berne, Danemark, Espagne, Etats-Unis, Genève, Haïti, Luxembourg, Mexique, République Argentine, Roumanie, Salvador, Suède; — de 30 ans, en Autriche, Bade, Bulgarie, Grèce, Italie, Norvège, Pays-Bas, Prusse, Saxe, Serbie, Würtemberg; — de 24 ans, en Hongrie; — de 21 ans, en Angleterre; — de 20 ans, en Suisse.

Comme conditions spéciales, je relève : l'accomplissement du service militaire, en Prusse; — une condition de religion, en Bade, Suède; — la laïcité, en Espagne, Mexique, Roumanie, Suisse, Angleterre, Colombie; — une condition de cens ou de fortune, en Autriche, Bavière, Bulgarie, Haïti, Hongrie, Portugal, Saxe, Serbie, Suède; — une condition de domicile, en Belgique, Bulgarie, Etats-Unis, Grèce, Luxembourg, Mexique, Norvège, République Argentine, Roumanie, Serbie, Suède; — la nationalité de naissance ou la grande naturalisation, en Angleterre, Belgique, Portugal; — une certaine durée de jouissance des droits de citoyen, en Angleterre, Autriche, Belgique, Etats-Unis, Grèce, Hongrie, Italie, Prusse, République Argentine, Serbie; — une bonne réputation, en Danemark, Salvador; — la libération de la puissance paternelle, en Würtemberg.

234. *Incapacités.* — L'inéligibilité ne résulte pas seulement de l'absence des conditions qui viennent d'être indiquées. Ceux qui les réunissent peuvent être dans l'un des cas d'incapacité établis par la L. 30 novembre 1875. L'incapacité, comme l'absence des conditions requises pour l'éligibilité, a pour sanction la nullité de l'élection.

Les incapacités sont absolues ou relatives. Absolues, elles rendent l'incapable inéligible en toute circonscription. Relatives, elles s'opposent seulement à ce que l'incapable soit élu en telle ou telle circonscription, alors qu'il serait valablement élu dans les autres.

Les incapacités absolues sont indiquées par l'art. 7 L. 30 nov. 1875. Elles atteignent tous les militaires des armées de terre et de mer, et sont fondées sur la nécessité d'écarter l'armée de la politique et de concentrer sur l'œuvre de la défense nationale toute l'activité, toute l'intelligence de ceux qui en sont chargés. Elles ne s'appliquent d'ailleurs que sous des distinctions que fait le texte lui-même, et cessent dès que l'incapable cesse d'appartenir à l'armée. — Une autre incapacité absolue a été créée par les lois des 16 juin et 23 juin 1886; elle vise les membres des familles ayant régné sur la France.

Les incapacités relatives sont énumérées dans les 11 paragraphes de l'art. 12 L. 30 nov. 1875. Elles prohibent l'élection de divers fonctionnaires dans les circonscriptions qui sont en tout ou en partie comprises dans le ressort où ils exercent leurs fonctions. Elles ont pour but d'assurer la liberté des électeurs, de mettre obstacle à l'influence que les fonctions pourraient donner à ceux qui voudraient les faire servir à leurs ambitions électorales. Aussi ne cessent-elles pas avec les fonctions, et durent-elles encore six mois après que celles-ci ont pris fin par démission, destitution, changement de résidence ou de tout autre manière.

On a proposé de déclarer inéligibles les personnes pourvues d'un conseil judiciaire, celles qui auraient subi, pour fraudes électorales, une condamnation à l'emprisonnement, celles qui auraient accepté une candidature officielle, etc., les ingénieurs de l'Etat et du chemin de fer, et pour les élections partielles seulement, les ministres en fonctions ou démissionnaires depuis moins de six mois.

La liste des incapacités était à peu près la même dans la L. 19 avril 1881 et le D. 2 février 1852; — plus large dans la L. 15 mars 1849. Elle se réduisait aux préfets, sous-préfets et généraux dans la L. 5 février 1817; aux préfets et sous-préfets dans l'Acte Additionnel.

Les C. 1791, 1793, An iii ne prévoient aucune incapacité, mais simplement le remplacement, temporaire ou définitif, du fonctionnaire élu député. Sous leur empire, un grand nombre de fonctions étaient électives.

235. Les incapacités ne peuvent être étendues au delà de la liste donnée par les textes. Il faut en conclure qu'un sénateur peut valablement être élu député, qu'un député en exercice peut aussi être élu dans une autre circonscription. Mais nul ne peut exercer plus d'un mandat législatif; la règle, non formulée expressément, est certaine. Le sénateur élu député, le député élu une seconde fois sont tenus de choisir, d'opter entre les deux sièges. L'option doit avoir lieu dans les dix jours qui suivent la validation de l'élection.

L'option était autrefois imposée aussi au député élu par plusieurs circonscriptions. L'hypothèse ne peut plus être prévue depuis la L. du 17 juillet 1889 (n° 241).

236. *Droit comparé.* — Plusieurs constitutions autorisent expressément l'élection des fonctionnaires : Allemagne, Autriche, Bavière, Danemark, Saxe, Würtemberg. La liste des incapacités est très courte en Belgique, Hongrie, Italie, Prusse, Suède; très longue en Angleterre, Bade, Espagne, Grèce, Norvège, Portugal, Roumanie, Serbie.

237. *Incompatibilité.* — L'incompatibilité, comme l'incapacité, met obstacle à la réunion en la même personne de la fonction législative et de certaines fonctions publiques. Mais tandis que l'incapacité entraîne la nullité de l'élection, l'incompatibilité oblige à choisir entre le siège à la Chambre, valablement obtenu, et la fonction.

L'incompatibilité se justifie par deux motifs. D'une part, la même personne ne peut en même temps siéger à la Chambre et remplir sa fonction, surtout si celle-ci s'exerce hors de Paris; c'est pourquoi la règle de l'incompatibilité fléchit en certains cas lorsque le fonctionnaire est à la résidence de Paris. D'autre part, il n'est pas bon que les fonctionnaires soient trop nombreux dans les Chambres ; l'influence que le Gouvernement a ou peut avoir sur eux ne laisserait pas une liberté suffisante au contrôle que les députés exercent sur le pouvoir exécutif.

Si l'on compare l'incompatibilité avec l'incapacité, on remarquera :

que l'incompatibilité est toujours générale, que l'incapacité peut être relative ;

que la même fonction peut créer une incapacité relative et une incompatibilité : ainsi le préfet est inéligible dans son département, et s'il est élu dans un autre, il doit choisir entre la fonction et le mandat ;

que certaines fonctions n'engendrent qu'une incapacité relative, sans incompatibilité : ainsi le préfet de police ; — ou au contraire une incompatibilité sans incapacité, ainsi les conseillers d'Etat.

238. « L'exercice des fonctions publiques rétribuées sur les fonds de l'Etat est incompatible avec le mandat de députés » (L. 30 nov. 1875, art. 8). De la règle, soumise à diverses exceptions (même loi art. 8 et 9) s'il résulte :

1° que « tout fonctionnaire élu député sera remplacé dans ses fonctions si, dans les huit jours qui suivront la vérification des pouvoirs, il n'a pas fait connaître qu'il n'accepte pas le mandat de député » (même loi, art. 8). « Dans les fonctions où le grade est distinct de l'emploi, le fonctionnaire, par l'acceptation du mandat de député, renonce à l'emploi et ne conserve que le grade... Le fonctionnaire conserve les droits qu'il a acquis a une pension de retraite et peut, après l'expiration de son mandat, être remis en activité. Le fonctionnaire civil qui, ayant eu vingt ans de services à la date de l'acceptation de son mandat de député, justifiera de cinquante ans d'âge à l'époque de la cessation de ce mandat pourra faire valoir ses droits à une pension de retraite exceptionnelle » (même loi, art. 10).

2° que « tout député nommé ou promu à une fonc-

6**

tion publique salariée cesse d'appartenir à la Chambre par le fait même de son acceptation » (même loi, art. 11). V. n⁰ˢ 305 et s.

La loi ne cite que les « fonctions publiques rétri-buées sur les fonds de l'Etat ». Elle ne s'applique donc pas :

aux emplois même rétribués qui ne sont pas des fonctions publiques ; le sens du mot fonctions publi-ques, est précisé par les exceptions admises à la règle ;

aux fonctions non salariées ;

aux fonctions rétribuées sur les fonds des départe-ments, des communes, des établissements publics.

239. Plusieurs trouvent que la loi de 1875 n'est pas assez sévère. Les uns veulent supprimer ou réduire les exceptions. Les autres demandent que la règle de l'in-compatibilité soit étendue aux fonctions salariées par le département ou la commune, aux conseils d'admi-nistration des Sociétés subventionnées par l'Etat. Dans un autre ordre d'idées, on a proposé d'interdire le cumul des fonctions électives.

Le Sénat et la Chambre avaient voté en 1885, mais dans des termes sensiblement différents, une loi, com-mune aux deux Chambres, relative aux incompatibilités, qui réduisait le nombre des exceptions. L'accord n'a pu se faire sur quelques détails et la loi a échoué. Je ne sais si le besoin en était urgent, vu les résultats produits par la législation de 1875. Il n'est pas bon d'exclure absolument du Parlement les fonctionnaires dont l'expérience et les connaissances spéciales peuvent être utiles.

Les lois de la Restauration ne créent aucune incom-patibilité. Celle du 19 avril 1831 n'en admet qu'un petit nombre. Les autres régimes sont beaucoup plus rigoureux (D. 16 mai 1790, 18 juin 1791, 26 septem-bre 1792, C. An III, L. 30 germinal An V, D. 2 février 1852). Le texte le plus voisin de la loi de 1875 est la L. 15 mars 1849.

240. *Droit comparé.* — L'incompatibilité absolue

existe aux Etats-Unis, au Mexique, dans la République
Argentine (sauf le consentement de la Chambre intéressée), en Suisse.

Souvent, la règle admet diverses exceptions plus ou
moins nombreuses : Belgique, Bulgarie, Espagne,
Grèce, Hongrie, Italie, Portugal, Roumanie, Serbie.
En Espagne, en Italie, le nombre des fonctionnaires
députés ne peut excéder 40.

Les incompatibilités sont peu nombreuses en Bade,
Norvège, Pays-Bas, Suisse, Luxembourg.

La compatibilité est absolue en Danemark, Suède,
Allemagne, Autriche, Prusse, Saxe.

En Italie, les fonctions électives ne peuvent être
cumulées.

241. *Candidatures multiples.* — L'Assemblée nationale de 1871 avait été saisie d'une proposition tendant
à empêcher qu'un même candidat pût se présenter dans
plusieurs circonscriptions. Les motifs donnés à l'appui
étaient que les candidatures multiples sont forcément
étrangères à la plupart des circonscriptions et qu'elles
préparent les plébiscites révolutionnaires. Ces arguments n'avaient pas triomphé en 1875; ils ont paru
irrésistibles en 1889, grâce à la popularité d'un candidat perpétuel et universel, et à l'approche des élections
générales.

La L. 17 juillet 1889 pose en principe : « Nul ne
peut être candidat dans plus d'une circonscription ».
En conséquence, tout candidat doit, cinq jours au
plus tard avant celui de l'élection, adresser au préfet
une déclaration de candidature signée ou visée par lui.
Il en reçoit immédiatement un récépissé provisoire
et dans les vingt-quatre heures un récépissé définitif.
Toute déclaration contraire à l'art. 1 ci-dessus est nulle;
si plusieurs déclarations ont été faites pour diverses
circonscriptions par le même candidat, la première en
date est seule valable; si elles portent toutes la même
date, elles sont toutes nulles. Aucun acte de candidature (affiches, circulaires, distribution de bulletins) ne

peut avoir lieu avant une déclaration valable, ni après une déclaration nulle, sous peine d'une amende de dix mille francs contre le candidat, de cinq mille francs contre toute autre personne. Les affiches doivent être arrachées, les circulaires et bulletins doivent être saisis. Dans le dépouillement du scrutin, les bulletins qui portent le nom du candidat irrégulier sont nuls et ne sont pas comptés.

L'événement semble avoir donné raison aux partisans de ce système; encore n'est-il pas prouvé qu'il fût nécessaire, pour éviter la dictature, d'en venir à ces extrémités. Le moyen est héroïque et ne peut être conservé comme règle. La liberté y est sacrifiée, celle de l'éligible et celle de l'électeur. L'expression de l'opinion publique est faussée. Encore ces procédés n'arriveraient-ils pas à endiguer un courant sérieux : le chef du parti obtiendrait l'élection de ses fidèles et le résultat ne serait que plus éclatant. Par contre les hasards du scrutin peuvent exclure de la Chambre des hommes utiles. Comme on l'a dit en 1875, « ce n'est pas en imposant un frein à la volonté nationale qu'on en changera la direction ».

Droit comparé. — Les candidatures multiples sont prohibées en Danemark.

Nul ne peut être élu si sa candidature n'a été proposée soit par lui, soit par des électeurs en Angleterre, Belgique, Danemark, Suède, Roumanie.

242. *Réélection.* — Les députés sortants, c'est-à-dire qui ont terminé les quatre ans de leur mandat, sont rééligibles immédiatement, puisque les lois ne prohibent pas expressément la réélection. Mais en aucun cas le corps électoral n'est tenu de le réélire. Sur les deux points, les lois révolutionnaires présentent des dispositions différentes. L'Assemblée constituante prohiba la réélection de ses membres (D. 17 juin 1791). La C. 1791 autorise une seule réélection immédiate; après quoi, le député doit sortir pour la durée d'une législature et peut être élu à la suivante. Telle est aussi la décision de la C. An III. La C. An VIII exige un an d'intervalle. En sens inverse la L. 5 fructidor An III décide : « Tous les membres actuellement en activité dans la Convention sont rééligibles. Les Assemblées électorales ne pourront en prendre moins des deux tiers pour former le Corps législatif » ; et la L. 13 fructidor An III ajoute que si 500 conventionnels ne sont pas élus, ceux qui l'auront été choisiront eux-mêmes un nombre de membres suffisant pour atteindre ce chiffre. Et, en conséquence, 396 députés en nommèrent 104 le 4 brumaire de l'An IV.

Ces décisions, sans exemple ni imitation, ni en France ni à l'étranger, ne peuvent être approuvées. La réélection forcée viole ouvertement la liberté de l'électeur. La prohibition de la réélection la viole moins gravement, mais ne laisse pas à l'électeur un choix libre ; elle le prive du représentant qu'il désire ; elle écarte de la Chambre les membres qui commençaient à connaître les affaires et le régime parlementaire ; elle empêche la formation des traditions politiques.

Droit comparé. — La réélection est en général permise. Quelques Constitutions l'autorisent expressément : Autriche, Bavière, Pays-Bas, Prusse, Saxe.

CHAPITRE XIX

LE SÉNAT

243. I. Composition. — *Nombre des sénateurs.* —
« Le Sénat se compose de trois cents membres... »
(L. C. 24 fév. 1875, L. 9 déc. 1884). Le nombre des
sénateurs est donc invariable, à la différence de celui
des députés qui augmente ou diminue avec la population. Ce nombre, constitutionnel en 1875, a cessé de
l'être depuis la L. R. 14 août 1884 ; il est fixé par la
L. 9 décembre 1884.

C'est la loi (la loi constitutionnelle en 1875, la loi
ordinaire depuis 1884) qui répartit entre les départements et les colonies, adoptés comme collèges électoraux, les sièges du Sénat. La répartition est vaguement
proportionnelle à la population. D'après la L. 1884,
qui a supprimé les sénateurs inamovibles et donné
leurs sièges aux départements, la Seine élit 10 sénateurs ; le Nord, 8 ; dix départements nomment chacun
5 sénateurs ; douze autres en nomment chacun 4 ;
cinquante-deux en nomment chacun 3 ; les dix derniers en nomment 2 ; Belfort, les départements algériens, les colonies de la Martinique, de la Guadeloupe,
de la Réunion et des Indes Françaises ont chacun un
sénateur. Les colonies de la Cochinchine, de la
Guyane, du Sénégal qui nomment chacune un député
n'ont pas de sénateur.

Le système de répartition proportionnelle à la population est généralement approuvé. On a cependant
proposé soit en 1875, soit en 1884, d'attribuer à chaque département et à chaque colonie un nombre égal
de sénateurs. Ce procédé, emprunté à des Constitutions fédératives qui l'ont consacré pour garantir les
droits de tous les états confédérés, est inapplicable

dans un pays unitaire comme la France. On a proposé aussi d'adopter, comme pour la Chambre des Députés, l'attribution d'un siège par un certain chiffre de population.

Quelques-uns trouvent trop élevé le chiffre de 300. Le réduire, ce serait aggraver l'inégalité numérique du Sénat dans l'Assemblée nationale.

Seule, la C. An III fixe invariablement le nombre du Conseil des Anciens (250). Le Scs. 1870 limite le nombre maximum des sénateurs aux deux tiers du nombre des députés. Les deux Chartes et l'Acte Additionnel admettent un nombre illimité de pairs.

Droit comparé. — Il est rare que la Constitution fixe le nombre des membres de la Chambre Haute : Danemark (68), Espagne (360), Pays-Bas (39). Parfois ce nombre est une fraction du nombre de la Chambre Basse : la moitié en Belgique, le tiers au Chili, le quart en Norvège. Il est parfois déterminé par l'attribution d'un même nombre de sièges à chaque circonscription (Roumanie) ou à chaque Etat confédéré (Etats-Unis, Mexique, République Argentine, Suisse). Parfois la Constitution fixe la représentation de chaque circonscription : Pays-Bas. Souvent la loi électorale établit des circonscriptions : Danemark, Espagne. Plus souvent encore le nombre est indéterminé à cause du droit illimité de nomination du chef de l'Etat ou du droit d'entrée de certaines personnes ; Angleterre, Autriche, Bade, Italie, Portugal, Saxe, Würtemberg. En Suède, il y a une attribution proportionnelle comme pour la Chambre Basse. Les circonscriptions sont communes aux deux Chambres en Belgique.

Le nombre des membres de la Chambre Haute est en général assez réduit. Le plus élevé est celui de la Chambre des lords, qui dépasse 500.

244. *Catégories de Sénateurs.* — La Chambre Haute peut être : élective en totalité comme le Conseil des Anciens de la C. de l'An III ; — nommée en totalité par le chef de l'Etat comme la Chambre des Pairs, des

deux Chartes et de l'Acte Additionnel, le Sénat de 1870 ;
— composée en totalité de membres de droit qui y
siègent en vertu d'une qualité personnelle ; — formée
par la cooptation de ses membres ; — mixte, formée
par deux de ces modes ou par les trois, selon des combinaisons variées, ou avec un système de présentation.

En 1875, un grand nombre de combinaisons possibles ont été proposées.

Certains voulaient donner au chef de l'Etat la nomination de tous les sénateurs ou d'une fraction, avec
ou sans la présentation du Sénat. D'autres lui accordaient un droit de présentation. Ces différents systèmes
furent repoussés pour un commun motif : le Sénat concourt à l'élection du Président de la République ; celui-
ci ne peut désigner ses propres électeurs. Vainement
fut-il proposé d'assurer l'indépendance des sénateurs
par l'inamovibilité. Celle-ci se heurtait à d'autres
objections.

Les combinaisons mixtes étaient très nombreuses.
Les unes admettaient des membres de droit et des
membres élus ; d'autres, des membres élus et des
membres nommés par le chef de l'Etat ; d'autres, des
membres de droit, des membres élus, et des membres
nommés. Chacune d'ailleurs réglait les diverses catégories d'une manière différente. Ces divers systèmes
étaient en général compliqués. Ils introduisaient la
politique en des corps, comme l'Institut, qui ne peuvent qu'y perdre. Ils paraissaient contraires au principe démocratique de la Constitution.

En général, on préféra faire sortir de l'élection le
Sénat tout entier.

245. Mais quels seraient les électeurs ?

Les uns proposaient le Sénat lui-même, qui nommerait les membres par exemple sur la présentation
du Président de la République.

Le suffrage universel avait ses partisans. Dans un
régime de souveraineté nationale, de démocratie et
d'élections, aucune institution, disaient-ils, n'aura

prestige et force si elle ne sort pas de l'élection populaire et ne prend pas « sa vie dans les entrailles de la nation ». Comment d'ailleurs organiser un autre régime puisque en France il n'y a pas d'aristocratie ni nobiliaire ni bourgeoise? Les deux Chambres, issues de la même origine, seront suffisamment différenciées par les attributions spéciales du Sénat, notamment pour la dissolution de la Chambre. Les conflits possibles entre les deux Chambres seront facilement résolus par le suffrage universel leur maître commun.— Ces arguments n'ont pas prévalu. Issues du même régime électoral, les deux Chambres, malgré des différences réellement peu importantes, n'auraient été que « deux sections de la même assemblée séparées par une cloison ». Le Sénat devait servir de modérateur à la Chambre des Députés, il devait donc avoir un esprit différent, représenter d'autres intérêts sociaux que le nombre, avoir une origine différente». Ces considérations firent écarter tout système fondé sur le suffrage universel, même ceux qui limitaient les catégories d'éligibles.

Le suffrage universel étant écarté, il fallait organiser un corps électoral spécial. On en chercha les éléments tantôt dans le suffrage à deux ou même à trois degrés, tantôt dans des conditions rigoureuses d'âge ou de cens exigées des électeurs sénatoriaux, tantôt dans l'établissement de différents collèges dans chaque département fondés soit sur le cens, soit sur la profession ou la condition sociale (magistrature, clergé, armée, etc.), tantôt dans une partie où la totalité des élus du suffrage universel avec ou sans adjonction de censitaires, tantôt enfin dans l'association de ces divers systèmes. Quelques-uns accordaient des représentants spéciaux à certains corps de l'Etat, par exemple à l'Institut, au Conseil d'Etat, à la Cour des comptes, etc.

246. Après bien des hésitations et des votes contradictoires, l'Assemblée nationale établit deux catégories de sénateurs. L'une comprenant 75 membres inamovibles devait être élue la première fois par l'Assemblée nationale et dans la suite par le Sénat lui-même. L'autre comprenant 225 membres devait être élue par un corps électoral composé dans chaque département de la manière suivante : 1° les députés; 2° les conseillers d'arrondissement; 3° les conseillers généraux; 4° un délégué de chaque conseil municipal. En Algérie, le droit d'élire les sénateurs ou les délégués municipaux était réservé aux citoyens français. Dans l'Inde française, les trois dernières catégories étaient remplacées par les membres du conseil colonial et des conseils locaux. — Ce système paraissait en 1875 écarter du Sénat l'influence exclusive du nombre tout en conservant à la Haute Assemblée une origine populaire, les différents électeurs sortant plus ou moins directement du suffrage universel.

Il avait été critiqué dès 1875 et il le fut plus vivement encore après 1875. Les uns lui reprochaient de laisser trop d'action au nombre et proposaient d'adjoindre au conseil municipal, pour l'élection du délégué sénatorial, un nombre égal de propriétaires les plus imposés. D'autres l'accusaient d'assimiler injustement les petites communes aux grandes et de méconnaître, par l'institution de sénateurs inamovibles, les droits de la démocratie.

Ces critiques provoquèrent un premier essai de révision des lois constitutionnelles qui échoua (1882), puis un second qui aboutit à la L. R. 14 août 1884. Cette loi a enlevé le caractère constitutionnel aux art. 1 à 7 L. C. 24 fév. 1875, sans les abroger, et a été suivie de la L. 9 déc. 1884 qui a substitué de nouvelles dispositions aux textes de 1875.

247. L'inamovibilité a disparu parce que, ne représentant rien et supprimant la responsabilité du sénateur, elle était une anomalie dans un régime démocratique et représentatif. Ses fondateurs et ses défenseurs la présentaient vainement comme la ressource des hautes personnalités que leur caractère écarte des luttes politiques et des intérêts sociaux dont l'élection ne peut dégager la représentation, « comme un refuge pour le principe de l'indépendance parlementaire, comme une dernière barrière contre l'envahissement de ce système du mandat imposé et du compte-rendu obligatoire... » Ils ne réussirent pas à la sauver, même en acceptant d'interdire aux inamovibles le vote en matière financière.

La suppression des inamovibles n'eut pas d'effet rétroactif, malgré des propositions contraires. Les sénateurs en fonctions gardent leur situation; les sièges vacants ne sont pas remplacés, mais attribués aux départements. Aucune élection d'inamovible n'a pu avoir lieu après le 8 déc. 1884 (L. 8 déc. 1884). A mesure qu'un siège devient vacant, le tirage au sort l'attribue à l'un des départements dont la représentation est augmentée. Peu à peu, tous les sièges rentreront dans une même catégorie et seront pourvus par le même système électoral.

On a vainement proposé de laisser au Sénat la nomination de 75 sénateurs pour 9 ans, de faire nommer ces 75 membres par le Sénat et la Chambre et d'autres combinaisons plus compliquées. Désormais tous les sénateurs auront la même origine, seront nommés par le même corps électoral.

248. La composition de ce corps électoral a soulevé de graves difficultés. Sans parler de ceux qui demandaient le suffrage universel direct ou à deux degrés, ou bien la création de collèges spéciaux, certains critiquaient le rôle politique attribué aux conseils municipaux et voulaient donner aux électeurs eux-mêmes la nomination des délégués sénatoriaux. Ceux qui ne touchaient pas ces critiques voulaient en général rompre l'uniformité de la règle qui donnait à chaque commune un délégué, et proportionner le nombre des électeurs sénatoriaux à la population de la commune. Mais tandis que les uns accordaient le droit de vote à tous les conseillers municipaux dont le nombre varie, entre certaines limites, avec la population, la plupart se contentaient d'augmenter le chiffre des délégués sénatoriaux. Entre plusieurs moyens d'y parvenir, le Parlement, pour aboutir, adopta le projet présenté par le Gouvernement. La L. 9 décembre 1884 art. 6 donne à chaque commune un nombre variable de délégués, selon le nombre des conseillers municipaux.

Le système de la *série pyramidale* (par opposition à la *série naturelle*) est vivement critiqué, non sans raison à mon avis. Il n'est pas comme le suffrage universel, le suffrage à deux degrés, l'élection par des catégories ou des censitaires, le système de 1875, l'application d'une idée. Il n'observe aucune proportion : entre le nombre des délégués et le nombre des conseillers municipaux, puisque les conseils de 10 membres n'envoient qu'un délégué, soit un dixième de leurs membres, et ceux de 36 membres en envoient 24, soit deux tiers de leurs membres ; — entre le nombre des délégués et la population de la commune, car la proportion entre le nombre des délégués et le chiffre des habitants varie de 1 pour 500 à 1 pour 16,000, sans parler de Paris. L'avantage est aux villes, et entre elles aux villes de population moyenne, préférence inexpliquée à moins que, selon certains, ces villes n'aient le monopole de l'éducation politique, ce qui est insoutenable, ou qu'elles ne soient, selon d'autres, les forteresses d'un certain parti politique, ce qui est inavouable.

Depuis 1884, la question de l'élection du Sénat a été soulevée plusieurs fois. On a demandé le suffrage universel direct, le suffrage universel à deux degrés, le suffrage des électeurs âgés de 40 ans, l'élection par les seuls délégués des conseils municipaux.

249. *Droit comparé.* — La Chambre Haute est assez souvent élective en totalité : Belgique (¹), Colombie, Confédération Argentine, Chili, Mexique, Etats-Unis, Norvège, Pays-Bas, Suède, Uruguay, Suisse, Equa-

_____

(¹) L'héritier présomptif y siège à 18 ans, vote à 25 ans.

teur, Paraguay. Elle est toute nommée par le roi en
Italie ([1]).

Elle comprend : des membres nommés et des membres élus en Danemark ; — des membres nommés et
des membres de droit en Autriche, Bavière, Portugal,
Prusse, Würtemberg ; — des membres de droit et des
membres élus en Roumanie ; — des membres nommés,
des membres élus et des membres de droit en Angleterre ([2]), Bade, Espagne, Hongrie, Saxe.

L'élection de la Chambre Haute ou de sa partie élective est confiée : au même corps électoral que celle de
la Chambre Basse en Belgique, au Chili, au Mexique ;
— au suffrage à deux degrés en Colombie et en Danemark ; — à divers collèges, en Roumanie ; — à plusieurs
catégories d'électeurs, en Bade, Espagne, Portugal,
Saxe ; — aux assemblées locales en Suède et aux Pays-
Bas ; — aux Chambres des Etats, dans la Confédération Argentine, aux Etats-Unis et en Suisse, le mode
d'élection est réglé par chaque état ou canton. En
Norvège, les députés choisissent un quart d'entre eux
pour former la Chambre Haute.

Le droit de nomination de chef de l'Etat s'exerce
librement ou à peu près en Autriche, Bade, Saxe ;
— entre des catégories en Danemark, Espagne, Italie,
Portugal, Würtemberg ; — sur présentation, en Prusse.

Le roi nomme à son choix au titre viager ou au titre
héréditaire. En Saxe, le titre ne peut être que viager.
Les membres de droit gardent leur siège aussi longtemps que la qualité qui le leur donne.

250. II. ELECTIONS SÉNATORIALES. — Les sénateurs
inamovibles ont été élus par l'Assemblée nationale
dans le dernier mois de son existence. L'élection eut

[1] Les princes de la famille royale siègent à 18 ans, votent à
25 ans.
[2] Un courant d'opinion se dessine en Angleterre contre la
pairie héréditaire.

lieu en séance publique, au scrutin de liste, à la majorité absolue des votants à tous les tours de scrutin. Ce premier quart du Sénat fut choisi en entier parmi les membres de l'Assemblée, malgré de vives oppositions. — Jusqu'au 8 décembre 1884, les sièges vacants ont été pourvus par le Sénat, dans les deux mois de la vacance, d'après les mêmes règles. Désormais le tirage au sort attribue le siège vacant à un département.

251. Il y a lieu à élections sénatoriales :

1° Au cas de renouvellement triennal. « Les membres du Sénat sont élus pour neuf années » (L. 9 décembre 1884 modifiant L. 24 février 1875). On avait proposé d'autres délais : 10 ans, 8 ans, 6 ans, 4 ans. En principe, les longues durées conviennent mieux aux Chambres Hautes, elles ajoutent à leur gravité et à leur stabilité.

La C. An III donnait aux deux Conseils la même durée. Les deux Chartes permettent au roi de nommer des pairs à vie ou héréditaires. L'Acte Additionnel et le Scs. de 1870 déclarent viagers les membres de la Chambre Haute.

« Le Sénat se renouvelle par tiers tous les trois ans » (même texte). Le renouvellement partiel empêche que la stabilité ne devienne l'immobilité et la gravité, la résistance. Le mode triennal paraît naturel. Avec une autre durée, on avait proposé d'autres modes ou même le renouvellement intégral. La C. An III soumettait les deux Chambres à un renouvellement annuel par tiers.

Ces délais doivent, à mon avis, être calculés de jour à jour et non d'après le nombre des sessions ordinaires du Parlement. Le texte de la loi est formel, et d'ailleurs il ne faut pas que, par des élections anticipées, le Gouvernement puisse enlever à un tiers du Sénat le droit d'assister à la session extraordinaire qui semble régulièrement affectée au vote du budget.

Le renouvellement partiel a nécessité le classement des départements et des colonies en trois séries (A, B,

C) alphabétiques (¹) que le sort a appelées au renouvellement dans l'ordre suivant : la série B a été renouvelée la première après trois ans d'exercice, la série C après six ans, la série A après les neuf années réglementaires.

2° Dans le cas d'attribution d'un siège inamovible par le sort. L'élection doit avoir lieu dans les trois mois de la vacance ; toutefois elle est retardée jusqu'au renouvellement triennal de la série à laquelle le département appartient, s'il doit avoir lieu dans les six mois. Le sénateur ainsi nommé est en tout cas renouvelé avec ceux du même département.

3° Dans le cas d'option (n° 258). L'élection doit avoir lieu dans le délai d'un mois ;

4° Dans le cas d'invalidation (n° 284). Même délai ;

5° Dans le cas de décès, démission ou déchéance. Le délai est de trois mois, mais l'élection n'a lieu que si la représentation sénatoriale du département est réduite de moitié et si l'on est à plus de douze mois du renouvellement triennal.

Dans le troisième et le quatrième cas, le même corps électoral qui a fait la première élection est convoqué de nouveau ; dans le premier, le deuxième et le cinquième il en est formé un nouveau.

252. *Corps électoral.* — La composition du corps électoral est connue. Je n'ai pas à dire ici comment sont nommés les députés, conseillers généraux et d'arrondissement ; remarquez seulement qu'ils peuvent voter dès qu'ils ont été proclamés par les commissions de recensement. Il reste à dire comment sont nommés les délégués des conseils municipaux, sur ce point la loi de 1884 n'a guère innové que dans la mesure rendue nécessaire par l'augmentation du nombre des délégués.

(¹) Série A : Ain au Gard, Alger, Guadeloupe, Réunion ; série B : Haute-Garonne à Oise, Constantine, Martinique ; série C : les autres départements et colonies.

L'élection est faite par le conseil municipal, fût-il même suspendu ou dissous et, pour ce motif, remplacé par une commission municipale. Pour ce dernier cas, on avait proposé soit de donner l'élection du délégué à la commission ou aux plus imposés en nombre égal au conseil, ou au suffrage universel, soit de confier la fonction de délégué au premier inscrit sur le tableau du conseil dissous, soit de procéder sans délai à l'élection d'un nouveau conseil.

L'élection a lieu sans débat, au scrutin secret et, s'il faut nommer plusieurs délégués, au scrutin de liste. La majorité absolue des votants est requise aux deux premiers tours, la majorité relative suffit au troisième. En cas d'égalité des suffrages au dernier tour, le plus âgé est élu. — Des suppléants en nombre variable comme le nombre des délégués sont élus le même jour et dans les mêmes formes, pour remplacer les délégués qui refusent, qui sont empêchés ou dont l'élection est annulée.

Si les refus, empêchements ou annulations sont assez nombreux pour qu'une commune ne puisse avoir le nombre légal de délégués, le conseil municipal est convoqué par le préfet pour des élections complémentaires.

Tous les électeurs de la commune, sauf ceux qui, à un autre titre (députés, etc.), sont déjà électeurs sénatoriaux, peuvent, sans autre condition ni incompatibilité, être nommés délégués ou suppléants.

Nul ne peut avoir plus d'un suffrage.

L'élection peut être attaquée pour inéligibilité ou vice de forme devant le conseil de préfecture (conseil privé aux colonies) sauf recours au Conseil d'Etat.

Le délégué a cinq jours pour adresser au préfet son acceptation; le silence équivaut au refus. S'il accepte, il est tenu, sous peine d'une amende de 50 francs, de prendre part à tous les scrutins, ou s'il est empêché, d'avertir les suppléants dans l'ordre des suffrages qu'ils ont obtenus. La même obligation sous la même sanction pèse sur le suppléant dûment averti. En revanche, le délégué ou suppléant qui a pris part à tous les scrutins a droit à une indemnité de déplacement payée par l'Etat (2 fr. 50 par myriamètre à parcourir). L'indemnité et l'obligation de voter n'existent pas pour les autres électeurs sénatoriaux.

Les listes des délégués et suppléants sont mises à la disposition du public par les soins des maires et préfets.

253. *Election.* — Le collège électoral est convoqué par un décret du Président de la République rendu six semaines au moins avant le jour fixé pour l'élection. L'intervalle entre la convocation et l'élection forme la période électorale, pendant laquelle les candidats s'efforcent de se concilier les électeurs, par exemple en tenant des réunions électorales. Les réunions peuvent avoir lieu depuis la convocation jusqu'au jour du vote inclusivement. Seuls, les électeurs sénatoriaux et les suppléants, les candidats ou leurs mandataires, les membres du Parlement élus ou électeurs dans le département peuvent y assister [1].

Le même décret convoque les conseils municipaux, à l'effet d'élire leurs délégués, pour une date précédant d'un mois au moins celle de l'élection sénatoriale.

L'élection sénatoriale peut avoir lieu à un jour quelconque de la semaine.

Le collège électoral se réunit au chef-lieu du département ou de la colonie. On a vainement demandé le vote au chef-lieu de la commune, du canton, de l'arrondissement.

Il est présidé par le président (à son défaut, le vice-président, au besoin le juge le plus ancien) du Tribunal civil du chef-lieu, assisté des deux plus âgés et des

[1] L. 2 juin 1881 et 9 décembre 1884. La L. 2 août 1875 visait la L. 6 juin 1868 et n'autorisait les réunions qu'après l'élection des délégués.

deux plus jeunes électeurs présents à l'ouverture de la séance. Le bureau, ainsi composé, choisit un secrétaire parmi les électeurs; forme, dans l'ordre alphabétique, des sections de vote comptant chacune cent électeurs au moins et en nomme les présidents et scrutateurs; statue sur les difficultés survenues au cours des élections.

Le vote a lieu au scrutin de liste s'il y a plusieurs sénateurs à élire.

Il peut y avoir trois tours de scrutin. Le premier est ouvert de 8 heures à midi; le second, de 2 à 5 heures; le troisième de 7 à 10 heures (¹). Les résultats, recensés par le bureau, sont proclamés immédiatement par le président.

Pour être élu à l'un des deux premiers tours, il faut obtenir la majorité absolue des suffrages exprimés et un nombre de voix égal au quart des électeurs. Au troisième tour, la majorité relative suffit, et en cas d'égalité, le plus âgé est élu.

La L. 2 août 1875 renvoie à la loi électorale quant :

1° Aux délits, poursuites et pénalités; cependant pour les faits de corruption électorale, l'emprisonnement est élevé à la durée de 3 mois à 2 ans et l'amende est abaissée au taux de 50 à 500 fr., sauf application des circonstances atténuantes;

2° Aux formalités de l'élection non expressément réglées par elle.

254. *Droit comparé.* — La durée de 9 ans et le renouvellement partiel se trouvent aux Pays-Bas, dans la Confédération Argentine. La durée est de : 10 ans, en Espagne; — 9 ans, en Suède, dans l'Equateur; — 8 ans, en Belgique et en Danemark; — 6 ans, aux Etats-Unis, en Colombie, Portugal, Roumanie, Uruguay, Paraguay; — 4 ans, au Mexique; — 3 ans, en Norvège.

(¹) D'après la L. 1875, le deuxième tour durait de 2 à 4 heures, le troisième de 6 à 8 heures.

Le renouvellement est intégral en Suède, Norvège, Mexique, Equateur, Colombie. Il est partiel par moitié en Belgique, Danemark, Espagne, Roumanie ; — par tiers aux Etats-Unis, Uruguay, Paraguay.

255. III. ELIGIBILITÉ ; INCAPACITÉS ; INCOMPATIBILITÉS : *Eligibilité.* — Les conditions sont les mêmes que pour la Chambre, sauf sur un point : le sénateur doit avoir 40 ans (L. 24 février 1875, art. 3 ; 9 déc. 1884, art. 4). D'autres âges avaient été proposés : 35 ans, 25 ans. On avait demandé encore l'indication de catégories d'éligibles. Il a paru nécessaire et suffisant de mettre entre les membres des deux Chambres une différence d'âge, pour donner au Sénat la maturité et la gravité désirables. Les catégories d'éligibles ont semblé difficiles à établir et d'ailleurs anti-démocratiques. — Ces motifs sont contestables.

La C. An III admettait des différences plus saillantes : 40 ans d'âge au lieu de 25, 15 ans de domicile sur le sol français au lieu de 10, outre une condition exigée pour les Anciens seulement : la qualité de marié ou veuf. La Charte de 1814 et l'Acte Additionnel n'imposent aucune condition aux choix du chef de l'Etat. Le Scs. de 1870 veut que les décrets qui nomment les sénateurs soient individuels et motivés. La Charte de 1830 exige que les pairs soient pris dans des catégories énumérées par la L. 29 décembre 1831. Les deux Chartes donnent aux pairs entrée à la Chambre à 25 ans et vote à 30 ans. L'Acte Additionnel abaisse ces âges à 21 et 25 ans.

256. *Incapacités.* — Elles sont fixées par la L. 2 août 1875, art. 21. Comparées à celles qui concernent la Chambre des Députés, elles provoquent les remarques suivantes : 1° les juges titulaires des tribunaux de première instance sont inéligibles à la Chambre, éligibles au Sénat ; 2° les militaires de tous grades sont inéligibles à la Chambre. La L. 2 août 1875 ne déclarait incapables que les officiers et les intendants et sous-intendants ; la L. 9 décembre 1884 adopte la règle admise pour la Chambre. Une différence subsiste : la loi de 1884 excepte les maréchaux et amiraux, qui demeurent inéligibles à la Chambre.

« Les membres des familles qui ont régné sur la France sont inéligibles au Sénat ». La règle formulée pour le Sénat par la loi de 1884 (art. 4, al. 2) n'a été étendue à la Chambre que par la loi du 16 juin 1885 et à toutes les fonctions électives par celle du 23 juin 1886.

257. *Incompatibilités.* — La L. 2 août 1875, art. 20 indiquait les fonctions, peu nombreuses, incompatibles avec la qualité de sénateur, et admettait ainsi comme règle la compatibilité. Ce système, opposé à celui qui fut adopté par la Chambre, fut appuyé en 1875 sur l'utilité générale des fonctionnaires dans les Chambres et la nécessité de permettre l'entrée au Sénat de notabilités et d'éléments sociaux exclus de la Chambre. D'autres demandaient une règle commune aux deux Chambres, une incompatibilité sans exception et même étendue aux administrateurs des sociétés financières et aux entrepreneurs de travaux publics.

Les idées écartées en 1875 ont reparu depuis. La Chambre a même voté, en 1884 et 1885, un projet de loi qui appliquait aux deux Chambres la règle de l'incompatibilité sauf un petit nombre d'exceptions. Le principe fut adopté par le Sénat, mais les Chambres ne purent se mettre d'accord ni sur les conséquences ni sur les exceptions. En attendant qu'une loi définitive soit faite, la règle édictée pour la Chambre a été étendue au Sénat par la loi provisoire du 8 décembre 1884 et par la loi du 16 décembre 1887, qui reste en vigueur jusqu'au vote d'une loi d'ensemble.

La Chambre des Députés a été saisie de plusieurs propositions appliquant aux deux Chambres des règles encore plus sévères.

258. Dans un autre ordre d'idées, nul ne pouvant occuper deux sièges législatifs, le sénateur élu dans plu-

sieurs départements doit, dans les dix jours qui suivent
sa validation, faire connaître son option au président du
Sénat. A défaut d'option dans ce délai, la question est
décidée par la voie du sort et en séance publique. Il
est pourvu à la vacance dans le délai d'un mois et par
le même corps électoral (L. 2 août 1875, art. 22). De
même le sénateur qui est élu de nouveau dans un autre
collège est tenu d'opter. Enfin le député élu sénateur,
le sénateur élu député doivent démissionner dans
l'une des Chambres.

Ces dernières règles sont traditionnelles. La C. An III
appliquait aux deux Chambres la règle de l'incompatibilité absolue.

Le sénateur sortant est rééligible, puisque la loi ne
dit pas le contraire.

259. *Droit comparé.* — Le droit de nomination du
chef de l'Etat est tantôt libre, tantôt limité (n° 249).
Les membres de droit siègent dès leur majorité.

Les conditions d'éligibilité pour la Chambre Haute
sont plus rigoureuses que pour la Chambre Basse. Au
Mexique, seul l'âge diffère : 30 ans au lieu de 25. En
Danemark, une année de domicile est seule exigée.
En Belgique, en Suède et dans plusieurs Républiques
américaines, l'âge requis est plus élevé et une condition
de cens ou de fortune est exigée. A ces deux différences s'ajoute une condition de domicile, en Roumanie.
L'éligibilité n'appartient qu'à certaines catégories en
Espagne, aux 3,000 plus imposés en Pays-Bas. Les
sénateurs des Etats-Unis doivent avoir 30 ans d'âge,
être citoyens depuis 9 ans, habiter l'État qu'ils représentent. Ceux de la Confédération Argentine doivent
avoir 40 ans, être citoyens depuis 6 ans, posséder une
certaine fortune. En Suisse, chaque canton règle à son
gré l'élection des délégués au conseil des Etats. En
Norvège, aucune condition spéciale n'est exigée.

CHAPITRE XX

260. I. Sessions. — « Les deux Chambres doivent être réunies en session cinq mois au moins chaque année » (L. 16 juillet 1875, art. 1, al. 2).

Il résulte clairement de ce texte que le Parlement n'est pas permanent, ne siège pas d'une manière continue ; qu'il n'est en session que pendant une partie de chaque année. La permanence du Parlement, admise par le D. 1er octobre 1789, fut consacrée par la C. 1791, comme une précaution contre l'irrégularité des Etats-Généraux et comme une garantie contre les tentatives de la monarchie absolue. L'œuvre de réformation sociale était d'ailleurs tellement considérable qu'elle paraissait exiger un travail ininterrompu. Les circonstances expliquent aussi la permanence de la Convention, occupée à conjurer les dangers extérieurs et intérieurs, et de l'Assemblée de 1871, chargée de réparer d'effroyables désastres.

Dans la C. 1793, la même règle n'a pour motif que l'orgueil d'une Assemblée ivre de sa toute-puissance et une fausse conception de la représentation nationale. Les mêmes raisons et surtout la dernière ont inspiré la C. 1848. Des propositions furent faites à l'Assemblée de 1871 et plus récemment tendant à déclarer le Parlement permanent. Elles n'aboutirent pas et on ne peut le regretter.

La permanence, utile en temps de crise politique ou sociale, est au moins inutile dans les temps normaux. Il n'est pas croyable que les réformes urgentes et pratiques soient assez nombreuses pour occuper les Chambres sans discontinuer. Un Parlement permanent est bientôt un Parlement désœuvré ; bientôt aussi, au lieu

de ne rien faire, il voudra faire des lois. Sans besoin et
sans motif, pour manifester son activité, il défera et
refera les institutions de tout ordre, au grand préjudice
de la vie sociale, des affaires, qui ont besoin de stabilité. — Le temps des sessions est une période agitée,
inquiète, peu favorable aux transactions à cause des
menaces de lois, si l'on peut ainsi parler ; que serait-ce
avec un Parlement permanent ? Le Gouvernement, de
son côté, a besoin de temps pour étudier et gérer les
affaires publiques ; l'obligation morale d'assister aux
séances des Chambres, la nécessité de préparer des
réponses aux questions et aux interpellations des
représentants ne laissent pas aux ministres le loisir de
s'occuper de leurs ministères. Le contrôle des Chambres sur le Gouvernement n'a pas besoin d'être incessant pour être efficace. — La permanence serait plus
difficile à organiser avec deux Chambres qu'avec une
seule.

261. La permanence absolue est difficile à obtenir
en temps normal. La C. 1848 créait, pour la durée des
vacances que le Corps législatif pouvait se donner, une
commission qui avait le droit, en cas urgent, de convoquer l'Assemblée. La C. An viii contenait une règle
analogue pour le Tribunat. L'Assemblée de 1871,
après avoir suivi cet usage, a refusé de l'inscrire dans
la loi. L'idée a été reprise récemment, sans succès.
Elle est la conséquence de la permanence des Chambres, et n'aurait guère moins d'inconvénients.

262. La loi constitutionnelle fixe la durée minima
de la session ordinaire à cinq mois. Le Gouvernement
ne peut donc, à moins de dissolution, contraindre le
Parlement à se séparer avant la fin du cinquième mois.
Deux Constitutions seulement imposent une durée
minima à la session ordinaire : celle de l'An viii fixe
4 mois, celle de 1851, 3 mois. Le Scs. An x, l'Acte
Additionnel, les Chartes ne contiennent aucune règle
de ce genre ; les Chartes se bornent à prescrire une
convocation annuelle.

263. La session ordinaire ouvre de plein droit et sans convocation le second mardi de janvier (L. 16 juillet 1875, art. 1 al. 1). Le chef de l'État peut avancer, mais non retarder l'ouverture de la session ordinaire. Au lieu du deuxième mardi de janvier, on avait proposé, non sans de bonnes raisons, la date du 20 novembre.

Les C. républicaines seules fixent une date pour la réunion de plein droit du Parlement : le premier lundi de mai d'après celle de 1791, le premier juillet d'après celle de 1793, le premier prairial d'après celle de l'An iii, le premier frimaire d'après celle de l'An viii. Celle de 1848 prescrit la réunion de la Chambre nouvelle, le lendemain de l'expiration des pouvoirs de la précédente Chambre.

Les lois de 1875 ne fixent pas de maximum pour la durée de la session ordinaire. « Le Président de la République prononce la clôture de la session » (L. 16 juillet 1875, art. 2), en observant la durée minima de cinq mois. Les Chambres ne peuvent se séparer avant le décret de clôture.

264. Pendant la durée de la session ordinaire, « le Président (de la République) peut ajourner les Chambres », c'est-à-dire suspendre pour une durée déterminée le cours des séances. « Toutefois, l'ajournement ne peut excéder le terme d'un mois, ni avoir lieu plus de deux fois dans la même session » (L. 16 juillet 1875, art. 2 al. 2). Le temps de l'ajournement ne compte pas pour la durée nécessaire de cinq mois de la session ordinaire. — Le droit d'ajourner les Chambres est implicitement refusé au Gouvernement par les C. qui déclarent le Parlement permanent ; celle de 1848 a seule une disposition expresse à ce sujet. Il lui est au contraire accordé sans restriction par les autres C., sauf celle de l'An viii qui est muette.

Le droit d'ajournement permet au Chef de l'État d'imposer une trêve aux passions politiques, de gagner du temps contre une résistance ou des attaques trop vives, de laisser la réflexion faire son œuvre, d'empêcher les décisions précipitées. On l'a critiqué sous prétexte que le Président de la République, mandataire des Chambres, ne saurait supprimer, même temporairement, ses mandants. L'idée est inexacte, car les Chambres sont des électeurs et le Président est l'un des représentants du pays. Fût-elle vraie, un motif purement logique ne contrebalancerait pas les avantages pratiques du droit d'ajournement.

Ce droit n'a été exercé, depuis 1875, qu'une seule fois (18 mai 1877).

265. Les Chambres, de leur côté, peuvent se donner des vacances sans l'assentiment du Président de la République. Ce droit leur est expressément reconnu par les Constitutions qui font le Parlement permanent. Celle de 1791 donnait au Roi le droit de solliciter par un message la réduction de l'ajournement ou même la continuation des séances.

Le temps des vacances est compté pour le calcul des cinq mois de la session ordinaire.

266. Il peut y avoir des sessions extraordinaires dont la durée n'est pas fixée par la loi constitutionnelle et dépend de la volonté du chef de l'Etat.

Les unes n'ont lieu que sur une convocation du Président de la République. « Il a le droit de convoquer extraordinairement les Chambres » (L. 16 juillet 1875, art. 2). Depuis 1875, ce droit a été régulièrement exercé chaque année au mois d'octobre ou de novembre, et cette session extraordinaire a souvent été consacrée à l'examen du budget ou au vote des douzièmes provisoires (n° 337). — Ce droit est absent des Constitutions qui déclarent le Parlement permanent et de celles qui laissent toute liberté au Gouvernement; cependant celles de 1791 et de 1848 le consacrent pour le cas où le Corps législatif s'est ajourné spontanément. Il se retrouve dans celles de l'An viii et de 1852.

Le Président de la République a l'obligation, et non plus le droit, de convoquer les Chambres « si la demande en est faite, dans l'intervalle des sessions, par la majorité absolue des membres composant chaque Chambre »

(L. 16 juillet 1876, art. 2, al. 1). Cette disposition n'a pas d'équivalent dans les autres Constitutions. Cependant d'après la C. 1791, le Corps législatif, en s'ajournant, pouvait préciser les cas où le Roi devait le convoquer. — On remarquera que le Président de la République ne peut être contraint à convoquer la Chambre que dans l'intervalle des sessions, et non pendant la durée d'un ajournement; sinon, le droit d'ajournement pourrait être annihilé. — L'obligation du Président n'a pas de sanction autre que la responsabilité ministérielle.

267. D'autres sessions ont lieu sans convocation. Les Chambres se réunissent immédiatement et de plein droit en cas de décès ou démission du Président de la République (L. 16 juillet 1875, art. 3, al. 3). Elles se réunissent également de plein droit le quinzième jour avant l'expiration normale des pouvoirs présidentiels, si un mois avant ce terme le Président de la République ne les a pas convoquées en Assemblée nationale pour procéder à l'élection d'un nouveau président (*ibid.*, al. 1 et 2). Elles exercent alors leurs droits électoraux et non leur pouvoir législatif.

Les Chambres se réunissent de plein droit et dans un délai de trois jours lorsqu'un décret du Président de la République a proclamé l'état de siège pour cause de péril imminent résultant d'une guerre ou d'une insurrection. La réunion a lieu même si les Chambres sont ajournées ou si la Chambre des Députés est dissoute. En ce dernier cas, le Président doit réunir les collèges électoraux dans le plus bref délai possible (L. 4 avril 1878).

268. Les deux Chambres doivent siéger simultanément. « La session de l'une commence et finit en même temps que celle de l'autre » (L. 16 juillet 1875, art. 1). Les lois constitutionnelles parlent toujours des deux Chambres, soit pour le commencement de la session, soit pour la suspension des séances. Ainsi le Président de la République ne peut convoquer une seule des

Chambres, ajourner l'une sans l'autre. S'il dissout (n° 470) la Chambre des Députés, le Sénat doit s'abstenir de siéger jusqu'à la réunion de la nouvelle Chambre. En conséquence « toute assemblée de l'une des deux Chambres qui serait tenue hors de la session commune est illicite et nulle de plein droit... » (L. 16 juillet 1875, art. 4). Cela veut dire simplement que la Chambre ne peut exercer valablement aucun des droits qui lui appartiennent, quand même ce droit lui serait propre, comme le droit d'accuser les ministres et le chef de l'Etat qui appartient à la Chambre des Députés, comme le droit de demander la révision qui appartient à chacune des Chambres. Les actes faits en ces assemblées illicites sont nuls de plein droit. Mais aucune pénalité n'est encourue par les membres qui auraient assisté à l'Assemblée.

La même nullité frapperait les convocations adressées par le chef de l'Etat aux membres d'une seule Chambre. Ceux-ci ne sont pas tenus d'y obéir. Aucune pénalité n'est encore édictée.

Les membres d'une Chambre pourraient se réunir en conférence. La prohibition vise seulement l'Assemblée pour l'exercice des droits que la Constitution accorde au Parlement.

Par exception à la règle ci-dessus, le Sénat siège seul :

1° Dans le cas où la Chambre des Députés se trouverait dissoute au moment où la présidence de la République deviendrait vacante ; les collèges électoraux seraient aussitôt convoqués, et le Sénat se réunirait de plein droit (L. 16 juillet 1875, art. 3). La Constitution ne dit pas quels seraient en ce cas les droits du Sénat, et ce silence semble signifier que le Sénat, réuni pour élire le chef de l'Etat avec la future Chambre, ne peut faire aucun acte législatif. Cependant sa réunion immédiate et de plein droit ne s'expliquerait pas s'il n'avait le droit de pourvoir aux cas urgents ;

2° Aux cas où il « est réuni comme cour de justice

et, dans ce dernier cas, il ne peut exercer que des fonctions judiciaires » (L. 16 juillet 1875, art. 4).

L'obligation d'avoir la même session n'oblige pas les Chambres à siéger exactement aux mêmes heures, ni, bien plus, aux mêmes jours.

Les règles qui viennent d'être exposées sont traditionnelles, elle se trouvent plus ou moins formelles dans la C. An III et les deux Chartes.

269. *Droit comparé.* — Aucune Constitution ne déclare le Parlement permanent. — Plusieurs fixent la durée de la session ordinaire : Serbie (six semaines), Bavière (2 mois), Prusse (2 mois et demi); Portugal et Roumanie (3 mois), Confédération Argentine (5 mois). Certaines en fixent le maximum et le minimum : Grèce, entre 3 et 6 mois; — ou le minimum : Pays-Bas (20 jours), Belgique (40 jours), Suède (4 mois); — ou le maximum : Salvador (40 séances), Danemark et Norvège (2 mois). Au Mexique et dans le canton d'Argovie, il y a deux sessions ordinaires. — En général, le chef de l'Etat prononce la clôture de la session à son gré.

Le Parlement siège tous les deux ans en Bavière, Saxe ; tous les trois ans, en Würtemberg.

Quelques Constitutions indiquent la date de la session ordinaire : Portugal (2 janvier), Suède (15 janvier), Norvège (1er février), Haïti (1er avril), Confédération Argentine (1er mai), Colombie (20 juillet), Pays-Bas (3me lundi de septembre), Danemark (1er octobre), Grèce et Serbie (1er novembre), Belgique (2me mardi de novembre), Roumanie (15 novembre), Etats-Unis (1er lundi de décembre.

Le Comité permanent existe en Bade, Mexique, Saxe, Würtemberg.

Le chef de l'Etat a le droit d'ajournement illimité, en Angleterre, Allemagne, Autriche, Bade, Bavière, Hongrie, Italie, Würtemberg, Confédération Argentine ; — limité, en Belgique, Danemark, Grèce, Luxembourg, Prusse, Roumanie, Serbie, Saxe. Il peut en général convoquer des sessions extraordinaires; il en est tenu sur la réquisition de la majorité des Chambres en Autriche, du comité permanent au Mexique, d'un quart des députés ou de 5 cantons en Suisse, de 150 électeurs dans le canton d'Uri.

En cas de vacance du trône, les Chambres se réunissent de plein droit en Angleterre, Belgique, Grèce, Pays-Bas, Roumanie; — doivent être convoqués, en Espagne, Norvège, Saxe, Suède, Würtemberg.

Les Chambres doivent en général avoir la même session. Elles ne peuvent s'ajourner que d'un commun accord aux Etats-Unis, dans la Confédération Argentine, au Mexique. Le conseil fédéral allemand peut siéger seul.

270. II. Siège des Chambres. — « Le siège du pouvoir exécutif et des deux Chambres est à Versailles » (L. 25 février 1875, art. 9). L'Assemblée nationale, encore émue des troubles de 1871, craignait que le séjour à Paris n'exposât les Chambres et le Gouvernement aux mouvements d'une population turbulente et ne facilitât les révolutions qui ont toujours été faites ou commencées par le peuple de Paris. Aussi, après avoir repoussé les propositions qui tendaient à la faire siéger elle-même dans la capitale, a-t-elle voulu que la Constitution maintînt les pouvoirs publics à Versailles, ville calme, voisine de Paris.

Le texte ci-dessus est aujourd'hui abrogé (L. R. 21 juin 1879). On a pensé que les temps mauvais étaient passés pour toujours, que l'attitude du peuple de Paris depuis 1871 permettait de rendre avec confiance à la capitale le siège des pouvoirs publics et d'éviter aux membres du Parlement, en général fixés à Paris, le voyage presque quotidien à Versailles.

La matière est aujourd'hui réglée par la L. 22 juillet 1879 : « Le siège du pouvoir exécutif et des deux Chambres est à Paris » (art. 1). Le Palais du Luxembourg et le Palais-Bourbon sont affectés : le premier, au service du Sénat; le second à celui de la Chambre des Députés. Néanmoins, chacune des deux Chambres demeure maîtresse de désigner, dans la ville de Paris, le palais qu'elle veut occuper (art. 2). Les locaux occupés par les Chambres dans le Palais de Versailles conservent leur affectation. L'Assemblée nationale siège dans le local de la Chambre des Députés. Le Sénat, réuni en Haute-Cour de justice, désigne la ville et le local de ses séances (art. 3).

Pour calmer les craintes exprimées par les adversaires du retour à Paris, la loi de 1879 donne au président de chaque Chambre le droit de requérir la force armée (art. 5).

Depuis 1879, on n'a plus songé à déplacer le siège des pouvoirs publics, sauf pour la discussion d'une loi politique assez délicate.

La loi de 1879 assigne à chaque Chambre un palais distinct. Les Chambres ne peuvent donc pas siéger confondues, sauf le cas où la réunion de l'Assemblée nationale est prescrite par la Constitution. Mais rien ne s'oppose à ce que les Chambres, maîtresses de désigner un local à leur convenance, choisissent le même palais où elles occuperont deux salles séparées, ainsi qu'il en était au Palais de Versailles avant 1879. On a même demandé la construction d'un palais parlementaire comprenant les locaux des deux Chambres.

La question qui vient d'être traitée n'est prévue que par trois Constitutions. Celles de 1791 et 1848 laissent à l'Assemblée unique le droit de fixer le lieu de ses séances. Celle de l'An III réserve ce droit au Conseil des Anciens, défend aux deux Chambres de se réunir, veut qu'elles siègent dans la même commune.

Droit comparé. — Un petit nombre de Constitutions règlent ce point. Celles de la Belgique, de la Roumanie et du Luxembourg nomment formellement la capitale ; de même celles de Danemark, de Suède et de Norvège veulent que les Chambres se réunissent dans la capitale à moins que le Roi, pour des cas extraordinaires, ne désigne un autre lieu. Le siège commun des Chambres est fixé par le roi en Autriche, Serbie et en Saxe. La désignation appartient aux deux Chambres d'un commun accord au Mexique.

Les Chambres ne peuvent changer leur résidence que d'un commun accord aux Etats-Unis.

Les Chambres, en général, siègent séparées. Cependant un certain nombre de Constitutions fixent les attributions des assemblées réunies : Bade, Danemark, Espagne, Haïti, Mexique, Norvège, Pays-Bas, Portugal, Roumanie, Saxe, Suisse, Würtemberg. En Autriche elles peuvent se réunir.

En Allemagne, les membres du Conseil fédéral ont entrée et parole au Reichstag.

271. III. Constitution des Chambres. — Une Chambre ne peut délibérer et voter, exercer ses pouvoirs avant de s'être régulièrement constituée. Cette matière, réglée par les C. 1791 et 1793, est aujourd'hui abandonnée aux règlements des Chambres.

Chaque Chambre se réunit le premier jour de chaque session ordinaire sous la présidence du plus âgé de ses membres (doyen d'âge), assisté des six membres les plus jeunes comme secrétaires. Le bureau est composé au début de la séance, sans tenir compte des membres plus âgés ou plus jeunes qui pourraient survenir. La Chambre des Députés nomme, au début de chaque législature, un bureau provisoire (président et deux vice-présidents) qui remplace le bureau d'âge jusqu'à la vérification des pouvoirs de la moitié plus un des membres et l'élection du bureau définitif. Le Sénat a pour toutes les années la même faculté.

Chaque Chambre est constituée le jour où son bureau définitif a été élu. C'est seulement à partir de ce moment que les Chambres peuvent recevoir des communications du Gouvernement, des propositions de loi ou de résolution, nommer des commissions soit en séance, soit dans les bureaux. Le règlement n'exigeant pas la présence d'un nombre minimum de membres pour l'ouverture de la session, il faut s'en référer au droit commun d'après lequel la majorité absolue du nombre légal de chaque Chambre est nécessaire pour les votes, non pour les discussions. L'élection même d'un bureau provisoire ne peut donc avoir lieu que si la moitié plus un des membres sont présents.

272. IV. Bureau. — « Le bureau de chacune des deux Chambres est élu chaque année pour la durée de la session et pour toute session extraordinaire qui aurait lieu avant la session ordinaire de l'année suivante » (L. 16 juillet 1875, art. 11).

Il s'agit ici du bureau définitif. Il se compose :

1° Du président. Il dirige les délibérations, ouvre et lève la séance, donne la parole aux membres qui la demandent, reçoit les propositions de toute nature, les projets de loi, les pétitions, les demandes de scrutin et autres. Il applique ou propose à la Chambre d'appliquer les pénalités réglementaires. Il veille à la sécurité de la Chambre et peut requérir la force armée ;

2° De quatre vice-présidents. Ils suppléent le président empêché ;

3° Des secrétaires : 6 au Sénat, 8 à la Chambre. Ils surveillent la rédaction du procès-verbal de chaque séance et en donnent lecture au début de la séance suivante ;

4° De 3 questeurs, chargés de la comptabilité ; ils ordonnancent les dépenses de chaque Chambre.

Le bureau en corps a quelques attributions, par exemple il nomme les employés au service des Chambres. Il peut toujours être consulté par le président.

Le bureau est électif dans les deux Chambres. Cette règle, admise par les Constitutions républicaines, reçut souvent des restrictions. D'après le Scs. 25 frimaire An XII, le président du Corps législatif est nommé par le Premier Consul entre 5 candidats élus. D'après le Scs. 15 novembre 1813, le président du

Corps législatif est nommé par l'Empereur. L'Acte Additionnel fait présider la Chambre des Pairs par l'archi-chancelier ou un pair nommé par l'Empereur; les députés élisent leur président, sauf l'approbation impériale. La Charte de 1814 donne à la Chambre des Pairs, pour président, le chancelier ou un membre nommé par le Roi; le Roi choisit le président de la Chambre Basse entre 5 candidats élus par elle. La Charte de 1830 laisse subsister la règle relative aux pairs et accorde à la Chambre des Députés le droit d'élire son bureau. Avec la C. 1852, la nomination revient au chef de l'Etat. Le Scs. 1870 rétablit l'élection pour le Corps législatif. L'Assemblée de 1871 élisait son bureau.

On considère parfois l'élection du bureau comme un indice d'institutions libérales. Cette vue ne paraît pas trop exagérée quand on songe à l'influence qu'un président peut exercer sur les discussions.

L'élection, qui a eu lieu quelquefois, notamment pour l'Assemblée constituante, dans les bureaux, se fait ordinairement et actuellement en séance publique, au vote secret, au scrutin de liste pour les vice-présidents, les secrétaires et les questeurs. La majorité absolue des suffrages exprimés, mais non des votants ni des membres, est exigée aux deux premiers tours de scrutin. Au troisième, le ballotage a lieu entre les deux plus favorisés du dernier scrutin et, à égalité de suffrages, le plus âgé l'emporte.

Il est d'usage que la minorité soit représentée dans le bureau par un ou plusieurs secrétaires.

Le bureau est élu pour un an. Il était renouvelé tous les mois d'après la C. An III et dans la Constituante de 1848, tous les quinze jours dans la Constituante de 1789, l'Assemblée législative de 1791 et la Convention, tous les trois mois dans l'Assemblée de 1849. L'Acte Additionnel maintenait le bureau pour toute la législature.

Droit comparé. — Dans les pays qui ont deux

Chambres, le bureau de la Chambre Haute est en général nommé par le chef de l'Etat et celui de la Chambre Basse est en général élu. Cependant, les deux bureaux sont nommés en Suède, élus en Belgique et en Prusse. En Angleterre, le Speaker des Communes est élu sauf l'approbation de la Reine. Aux Etats-Unis et dans la République Argentine, le Sénat est présidé par le vice-président de la République ; à son défaut par un président élu. En Portugal et en Pays-Bas, le Roi nomme le président de la Chambre Basse, sur la présentation de celle-ci. Le droit de présentation appartient à la Chambre Haute de Würtemberg.

Le président de l'Assemblée unique est élu en Luxembourg et en Serbie.

273. V. Règlement. — C'est le code intérieur d'une Chambre, l'ensemble des dispositions qui règlent, jusque dans les détails, le fonctionnement d'une Assemblée.

Le règlement est en général voté par chaque Chambre. Toutefois certains points d'une importance particulière sont parfois précisés par la Constitution. Ainsi les lois de 1875 ordonnent la publicité des séances, l'élection et la durée du bureau. La C. 1793 et surtout celles de 1792 et de l'An III contiennent en outre des détails minutieux. Les décrets impériaux sur les rapports du Gouvernement et des Chambres contiennent de nombreux articles réglementaires (D. 3 février 1861, 8 septembre 1869, etc.). Les Constitutions étrangères reconnaissent souvent expressément aux Chambres le droit de voter leur règlement.

Le règlement est obligatoire pour tous les membres de la Chambre qui l'a voté. De même chaque membre a le droit d'en réclamer l'application, et tout rappel au règlement entraîne, jusqu'à ce que cet incident soit vidé, suspension de la discussion.

Le Sénat a voté son règlement le 10 juin 1876 ; la Chambre des Députés, le 16 juin 1876. Ces textes primitifs ont été modifiés plusieurs fois.

Le règlement est appliqué par le président. Il a toujours le droit de consulter le bureau et la Chambre. Il le fait généralement dès qu'il y a doute sur la portée ou l'application d'un article. En certains cas précisés par le règlement, cette consultation est nécessaire.

274. En dehors de la publicité du bureau et de la procédure parlementaire, le principal objet du règlement est la fixation des pénalités applicables aux membres qui le violent. Ces pénalités, même celles qui ont caractère pécuniaire, n'ont rien de commun avec les peines du Code pénal. Elles sont appliquées sans recours possible, sauf devant le président ou la Chambre qui les a prononcées, et alors le recours n'est que gracieux. Ces pénalités sont : au Sénat, le rappel à l'ordre, la censure simple, la censure avec exclusion pendant trois séances ; à la Chambre, le rappel à l'ordre avec inscription au procès-verbal, la censure simple, la censure avec exclusion pendant 15 séances.

Le rappel à l'ordre est prononcé par le président. Le membre deux fois rappelé à l'ordre peut être privé de la parole pour la séance par un vote de la Chambre Le président peut retirer le rappel à l'ordre. La censure est prononcée en des cas énumérés par le règlement, par la Chambre sur la proposition du président. Le rappel à l'ordre avec inscription au procès-verbal entraîne privation de l'indemnité parlementaire pour moitié pendant 15 jours ; la censure entraîne privation de moitié de l'indemnité pendant 1 ou 2 mois et en outre un extrait du procès-verbal, contenant le prononcé de la censure, est affiché, aux frais du membre censuré, dans les communes de sa circonscription électorale. En cas de résistance obstinée, le président peut faire saisir un membre *manu militari* et le déposer pour trois jours dans un local spécial.

En ces derniers temps, ces pénalités ont été jugées insuffisantes. La Chambre a décidé que tout membre qui encourrait deux censures dans la même séance pourrait être exclu pour un mois. On lui avait demandé qu'elle se donnât la faculté d'exclure un membre pour toute une session.

Les pénalités réglementaires ne sont applicables qu'aux individus. Le désordre peut devenir général, les rigueurs particulières, impuissantes. Le président a la faculté de suspendre la séance pour une heure, de la lever même. Parfois, le bruit étouffant sa voix, il se couvre et la séance est suspendue *ipso facto*.

275. *Droit comparé.* — En général, chaque Chambre vote son règlement. Le règlement est parfois l'objet d'une loi (Autriche, Saxe, Serbie). Parfois aussi, la Constitution règle certains points. Celles des Etats allemands et scandinaves sont très étendues en cette matière. Celles des Etats-Unis et de la Confédération Argentine veulent la majorité des deux tiers pour l'expulsion d'un membre du Parlement.

276. VI. Publicité des séances. — « Les séances du Sénat et de la Chambre des Députés sont publiques. Néanmoins chaque Chambre peut se former en comité secret sur la demande d'un certain nombre de ses membres, fixé par le règlement. Elle décide ensuite, à la majorité absolue, si la séance doit être reprise en public sur le même sujet » (L. 16 juillet 1875, art. 5).

Cette publicité a pour but d'organiser un contrôle permanent des électeurs sur les élus et d'assurer, par ce contrôle même, le prestige des Chambres.

Il s'en faut d'ailleurs qu'elle soit complète. Elle n'est pas admise pour l'hémicycle où siègent les représentants, où ceux-ci seuls, les ministres, le personnel de la Chambre peuvent pénétrer. Les règlements prescrivent d'ouvrir au public certaines tribunes ou galeries et de n'y admettre que des personnes munies de cartes spéciales dont un certain nombre est réservé aux représentants (¹). Des loges sont réservées au Président

---

(¹) Les femmes, exclues par la L. 4 prairial An III et en Angleterre, sont admises.

de la République, au corps diplomatique, etc. Le public
est tenu de garder le silence, sous peine d'expulsion
et même de poursuites correctionnelles.

Cinq membres au Sénat, vingt à la Chambre peuvent réclamer la formation en comité secret pour une
communication ou une délibération à laquelle la publicité ne convient pas, par exemple en matière de politique étrangère. La Chambre, formée en comité secret,
peut décider qu'il n'y a pas lieu de la maintenir et
reprendre la séance publique.

277. Les règles qui précèdent sont traditionnelles
en France depuis 1815, sauf des variantes dans le
détail. La Charte de 1814 faisait secrètes les séances
de la Chambre des Pairs. L'Acte Additionnel, accor-
dant la publicité aux deux Chambres, donnait au
Gouvernement le droit de réclamer le comité secret
pour ses communications; les délibérations et les votes
devaient être publics.

Les Constitutions révolutionnaires, sauf celle de
1791 qui, malgré une déclaration royale du 23 juin 1789
prohibant la publicité des séances de l'Assemblée
constituante, consacre à peu près les règles ci-dessus,
sont en général différentes. La publicité illimitée, sans
autres limites que celles du lieu même des séances, est
consacrée par la C. 1793 et fut pratiquée déplorable-
ment. La populace parisienne en profita pour dicter
sa volonté aux Assemblées terrifiées et asservies. La
C. An III, en réaction générale contre les agissements
de la Convention, fixe le nombre des assistants aux
séances à la moitié du nombre de la Chambre. La C.
An VIII autorise la présence de 200 personnes seulement aux séances du Tribunat et du Corps législatif.

Droit comparé. — Les Constitutions étrangères admettent en général la publicité des séances. Le droit
de réclamer le comité secret est parfois réservé aux
membres des Chambres (Grèce, Italie, Luxembourg,
Pays-Bas, Prusse, Roumanie), parfois étendu au prési-

dent (Autriche, Belgique, Danemark, Serbie, Pays-Bas) ou au Gouvernement (Bade, Serbie, Saxe, Würtemberg).

278. La publicité des séances est insuffisante pour faire connaître à tous les travaux du Parlement. Aussi, actuellement, chaque Chambre livre-t-elle aux journaux un compte-rendu analytique rédigé par son personnel, et le *Journal officiel* publie-t-il le compte-rendu *in extenso* des séances et le texte des différents projets de loi, rapports, etc. Cette pratique est traditionnelle. Quelques Constitutions françaises (1791, 1793, An III) et étrangères (Etats-Unis, Norvège, Suède, Würtemberg) prescrivent formellement l'impression et la publication des procès-verbaux. — La Chambre a voté récemment une proposition tendant à mettre en vente à très bas prix le compte-rendu *in extenso* du *Journal officiel* (13 février 1890). A l'opposé, le D. 3 février 1791 ne permettait la publication des discours qu'après l'autorisation du président.

279. VII. Sécurité du Parlement. — Le Parlement, pour accomplir sa mission, a besoin de protection contre les attentats soit de la foule, soit du pouvoir exécutif. Il faut qu'il ne puisse être ni envahi, ni dispersé. C'est pourquoi la L. 25 février 1875, votée sous l'influence du souvenir de 1871 et la crainte d'une nouvelle insurrection, fixait à Versailles et non à Paris le siège des pouvoirs publics et spécialement des deux Chambres (art. 9).

La L. 22 juillet 1879 qui, en ramenant les Chambres à Paris, donnait tort à certaines appréhensions contre la capitale, leur donnait satisfaction en édictant diverses prescriptions tendant à assurer la sécurité du Parlement.

Les présidents du Sénat et de la Chambre des Députés sont chargés de veiller à la sûreté intérieure et extérieure de l'Assemblée qu'ils président. — A cet effet, ils ont le droit de requérir la force armée et

toutes les autorités dont ils jugent le concours nécessaire. Les réquisitions peuvent être adressées directement à tous officiers, commandants et fonctionnaires
qui sont tenus d'y obtempérer sous les peines portées
par les lois. — Les présidents du Sénat et de la
Chambre des Députés peuvent déléguer leur droit de
réquisition aux questeurs ou à l'un d'eux (art. 5).

Ce droit de réquisition, accordé non à l'Assemblée
mais à son président, est presque une anomalie constitutionnelle. On ne le retrouve que dans le D. 25 mai
1848 et dans le règlement de l'Assemblée de 1848.
Les Constitutions ou sont muettes ou reconnaissent
aux Assemblées un droit de police ou même de disposition d'une garde spécialement affectée à leur service
(C. 1791, C. 1793, C. An III, C. 1848). La L. 27 germinal An IV prononce la peine de mort contre ceux
qui provoquent la dissolution du Corps législatif. La
L. 30 prairial An VII met hors la loi ceux qui attenteraient au Corps législatif.

On a soutenu que la L. 1879 est inconstitutionnelle
et viole la L. 25 février 1875, art. 3, qui réserve au
Président de la République la disposition de la force
armée. L'objection est grave et je n'en vois aucune
réfutation. D'ailleurs, il est douteux que ce droit de
réquisition soit efficace contre un mouvement sérieux,
surtout contre un coup d'État de l'Exécutif qui dispose,
lui aussi, de la force armée. Il est plus propre à créer
des difficultés. Il donne aux Présidents une autorité
excessive. Enfin que deviendrait la discipline militaire entre l'ordre du Gouvernement et la réquisition
des Présidents, tous les deux également obligatoires ?

280. D'autre part, la loi de 1879 règlemente rigoureusement les pétitions adressées aux Chambres. « Toute
pétition à l'une ou à l'autre des Chambres ne peut être
faite ou présentée que par écrit. Il est interdit d'en
apporter en personne ou à la barre » (art. 6). Et la loi
prononce des peines contre toute violation de cet arti-

cle, toute provocation à un rassemblement ayant pour but de porter une pétition aux Chambres.

Ces dispositions sont empruntées aux Chartes. Elles sont inspirées par la crainte de l'émeute envahissant les Chambres sous couleur de pétition, par le souvenir des pétitionnaires qui, admis à la barre de la Convention, en ont si souvent troublé les séances. Les mêmes idées inspirent les C. An III et An VIII qui ne tolèrent que les pétitions individuelles, l'Acte Additionnel et la C. 1852 qui prohibent les pétitions aux Chambres. Au contraire, la C. 1793 n'apportait aucune restriction au droit de pétition. Quant à celle de 1848, elle admettait les vagues limites nécessitées par la liberté d'autrui et la sécurité publique.

281. *Droit comparé.* — Les Constitutions étrangères contiennent souvent des règles analogues. Celles du Danemark et de la Norvège déclarent trahison tout attentat dirigé contre les Chambres. Celle de Roumanie défend qu'aucune troupe armée ne stationne aux alentours du Parlement sans sa permission ; celle de Serbie défend à tous d'entrer en armes dans le palais législatif.

282. VIII. BUDGET DES CHAMBRES. — Le fonctionnement des Chambres nécessite des dépenses auxquelles pourvoient le budget de l'Etat et un léger prélèvement sur l'indemnité parlementaire. L'usage est que chaque Chambre règle son budget, sans l'intervention ni du Gouvernement ni de l'autre Chambre, sans le contrôle de la cour des comptes. Ce budget est administré par les questeurs et par une commission de comptabilité nommée par la Chambre.

CHAPITRE XXI

LES MEMBRES DU PARLEMENT

283. I. Vérification des pouvoirs. — Les commissions de recensement n'ont pour mission que de compter les suffrages. Le représentant qu'elles ont proclamé élu peut être inéligible ; son élection peut être entachée d'une irrégularité de fond ou de forme, viciée par la corruption électorale ou l'ingérence gouvernementale. L'examen des élections à tous les points de vue constitue la *vérification des pouvoirs*.

Cette opération soulève des questions multiples, politiques et juridiques. Elle oblige parfois à rechercher la nationalité d'un représentant, les étrangers n'étant pas éligibles ; à statuer sur l'existence de condamnations criminelles qui entraînent l'inéligibilité.

Le droit d'y procéder, réclamé par Louis XVI dans la déclaration du 25 juin 1789, fut revendiqué et exercé par l'Assemblée constituante. Dès lors, les Chambres ont constamment vérifié les pouvoirs de leurs membres et ce système est consacré actuellement par la L. 16 juillet 1875, art. 10 : « Chacune des Chambres est juge de l'éligibilité de ses membres et de la régularité de leur élection ».

Je n'apprécie pas pour le moment une règle que je montrerai être un empiétement du pouvoir législatif sur l'autorité judiciaire (n° 488). Étudions-la en elle-même.

284. Elle s'applique à tous les membres du Parlement sans exception, même à ceux dont l'élection n'est l'objet d'aucune protestation de la part des électeurs. Il est arrivé qu'une élection a été critiquée seulement en séance publique et invalidée. On soumet même à la vérification les députés décédés ou démissionnaires

7***

quand on veut leur infliger le blâme d'une invalidation.

La procédure est la suivante. Les élections sont réparties entre les bureaux. Des commissions peuvent être nommées. Un rapport est fait. La discussion est ouverte à tous les membres de la Chambre. On vote finalement sur les conclusions du rapport. La Chambre peut : soit *valider* l'élection, admettre le membre au plein exercice de ses droits; soit *invalider*, casser élection ; le remplacement doit avoir lieu dans les trois mois, le membre invalidé peut se présenter à la nouvelle élection, même si l'invalidation lui est imputable; soit *ajourner* sa décision et nommer une commission chargée de faire une enquête sur l'élection et de rassembler des preuves relativement aux critiques qu'elle a soulevées.

En fait les élections qui ne sont pas contestées sont vérifiées immédiatement et sans débat, afin d'arriver au chiffre nécessaire pour l'élection du bureau. On réserve les dossiers contenant des protestations sérieuses.

La Chambre est souveraine dans l'appréciation, soit des faits, soit du droit. Elle ne doit pas, mais elle peut impunément méconnaître les lois les plus certaines, valider un inéligible, invalider un éligible. Ses décisions n'ont pas l'autorité de la chose jugée; elles ne peuvent ni ôter ni conférer la qualité de Français, ni effacer ni créer une condamnation pénale. Elles ont trait strictement à l'exercice de la fonction législative.

285. Un représentant n'exerce ses droits dans leur plénitude qu'après la validation de son élection. Or cette opération peut être retardée de plusieurs semaines, de plusieurs mois même. Quelle est, en attendant, la situation du représentant?

Bien des réponses ont été successivement faites à cette question. Le D. 24 juillet 1789 décide que les membres non encore validés n'ont aucun droit. De

1814 à 1848, ils votent seulement dans la vérification
des pouvoirs, excepté sur leur propre élection. De 1848
à 1875, on les admet à exercer provisoirement tous
les droits législatifs. Aujourd'hui les règlements des
Chambres les autorisent à prendre part à tous les votes
à moins qu'ils n'aient été ajournés ; celui de la Chambre des Députés leur refuse le droit de déposer des
projets de loi.

286. *Droit comparé.* — La vérification des pouvoirs
est généralement faite par chaque Chambre pour ses
membres. En Suède, il est statué sur un rapport du
ministre de la justice ; en Würtemberg, la vérification
est faite pour partie par le comité permanent de l'ancienne Chambre et, pour les élections contestées, par
la Chambre nouvelle.

En Roumanie, l'invalidation ne peut être prononcée
qu'à la majorité des deux tiers.

En quelques pays (Norvège, Suède, Würtemberg),
les commissions de recensement délivrent aux élus des
pouvoirs ou certificats d'élection.

287. II. SERMENT. — Les membres du Parlement
ne sont pas soumis à l'obligation de jurer fidélité à la
Constitution ou au chef de l'Etat, ni au serment de
remplir exactement leurs devoirs. L'expérience a démontré l'inutilité ou la fausseté de ces serments, qui
ne lient aucune conscience et n'affermissent aucun
pouvoir.

Le serment politique ou professionnel se rencontre
à chaque page de notre histoire constitutionnelle. La
C. 1791 prescrit un serment collectif de toute l'Assemblée, serment de vivre libre ou mourir ; en outre, chaque membre doit jurer fidélité à la Constitution, à la
nation, à la loi et au Roi. La L. 25 nivôse An iv exige
de tous les représentants le serment de haine à la
royauté. Le Scs. An xii, entre autres nombreux serments, veut que les membres du Corps législatif, du
Tribunat, des collèges électoraux et des assemblées de

canton jurent « obéissance aux Constitutions de l'Empire et fidélité à l'Empereur ». Ce serment de fidélité au Gouvernement, que certains ont prêté plusieurs fois avec une égale sincérité, demeura nécessaire jusqu'à la Révolution de 1848 qui le supprima. La C. 1852 rétablit le serment d'obéissance à la Constitution et de fidélité au Président. Le Scs. du 25 décembre 1852 remplaça le Président par l'Empereur et les D. 8 mars 1852 et 3 février 1861 déclarèrent démissionnaire le député qui refuserait le serment ou ne le prêterait pas dans les 15 jours de la vérification de ses pouvoirs. On n'est jamais allé plus loin que le Scs. 17 février 1858, qui exigeait de tout candidat à la députation un écrit signé de lui et contenant le texte du serment. Le Scs. de 1870 était revenu au régime de 1852. Le serment politique a disparu en 1870 avec l'Empire.

Il existe encore sous des formules plus ou moins accentuées aux Etats-Unis, dans la République Argentine et dans plusieurs monarchies : Angleterre, Bade, Bavière, Danemark, Saxe, Prusse, Serbie, Grèce, Italie, Luxembourg, Pays-Bas, Würtemberg. En Suède, le président de chaque Assemblée prête seul serment.

En Angleterre, la question du serment a soulevé récemment des orages. En 1888, une loi a remplacé le serment par une affirmation dont elle donne la formule, pour ceux à qui le serment répugne.

En Italie, la L. 30 décembre 1882 prononce la déchéance du député qui refuse de le prêter ou ne le fournit pas dans les deux mois qui suivent la vérification de ses pouvoirs. Il en est de même en Portugal.

288. III. CARACTÈRES DE LA FONCTION LÉGISLATIVE. — Nul n'est représentant sans le vouloir, nul ne peut être contraint d'accepter cette qualité. Cette observation est faite pour l'honneur des principes; la fonction législative est plus souvent sollicitée que déclinée. Du reste, la loi sur les candidatures multiples (n° 241) enlève en droit à notre règle l'importance que les mœurs lui refusent en fait. La règle n'existe plus que pour le Sénat.

De même que nul n'est tenu d'accepter la fonction législative, nul n'est tenu de la conserver. Tout membre est libre de donner sa démission. La C. 1793 prescrivait au député démissionnaire de rester à son poste jusqu'à l'admission de son successeur.

La Chambre peut refuser la démission : soit qu'elle veuille donner au démissionnaire une marque de sympathie ou lever les scrupules qu'il éprouvait à conserver son siège ; en ce cas, si la démission est maintenue, la Chambre n'insiste pas ; — soit qu'elle veuille au contraire infliger à un membre la peine morale de l'invalidation ([1]). En ce dernier cas, la solution s'appuie sur l'idée qu'on ne saurait renoncer à un siège qui n'est sûrement acquis que par la validation. L'argument n'est pas irréfutable, car l'élu non encore validé a un droit *sui generis*, auquel il peut renoncer puisqu'aucun texte ne le lui défend ; comment dépouiller de ce droit celui qui y a renoncé ?

289. La fonction librement acceptée doit être librement exercée. « Tout mandat impératif est nul et de nul effet » (L. 30 novembre 1875, art. 13). La règle édictée pour la Chambre s'applique certainement au Sénat.

Le mandat impératif consiste dans l'engagement que le représentant, avant ou après l'élection (plutôt avant), prend envers ses électeurs ou plus exactement envers son comité électoral, de voter sur certaines questions d'une manière déterminée. Cet engagement est la condition de son élection. Il est complété par la promesse de démissionner à la première demande de ces créanciers électoraux et parfois même par la remise d'une démission signée que les mandants pourront envoyer au Président de la Chambre.

Les engagements et la démission sont nuls. Le man-

([1]) Le cas s'est présenté à la Chambre le 28 juin 1881.

dat impératif n'a d'autre sanction que son exécution spontanée et volontaire. Le représentant est libéré de ses engagements, mais ne perd pas sa qualité. Il est arrivé cependant que les Chambres ont invalidé des représentants pour le motif qu'ils avaient accepté le mandat impératif. Cette décision me paraît juste et morale. Le texte de la loi n'y est pas contraire.

La prohibition remonte aux origines mêmes de nos institutions modernes. Certains membres de l'Assemblée nationale invoquèrent le caractère impératif de leur mandat consigné dans les cahiers pour refuser de collaborer à la réforme générale qui commençait. Leurs scrupules furent levés par la déclaration du 23 juin 1789 qui les délia de leurs engagements, par le D. 8 juillet 1789 qui annula ces engagements dans le passé, par celui du 22 décembre 1789 qui les prohiba pour l'avenir. La prohibition se perpétua, parfois expressément formulée dans la Constitution (An iii, 1848).

290. Les défenseurs du mandat impératif le présentent comme la conséquence logique de la souveraineté nationale. La nation est obligée, par la force des choses, de constituer des représentants; mais pour cela, elle n'aliène pas, elle ne peut pas aliéner sa souveraineté. Elle a donc le droit de dicter ses volontés à ses délégués, au lieu de s'abandonner aveuglément à eux. Pourquoi ce qui est licite en matière civile ou commerciale serait-il illicite en matière politique, où les questions sont autrement graves et importantes? Il suit de là que la nation a le droit de prendre toutes précautions contre l'infidélité de ses mandataires.

Ce raisonnement repose sur une erreur. Le député n'est pas un mandataire, c'est un représentant (n° 55)(¹). Le peuple ne lui remet pas des instructions précises; il lui donne sa confiance. — Les questions que les Chambres sont appelées à régler doivent être étudiées avant d'être résolues, et la solution peut être imposée

(¹) L'expression courante *mandat législatif* est donc inexacte·

par des considérations ou des faits ignorés au jour de l'élection. — Le mandat impératif ne se conçoit que si le mandant est une personnalité indépendante, comme un Etat fédératif; or les divers collèges électoraux sont des parties indissolubles du même corps social. Le député, comme dit la C. 1791, représente la nation entière; ses électeurs, en lui imposant un mandat, usurperaient sur la souveraineté nationale. — Que dire enfin si on étudie le mandat impératif dans la pratique ? Les mandants ne sont pas le peuple, mais quelques individualités remuantes organisées en comité. Qui donc a constitué ces gardiens du pacte électoral ? Et à supposer que le peuple leur ait donné sa confiance expressément ou tacitement, quelle combinaison étrange que ce mandat impératif pour le député, non impératif pour le comité! A moins qu'on n'institue un comité pour surveiller le premier et ainsi de suite à l'infini.

Le mandat impératif, vainement défendu devant l'Assemblée de 1871, a toujours des partisans dans les Chambres. Les uns demandent simplement qu'il ne soit plus prohibé, d'autres demandent que les programmes électoraux des députés soient résumées et les réformes promises exécutées et cette proposition a été votée deux fois; d'autres veulent appliquer les articles 1984, 1991 et 1993 C. c., en sorte que le député qui aura à l'avance remis à des électeurs sa démission non datée soit simplement déclaré démissionnaire par la Chambre qui en sera requise; d'autres veulent que la Chambre puisse prononcer la déchéance d'un membre sur la pétition d'un certain nombre de ses électeurs; quelques-uns déclarent tout mandat impératif conformément au programme, ou exigent de tout candidat, à peine de nullité de l'élection, un programme-mandat, déposé à la Chambre et dont toute violation serait sanctionnée : 1º par la déchéance prononcée par la Chambre d'office ou sur la demande du bureau électoral; 2º par l'inégibilité et l'incapacité de toute fonction publique pendant deux ans.

291. *Droit comparé.* — Les règles ci-dessus sont généralement suivies. En Suède et Norvège, le refus ou la démission du siège législatif n'est admis que pour des motifs légaux ; en Angleterre, la démission n'est pas en usage ; le député se fait nommer à une fonction publique qui lui fait perdre sa qualité et qu'il résigne aussitôt.

292. IV. Fin de la fonction législative. — La fonction législative cesse.

1° Par le renouvellement intégral ou partiel de la Chambre ; ceci ne s'applique pas aux derniers sénateurs inamovibles ;

2° Par la dissolution de la Chambre des Députés ; ceci ne s'applique pas aux sénateurs ;

3° Par la mort du représentant ;

4° Par sa démission. Elle est adressée à la Chambre dont le démissionnaire fait partie : « elle peut seule recevoir leur démission » (L. 16 juillet, art. 10 *in fine*). En fait, la démission est écrite et remise au président pour être communiquée à la Chambre intéressée. La lettre de démission peut être motivée. La démission peut être refusée par la Chambre (n° 288). — Si elle est acceptée, elle est notifiée par le président au ministre de l'intérieur pour que le Gouvernement convoque les électeurs. En principe, la démission ne s'impose pas. Le représentant ne peut y être contraint qu'en vertu d'un texte de loi (n°ˢ 212, 238, 257, 258).

Il est de jurisprudence parlementaire que la lettre de démission doit émaner du membre lui-même et que le président ne tient aucun compte d'une lettre que le membre lui signale comme une conséquence du mandat impératif.

5° Par sa déchéance. Les lois de 1875 ne s'en occupent pas. Il faut en conclure qu'elles confirment implicitement la législation antérieure. Or aux termes du D. 2 février 1852 art. 28, tout député qui encourt une condamnation entraînant inéligibilité est déchu de son

mandat. Cette règle doit être étendue au Sénat ([1]). Il
est naturel qu'on ne puisse conserver un mandat qu'on
ne pourrait acquérir. La déchéance n'est pas encourue
de plein droit, elle doit être constatée, prononcée par
la Chambre intéressée. On se demande si elle doit être
prononcée contre un contumax.

La Chambre ne pourrait, sans invoquer une cause
légale d'indignité, prononcer la déchéance. A la Constituante, il fut question d'exclure l'abbé Maury; sous
la Restauration, les députés Grégoire et Manuel furent
arrachés de leurs sièges. Ces décisions injustifiables ne
tombent sous aucune sanction.

293. IV. Indemnité législative. — C'est une règle
fort discutée que celle qui attribue aux sénateurs et
aux députés une indemnité pécuniaire pour la durée
de leur fonction. Beaucoup pensent que la fonction
législative devrait être gratuite. Les partisans de l'indemnité disent que la gratuité écarterait du Parlement
tous ceux qui vivent de leur travail et ferait des sièges
législatifs le monopole des gens assez riches pour ne
rien faire. Ce résultat, directement contraire aux tendances démocratiques de notre société, priverait les
Chambres du concours des hommes d'affaires les plus
expérimentés. — Le travail législatif, grâce à la durée
normale des sessions ordinaires ou extraordinaires, est
très absorbant, très fatigant même ; pourquoi serait-il
privé, sinon d'un salaire, au moins d'une compensation ?
— L'exercice des fonctions législatives est pour la plupart des représentants, obligés de quitter la province
pour Paris, la cause de dépenses considérables auxquelles l'indemnité suffit à peine. Or si l'on comprend
que la fonction législative ne soit pas une source de
revenus et un moyen d'existence, il n'est pas admissible
qu'elle entraîne des pertes pécuniaires. — Le représen-

([1]) Le Sénat a prononcé la déchéance d'un de ses membres
condamné pour escroquerie (13 décembre 1887).

tant négligera les affaires publiques au profit de ses
affaires privées, ou même trafiquera de son vote et de
sa fonction pour en tirer dans l'ombre des ressources
que la loi lui refuse. — On ne peut craindre que le
représentant s'asservisse au Gouvernement dont les
caisses paient l'indemnité; car l'indemnité est attribuée
par la loi et non par le Gouvernement. Il vaut mieux
une somme payée par l'Etat que des rentes faites par
les électeurs à un représentant pauvre; c'est alors que
l'indépendance serait supprimée et que le mandat
impératif aurait une sanction facile dans l'interruption
des subsides.

Les partisans de la gratuité la présentent comme la
meilleure garantie de l'indépendance du Parlement.
Elle en assure le prestige aux yeux des électeurs qui
ne peuvent accuser les représentants de rechercher la
fonction législative pour le traitement. Elle constitue
un exemple de désintéressement d'autant plus efficace
qu'il part de plus haut. Elle n'empêche pas toutes les
opinions d'être représentées au Parlement, car toutes
les opinions ont des partisans parmi les riches et parmi
les pauvres. L'indemnité a eu pour résultat de créer
une profession nouvelle, une fonction publique rétri-
buée. Elle est la cause d'une honteuse servilité des
candidats auprès des électeurs et des basses flagorneries
au suffrage universel qui déconsidèrent la souveraineté
nationale et faussent le système représentatif.

Les raisons sont graves de part et d'autre, et la
question est vraiment difficile. J'incline vers l'indemnité, parce que dans une société démocratique chacun
vit de son travail et que la gratuité conférerait un privilège sans motif d'une part à une petite catégorie
d'oisifs riches, d'autre part à ceux qui habitent la
capitale. C'est aux électeurs qu'il appartient de bien
choisir, c'est à de meilleures mœurs politiques qu'il
faut demander la suppression de quelques abus.

294. Les fonctions législatives ont été gratuites sous
la Restauration (L. 5 décembre 1817) et la Monar-

chie de 1830 (L. 19 avril 1831 et 29 décembre 1831).
L'Acte Additionnel laissait la pairie gratuite, mais
accordait aux représentants une indemnité de session
et des frais de voyage. La C. 1852 admettait la gratuité, mais le Scs. 25 décembre 1852 accorda aux
membres du Corps législatif 2,500 francs par chaque
mois de session ordinaire ou extraordinaire.

Les Constitutions républicaines ont toutes admis le
principe de l'indemnité. Le chiffre fut fixé par le
D. 1er septembre 1789 à 18 francs, et par celui du
25 nivôse de l'An III à 36 francs par jour. La C. An III
le fixait par an à la valeur de trois mille myriagrammes
de froment. Divers actes rétablirent le taux en argent
et ajoutèrent une somme pour les frais de voyage, une
autre pour le logement, une troisième pour les frais
de lettres et même un costume officiel fourni par l'Etat.
La C. An III accordait 15,000 francs par an aux membres du Tribunat, 10,000 francs aux membres du Corps
législatif. En 1848, l'indemnité fut fixée d'abord à
25 francs par jour (D. 5 mars 1848), puis à 9,000 francs
par an (L. 15 mars 1849). L'Assemblée de 1871 adopta
ce dernier chiffre pour elle-même et pour les Chambres
qu'elle organisa. Le Gouvernement, la commission,
plusieurs membres demandèrent que les fonctions
sénatoriales fussent gratuites. L'Assemblée, après avoir
voté la gratuité en première lecture, vota en dernier
lieu l'article 26 L. 2 août 1875 : « Les membres du
Sénat reçoivent la même indemnité que ceux de la
Chambre des Députés ». Or, « les députés reçoivent
une indemnité. Cette indemnité est réglée par les
articles 96 et 97 de la loi du 15 mars 1849 et par les
dispositions de la loi du 16 février 1872 » (L. 30 novembre 1875, art. 17).

Depuis 1875 on a proposé d'une part de supprimer
l'indemnité, d'autre part de l'élever à 15,000 francs.

295. Il résulte de l'ensemble des textes que l'indemnité des sénateurs et des députés est fixée à 9,000 francs
par an. Elle n'est donc pas calculée d'après la durée

des travaux législatifs. Elle court du jour de l'élection. Avant 1879, elle n'était due que du jour de la validation; le membre invalidé n'y avait pas droit. Depuis 1879, comme l'invalidé a exercé les fonctions législatives et a rendu des services, il a droit à l'indemnité jusqu'au jour de l'invalidation.

Elle est suspendue : dans le cas de certaines peines disciplinaires; dans le cas où un membre s'absente sans congé; dans le cas où un membre est régulièrement poursuivi en matière pénale ou est contumax.

Elle cesse au décès du membre, au jour où la Chambre a prononcé sa déchéance, au jour où le ministre de l'intérieur a reçu notification de la démission acceptée par la Chambre.

Les députés qui remplissent une des fonctions compatibles avec leur mandat ne peuvent pas cumuler le traitement et l'indemnité, toucher les deux à la fois. Ils reçoivent la somme la plus élevée (L. 15 mars 1849, art. 96, et 16 février 1872, art. 2 et 3). La L. 2 août 1875 ne renvoyant pas à celle de 1849 et 1872, comme le fait la L. 30 novembre 1875, le Conseil d'Etat en a conclu que le cumul, interdit aux députés, est permis aux sénateurs (arrêt du 20 mars 1877) [1].

L'indemnité est facultative, non obligatoire. Tout membre a le droit d'y renoncer, on sait qu'aucun n'en use. La renonciation était interdite par les C. An III et 1848.

L'indemnité appartient au membre, qui peut en faire ce qu'il veut, même, quoi qu'on ait dit, la distribuer à ses électeurs, aux communes de sa circonscription électorale. Aucun texte ne limite le droit du représentant sur son indemnité, aucun texte ne défend les libéralités d'élu à électeur. Seulement cette pratique pourra, lors d'une réélection, être considérée

[1] La Chambre a voté, le 22 janvier 1881 et le 8 novembre 1887, l'extension au Sénat de la loi du 16 février 1872. Elle a voté en 1885 le cumul de l'indemnité et du traitement jusqu'à concurrence de 20,000 fr.

comme une manœuvre électorale, un moyen de corruption et entraîner l'invalidation.

Le D. 10 juillet 1848 déclarait l'indemnité incessible et insaisissable. Cette règle a été abrogée par la L. 15 mars 1849.

Les présidents et questeurs, dont les fonctions sont plus lourdes, plus assujettissantes et plus coûteuses, reçoivent, en outre de l'indemnité ordinaire, les présidents 72,000 fr. et les questeurs 9,000 fr. par an. De plus, les uns et les autres sont logés dans les palais législatifs.

L'indemnité n'est pas complétée par des frais de voyage. Mais d'une part, les députés des colonies voyagent gratuitement et, d'autre part, les membres du Parlement acquièrent, moyennant 120 fr. par an, le droit de circuler sans payer sur tous les chemins de fer.

296. *Droit comparé.* — La plupart des pays étrangers connaissent l'indemnité législative. Elle est refusée en Allemagne, Angleterre, Espagne, Italie, Chili. En Allemagne, le principe de l'indemnité a été voté neuf fois par le Reichstag et toujours repoussé par le Conseil fédéral. En Angleterre, il a été souvent proposé.

Elle est refusée à la Chambre Haute, en Bavière, Belgique, Hongrie, Portugal, Prusse, Suède.

Elle est souvent refusée à ceux qui habitent la capitale : Bavière, Belgique, Luxembourg, Saxe, Serbie, Würtemberg.

Le taux en est très variable. Il est fixé par an, en Pays-Bas (200 florins), aux Etats-Unis (500 dollars) ; — par session ordinaire, en Grèce (2,000 drachmes) et en Suède (1,200 rixdolers) ; — par mois, en Belgique (200 florins) et dans la République Argentine (1,600 fr.) ; — par jour, en Bavière (12 fr. 50), Danemark (8 fr. 40), Würtemberg (12 fr.), Luxembourg (5 fr.), Roumanie (23 fr. 50), Suède (7 fr.), Serbie (8 fr.).

En général, des frais de voyage s'ajoutent à l'indemnité. En Italie, la circulation est gratuite.

Les Constitutions prussienne et mexicaine ne permettent pas la renonciation à l'indemnité.

En Angleterre, le président de la Chambre des Lords reçoit 250,000 fr. par an et, en quittant ses fonctions, 125,000 fr. de pension annuelle; le président des Communes reçoit 150,000 fr. par an.

297. VI. IRRESPONSABILITÉ POLITIQUE. — Le représentant ne relève, pour l'exercice de sa fonction, que de sa conscience. Il n'est responsable ni pénalement, ni civilement, devant aucune autorité, devant aucun tribunal, des opinions qu'il a exprimées et des votes qu'il a émis. Son irresponsabilité a pour but d'assurer son indépendance. « Aucun membre de l'une ou l'autre Chambre ne peut être poursuivi ou recherché à l'occasion des opinions ou votes émis par lui dans l'exercice de ses fonctions » (L. 16 juillet 1875, art. 13).

La règle n'est pas nouvelle. Le D. 23 juin 1789 déclare « infâmes et traîtres envers la nation et coupables de crime capital »... « tous particuliers, toute corporation, tribunal, cour ou commission qui oseraient, pendant ou après la présente session, poursuivre, rechercher, arrêter ou faire arrêter, détenir ou faire détenir un député pour raison d'aucune proposition, avis, opinion ou discours faits par lui aux Etats Généraux ». Le principe, dépouillé de la formule solennelle et de la sanction excessive inspirées par les circonstances et la crainte des entreprises royales, reparaît dans les C. 1791, 1793, An III, An VIII, 1848. Sous les autres régimes, sans être une disposition constitutionnelle, la règle subsiste (L. 17 mai 1819, art. 21).

Elle n'est pas d'ailleurs sans avoir subi de graves atteintes. La Convention, le 1er avril 1793 « décrète que, sans avoir égard à l'inviolabilité d'un représentant de la nation française, elle décrètera d'accusation celui ou ceux de ses membres contre lesquels il y aura de fortes présomptions de sa complicité avec les ennemis de la liberté, de l'égalité et du Gouvernement républicain ». Ce fut le point de départ des proscriptions qui décimèrent l'Assemblée pour des motifs purement politiques. Les L. 18 et 19 fructidor An v, rendues sous l'impression des élections royalistes, annulèrent les élections dans 48 départements, prononcèrent la déportation contre 53 députés royalistes; la L. 19 brumaire An vii déclara déchus plusieurs représentants, à cause de leurs excès dans la séance du même jour.

Aujourd'hui, l'irresponsabilité est garantie par les lois constitutionnelles. La conséquence la plus saillante en est indiquée par la L. 29 juillet 1881, art. 41, dont le texte est emprunté littéralement à la L. 17 mai 1819, art. 21 : « Ne donneront ouverture à aucune action, les discours tenus dans le sein de l'une des deux Chambres, ainsi que les rapports ou toutes autres pièces imprimées par l'ordre de l'une des deux Chambres ».

L'irresponsabilité ne couvre que les actes relatifs aux fonctions, non les faits ou paroles diffamatoires qui y sont étrangers, fussent-ils commis dans l'enceinte du Parlement.

Droit comparé. — Les Constitutions étrangères sont sur ce point semblables en général aux lois françaises. En Angleterre, l'immunité cesse dès que le membre du Parlement a fait imprimer et publier ses discours. En Suède et en Danemark, la Chambre peut, à la majorité des cinq septièmes, autoriser des poursuites pour des faits, discours ou votes.

298. VII. INVIOLABILITÉ JUDICIAIRE. — « Aucun membre de l'une ou de l'autre Chambre ne peut, pendant la durée de la session, être poursuivi ou arrêté en matière criminelle ou correctionnelle qu'avec l'autorisation de la Chambre dont il fait partie, sauf le cas de flagrant délit. — La détention ou la poursuite d'un membre de l'une ou de l'autre Chambre est suspendue pendant la session et pour toute sa durée, si la Chambre le requiert » (L. 16 juillet 1875, art. 14).

Ainsi l'application des lois pénales est en principe suspendue à l'égard des membres du Parlement. Quels sont les motifs de ce privilège ? On en a donné plusieurs. Il ne faut pas qu'une circonscription soit totalement ou

partiellement privée de représentation, que les lois
soient votées par des Chambres incomplètes. — Comme
le ministère public est un agent du pouvoir exécutif,
celui-ci en prescrivant des poursuites pourrait exercer
une action illégitime sur les représentants et chercher
à écarter momentanément un opposant habile et énergi-
que. — L'autorité judiciaire ne saurait, sans excéder ses
droits, entraver l'exercice de la fonction législative.

Ces motifs sont fondés sur l'ordre public. Donc
l'inviolabilité serait vainement répudiée par le membre
poursuivi ; le tribunal saisi devrait d'office se déclarer
incompétent.

299. Le texte ci-dessus distingue trois hypothèses.

1° *Poursuite intentée pendant une session.* — En
principe elle ne peut être continuée sans l'autorisation de la Chambre intéressée. Quand la poursuite
émane du ministère public, la Chambre est saisie de
la question par le réquisitoire du procureur général,
transmis au président par le garde des sceaux. Lorsque
c'est un particulier qui poursuit, doit-il au préalable
former une demande à la Chambre ou attendre que le
tribunal saisi se soit déclaré incompétent ? La question
est douteuse. En pratique, le particulier adresse une
demande à la Chambre avant de saisir une juridiction.

La Chambre statue en général sur le rapport d'une
commission ; elle peut entendre le membre intéressé.
Elle ne saurait, sans usurper sur l'autorité judiciaire,
examiner si la demande est bien fondée ; elle doit se
borner à rechercher si la poursuite ne porte pas atteinte
à l'indépendance du Parlement en général et du membre attaqué en particulier. Si la demande en autorisation est admise, le procès suit son cours normal ; si elle
est rejetée, il est suspendu.

L'autorisation est nécessaire soit pour l'arrestation,
soit pour la poursuite seulement.

Elle n'est pas exigée : 1° en cas de flagrant délit ;
2° en matière de contravention en simple police.

L'inviolabilité commence du jour où l'élection est

proclamée et non pas du jour de la vérification des pouvoirs ; car c'est de l'élection et non de la Chambre que le représentant tient ses droits. Elle est suspendue : à l'égard des députés ajournés ; dans l'intervalle des sessions. Elle cesse avec la fonction législative (n° 292).

Elle est purement personnelle et ne s'étend pas au domicile du représentant, lequel reste soumis au droit commun pour les perquisitions et autres actes d'instruction criminelle ;

2° *Poursuite commencée avant la session.* — Elle continue, à moins que la Chambre n'en requière la suspension. Les peines privatives de la liberté ne sauraient être exécutées avant la fin de la session, à moins qu'elles n'entraînent la déchéance du membre condamné.

3° *Détention commencée avant la session.* — Elle continue, à moins que la Chambre n'en requière la suspension.

300. Il est généralement admis que les membres du Parlement ne peuvent, à cause de leur immunité, être assignés en qualité de témoins. Cela est exagéré et il suffirait de prescrire que les députés ou sénateurs devront être entendus à l'heure exacte marquée par l'assignation ou indiquée par eux-mêmes.

301. L'immunité parlementaire n'implique aucun privilège de juridiction. Les députés et sénateurs sont jugés, dans les cas où ils peuvent l'être, par les tribunaux ordinaires.

302. L'Assemblée nationale avait, dès le 23 juin 1789, déclaré ses membres inviolables et proclamé ceux qui violeraient leur liberté « infâmes, traîtres à la nation, coupables de crime capital ». Le D. 26 juin 1790 autorisa l'arrestation d'un député au cas de flagrant délit, mais exigea que l'Assemblée fût consultée sur la continuation des poursuites. Le système passa dans les C. 1791, 1793 et 1848. La Convention, « considérant que le salut du peuple est la suprême loi », annonça

(1er avril 1793) l'intention de n'avoir pas d'égard pour l'inviolabilité de ses membres. On sait trop comment elle se décima elle-même. Mais elle décida, pour les autres autorités, que ses membres ne pourraient être arrêtés que pour crimes et en flagrant délit (11 avril 1793). — La C. An III règle minutieusement la procédure selon laquelle les membres des Chambres pourront être décrétés d'accusation par le Conseil des Anciens sur la proposition du Conseil des Cinq Cents. Aucune poursuite et, sauf le cas de flagrant délit, aucune arrestation n'est possible jusqu'à cette décision. Les députés sont jugés par une Haute-Cour. — Le D. 30 prairial An VIII met hors la loi ceux qui attenteraient à la liberté des députés. — La C. An VIII se borne à exiger l'autorisation de la Chambre intéressée, sans reproduire l'exception pour le cas de flagrant délit. — Les Chartes ont des règles différentes pour les pairs et les députés. Les premiers ne peuvent être arrêtés que sur autorisation de leur Chambre et jugés que par elle. Les derniers ne peuvent pendant la session être poursuivis ni arrêtés en matière criminelle, sauf les cas de flagrant délit, qu'après que la Chambre a permis la poursuite. Cette règle est reproduite presque textuellement dans le D. 2 février 1852, art. 11. — La C. 1848 permet à l'Assemblée de requérir la mise en liberté, pour la durée de la session, d'un membre détenu.

Quant aux députés cités en témoignage, leur immunité a été reconnue par la L. 7 pluviôse An II et des résolutions de la Chambre des Députés (19 novembre 1830 et 27 février 1842). Mais la L. 18 nivôse de l'An II les oblige à répondre à l'assignation, pourvu que le juge les entende à l'heure fixée. — La L. 20 thermidor de l'An IV et l'arrêté du 7 thermidor An IX veulent que leur déposition soit reçue par le juge de leur résidence et les dispense de se déplacer.

Je signale pour mémoire l'exemption de la contrainte par corps qu'accordent expressément les deux Chartes et l'Acte Additionnel, que refuse le D. 7 juillet 1790, que limite à trois mois la L. 21 janvier 1851. La contrainte par corps a été supprimée par la L. 22 juillet 1867.

303. L'inviolabilité parlementaire couvre les membres des Chambres au regard de l'autorité judiciaire. Aucune loi ne prévoit spécialement les attentats des particuliers ou du pouvoir exécutif. On a vu les actes du 26 juin 1789 et du 30 prairial An VII sur ce sujet.

L'histoire a gardé le souvenir d'actes qui violaient dans les députés la fonction législative avec la liberté individuelle (D. 2 décembre et 29 décembre 1851).

La loi prévoit « la diffamation commise... à raison de leurs fonctions ou de leur qualité, envers... un ou plusieurs membres de l'une ou de l'autre Chambre... », et la frappe « d'un emprisonnement de 8 jours à un an, d'une amende de 100 francs à 3,000 francs, ou de l'une de ces deux peines seulement » (L. 29 juillet 1881, art. 30 et 31). La L. 25 mars 1822 et le D. 11 août 1848 étaient plus sévères.

304. *Droit comparé.* — Les règles ci-dessus se retrouvent, à quelques détails près, dans plusieurs pays étrangers : Allemagne, Bade, Bavière, Belgique, Danemark, Grèce, Luxembourg, Prusse, Würtemberg. En d'autres, l'exception relative aux flagrants délits n'est pas reproduite (Italie) ou limitée à certains cas (Saxe, Portugal); du moins la Chambre doit-elle être consultée dès l'arrestation (Autriche, Espagne, Serbie). L'arrestation et la poursuite sans autorisation sont possibles en certains cas énumérés (Etats-Unis) ou laissés à l'appréciation du juge (Suède). — En Suède, la majorité des cinq sixièmes est exigée pour l'autorisation des poursuites. Tout attentat est réputé trahison. Dans la République Argentine, la Chambre prend connaissance des faits; l'autorisation de poursuivre ne peut être donnée qu'à la majorité des deux tiers.

La durée de l'inviolabilité est quelquefois augmentée. En Suède et Norvège, elle s'étend aux voyages pour aller siéger et pour en revenir. Aux Etats-Unis le représentant est couvert par son immunité, non seulement pendant la session, mais lorsqu'il est en route pour Galles ou pour en revenir, et enfin même à son domicile. En Serbie, l'immunité commence 5 jours avant l'ouverture de la session. En Italie, elle commence 3 semaines avant et dure 3 semaines après la session.

La suspension de la détention sur la demande de la Chambre est autorisée en Allemagne, Belgique, Danemark, Luxembourg, Prusse, Würtemberg, Autriche, Roumanie.

La contrainte par corps est suspendue dans les mêmes pays sauf l'Autriche. En Grèce, elle est suspendue quatre semaines avant la session et autant après ; en Italie, trois semaines avant et après. En Saxe, la règle de l'immunité cesse au cas où la contrainte est fondée sur une lettre de change.

Le jugement est confié au Tribunal Suprême en Espagne. En Italie, le Sénat seul peut juger ses membres.

305. VIII. INCAPACITÉ POUR LES FONCTIONS PUBLIQUES. — De même que la plupart des fonctionnaires ne peuvent être élus aux Chambres sans résigner leurs fonctions, de même les députés ne peuvent, sans abandonner leur siège, être nommés à la plupart des fonctions publiques. « Tout député nommé ou promu à une fonction publique salariée cesse d'appartenir à la Chambre par le fait même de son acceptation ; mais il peut être réélu si la fonction qu'il occupe est compatible avec le mandat de député. — Les députés nommés ministres ou sous-secrétaires d'Etat ne sont pas soumis à la réélection » (L. 30 novembre 1875, art. 11).

Il est remarquable que cette règle ne s'applique qu'aux députés et non aux sénateurs. La loi provisoire du 16 décembre 1887 n'a étendu au Sénat que les art. 8 et 9, non pas l'art. 11 L. 30 novembre 1875. La différence est difficile à justifier, car s'il peut y

avoir avantage à laisser les fonctionnaires devenir sénateurs, il n'y a que des inconvénients à laisser les
sénateurs devenirs fonctionnaires. Aussi a-t-on souvent réclamé l'application aux deux Chambres de
l'article 11 précité.

306. La règle s'applique à toutes les fonctions
publiques salariées et ne comporte pas les mêmes
exceptions que la règle de l'incompatibilité (n° 238),
sauf les ministres et sous-secrétaires d'Etat. Toutefois,
si la fonction acceptée est compatible avec le mandat
législatif, le député nommé fonctionnaire ou promu
peut se représenter à l'élection et, s'il est élu, siéger à
la Chambre.

On a demandé un délai pendant lequel le député
nommé fonctionnaire ne serait pas éligible. Ceci était
admis dans le projet sur les incompatibilités voté en
1885.

Si la fonction est incompatible, l'ex-député ne peut
plus être élu tant qu'il la conserve.

Le député « cesse d'appartenir à la Chambre par le
fait même de son acceptation ». Il n'a donc pas un
délai pour opter entre la fonction et le siège; dès qu'il
accepte la première, il perd de plein droit le second.

307. La règle ne s'applique qu'aux fonctions publiques rétribuées sur les fonds de l'Etat. Elle ne vise
donc pas : les fonctions publiques non rétribuées ; — les
fonctions rétribuées sur les fonds des départements ou
de la commune. Cela résulte du rapprochement des
art. 8 et 11, L. 38 novembre 1875 ; — les emplois salariés qui ne sont pas des fonctions publiques. Cependant « tout député qui accepte les fonctions d'administrateur d'une Compagnie de chemins de fer, est
réputé démissionnaire et soumis à réélection » (L.
20 novembre 1883, art. 5).

L'emploi fréquent de la qualité de sénateur ou député
dans les conseils d'administration de sociétés financières qui ne furent pas toutes heureuses, a suscité de
nombreuses propositions tendant à réprimer l'abus. Cer-

tains se contenteraient d'un article inséré au règlement
de chaque Chambre, interdisant l'usage de la qualité
de député ou sénateur dans les sociétés financières ou
même prononçant une pénalité réglementaire comme
la censure. Quelques-uns proposent une forte amende
contre la société et contre le législateur. D'autres vont
plus loin et sanctionnent la prohibition par la déchéance du membre qui y contrevient.

La règle ne s'applique pas davantage aux députés
qui sont intéressés, mais non employés, dans des
entreprises des travaux de l'Etat, des fournitures à
l'Etat, des sociétés subventionnées par l'Etat. Il y
aurait de bonnes raisons pour qu'elle s'appliquât ; les
propositions faites en ce sens n'ont pas abouti.

Un membre du Parlement peut aussi être chargé par
le Gouvernement d'une mission temporaire, c'est-à-dire
dont la durée n'excède pas six mois (L. 30 nov. 1875,
art. 9-2°). En pratique, à l'expiration des six mois,
un décret renouvelle la mission ou même celle-ci continue sans décret. La Chambre a demandé en 1887
que ces illégalités ne soient plus commises.

308. Les L. 12 septembre 1830 et 19 avril 1831
soumettent à la réélection tout député nommé à une
fonction publique. La Charte de 1814 promet une loi
semblable qui ne fut pas faite sous son empire. La
C. 1848 prohibe la nomination des députés aux fonctions publiques salariées dont le Gouvernement a la
libre nomination. Les D. 30 novembre 1789 et 26 janvier 1790 défendent aux députés, même démissionnaires, d'accepter des fonctions publiques, des dons ou
pensions du Gouvernement. Celui du 8 avril 1791 étend
la règle à un délai de 4 ans après l'expiration du mandat. La C. 1791 admet la même règle réduite à deux ans.
Celle de l'An III proclame l'incompatibilité absolue.

309. Le membre du Parlement qui cesse ses fonctions peut immédiatement être nommé à une fonction
publique. Il a peut-être été fait abus de cette faculté au
profit des victimes du suffrage universel. Aussi a-t-on

demandé que le membre non réélu ne pût être nommé pendant deux ans après son échec. D'autres étendent la même règle au député démissionnaire. La L. 25 avril 1872 l'appliquait aux six mois qui suivent la cessation des fonctions législatives.

310. Aux cas prévus par la L. 30 novembre 1875, il faut ajouter celui prévu par la L. 21 novembre 1872, art. 3 : « Les fonctions de juré sont incompatibles avec celles de député... ».

311. Aucune profession n'est interdite aux membres des Chambres. Un acte du 9 avril 1793, rapporté le 22, la loi du 11 mai 1868, art. 8, leur interdisaient d'être gérants des journaux. Des propositions en ce sens ont été faites aux Chambres sans succès. Elles n'avaient d'ailleurs pas pour but d'interdire le journalisme aux membres du Parlement, mais seulement la gérance des feuilles publiques.

Au surplus, si le député ne peut accepter aucune fonction publique, il peut recevoir toutes les autres faveurs administratives et notamment les décorations. Aucun usage n'est fait de cette faculté. — Il ne lui est pas interdit de solliciter des faveurs du même genre pour ses amis; des propositions tendant à prohiber toute recommandation ou sollicitation pour des intérêts privés ont échoué (Cf. D. 8 avril 1791). — En revanche, la L. 4 juillet 1889 applique l'art. 177 C. P. « à toute personne investie d'un mandat électif, qui aura agréé des offres ou promesses, reçu des dons ou présents pour faire obtenir ou tenter de faire obtenir des décorations... des places..., des faveurs quelconques accordées par l'autorité publique, des... bénéfices résultant de traités conclus également avec l'autorité publique, et aura ainsi abusé de l'influence réelle ou supposée que lui donne son mandat ». — Le C. P. 1791 punissait de mort « tout membre de la législature convaincu d'avoir, moyennant argent, présent ou promesse, trafiqué de son opinion ».

312. *Droit comparé.* — Plusieurs Constitutions soumettent à la réélection les membres du Parlement nommés aux fonctions publiques : Allemagne, Bade, Bavière, Belgique, Hongrie, Luxembourg, Pays-Bas, Prusse, Saxe, Würtemberg. Il en est de même en Angleterre. En Roumanie, la règle reçoit exception pour les fonctions ministérielles. La même exception se retrouve en Espagne où la prohibition s'étend jusqu'aux titres, décorations, faveurs de toute sorte.

En Portugal, l'obligation de la réélection n'existe que pour les membres de la Chambre Basse. Elle cesse pour les députés nommés ministres ou conseillers d'Etat. La Chambre peut, en cas de nécessité, autoriser la nomination d'un député ou son envoi en mission. La prohibition s'étend aussi aux récompenses honorifiques.

En Grèce, en Suisse, la prohibition est absolue; de même au Chili. La loi roumaine défend aux membres des Chambres tout traité avec l'Etat.

Dans la Confédération Argentine, la Chambre intéressée peut autoriser la nomination.

Aux Etats-Unis, les représentants ne sont incapables que pour les fonctions créées ou dont le traitement a été augmenté pendant une session à laquelle ils ont pris part.

313. IX. Assiduité. — Les membres des Chambres sont tenus d'assister à toutes les séances. L'obligation cesse pour ceux qui sont régulièrement occupés à d'autres travaux. Ainsi les ministres, les membres envoyés en mission extraordinaire, les membres des commissions qui travaillent aux mêmes heures que les Chambres sont dispensés de l'assiduité. Les Chambres en outre accordent des congés réguliers sur le rapport d'une commission.

Les absences irrégulières ne sont sanctionnées que par le règlement. Tout membre qui a manqué à six séances consécutives est privé de son indemnité pendant la durée de son absence.

Cette sanction pécuniaire est adoptée par les Constitutions de la Suède, des Pays-Bas, du Mexique. D'autres Constitutions ont imaginé des sanctions plus sévères ou d'ordre politique. Les C. des Etats-Unis et de la République Argentine donnent à chaque Chambre le droit de contraindre les absents à siéger dans des délais et sous des peines qu'elle fixe à son gré. En Würtemberg, la Chambre qui n'est pas en nombre suffisant pour délibérer est réputée adhérer aux décisions prises par l'autre Chambre; mais les membres présents sont admis à voter dans celle-ci. En Portugal le député qui n'assiste pas à la première séance est tenu pour démissionnaire. En 1887, le Parlement autrichien a déclaré déchus une soixantaine de députés qui s'abstenaient systématiquement d'assister aux séances.

314. X. Insignes. — La C. An iii prescrivait une loi qui déterminerait la forme et la couleur d'un costume sans lequel les membres des Chambres ne se montreraient jamais en public. La L. 30 avril 1848 imposa aux députés un costume officiel. L'espèce de mascarade qui en résulta n'a pas recommencé. Nos lois actuelles sont absolument muettes sur ce sujet. La Chambre des Députés a voté une résolution qui attribue à chacun de ses membres une médaille d'identité et, comme insigne, une écharpe tricolore à franges d'or.

CHAPITRE XXII

ATTRIBUTIONS DU PARLEMENT

315. Les attributions du Parlement sont nombreuses et variées. Elles sont fixées, outre les lois constitutionnelles, par un grand nombre de lois relatives aux matières les plus diverses. Il ne peut être question d'en donner l'énumération complète. On se contentera d'une classification et de l'étude des termes les plus importants, en particulier de ceux qui ont un rapport immédiat avec les textes constitutionnels.

Certaines Constitutions ont tenté de donner une liste complète et limitative des attributions du Parlement : ainsi celles de 1791, de 1793. Le procédé est dangereux et ne peut convenir qu'aux temps de révolutions, où il est nécessaire de fixer les limites de de chaque pouvoir. En toute autre circonstance, la fixation constitutionnelle des pouvoirs du Parlement risque d'être incomplète et de créer d'insolubles difficultés. Fût-elle même exactement faite, cette œuvre aurait pour résultat de gêner le fonctionnement des pouvoirs publics, d'en supprimer la souplesse nécessaire, d'empêcher les changements que commandent les circonstances. Elle ne permettra pas que le Gouvernement, en un cas où l'exercice de ses droits lui paraît trop grave ou trop important, consulte les Chambres sur une matière que la Constitution ne leur attribue pas ; que d'autre part les Chambres se déchargent sur un Gouvernement sûr et habile d'une partie de leurs attributions. Elle s'opposera à la collaboration des pouvoirs.

Il ne faut donc pas regretter que les lois de 1875 n'aient pas limitativement fixé les droits du Parlement. On craindra peut-être que le Parlement n'abuse de ce

silence pour se réserver une action excessive sur les
affaires sociales, ou en sens inverse pour abandonner
au Gouvernement des pouvoirs trop étendus. Ces
craintes seraient exagérées. L'intérêt même du Parlement le pousse à ne pas augmenter ses occupations
jusqu'à en être surchargé, à ne pas déléguer ses droits
jusqu'à les abdiquer. On a pu cependant relever, surtout dans la Chambre des Députés, une tendance à
exagérer les pouvoirs du Parlement. Cette tendance
trouverait au besoin des barrières dans les règles qui
limitent la durée des sessions et dans les pouvoirs du
chef de l'Etat.

En toute matière, du reste, il faut moins compter
sur les lois que sur les hommes. De bonnes mœurs
politiques, une exacte connaissance du rôle des Chambres valent mieux pour le fonctionnement des institutions qu'un texte limitatif.

316. L'ensemble des attributions des Chambres peut
être divisé en 7 ordres : législatif, constitutionnel et
parlementaire, électoral, administratif, intérieur, international, judiciaire. Je vais passer en revue ces sept
catégories; deux seulement seront étudiées en détail
ici : les attributions judiciaires et les attributions
législatives.

317. *Droit comparé.* — Les Constitutions fédérales
contiennent en général des énumérations qui ont pour
but de fixer les domaines respectifs de la législation
commune et de la législation particulière aux Etats confédérés ou unis : Allemagne, Autriche, Confédération
Argentine, Mexique, Etats-Unis, Suisse.

Les Constitutions qui sont présentées comme des
concessions d'une autorité absolue fixent limitativement la compétence des Assemblées : Bavière, Saxe,
Würtemberg. En Bade et en Serbie, en outre des
objets énumérés, le chef de l'Etat peut soumettre aux
Chambres un projet de loi sur toute matière. Une
énumération se trouve encore dans les Constitutions
d'Espagne, Norvège, Portugal, Suède.

318. I. Attributions législatives (¹). *Définition de la loi.* — Elles sont relatives à l'exercice du pouvoir législatif, à la confection des lois.

« L'exercice du pouvoir législatif s'exerce par deux assemblées : la Chambre des Députés et le Sénat » (L. 25 février 1875, art. 1, al. 1). Ce texte, comme on le verra, n'a pas pour objet d'exclure le Président de la République de toute participation à l'œuvre législative, mais seulement de déclarer que la confection des lois appartient aux Chambres seules. Une déclaration plus claire dans le même sens se rencontre dans les C. 1791 et 1848.— Les deux Chartes, l'Acte Additionnel et le Scs. 1870 attribuent le pouvoir législatif collectivement au Chef de l'Etat et aux Chambres. La même formule est donnée par plusieurs Constitutions étrangères : Belgique, Danemark, Espagne, Grèce, Italie, Pays-Bas et Portugal.— Celles de la Bavière, de la Saxe et du Würtemberg donnent au chef de l'Etat les attributs souverains, tout en instituant des Chambres. — Celles des Etats-Unis, du Mexique, de l'Allemagne, donnent le pouvoir législatif aux deux Chambres.

319. L'exercice du pouvoir législatif consiste dans la confection de la loi : tous les actes du Parlement ne sont pas des lois.

Certaines Constitutions ont tenté, sans grand succès, de définir la loi. Celle de 1791, après l'avoir définie « l'expression de la volonté nationale », ce qui est vague, appelle *lois* les actes votés par le Corps législatif et approuvés par le Roi, ou ceux qui, repoussés par le Roi, ont été votés trois fois, ou enfin ceux, limitativement énumérés, qui n'ont pas besoin de la sanction royale. Elle réserve le nom de *décrets* à des actes également énumérés et dispensés de sanction. Ces notions insuffisantes étaient expliquées par l'énumération des matières qui devaient faire l'objet d'une loi ou d'un décret.

(¹) Il ne sera pas question ici de l'exercice direct du pouvoir législatif (v. nᵒˢ 5 et s., 159 et s.).

La C. 1793 définit la loi « l'expression libre et solennelle de la volonté nationale » et déclare que « le Corps législatif propose des lois et rend des décrets ». Ceux-ci sont valables et définitifs dès le vote, celles-là sont soumises à l'approbation du peuple. Les textes énumèrent les matières qui sont réglées par décret et celles qui font l'objet d'une loi.

La C. An III est moins explicite. Elle appelle *résolutions* les propositions votées par le conseil des Cinq Cents et *lois* les résolutions adoptées par le Conseil des Anciens.

Depuis l'An VIII, le mot *loi* n'est plus l'objet d'aucune définition ni détermination. À peine peut-on signaler, dans l'Acte Additionnel, un article qui appelle *résolution* l'acte qui autorise des poursuites contre un membre.

Les lois de 1875 n'ont pas plus de précision. Elles autorisent cependant la définition suivante : la loi est un précepte juridique, sur une matière d'un intérêt général, voté successivement par les deux Chambres. Examinons en détail cette définition pour établir une distinction entre la loi proprement dite et les autres actes du Parlement.

320. 1° *La loi est un précepte.* — Les actes des Chambres qui ne contiennent ni injonction ni prohibition ne sont pas des lois. Ainsi le vote par lequel les deux Chambres donnent leur assentiment à la guerre proposée par le Président de la République n'est pas une loi (L. 16 juillet 1875, art. 8). Il ne contient aucun précepte ni pour les citoyens, ni pour les fonctionnaires. Il est un « assentiment ». On pourrait se demander si les votes relatifs à un certain nombre de traités nécessairement soumis aux Chambres sont des lois. Ces votes ne se bornent pas à consentir, à permettre ; ils rendent le traité exécutoire, obligatoire pour tous ; ils constituent donc un précepte. Au contraire, il n'y a aucun précepte dans le vote qui approuve une cession, une adjonction, un échange de territoire. C'est à tort que la L. 16 juillet 1875, art. 8 l'appelle une *loi*.

2° *La loi est un précepte juridique.* — Elle crée le droit, elle fixe les rapports des particuliers entre eux ou avec l'Etat, elle établit des droits et des obligations, elle organise. Tout acte des Chambres qui ne crée pas le droit n'est pas une loi. Ainsi les actes qui décident qu'il y a lieu à révision prescrivent implicitement la réunion de l'Assemblée nationale; ils ne contiennent aucune décision juridique. Le texte constitutionnel les appelle des *délibérations* ou des *résolutions* (L. 25 fév. 1875, art. 8).

3° *Ce précepte juridique a une portée générale.* — La loi est une règle commune à tous. Elle est faite sans acception de personne. L'application particulière à chacun n'est plus un acte qui formule la règle, c'est un acte qui l'exécute. De tels actes, les Chambres en font souvent (n° 350); en les faisant, elles sortent de leurs fonctions législatives.

4° *Ce précepte juridique a été voté par les deux Chambres.* — Ceci résulte à l'évidence du texte constitutionnel qui confie à deux Chambres l'exercice du pouvoir législatif (L. 25 février 1875, art. 1). La plupart des textes constitutionnels qui parlent d'une loi font allusion au vote des deux Chambres (même loi, art. 3; L. 16 juillet 1875, art. 7). Les actes qui émanent d'une seule Chambre ne sont pas des lois : ainsi les actes par lesquels chaque Chambre exerce ses attributions parlementaires, judiciaires et d'ordre intérieur. A leur sujet, la L. 25 février 1875, art. 4, emploie le mot *résolution*.

5° *Le vote a eu lieu successivement dans les deux Chambres.* — Les *délibérations* portant révision des lois constitutionnelles (L. 25 février 1875, art. 8) et prises par les deux Chambres réunies en Assemblée nationale, ne sont pas des *lois* au sens strict du mot. Ce sont des *lois constitutionnelles*, soumises à un régime particulier et auxquelles ne s'appliquent pas la plupart des règles formulées pour les lois proprement dites.

Telle est la notion de la loi. L'acte qui réunit ces conditions possède une valeur obligatoire générale, s'impose avec une égale force aux particuliers, aux fonctionnaires, aux tribunaux. Celui qui ne les remplit pas n'a ni cette portée générale, ni cette valeur absolue. Il ne concerne et n'oblige que certaines personnes; souvent il n'a aucun caractère juridique, ne contient même aucun précepte.

321. *Domaine de la loi.* — Cette notion de la loi est encore bien vague. Elle ne précise pas le domaine propre du pouvoir législatif. Elle est surtout empirique. Si elle permet de dire quels actes des Chambres ne sont pas des lois, elle ne dit pas quelles matières doivent être réglées par les lois. Elle laisse soupçonner que certains préceptes juridiques à portée générale n'émanent pas des Chambres; elle ne dit pas en quels cas le précepte devra émaner d'elles, en quels cas il pourra émaner du Gouvernement ou de ses agents. En un mot, elle ne trace pas une limite nette entre le pouvoir législatif qui appartient aux Chambres et le pouvoir réglementaire qui appartient au chef de l'Etat (n° 390).

Elle aurait donc besoin, semble-t-il, d'une énumération des matières qui sont et doivent être réglées par les Chambres. Cette énumération, que les lois de 1875 ne font pas, n'aurait que des inconvénients (n° 315).

322. Le domaine législatif propre aux Chambres n'a donc pas des frontières bien nettes. On peut cependant les indiquer sur quelques points.

1° Les questions réglées par les lois constitutionnelles ne sont pas de la compétence de la loi proprement dite. On sait que les lois constitutionnelles sont soumises à un régime particulier. — On peut remarquer : 1° que cette précision manque dans les régimes qui ne distinguent pas le pouvoir constituant et le pouvoir législatif; — 2° que les Constitutions longues et minutieuses comme celles de 1791, 1793, An III,

1848 restreignent sensiblement le domaine législatif ; — 3° que depuis 1875, les révisions l'ont augmenté en y ajoutant l'élection du Sénat et le siège des pouvoirs publics.

2° Les lois constitutionnelles prescrivent expressément une loi sur telle ou telle matière : une loi électorale pour la Chambre des Députés (L. 25 fév. 1875, art. 1, al. 2) ; — une loi pour les amnisties (*ib.* art. 3, al. 2) ; — des lois de finances (L. 24 fév. 1875, art. 8, al. 2) ; — une loi pour déterminer la procédure devant la Haute-Cour de justice (L. 16 juillet 1875, art. 12, al. 5). — Des prescriptions analogues se trouvent dans toutes les Constitutions.

3° Il existe un grand nombre de lois qui ne peuvent être modifiées ou abrogées que par une loi. De ce chef, le domaine législatif est considérable et suffisamment déterminé. Il est susceptible d'augmentation, car des matières réglées par des actes du pouvoir exécutif ou abandonnées à l'usage peuvent être réglées par une loi. Parfois le Gouvernement sollicite lui-même une loi sur tel objet, soit à cause de son importance nouvelle, soit pour décliner la responsabilité des mesures à prendre.

4° Grâce à l'activité continue du Parlement, il s'établit des usages qui réservent au pouvoir législatif le droit de régler certaines catégories de matières.

5° Enfin toutes les mesures qui entraînent dépense ou recette doivent être décidées par le Parlement. C'est un principe incontesté, quoique non exprimé dans la loi constitutionnelle, que les Chambres seules peuvent autoriser les dépenses et les recettes de l'Etat. De tels actes ont d'ailleurs tous les caractères d'une loi. Alors même qu'ils ne viseraient directement que certaines catégories ou certains individus, ils intéresseraient indirectement l'Etat tout entier et les membres de l'Etat qui sont toujours appelés à solder les dépenses et à fournir les recettes.

323. *Limites du pouvoir législatif.* — Le domaine

de la loi étant supposé connu, le pouvoir législatif est-il, pour son exercice, soumis à des règles qui préviennent l'arbitraire et au besoin le répriment?

Un grand nombre de Constitutions ont prévu et résolu la double question des limites et de leurs sanctions.

1° *Les limites.* La C. 1791, dans la déclaration des Droits de l'homme qui l'ouvre, limitait les pouvoirs du législateur. « La loi n'a le droit de défendre que les actions nuisibles à la société... » (art. 5). « ... Elle doit être la même pour tous, soit qu'elle protège, soit qu'elle punisse... » (art. 6). « La loi ne doit établir que des peines strictement et évidemment nécessaires... » (art. 8). Et la formule plus générale du § 3 du titre I : « Le pouvoir législatif ne pourra faire aucune loi qui porte atteinte et mette obstacle à l'exercice des droits naturels et civils consignés dans le présent titre et garantis par la Constitution ».

On trouve l'indication de droits garantis dans toutes les Constitutions françaises et étrangères. Seules les lois de 1875 ne contiennent aucune règle de ce genre. Sur le terrain qui lui est propre, le Parlement est souverain ; comme le Parlement anglais, il peut tout dans l'ordre législatif, *sauf faire un homme d'une femme.*

On a soutenu que les principes de 1789, la Déclaration des droits de l'homme et du citoyen étaient encore en vigueur. Ils sont expressément consacrés par la C. 1852 et le Scs. 1870, que les lois de 1875 n'ont pas abrogés en ce point spécial. — Assurément les principes de 1789 ou plutôt l'idée souvent inexacte qu'on s'en fait, sont vivants dans la conscience de la nation française et de ses représentants. Mais je ne puis croire qu'il soit resté quelque chose des Constitutions impériales, qu'un seul texte ait survécu à la Révolution du 4 septembre 1870 et au travail constituant de 1875. Le pouvoir législatif pourrait donc violer les principes de 1789 sans violer une disposition constitutionnelle, sinon sans froisser l'opinion publique.

Entre les principes de 1789, le principe de la séparation des pouvoirs nous est connu. Il constitue une restriction importante aux droits absolus du Parlement; considéré à ce point de vue, il sera étudié plus loin (n°ˢ 447 et s.).

La loi en général ne dispose que pour l'avenir, et l'art. 2 C. c. commande que l'application qui en est faite ne concerne que les faits postérieurs à sa date, qu'elle ne soit pas *rétroactive*. Cette règle, qui s'impose au pouvoir exécutif et à l'autorité judiciaire, n'est pas obligatoire pour le législateur [1]. Il peut, par une disposition formelle, décider qu'une loi aura effet rétroactif. La C. 1791 défendait la rétroactivité en matière criminelle; celle de l'An III étendit la prohibition à toutes les matières. La Convention a abusé de la faculté de rendre une loi rétroactive. La prohibition n'aurait aujourd'hui aucun intérêt; le législateur moderne n'a guère usé de son droit; il serait inutile et peut-être dangereux de le lui enlever.

2° *Les sanctions.* Supposons une loi contraire à la Constitution. Les C. impériales seules ont donné une sanction : le Sénat conservateur a le droit d'annuler comme inconstitutionnels tous actes, notamment ceux du Corps législatif, soit d'office, soit à la demande du Gouvernement ou des citoyens.

Les lois de 1875 et les autres Constitutions françaises n'indiquent aucune sanction. Nos législateurs peuvent impunément violer la Constitution. C'est une question discutée également que de savoir si les tribunaux peuvent refuser l'application d'une loi qu'ils déclarent inconstitutionnelle.

324. *Initiative des lois.* — « Le Président de la République a l'initiative des lois concurremment avec

[1] La prohibition existe en Serbie et pour les législatures des divers Etats-Unis.

les membres des deux Chambres » (L. 25 février 1875,
art. 3, al. 1).

L'initiative des lois consiste dans la faculté de soumettre un projet de loi aux délibérations du Parlement.
Elle appartient d'une part au Gouvernement, d'autre
part à chacun des membres de l'une et de l'autre
Chambre. Cette règle est celle de la Charte de 1830,
de la C. 1848, du Scs. 1870, de la plupart des Constitutions étrangères. Il existe plus d'un autre système.

L'initiative est réservée : aux représentants seuls
par les C. 1791 et 1793. La première laisse au Roi le
droit d'inviter l'Assemblée à prendre tel objet en considération ;

aux membres de la Chambre Basse par la C. An III,
le Gouvernement pouvant proposer des mesures, mais
non déposer des projets de loi ;

au Gouvernement, par les C. impériales et la Charte
de 1814. Cependant, la C. An VIII autorise les vœux du
Tribunat sur les lois à faire ; d'après celle de 1852, le
Sénat peut, dans un rapport adressé au chef de l'Etat,
poser les bases d'un projet de loi d'un grand intérêt
général. La Charte et l'Acte Additionnel permettent
aux Chambres de solliciter la présentation d'une loi et
d'indiquer les dispositions qu'elle désire ; le chef de
l'Etat appréciera ;

au Gouvernement et à la Chambre Basse en Norvège
et en Pays-Bas.

Le peuple suisse a l'initiative sous des conditions.

Le système adopté en 1875 paraît bien conçu. Le
Gouvernement doit avoir l'initiative des lois, parce
qu'il est en mesure de connaître les besoins sociaux et
de proposer les remèdes convenables. Les Chambres
doivent avoir le même droit, parce que le Gouvernement pourrait être négligent ou opposé aux réformes.
Il n'y a pas lieu de faire entre les deux Chambres une
différence que ne commandent pas des différences
assez faibles dans leur composition et leur recrutement.
On peut craindre l'abus du droit d'initiative par les

membres des Chambres. C'est au règlement intérieur qu'il appartient de prendre des mesures à cet égard.

Du reste, la règle ci-dessus n'est pas sans exception. La loi du budget est due nécessairement à l'initiative du Gouvernement.

La loi peut prendre naissance dans l'une ou l'autre Chambre. Toutefois les lois de finances doivent être en premier lieu présentées à la Chambre des Députés et votées par elle (L. 24 février 1875, art. 8, al. 2).

325. *Droit d'amendement.* — Les Chambres saisies d'un projet de loi soit par le Gouvernement, soit par un de leurs membres, ont le droit de le modifier, de l'*amender*. Le droit d'amendement est une conséquence du droit d'initiative, un de ses modes d'exercice ; il en découle de droit sans que la loi constitutionnelle ait besoin de le dire.

Les Constitutions qui refusent aux deux Chambres ou à l'une d'elles le droit d'initiative, accordent parfois expressément le droit d'amender, mais aussi le soumettent en général à des restrictions. Ainsi la C. An III ne permet pas au Conseil des Anciens d'amender les résolutions votées par les Cinq Cents ; elles doivent être adoptées ou rejetées en bloc. D'après l'Acte Additionnel, les amendements doivent être approuvés par l'Empereur avant d'être votés par les Chambres. La Charte de 1814 contient la même règle et exige en outre que les amendements soient d'abord discutés dans les bureaux. La C. 1852 prescrit de soumettre avant toute discussion les amendements au Conseil d'Etat ; si celui-ci les rejette, ils ne peuvent être discutés. Le Scs. 1870 remet la décision au Corps législatif, après avis du Gouvernement et du Conseil d'Etat. En l'An VIII, le Corps législatif n'avait pas le droit d'amendement. En Saxe, en Würtemberg, les amendements doivent être motivés ; en Luxembourg, ils sont soumis à l'approbation du Conseil d'Etat.

Le règlement est très facile pour les amendements. Aucun délai n'est imposé pour la réédition d'un amendement rejeté.

326. *Vote de la loi.* — La loi est parfaite dès qu'elle a été votée par les deux Chambres. On verra (n° 389) que le Président de la République n'a pas la sanction des lois. La loi n'existe que lorsque le même texte a été voté par les deux Chambres. Lorsque le texte adopté par l'une est modifié par l'autre, il doit revenir dans la première pour subir un nouveau vote et la loi ira ainsi de l'une à l'autre Chambre jusqu'au vote par toutes deux du même texte.

Les lois sont discutées et votées librement, quoique les lois de 1875 ne reproduisent pas cette formule de la Charte de 1830. Aucune autre prescription que celles du règlement ne s'impose aux Chambres.

Il n'en est pas ainsi dans tous les régimes. En Saxe et en Würtemberg, les votes qui rejettent un projet du Gouvernement doivent être motivés.

La liberté du vote implique pour chaque Chambre le droit d'adopter un article, d'en rejeter un autre.

Avant de voter la loi, chaque Chambre peut solliciter l'avis de corps ou d'individus spécialement compétents : corps judiciaires, Chambres de commerce, Académie de médecine et surtout Conseil d'Etat auquel une loi peut toujours être renvoyée.

En fait, cette faculté n'est exercée que rarement, au grand préjudice des lois. L'intervention des personnes compétentes fournirait sur le fond même de la loi des lumières qui peuvent manquer aux membres du Parlement, indiquer les mesures que suggère la pratique des affaires. Celle du Conseil d'Etat assurerait une rédaction exacte claire, et juridique des lois, éviterait les dispositions inconciliables entre elles ou avec d'autres lois, empêcherait l'abus du droit d'initiative ou d'amendement. L'avis des spécialistes ne devrait être d'ailleurs que consultatif et les Chambres investies du pouvoir législatif resteraient maîtresses de leurs décisions définitives.

L'imperfection de fond et de forme de certaines lois a suscité récemment plusieurs propositions tendant à rendre nécessaire la consultation soit du Conseil d'Etat sur toutes les lois ([1]), soit de divers corps existants ou à créer : Chambres de commerce, Chambres consultatives de l'industrie, Chambres d'agriculture, sur diverses matières; — à obliger les Chambres à faire une révision générale de chaque matière légiférée.

327. La loi votée par l'une des Chambres est transmise à l'autre, qui est ainsi valablement saisie. Il peut arriver que le Sénat ne statue pas avant l'expiration des pouvoirs de la Chambre des Députés. Celle-ci cessant d'exister soit par l'expiration de son mandat de quatre ans, soit par la dissolution, que deviennent les lois en cours d'élaboration? Les projets du Gouvernement soit déposés d'abord au Sénat, soit déposés d'abord à la Chambre et votés par elle, demeurent en l'état; ils n'ont pas besoin d'être reproduits et conservent le bénéfice du vote émis par la Chambre. Il y a eu controverse pour le cas de dissolution.— Les propositions émanées du Sénat et votées par lui doivent être transmises à la Chambre nouvelle qui n'en sera saisie que par cette transmission. Un nouveau vote du Sénat n'est pas nécessaire. — Celles que l'ancienne Chambre a votées avant de disparaître cessent d'exister, eussent-elles même été transmises au Sénat. Celui-ci ne sera saisi que par un nouveau vote de la nouvelle Chambre suivi d'une nouvelle transmission ([2]).

Le Sénat se renouvelant partiellement et ne cessant jamais d'exister juridiquement, il n'y a pas lieu de prévoir, en ce qui le concerne, les mêmes hypothèses.

On s'est plaint parfois de la lenteur des travaux législatifs, surtout en certaines matières ([3]). Le règlement seul et les efforts des Chambres peuvent remédier

---

([1]) La règle existe en Serbie.

([2]) La Chambre a voté le 20 juin 1885 un projet de loi appliquant uniformément la règle suivie par les projets du Gouvernement.

([3]) La loi sur les droits du conjoint survivant votée au Sénat le 9 mars 1877 n'a été promulguée que le 9 mars 1891.

à ce mal. Quelques-uns voudraient imposer à chaque Chambre un délai pour l'examen des projets votés par l'autre. L'idée paraît peu pratique.

328. *Abrogation des lois.* — La loi ne peut être abrogée, détruite que par l'autorité qui a le droit de le faire, par le Parlement.

L'usage contraire à la loi, aussi général et aussi ancien qu'il soit, ne lui enlève aucune valeur. A peine pourrait-on lui donner cet effet dans les pays où le peuple vote la loi et dans ceux où le monarque absolu reste inactif. Dans les sociétés qui possèdent des organes spéciaux pour la fonction législative, l'usage ne peut détruire la loi. L'usage a pourtant une assez grande place dans le monde juridique ; mais il n'occupe que les domaines délaissés par la loi ou ceux qu'elle lui remet formellement.

L'abrogation législative est *expresse* lorsqu'elle est prononcée par un texte spécial, énumérant les dispositions abrogées. Elle est *tacite* lorsque la loi nouvelle contient des dispositions inconciliables avec les lois antérieures ou lorsqu'elle se borne à abroger en bloc *les dispositions contraires à son texte.* L'abrogation tacite a moins de portée ; elle laisse subsister les lois ou articles de loi qui ne sont pas contraires à la loi nouvelle. On admet aussi en général qu'à défaut d'abrogation expresse, une loi d'ensemble ou générale n'abroge pas une loi spéciale, et réciproquement, qu'une loi spéciale ne déroge à une loi générale que sur le point particulier qu'elle règle.

L'incertitude et les difficultés que créent les formules très fréquentes d'abrogation tacite ont provoqué des propositions tendant à la codification successive des lois, à l'insertion de toute loi nouvelle dans la loi qu'elle modifie et à l'énumération des textes qu'elle abroge ou qu'elle conserve. Il est douteux que les Chambres s'astreignent jamais au travail considérable, mais très utile, que leur imposerait, sur chaque matière, l'adoption de ces propositions.

329. *Interprétation des lois.* — Le Parlement peut toujours voter une loi pour expliquer une loi antérieure dont le sens est discuté. La loi interprétative a la même force et la même portée que la loi interprétée.

On ne confondra pas cette interprétation législative, fort rare d'ailleurs, avec l'interprétation doctrinale que donne un auteur dans son livre, un professeur à son cours, laquelle n'a aucune force obligatoire ; ni avec l'interprétation judiciaire donnée par l'autorité judiciaire et dont les caractères seront précisés ultérieurement (nᵒˢ 545 et s.).

Plusieurs Constitutions réservent au pouvoir législatif l'interprétation officielle des lois : Belgique, Italie, Luxembourg, Suède, Grèce, Würtemberg, Bavière, Saxe, Roumanie, Mexique.

330. *Loi du budget* (¹). — C'est la loi par laquelle le Parlement autorise le Gouvernement à faire les dépenses et les recettes nécessaires au fonctionnement des services de l'Etat. Il n'y a pas de loi plus importante.

On l'appelle souvent *loi des finances*. Mais ce dernier terme comprend, outre la loi du budget, toutes les lois relatives aux matières financières et intéressant l'Etat, les départements, les communes, les établissements publics.

Le budget se divise en deux parties : budget des dépenses, budget des recettes. Sur l'une et sur l'autre les droits du Parlement s'exercent également et, sans son autorisation, le Gouvernement ne peut ni opérer une recette, ni faire une dépense. Toutefois le budget des recettes est le plus important parce qu'il limite les moyens du Gouvernement d'une manière très efficace.

_____

(¹) La comptabilité publique est réglée par l'O. du 14 septembre 1822, celle du 31 mai 1838, le D. 31 mai 1862. Une commission a été nommée (D. 31 janvier 1878) pour préparer la révision de ce dernier texte.

La majeure partie des recettes provient des impôts ;
aussi le droit du Parlement de voter le budget est-il
parfois appelé le *droit de voter l'impôt*.

331. Le droit de voter le budget ou l'impôt implique le droit de le refuser et de priver par suite le
Gouvernement de la plus grande partie de ses ressources. Le refus du budget est une arme puissante aux
mains du Parlement dans un conflit avec le Gouvernement. Celui-ci sera réduit ou à céder par crainte de
la responsabilité qu'il encourrait devant la nation en
provoquant par sa résistance la suspension de tous les
services publics, même de la dette publique, ou à faire
un coup d'Etat. Le refus du budget, habilement
employé par un Parlement bien discipliné contre un
Gouvernement respectueux de la légalité, peut contraindre celui-ci à toutes les capitulations (¹). Aussi ce droit
me paraît-il trop étendu. Même corrigé par le droit de
dissolution dont l'emploi est parfois impossible, il
permet aux Chambres d'asservir le pouvoir exécutif et
remet perpétuellement en question toutes nos institutions. Nous trouverons des régimes mieux conçus.

Le droit de voter le budget n'est pas textuellement
donné aux Chambres par les lois de 1875. Il y est
sous-entendu, car d'après la L. C. 24 février 1875,
art. 8, les lois de finances doivent être soumises en
premier lieu à la Chambre des Députés. Ce droit,
réclamé par les cahiers de 1789, reconnu par la déclaration royale du 23 juin 1789, a été consacré par
toutes les Constitutions. Cependant celle de 1852 faisait voter le budget par le Sénat (corps non électif) en
cas de dissolution du Corps législatif. Cette disposition resta en fait sans application. A l'inverse, en
1812, le Corps législatif ne fut pas convoqué et le
budget non voté n'en fut pas moins exécuté. Le D.
11 décembre 1851, ordonna la perception provisoire

(¹) Le budget a été refusé au cabinet du 23 novembre 1877,
par la Chambre des Députés.

des impôts jusqu'au 31 mars 1852. Aujourd'hui, après une pratique centenaire, il paraît inutile de consacrer par un texte formel un droit incontesté.

332. Le budget est voté tous les ans pour l'année suivante. L'autorisation qu'il donne au Gouvernement n'est valable que pour un an, du 1ᵉʳ janvier au 31 décembre (¹). Si elle n'est pas expressément renouvelée, elle cesse de plein droit à cette dernière date et les citoyens peuvent refuser de payer les impôts que le Gouvernement n'a plus le droit de percevoir. Ces principes ont été posés avec une grande netteté par la C. 1791 qui répudiait ainsi solennellement les pratiques de l'ancien régime. On les retrouve dans les C. An iii et An viii, et actuellement ils sont en pleine vigueur, sinon en vertu d'une règle constitutionnelle, du moins en vertu d'un article formel de chaque budget (²). Ils sont définitivement entrés dans le droit constitutionnel coutumier. — Les Chartes et la C. 1848 disaient : « L'impôt foncier n'est consenti que pour un an. Les impositions indirectes peuvent l'être pour plusieurs années » ; et l'Acte Additionnel ajoutait que, en cas de dissolution de la Chambre Basse, les impôts seraient continués sans budget jusqu'à la réunion de la nouvelle Assemblée.

Les dépenses et les recettes sont votées pour toute l'année ; la loi du budget ne prescrit pas, dans l'année, la date à laquelle seront effectuées les dépenses ou les

---

(1) Le Gouvernement a demandé, sans succès, que l'année financière durât du 1ᵉʳ juillet au 30 juin (24 avril 1888). Il espérait ainsi que les discussions budgétaires, souvent renvoyées à la session extraordinaire qui est relativement courte, pourraient être plus sérieuses et plus étendues ; que les droits du Sénat seraient mieux respectés. Ce système avait été proposé en France dès 1818. Il fonctionne en Espagne, Italie, Norvège, Portugal, États-Unis.

L'année financière commence le 1ᵉʳ avril en Angleterre, Danemark, Allemagne, Prusse.

(2) Le fait de percevoir l'impôt illégalement constitue le crime de concussion (C. P. 174).

recettes. La L. 25 mai 1791 prescrivait au contraire que les dépenses fussent indiquées mois par mois.

Le vote annuel du budget n'empêche pas l'existence permanente de lois organiques pour les impôts. L'application de ces lois chaque année est subordonnée au vote du budget.

333. La loi du budget est préparée et présentée par le Gouvernement. L'initiative parlementaire n'est pas supprimée, elle se manifeste par voie d'amendement. Le Gouvernement qui gère les services de l'Etat, qui acquitte les dépenses et perçoit les recettes, est seul en mesure de dresser le projet de budget en tenant compte des besoins constatés et des ressources probables. Sur les deux points d'ailleurs, il ne présente, et le Parlement ne vote, que des évaluations, des probabilités que l'événement peut démentir.

Aucune date, aucun délai ne sont assignés au Gouvernement pour la présentation du budget. Il est clair que la présentation doit être faite assez tôt pour que les Chambres puissent discuter la loi avant la fin de l'année [1].

Chaque ministre établit le tableau des dépenses de son service. Le ministre des finances établit le budget des recettes et tâche d'obtenir l'*équilibre* du budget, c'est-à-dire une somme des recettes égale à la somme des dépenses. Il ne lui est pas défendu d'obtenir un excédent de recettes ; toutefois, un excédent trop considérable prouverait qu'il y a des impôts inutiles ou réductibles.

Le budget des recettes et celui des dépenses sont réunis dans la même loi depuis la loi des finances du 8 juillet 1852.

334. Chaque dépense forme un article ; les dépenses de même nature sont groupées en chapitres, les chapitres en sections. Les dépenses de chaque ministère sont divisées en plusieurs sections. Actuellement

---

[1] Le budget pour 1891 a été déposé le 21 février 1890.

chaque chapitre est soumis séparément au vote des Chambres (¹).

Ce système de la *spécialité des crédits* permet au Parlement un contrôle minutieux et efficace sur les dépenses du Gouvernement. Un chapitre peut être repoussé seul, tandis que les autres sont votés. — Sous le Premier Empire, le budget était voté en bloc et sans division, en sorte que le Corps législatif était placé dans l'alternative ou d'accepter certaines dépenses inutiles ou dangereuses pour ne pas suspendre tous les services publics, ou de refuser tout le budget pour éviter certaines dépenses. Sous la Restauration, chaque ministère était voté séparément; l'inconvénient, restreint, subsistait. L'O. 1er septembre 1827 prescrivit le vote par section de ministère. La L. 29 janvier 1831 institua le vote par chapitre, actuellement pratiqué. Le Scs. 25 décembre 1852 rétablit le vote par ministère; mais celui du 31 décembre 1861 revint au vote par section, et enfin celui du 8 septembre 1869 au vote par chapitre. On a récemment proposé d'établir le vote par article. Il existe pour les recettes une distribution et une votation analogues.

335. On distingue depuis la loi des finances du 28 avril 1816, soit pour les dépenses, soit pour les recettes, le budget ordinaire et le budget extraordinaire. Le premier comprend les dépenses normales de nature permanente, qui alimentent les services essentiels de l'Etat, et les recettes également normales et permanentes de l'impôt. Le second comprend les dépenses exceptionnelles, temporaires, et y subvient en général par la ressource exceptionnelle de l'emprunt. Le développement excessif pris parfois par le budget extraordinaire et les abus de l'emprunt ont fait prohiber la distinction elle-même (L. 16 septembre 1871).

(¹) L. 16 septembre 1871, art. 30. — Le budget des dépenses de 1877 comptait 409 chapitres; celui de 1869, 324; celui de 1891, 623; le Scs. 1861 créait 66 sections.

Elle a ressuscité sous d'autres formes (budget sur ressources spéciales, etc.) par la force des choses qui fait
apparaître des dépenses utiles, nécessaires et pourtant
temporaires.

336. Le budget des dépenses est voté le premier.
Les recettes ne sont légitimes que dans la mesure exigée par les dépenses. Il faut donc commencer par
reconnaître les dépenses nécessaires, puis on prescrira les recettes équivalentes. Un particulier suit le
système opposé.

337. Le vote du budget devrait avoir lieu chaque
année pendant la session ordinaire qui est destinée à
l'exercice normal des fonctions législatives et dont la
durée est assez longue pour permettre l'examen d'une
loi étendue et compliquée comme celle du budget. Il
arrive trop souvent, faute d'une date imposée par la loi
et d'une diligence suffisante dans le Gouvernement ou
dans les Chambres, que cet examen est renvoyé à une
session extraordinaire que le Gouvernement est dès
lors obligé de convoquer (¹).

Il est même arrivé que la session extraordinaire
ayant été insuffisante, le vote intégral du budget n'ait
pu avoir lieu avant la fin de l'année. Les Chambres
votent alors des *douzièmes provisoires*. Elles autorisent
à titre provisoire les recettes et les dépenses conformément au budget de l'année précédente, pendant
un, deux ou trois mois, jusqu'à ce qu'elles aient pu
voter la loi nouvelle. Elles accordent un, deux, trois
douzièmes. Le vote du budget est renvoyé à l'année
suivante (²).

(¹) Ainsi le vote définitif du budget pour 1891 porte la date du
26 décembre 1890; le budget pour 1889 a été voté le 30 décembre 1888.

(²) Ainsi le budget pour 1888 a été voté définitivement le
31 mars 1888, après trois douzièmes provisoires. Les années
1878, 1885 et 1887 ont commencé par deux douzièmes. Les
années 1831, 1832, 1833 ont commencé aussi par des douzièmes
provisoires. En Belgique, l'usage des douzièmes est invétéré et
réglé par la loi.

Moreau   9

338. Le Parlement jouit, pour le vote du budget, d'une liberté illimitée.

Et d'abord, toutes les recettes et toutes les dépenses lui sont annuellement soumises. En Angleterre, on distingue le budget consolidé et le budget flottant. Le premier comprend les dépenses considérées comme indispensables et les recettes suffisantes pour y pourvoir. Il est réglé par des lois organiques qui s'appliquent tant qu'une loi nouvelle ne les a pas modifiées. Le budget flottant comprend les dépenses accidentelles ou même régulières qui ne paraissent pas encore absolument nécessaires. Il est seul soumis tous les ans au vote des Chambres. Cette sage distinction n'est pas pratiquée en France. — La C. 1791 imposait du moins quelques règles. Le Corps législatif ne pouvait refuser ni la liste civile ni la dette publique y compris le traitement du clergé catholique. Il lui était interdit de mettre à la charge de la nation les dettes d'un individu. Aucune de ces restrictions ne subsiste aujourd'hui. En droit, les Chambres peuvent refuser de voter les dépenses les plus nécessaires et les plus légitimes, suspendre par exemple le paiement des intérêts de la dette publique. Les Chambres n'ont d'autre frein que leur sagesse. — Elles pourraient donc mettre entre les budgets de deux années consécutives les plus graves différences. On a récemment proposé de donner quelque stabilité à ces importantes matières en décidant que les crédits d'un budget seraient de plein droit reportés au budget suivant avec leur chiffre, à moins que les deux Chambres ne fussent d'accord pour supprimer le crédit ou en modifier le montant. L'idée, timide imitation du système anglais, mériterait un examen attentif.

En second lieu, les Chambres peuvent à leur gré créer des ressources, des impôts. La C. An III exigeait qu'il y eût toujours une contribution foncière et une personnelle, sans doute pour soumettre tout le monde à l'impôt. La règle n'existe plus.

En troisième lieu, les Chambres jouissent d'un droit d'amendement illimité. L'équilibre budgétaire obtenu par le Gouvernement peut être détruit par l'adoption d'un amendement augmentant tel crédit. — On a cherché un remède à l'abus du principe. Certains demandent que toute proposition tendant à créer ou à augmenter une dépense indique les moyens d'y pourvoir. C'est peut-être aller trop loin ; il suffirait que le règlement se montrât un peu plus rigoureux sur l'admission et la discussion des amendements au budget. En Angleterre, le Gouvernement a seul l'initiative en matière de dépense et les Chambres ne peuvent augmenter les chiffres qu'il propose.

Enfin, les Chambres ont souvent, dans le vote du budget, apporté des modifications à des lois administratives ou autres, soit directement par une disposition formelle, soit indirectement par des augmentations ou des réductions de crédit. Encore ne le font-elles pas aussi souvent qu'elles en sont sollicitées ([1]). Cette pratique est déplorable. Le budget doit être voté en conformité des lois existantes. Si des réformes sont jugées nécessaires, elles doivent être faites par une loi mûrement étudiée, non par un vote précipité et irréfléchi souvent arraché à la lassitude et à l'inattention des Chambres. — Il ne s'agit pas de confiner les Chambres dans l'examen aride de chaque article de recette ou de dépense. On leur demande mieux que cela. C'est une maxime anglaise que *plaintes et subsides se donnent la main*, un usage anglais que la discussion du budget favorise l'occasion d'étudier toutes les grandes questions législatives ou politiques. Cette loi énorme touche à toutes les branches de l'activité sociale, elle suppose résolues une multitude de questions douteuses, elle applique un grand nombre de principes contestés. Il est naturel

---

([1]) Ainsi en 1891, la commission du budget a songé à obtenir la suppression des conseils de préfecture en faisant supprimer les crédits affectés à ce service.

qu'elle soulève des discussions plus larges et plus hautes que les finances seules, où l'organisation sociale et politique soit passée en revue. Il y a, comme préliminaire à l'examen des articles, une discussion générale qui permet l'exposition des idées d'ensemble, la critique des institutions ou des usages, et de là peut résulter une activité législative renouvelée, manifestée par des lois spéciales. Ce qui est mauvais, c'est que les réformes soient réalisées par le budget même.

339. Le contrôle des Chambres cesse à l'égard des *fonds secrets*. On appelle ainsi des sommes d'importance variable mises à la disposition de certains ministres pour être affectées à des dépenses auxquelles on ne saurait donner la publicité du budget, et sans qu'il en soit rendu compte. C'est ainsi que certains agents de police intérieure ou diplomatique sont rémunérés. L'origine des fonds secrets est dans l'attribution de 100,000 livres faite au Comité de Salut public « pour dépenses secrètes » par la L. 6 avril 1793. Tous les régimes les ont demandés et obtenus, à cause de leur nécessité incontestable. Néanmoins, en 1848, l'Assemblée, renonçant pour elle-même au contrôle sur ces dépenses secrètes, nommait une commission à qui il en était rendu compte. On a demandé récemment le retour à cet usage.

340. Le budget est voté en entier par la Chambre, puis porté au Sénat. Pour gagner du temps et permettre aux Chambres d'être en même temps occupées à la besogne budgétaire, on pourrait être tenté de transmettre au Sénat chaque partie du budget dès le vote de la Chambre. Mais le budget est une œuvre complexe dont les diverses fractions sont en partie solidaires et ne pourraient, sans inconvénient, être délibérées isolément.

341. Le budget doit être exécuté tel qu'il a été voté. Le principe de la spécialité des crédits ne permet pas au Gouvernement d'appliquer à une dépense les fonds

votés pour une autre, pas même de reporter l'excédent
d'un chapitre sur un chapitre insuffisant. Cette opération, appelée *virement*, ne peut être faite que par les
Chambres (L. 29 janvier 1831, art. 12; 16 septembre
1871, art. 30). Elle était permise au Gouvernement par
les Scs. 25 décembre 1852 et 31 décembre 1861. L'intérêt de la prohibition est moindre si le budget est
voté par ministères que s'il est voté par chapitres.

Si le budget est insuffisant soit pour des dépenses
prévues, soit pour des dépenses imprévues, il y est
pourvu par des crédits supplémentaires et extraordinaires. La L. 14 décembre 1879 définit : 1° les crédits
supplémentaires, « ceux qui doivent pourvoir à l'insuffisance dûment justifiée d'un service porté au budget
et qui ont pour objet l'exécution d'un service déjà voté
sans modification dans la nature de ce service » ; 2° les
crédits extraordinaires, « ceux qui sont commandés par
des circonstances urgentes et imprévues et qui ont
pour objet ou la création d'un service nouveau, ou
l'extension d'un service inscrit dans la loi de finances
au delà des bornes déterminées par cette loi ».

Les uns et les autres doivent être votés par les
Chambres ([1]). Toutefois, dans les cas urgents et en
l'absence des Chambres, le Président de la République
peut les établir par décret rendu avec l'approbation du
Conseil des ministres et l'avis du Conseil d'Etat, mais
seulement dans les chapitres du budget indiqués par
la loi des finances, sans pouvoir créer un service nouveau et à la charge d'en référer aux Chambres dans la
quinzaine de leur réunion (L. 14 décembre 1879).

Ces règles, à part la limitation des chapitres qui ne
se trouve que dans la L. 24 avril 1833, ont été généralement admises.

Les Chambres ont décidé en 1877 que le droit d'ou-

([1]) Les L. 25 mai 1817 et 15 mai 1852 déclarent responsables
les ministres qui excèderaient les crédits. Il serait difficile de
trouver la juridiction compétente pour les condamner.

vrir provisoirement des crédits ne pourrait être exercé
si la Chambre des Députés était dissoute. Cette décision, que n'autorisait aucun texte ([1]), n'a pas été consacrée par la L. 14 décembre 1879.

La fréquence des crédits supplémentaires ou extraordinaires pourrait rompre l'équilibre du budget. Pour
parer à cet inconvénient, la L. 12 août 1876 ordonne
que le ministre des finances présente en bloc les
demandes de crédit relatives à chaque mois; il ne peut
présenter une demande isolée qu'en cas d'urgence ([2]).

La dépense réelle peut être inférieure à la dépense
prévue. Il y a lieu alors à l'annulation partielle ou
totale d'un crédit, par un vote des Chambres. On
admettra que les excédents ne peuvent provenir que
d'une erreur dans les prévisions; que le Gouvernement
ne pourrait pas supprimer une dépense votée par les
Chambres.

342. L'exécution du budget constitue l'exercice.
Elle ne saurait tenir tout entière entre le 1er janvier
et le 31 décembre et, d'un autre côté, on ne peut
admettre une durée indéfinie pour l'exécution du budget ([3]). Aussi les lois accordent-elles sur l'année suivante un délai pour l'achèvement des travaux et l'acquit-
tement des dépenses. Les O. 14 septembre 1822 et
31 mai 1838 accordaient jusqu'au 31 septembre pour
la liquidation et l'ordonnancement des dépenses, c'est-
à-dire pour la fixation du chiffre et l'ordre de payer
adressé aux caisses publiques, et jusqu'au 31 octobre
pour le paiement. Le D. 31 mai 1862 accordait jusqu'au
31 janvier pour l'exécution des travaux, jusqu'au
31 juillet pour l'ordonnancement, jusqu'au 31 août
pour le paiement. — La L. 25 janvier 1889 règle aujour-
d'hui la matière. Les travaux dépendant d'un budget
peuvent, pour cause de force majeure ou d'intérêt

([1]) V. L. 16 septembre 1871, art. 31 à 33.
([2]) Comp. L. 24 avril 1833.
([3]) Jusqu'à l'O. 14 septembre 1822, aucun délai n'avait été fixé.

public, être prolongés jusqu'au 31 janvier de l'année suivante ; la liquidation et l'ordonnancement peuvent être faits jusqu'au 31 mars, les paiements, jusqu'au 30 avril. En quelques cas exceptionnels, ces délais sont augmentés. — Cette loi a eu pour but, non seulement de gagner du temps, mais d'économiser de l'argent; on avait constaté que les administrations de l'Etat profitaient des délais légaux pour épuiser, par des allocations ou des gratifications supplémentaires, les excédents de crédits qui, régulièrement, auraient dû être annulés au profit de l'Etat.

343. Les lois de 1875 ne prescrivent aucune publicité pour la loi du budget. En fait, elle est imprimée et vendue — rarement — au public. Les C. révolutionnaires, en vue d'éviter la gestion occulte de l'ancien régime, organisent une publicité. Ces prescriptions sont devenues inutiles.

344. *Loi des comptes.* — Le budget accompli et exécuté, les Chambres examinent et vérifient les comptes d'administration qui leur sont présentés par les ministres. C'est l'objet de la *loi des comptes.*

La loi des comptes est mentionnée dans la C. 1793 et dans l'Acte Additionnel qui ne furent jamais appliqués. Son usage régulier date de 1819.

Les C. révolutionnaires instituaient d'autres règles. Celle de 1793 établissait des commissaires nommés par le Corps législatif hors de son sein pour surveiller les agents et vérificateurs du pouvoir exécutif et les rendait responsables des abus qu'ils ne dénonceraient pas. — Celle de l'An III créait cinq commissaires de la comptabilité nationale élus par le Conseil des Anciens sur la présentation du Conseil des Cinq Cents, chargés de vérifier et d'arrêter les comptes ; ils pouvaient dénoncer les abus et les malversations, proposer des mesures. — Celle de l'An VIII enfin faisait nommer par le Sénat, sur la liste de notabilité nationale, sept commissaires de la comptabilité nationale qui vérifiaient et arrêtaient les comptes. Ce contrôle immédiat et incessant des

Chambres sur le Gouvernement n'existe plus aujour-
d'hui.

A plus forte raison nos lois laissent-elles au Gouvernement le maniement des fonds. La C. An III avait
imaginé cinq commissaires de la Trésorerie, nommés
comme ceux de la comptabilité, chargés de surveiller
les recettes et d'ordonnancer les dépenses, en tenant
compte ouvert avec les divers agents financiers. Ils ne
pouvaient autoriser un paiement que sur le vu de trois
pièces : décret du Corps législatif, décision du Directoire, arrêté du ministre compétent.

345. La loi des comptes, ou loi portant règlement
définitif du budget, suit à un très long intervalle la
clôture de l'exercice qu'elle concerne. Ainsi les budgets
de 1871 à 1874 ont été réglés ensemble à la fin de
1884; celui de 1880, le 28 juin 1890; ceux de 1881 à
1883, en 1891.

Les lois de finances du 28 avril 1816 et du 25 mars
1817 ordonnaient que les ministres fournissent leurs
comptes à chaque session. Les O. de 1822 à 1838
indiquaient les deux premiers mois de l'année qui suit
la clôture définitive de l'exercice, si du moins les
Chambres étaient en session à ce moment, sinon le
premier mois de la session suivante. Le décret de
1862 fixait les deux premiers mois de l'année suivante.
La L. 25 janvier 1889 prescrit la présentation du compte
dès l'ouverture de la session ordinaire suivante. C'est
ainsi que la loi des comptes pour 1888 a été déposée
le 18 janvier 1890.

346. *Droit comparé.* — Le budget est annuel dans
la plupart des pays. Il est voté pour deux ans en Bade,
Bavière, Saxe, dans plusieurs des Etats-Unis, pour
trois ans en Würtemberg. En Allemagne, il peut être
voté pour plusieurs années.

La prolongation du budget a lieu de plein droit pour
un an en Espagne, sans délai en Portugal, en Roumanie et en Suède, lorsque les Chambres ne l'ont pas
voté à temps.

Le pouvoir exécutif peut la décréter pour un an en Roumanie, en Saxe et en Serbie, pour six mois en Bavière, pour quatre mois en Würtemberg.

Les droits du Parlement en matière budgétaire sont parfois limités, soit par l'exigence d'une majorité spéciale pour le refus des crédits (Saxe : deux tiers) ; soit par l'obligation de motiver les refus ou réductions de crédits (Saxe, Serbie) ; soit par la défense de subordonner les votes budgétaires à des conditions étrangères aux matières financières (Saxe, Serbie, Würtemberg), ou même à des conditions quelconques (Bade, Bavière) ; soit par la garantie donnée par la Constitution à certaines dépenses : dette publique (Bavière, Espagne, Italie, Portugal), cultes (Belgique, Luxembourg) ; soit par l'obligation de justifier les réductions proposées (Serbie).

En Italie, le budget doit être présenté au mois de novembre ; en Danemark, Pays-Bas, Saxe, Suède, dès l'ouverture de la session ordinaire ; en Portugal, dans les quinze jours de la constitution de la Chambre Basse ; en Bavière, trois mois à l'avance ; en Roumanie, un an à l'avance ; au Mexique, l'avant-dernier jour de la première session ordinaire ; en Grèce, dans les deux premiers mois.

Les virements ne peuvent être faits que par la loi en Luxembourg, Suède, Portugal ; ne peuvent être faits par le Gouvernement qu'en vertu d'une autorisation de la loi des finances, en Pays-Bas.

La loi des comptes existe à peu près partout. Un délai est fixé pour sa présentation en Belgique, Luxembourg, Mexique, Portugal, Roumanie.

En Angleterre, la Chambre des Communes seule vote réellement le budget ; par ses délégués, elle a action sur son accomplissement ; par son comité, elle contrôle les faits accomplis. Aux États-Unis, les usages accordent au Sénat un rôle prépondérant.

347. II. ATTRIBUTIONS CONSTITUTIONNELLES ET PARLEMENTAIRES. — Les deux Chambres ont le droit : de

9·

demander la révision de la Constitution et, réunies en Assemblée nationale, de la voter (n⁰ˢ 170 et 174); d'ordonner des enquêtes parlementaires (n° 462); d'adresser au Gouvernement des questions et des interpellations et de mettre ainsi en jeu la responsabilité ministérielle (n° 457). Le Sénat est appelé à donner un avis, obligatoire pour le Gouvernement, sur la dissolution de la Chambre des Députés (n° 470).

348. III. ATTRIBUTIONS INTERNATIONALES. — Le Parlement est appelé à voter : sur les déclarations de guerre (n° 401); sur certaines catégories de traités (n° 402). Il reçoit communication de toutes les conventions internationales.

349. IV. ATTRIBUTIONS ÉLECTIVES.— Les Chambres, réunies en Assemblée nationale, élisent le Président de la République. — Avant 1884, le Sénat élisait les sénateurs inamovibles. — D'après la L. C. 25 février 1875, art. 4, al. 4, le Sénat pouvait seul révoquer les conseillers d'État nommés par l'Assemblée nationale. Cette disposition est aujourd'hui sans objet, le Conseil d'État ayant été entièrement renouvelé.

350. V. ATTRIBUTIONS ADMINISTRATIVES. — Elles consistent dans l'intervention du Parlement en des matières qui concernent l'administration locale ou générale. Cette intervention est très fréquente et ne saurait être ramenée à un petit nombre de principes. Par exemple, la L. 5 avril 1884 exige un acte du Parlement pour : les modifications à la circonscription d'une commune qui changent les limites d'un canton, d'un arrondissement ou d'un département (art. 6); — les emprunts des établissements municipaux excédant, par eux-mêmes ou avec les emprunts non remboursés, la somme de 500,000 francs (art. 119); — les surtaxes d'octroi sur les boissons (art. 137); — les emprunts des communes supérieures à la somme de 1 million (art. 142);

— une contribution extraordinaire excédant le maximum fixé par la loi des finances, si le conseil municipal s'y refuse et que les ressources ordinaires soient insuffisantes pour couvrir les dépenses obligatoires (art. 149); — tous les cas où une loi exige que les délibérations du conseil municipal soient approuvées par une loi (art. 69). Ainsi encore, un acte du Parlement peut abréger le délai de 10 ans après lequel l'étranger naturalisé devient éligible aux Chambres (L. 26 juillet 1889, art. 3).

Il est remarquable que dans un grand nombre de textes le législateur lui même qualifie de *loi* les mesures d'ordre administratif prises par les Chambres, et qu'il autorise ainsi la confusion faite entre la loi et tout acte du Parlement. La confusion n'a guère d'inconvénient pratique, mais c'est une impropriété de termes que d'appeler loi toute décision émanée du Parlement. La loi est un précepte juridique d'une portée générale; elle reste étrangère aux actes qui ont été cités. Ces actes sont : l'exercice de la tutelle que l'Etat assume à l'égard des administrations locales si elles sont décentralisées; l'exercice du pouvoir exécutif de l'Etat si l'administration locale est centralisée; l'exercice d'un droit de contrôle de l'Etat sur ses membres.

La fonction de tutelle ou de contrôle est répartie entre le Parlement et le Gouvernement. Suivant les cas, la décision ou l'autorisation est donnée par le chef de l'Etat ou par les Chambres ([1]). Cela seul prouve bien que le pouvoir législatif n'est pas en jeu.

Il l'est si peu que les lois, depuis 1875, ont librement augmenté ou réduit le nombre des cas où l'intervention des Chambres est nécessaire. En agissant ainsi, le législateur ne croyait pas violer la loi constitutionnelle qui attribue aux Chambres le pouvoir législatif.

([1]) La loi du 5 avril 1884 offre de nombreux exemples de ceci. Le Parlement délègue parfois ses attributions de cet ordre au Gouvernement (L. 17 décembre 1886).

351. VI. Attributions d'ordre intérieur. — Les Chambres vérifient les pouvoirs de leurs membres (n° 285), acceptent leur démission (n° 288), prononcent leur déchéance (n° 292). Elles élisent leur bureau (n° 272), font leur règlement (n° 273), votent leur budget (n° 282).

352. VII. Attributions judiciaires. — La L. 29 juillet 1881, en abrogeant les lois antérieures sur la presse et en supprimant le délit d'offenses aux Chambres, a mis fin au droit que conférait aux Chambres la L. 25 mars 1822 d'appeler à leur barre et de juger ceux qui les auraient offensées ou auraient montré de l'infidélité ou de la mauvaise foi dans le compte-rendu des séances. Cette attribution judiciaire n'existe donc plus.

Les lois de 1875 en admettent d'autres, qu'elles répartissent entre les deux Chambres.

353. *Attributions de la Chambre des Députés.* — Elle a seulement le droit de mettre en accusation, en aucun cas celui de juger. « Le Président de la République ne peut être mis en accusation que par la Chambre des Députés... Les ministres peuvent être mis en accusation par la Chambre des Députés pour crimes commis dans l'exercice de leurs fonctions... » (L. 16 juillet 1875, art. 12).

Ce texte appelle quelques remarques. Il ne donne à la Chambre le droit d'accusation qu'à l'égard du Président de la République et des ministres. La Chambre ne pourrait donc mettre en accusation une autre personne. — Le droit de la Chambre est exclusif quant au chef de l'Etat, qui ne peut être mis en accusation par une autre autorité, quelle qu'elle soit. Il ne l'est pas quant aux ministres, qui restent soumis au droit commun et peuvent être poursuivis conformément au C. I. Cr. — Le droit de la Chambre se restreint au crime de haute trahison commis par le Président de la République. Il s'étend quant aux ministres, aux crimes commis dans l'exercice de leurs fonctions. Les délits commis par un ministre en dehors de ses fonctions, les infractions ordinaires et de droit commun ne peu-vent faire l'objet d'une mise en accusation par la Chambre.

Le droit de mise en accusation est reconnu à la Chambre Basse par : la C. An III; il peut s'exercer soit contre les membres des Chambres, soit contre les mem-bres du Directoire exécutif; la ratification de l'autre Chambre est nécessaire ; les faits incriminables ne sont pas précisés ; — celle de l'An VIII ; la dénonciation émane du Tribunat; les ministres seuls peuvent être accusés ; les cas de responsabilité sont précisés et peu nombreux; — le Scs. An XII; le Tribunat a également le droit de dénonciation ; plusieurs catégories de personnes peu-vent être mises en accusation ; — la Charte de 1814; le Roi ne peut être mis en jugement, les ministres ne peuvent être accusés que pour trahison ou concussion ; — l'Acte Additionnel, les ministres peuvent être accusés « pour avoir compromis la sûreté ou l'honneur de la nation » ; — la Charte de 1830 qui ne limite pas les cas où les ministres peuvent être mis en accusation.

Les Assemblées uniques jouissent également de ce droit d'accusation. Ainsi, d'après la L. 15 mai 1791, le Corps législatif peut mettre en jugement non seulement les ministres, mais encore toute personne. Ainsi encore la C. 1848 admet le droit d'accusation à l'égard de toute personne y compris le Président de la République. C'est à celui-ci que la C. 1852 réservait le droit de saisir la Haute Cour dont une Chambre statuait sur la mise en accusation.

Je rappelle pour mémoire : le procès de Louis XVI, où le Roi fut décrété d'accusation par la Convention et le Tribunal révolutionnaire.

Droit comparé. — Les règles ci-dessus se retrou-vent en Italie. Le droit d'accusation est accordé à la Chambre Basse : à l'égard des ministres seulement en Belgique, Espagne, Italie, Hongrie; des ministres et conseillers d'Etat en Portugal; des ministres et des hauts fonctionnaires en Bade; de ces deux catégories plus les membres des Chambres et de la Cour suprême en Hongrie; de ces quatre catégories plus le Président de la République et les gouverneurs des Etats au Mexique; des Président et Vice-Président de la République, des ministres et des juges en République Argentine; de toute personne attentant à la Constitution aux Etats-Unis.

La Chambre unique exerce ce droit à l'égard des ministres en Grèce et en Serbie.

Le droit d'accusation est accordé au Roi et à la Chambre Basse : en Danemark, séparément quant aux ministres, d'un commun accord pour tout fait dangereux pour l'Etat; en Pays-Bas, séparément quant aux ministres et à divers hauts fonctionnaires.

Il est donné distinctement au souverain et aux deux Chambres en Roumanie et en Saxe quant aux ministres seulement; aux deux Chambres seules en Prusse.

En Bavière, chaque Chambre peut demander au Roi la mise en accusation des ministres.

354. *Attributions du Sénat.* — Le Sénat peut être constitué en Haute-Cour de justice.

Cette Haute-Cour est compétente :

1° pour juger le Président de la République, sur l'accusation de la Chambre des Députés;

2° pour juger les ministres pour crimes commis dans l'exercice de leurs fonctions, sur l'accusation de la même Chambre;

3° pour juger toute personne qui lui est déférée par le Président de la République pour attentat à la sûreté de l'Etat.

« Le Sénat peut être constitué en cour de justice par un décret du Président de la République rendu en Conseil des ministres, pour juger toute personne prévenue d'attentat commis contre la sûreté de l'Etat » (L. 16 juillet 1875, art. 12, al. 3). Le droit conféré au chef de l'Etat ne lui est pas exclusif. Les attentats prévus peuvent être poursuivis par le ministère public devant les tribunaux ordinaires. « Si l'instruction est commencée par la justice ordinaire, le décret de convocation du Sénat peut être rendu jusqu'à l'arrêt de renvoi » (devant la Cour d'assises, al. 4).

Sur ce troisième chef de compétence, il s'est élevé en 1889 d'assez graves difficultés. Un groupe important dans le Sénat a soutenu que les faits relevés à la charge du général Boulanger, eussent-ils été tous prouvés, ne constituaient pas le crime d'attentat à la sûreté de l'Etat, et que par suite la Haute-Cour était incompétente. Cette opinion s'appuyait sur la définition de l'attentat donnée par le Code pénal : « L'exécution ou la tentative constitueront seules l'attentat » (art. 88) (¹), et l'art. 2 exige pour la tentative « un commencement d'exécution » qui ne manque son effet que par des circonstances indépendantes de la volonté de son auteur. Dans cette opinion, les faits incriminés rentraient dans la notion du complot (art. 89, C. P.) et ne pouvaient être jugés par la Haute-Cour. Celle-ci a décidé qu'elle était compétente même pour les complots et les faits connexes et a condamné les accusés (14 août 1889) en vertu de l'article 87 C. P.

355. Le système qui consiste à ériger la Chambre Haute en cour de justice, remonte à la Charte de 1814, complétée par l'O. du 12 novembre 1815, qui donne à la Chambre des Pairs la connaissance des crimes de haute trahison et des attentats à la sûreté de l'Etat, des accusations portées contre ses membres, des faits de trahison et de concussion imputés aux ministres. La Charte de 1830 adopta le même système, développé et étendu notamment par les L. 10 avril 1834 et 9 septembre 1835. L'Acte Additionnel confie à la Chambre

_____

(¹) Ce texte date de la loi du 24 avril 1832 qui a révisé le Code pénal. Le texte de 1810 portait : « Il y a attentat dès qu'un acte est commis ou commencé pour parvenir à l'exécution de ces crimes, quoiqu'ils n'aient pas été consommés. » ¹

des Pairs le jugement des ministres qui auraient « compromis la sûreté ou l'honneur de la nation ». Ce système a l'inconvénient de remettre à des hommes politiques le jugement d'autres hommes politiques et de faits politiques. Il est difficile que cette justice soit, et soit crue impartiale. L'inconvénient est moindre lorsque la Chambre Haute se compose de membres de droit ou même de membres nommés par le Gouvernement et inamovibles, car elle ressemble beaucoup à une juridiction ordinaire. Il est très grave, lorsque la Chambre Haute est élective et renouvelable comme notre Sénat. On peut craindre que les décisions ne soient pas toujours respectées et respectables comme doivent l'être et comme le sont les jugements.

On aurait pu songer, et en quelques pays on a songé à donner aux suprêmes juridictions judiciaires la compétence d'une Haute-Cour. Cette pratique est assurément meilleure que la précédente. Mais elle mêle à tort la plus haute autorité judiciaire à la politique. Elle donne au Gouvernement le souci de composer cette juridiction, d'après ses intérêts plutôt que d'après les intérêts généraux de la justice.

Les Constitutions républicaines et impériales sont d'accord pour instituer une Haute-Cour spéciale dans la composition de laquelle se reflète l'organisation judiciaire de droit commun, et notamment la distinction de la cour et du jury.

La loi du 25 mai 1791 compose la Haute-Cour avec des membres du tribunal de cassation tirés au sort et des hauts jurés tirés au sort sur une liste élue par les électeurs législatifs. Sa compétence embrasse toutes les accusations portées par l'Assemblée. Elle fut supprimée le 25 septembre 1792.

Même système dans la C. An III et les L. 20 thermidor et 24 messidor An IV. La Haute-Cour connaît des accusations portées par le Corps législatif contre ses membres et ceux du Directoire.

Système analogue pour les jugements des ministres

d'après la C. An viii. Le Scs. An xii compose la Haute-Cour avec des princes, des dignitaires, des sénateurs, des membres du Conseil d'Etat et du tribunal de cassation et étend notablement sa compétence quant aux personnes (famille impériale, dignitaires, sénateurs, hauts fonctionnaires) et quant aux faits (crimes contre la sûreté intérieure ou extérieure de l'Etat).

La C. 1848 organise, avec la compétence que les lois de 1875 donnent au Sénat, une Haute-Cour composée de juges élus par la cour de cassation dans son sein et de jurés tirés au sort sur une liste formée par le tirage au sort entre les conseillers généraux.

La C. 1852 institue, pour juger les crimes commis contre la sûreté de l'Etat ou du Président de la République, une Haute-Cour dont la composition fut fixée par le Scs. 10 juillet 1852. Elle est presque identique à celle de 1848; il y a en plus une Chambre de mise en accusation tirée de la cour de cassation. La compétence fut étendue, comme en l'An xii, par le Scs. 4 juin 1858.

L'idée qui inspire ces Constitutions doit être approuvée. S'il est vrai, et cela est douteux, qu'on ne puisse s'en tenir aux tribunaux ordinaires, du moins la juridiction exceptionnelle doit-elle offrir en matière politique les garanties jugées nécessaires en matière ordinaire, surtout celle du jury.

L'exposé qui précède a volontairement omis le procès de Louis XVI où la Convention se constitua en même temps accusateur et juge, et les lois exceptionnelles rendues par cette même Assemblée pour organiser le tribunal révolutionnaire (11 mars 1793), mettre hors la loi certaines personnes (19 mars 1793), etc. Sans rechercher si les circonstances justifient ou expliquent au moins ces mesures exceptionnelles, il faut dire que ces actes sont étrangers au droit.

356. Revenons aux lois de 1875. « Une loi déterminera le mode de procéder pour l'accusation, l'instruction et le jugement » (L. 16 juillet 1875, art. 12, al. 5) (^{1}). La loi promise date du 10 avril 1889. Elle ne concerne pas les accusations portées contre le Président de la République ou les ministres. En voici le résumé.

Le Sénat est constitué en Haute-Cour de justice par un décret du Président de la République, qui fixe le jour et le lieu de la première réunion. La Haute-Cour peut changer le lieu de ses séances.

Elle se compose des sénateurs en fonctions au jour du décret. Les parents ou alliés d'un inculpé jusqu'au degré de cousin germain, les sénateurs témoins entendus dans l'instruction ne peuvent siéger. — Tout sénateur est tenu de siéger à moins que le Sénat n'approuve les motifs de son abstention.

Le ministère public est choisi par le Président de la République dans les parquets de cassation ou d'appel.

Les fonctions de greffiers sont remplies par le secrétaire général de la présidence du Sénat. Les actes sont signifiés par les huissiers ordinaires. Le personnel du Sénat fait le service des huissiers audienciers.

Le Sénat entend en séance publique lecture du décret qui le convoque et du réquisitoire du ministère public. Puis il ordonne l'instruction.

Chaque année, au début de la session ordinaire, le Sénat nomme au scrutin de liste une commission de neuf membres et cinq suppléants qui élit un président. Cette commission est chargée de procéder à l'instruction le cas échéant et de statuer sur la mise en accusation. Le président de la commission (^{2}) soit seul, soit assisté de membres que la commission peut lui adjoindre, procède à l'instruction de l'affaire avec les pouvoirs d'un juge d'instruction en général. Mais il ne rend pas d'ordonnance. Les demandes de mise en liberté provisoire sont jugées par la commission. Le président

---

(^{1}) Ces points sont parfois réglés par la Constitution (C. An III).
(^{2}) Le projet de la commission sénatoriale confiait l'instruction au président du Sénat.

peut rendre un mandat d'arrêt sans les conclusions du ministère public. Il désigne un défenseur d'office pour les accusés qui n'en auraient pas choisi.

Le dossier est transmis au ministère public qui fournit des réquisitions écrites, puis déposé pendant trois jours au greffe où les accusés et leurs défenseurs peuvent en prendre communication.

La commission, après avoir entendu le rapport de son président, les réquisitions du ministère public et les observations des inculpés, statue à la majorité sur la mise en accusation ([1]) en votant séparément pour chaque inculpé et pour chaque fait. L'arrêt de mise en accusation ordonne l'arrestation. Il est signé par toute la commission.

Le ministère public rédige l'acte d'accusation contenant indication de la nature des faits incriminés et des circonstances. L'arrêt et l'acte d'accusation sont remis en copie aux accusés avec assignation pour le jour de l'audience, trois jours au moins avant ce jour.

Les débats ont lieu publiquement sous la présidence du président du Sénat. Ils passent par les phases ordinaires : interrogatoire des accusés, audition des témoins, réquisitoire, défense des accusés qui doivent avoir toujours la parole en dernier lieu. Le président prononce la clôture des débats.

La délibération est secrète. Le vote a lieu séparément sur la culpabilité, sur les circonstances atténuantes et sur la peine. Les exceptions soulevées par les accusés peuvent être jugées préalablement ou bien avec le fond.

Les décisions sont prises à la majorité absolue des votants. Si aucune peine ne l'obtient à deux scrutins, on élimine la plus forte des peines proposées et on recommence le vote ; après deux nouveaux scrutins,

([1]) M. Bérenger voulait que le Sénat fût divisé en une chambre d'accusation et une de jugement. Le Gouvernement proposait de supprimer la mise en accusation.

on écarte la plus forte des peines qui restent proposées ; et ainsi de suite jusqu'à ce qu'il se forme une
majorité (¹). Les seules peines applicables sont celles
du C. P.

Ne peuvent voter que les sénateurs qui ont assisté
à toutes les audiences. Les membres de la commission
peuvent être récusés par les accusés.

Le vote a lieu à haute voix, sur appel nominal fait
selon l'ordre alphabétique. Le président vote le dernier.

L'arrêt est rédigé avec ses motifs par le président et
approuvé par la Haute-Cour. Il est lu publiquement et
signifié sans délai aux accusés. Aucune voie de recours
n'est ouverte (²).

Un procès-verbal des audiences est signé par le
président et le greffier.

Au surplus, la règle du C. I. Cr. et des lois sur la
procédure de droit commun sont applicables, à moins
que le Sénat n'en décide autrement.

357. *Droit comparé.* — La Chambre Haute forme la
Haute-Cour en Angleterre (membres du conseil privé,
hauts fonctionnaires), en Espagne (ministres), en Norvège (ministres, conseillers d'Etat, membres des Chambres et de la Cour Suprême), au Mexique (les mêmes et en
outre le Président de la République et les gouverneurs
des Etats), en Portugal (ministres, conseillers d'Etat,
membres des Chambres, membres de la famille royale),
dans la République Argentine (le Président, les ministres, les juges), en Italie (ministres, sénateurs, tout
accusé de haute trahison), aux Etats-Unis et dans la
plupart des Républiques américaines (tous crimes
contre la Constitution). En Hongrie, la Haute-Cour
(ministres) est élue par la Chambre Haute dans son sein.

(¹) Plusieurs sénateurs et députés proposaient qu'aucune condamnation ne pût être prononcée qu'à la majorité des cinq
huitièmes ou des sept douzièmes. La règle eût corrigé en partie
les défauts de la juridiction sénatoriale.

(²) On a vainement demandé un recours en cassation pour
incompétence ou vice de forme.

La juridiction est donnée à la Cour Suprême judiciaire en Allemagne, Autriche, Bavière, Pays-Bas, Prusse (une loi peut constituer une Cour spéciale), Roumanie, Suisse.

Une juridiction spéciale existe en : Bade (la Chambre Haute augmentée de neuf magistrats) ; — Danemark (la Cour Suprême augmentée de membres de la Chambre Haute élus par leurs collègues en nombre égal) ; — Grèce douze magistrats tirés au sort, présidés par le président de l'Aréopage) ; — Norvège (la Chambre Haute et la Cour Suprême réunies) ; — Saxe et Würtemberg (des magistrats choisis par le Roi et des membres délégués par les Chambres) ; — Serbie, Suède.

La majorité des deux tiers est exigée pour la condamnation aux Etats-Unis, Confédération Argentine.

La Haute-Cour parfois ne peut prononcer que des peines politiques, destitution, privation des droits en Würtemberg, Confédération Argentine.

Le chef de l'Etat ne peut gracier les condamnés, en Angleterre, Saxe, Mexique, etc. ; — sauf une réserve expresse dans l'arrêt, en Würtemberg ; — sauf l'assentiment de la Chambre accusatrice, en Grèce, Roumanie, Serbie.

CHAPITRE XXIII

PROCÉDURE PARLEMENTAIRE

358. Les formalités qui entourent les travaux des Chambres sont fixées par le règlement de chacune d'elles. Elles sont d'ailleurs, en général, des usages qui remontent à la Restauration. Les Constitutions en fixaient souvent quelques détails.

359. *Dépôt des propositions.* — Les propositions qui émanent de l'initiative parlementaire (¹) doivent être écrites, précédées d'un exposé des motifs et adressées au Président. Celui-ci doit les communiquer à la Chambre dans les vingt-quatre heures du dépôt; il en ordonne l'impression, la distribution à tous les membres et le renvoi à la Commission d'initiative.

Toute proposition peut être retirée par son auteur, reprise par un autre membre qui la fait sienne.

La Chambre saisie d'une proposition peut, à tout moment et même au cours de la discussion, en confier l'examen au Conseil d'Etat (L. 24 mai 1872, art. 8) ou à un ou plusieurs corps spéciaux (chambres de commerce, cours et tribunaux, facultés de droit, etc.). Ce renvoi n'est jamais obligatoire pour la Chambre.

La commission d'initiative prépare, dans les dix jours, un rapport tendant à prendre ou à ne pas prendre en considération la proposition déposée. La Chambre statue d'abord sur la prise en considération. Si elle l'accorde, la procédure parlementaire suit son cours. Si elle la refuse, la proposition ne peut aller plus loin, et ne peut être reproduite avant six mois écoulés. Le délai est de trois mois pour les propositions prises en considération et rejetées après discussion. La prise en

(¹) Pour les projets émanant du Gouvernement, voir n° 385.

considération ne préjuge pas le vote définitif. Elle signifie seulement que la proposition est sérieuse et mérite d'être examinée. Elle entraîne le renvoi aux bureaux. Elle est rarement refusée.

360. *Bureaux.* — Les membres des Chambres sont répartis en *bureaux.* Il y en a 9 au Sénat, 11 à la Chambre. Le tirage au sort fait la répartition chaque mois, à moins que la Chambre ne laisse subsister la répartition faite au début de la session.

Chaque bureau nomme un président et un secrétaire. Les bureaux se réunissent en général trois fois par semaine. Leur ordre du jour est fixé par la Chambre. Ils désignent celui ou ceux de leurs membres qui doivent faire partie d'une commission, à moins que la Chambre ne se réserve l'élection d'une commission.

361. *Commissions.* — Chaque Chambre a le droit de nommer des commissions pour préparer ses travaux. Ce droit était refusé par le Scs. An XII au Corps législatif qui ne devait avoir d'autre commission que les sections du Tribunat.

Ces commissions sont en général nommées pour l'examen d'une seule proposition et cessent d'exister dès le vote sur la loi qu'elles ont préparée. Elles ne forment pas des comités permanents connaissant de certaines catégories d'affaires et s'occupant sans interruption des mêmes questions. Le système des comités permanents, pratiqué par la Constituante et la Législative, fut développé par la Convention. Après avoir créé le Comité de salut public et le Comité de la sûreté générale (L. 18 mars et 11 avril 1793, 14 frimaire An II, 11 thermidor An II), elle organisa 12 puis 16 comités embrassant tous les services publics (L. 12 germinal An II, 7 fructidor An II). Les excès tyranniques de ces comités provoquèrent la prohibition formulée par la C. An III qui autorise seulement des commissions à objet spécial devant se dissoudre dès le vote de la Chambre. Le système des comités permanents se retrouve dénaturé dans la C. An VIII, qui donnait à chaque section du Tribunat des attributions, spéciales. Le Scs. 19 août 1807 créa, pour remplacer le Tribunat, 3 commissions annuelles du Corps législatif. La Constituante de 1848 s'est divisée aussi en 15 comités. En général, ces comités permanents sont restés ignorés.

La Chambre a été maintes fois, en 1882, 1884, 1885, 1886, 1889 saisie de nombreuses propositions tendant à créer des comités annuels ; les unes répartissaient tous les députés dans des comités plus ou moins nombreux ; d'autres demandaient la création d'un comité spécial pour chaque ministère ; les plus timides sollicitaient des commissions annuelles pour des matières spéciales. La Chambre a voté (6 février 1890) l'institution de deux commissions annuelles : une commission d'initiative et une de comptabilité (1).

Les Chambres peuvent renvoyer à la commission saisie d'une proposition d'autres projets de nature semblable. Mais la commission cessera d'exister dès que la Chambre aura voté.

Certaines commissions sont nommées pour un mois et reçoivent pendant ce délai toutes les propositions du même ordre. Telles sont la commission des congés, qui propose d'accorder ou de refuser des congés aux membres qui en demandent ; celle des pétitions, qui propose la suite à donner aux pétitions reçues par la Chambre.

Enfin, certaines commissions s'occupent de sujets très vastes. Ainsi la commission du budget.

Chaque commission se compose d'un certain nombre de membres par bureau. La Chambre fixe ce nombre. En général, chaque bureau nomme un membre. La commission du budget compte habituellement 22 mem-

_____

(1) En Angleterre, la Chambre des Communes a plusieurs fois institué des comités permanents. Le Sénat belge pratique le même système. La C. suédoise prescrit cinq comités dont elle fixe les attributions.

bres au Sénat (2 par bureau) et 33 à la Chambre (3 par bureau).

La Chambre peut se réserver la nomination d'une commission en séance publique, au scrutin de liste. Ainsi a été nommée la commission du budget en 1887.

Un membre peut faire partie de deux commissions; mais la Chambre en décide parfois autrement. Ainsi, le 10 mars 1890, la Chambre des Députés a décidé que les membres de la commission du budget ne pourraient faire partie de la commission des douanes.

La commission nomme un président et un secrétaire; si elle est nombreuse, elle nomme un ou deux vice-présidents, plusieurs secrétaires et se divise en sous-commissions. Ainsi fait la commission du budget.

Elle étudie la proposition en recherchant tous les renseignements possibles. Elle nomme un rapporteur chargé de résumer les travaux de la commission et de proposer à la Chambre des décisions motivées. Le rapport est déposé sur le bureau de la Chambre sans délai imposé; il est imprimé et distribué aux membres avant la discussion.

La commission peut modifier la proposition qui lui est soumise et même lui substituer un texte nouveau.

Elle peut être dessaisie par la Chambre. Elle peut démissionner en bloc, mais seulement à l'unanimité de ses membres. Chacun de ses membres peut démissionner individuellement.

362. *Séance.* — Chaque Chambre étudie et discute les questions qui lui sont soumises en suivant l'ordre du jour, c'est-à-dire la liste des affaires dressée dans l'ordre des préférences de la Chambre. A chaque séance, la Chambre fixe l'ordre du jour de la séance suivante; mais elle ne se lie pas rigoureusement et peut modifier en cours de séance le programme de ses travaux.

Les orateurs ne peuvent parler qu'après avoir demandé la parole au président et l'avoir obtenue. Le président donne la parole alternativement à un partisan et à un adversaire du projet en discussion, en suivant l'ordre des inscriptions.

La parole en principe ne peut être refusée sinon pour motifs graves. Elle est de droit pour répondre au Gouvernement, pour rappeler au règlement, pour demander la priorité au sujet d'un vote, pour réclamer l'ordre du jour, pour poser la question préalable, pour s'expliquer sur un fait personnel. Elle ne peut être retirée à un orateur que par la Chambre sur la proposition du président. Nul ne peut interrompre un orateur si ce n'est de son consentement. Les orateurs quittent en général leurs places pour parler à la tribune. C'est un usage ancien ; cependant de 1852 à 1867, les députés ont parlé sans quitter leur banc. L'orateur peut ou parler ou lire un discours écrit. Cette dernière pratique était expressément prohibée par l'Acte Additionnel et il fut question de la prohiber sous la monarchie de 1830 et le Second Empire, afin de réduire au silence nombre de membres mauvais improvisateurs [1].

Le règlement ne limite pas le temps accordé aux orateurs [2]. S'ils s'écartent de la question, le président peut les y ramener ; au besoin la Chambre leur retire la parole.

Lorsque la liste des orateurs est épuisée ou lorsque la Chambre se juge suffisamment éclairée, la clôture est mise aux voix par le président, soit d'office, soit sur la demande des membres. Dès lors nul ne peut parler sur le fond de la question ; mais on peut combattre la clôture et demander la continuation de la discussion. La Chambre statue. Elle ne peut refuser d'entendre le rapporteur et le Gouvernement [3].

[1] La prohibition existe en Bade.

[2] On a proposé la limitation à une heure ou à une demi-heure.

[3] En Angleterre, la clôture n'a été admise qu'en 1882. Auparavant, la discussion continuait tant qu'un membre demandait la parole. De là l'*obstruction* organisée par les députés irlandais.

363. *Priorité.* — La discussion est suspendue et la question en discussion peut être primée par :

la *question préalable;* elle consiste à demander à la Chambre s'il convient que la question principale soit discutée. Elle n'est généralement pas débattue; on entend seulement son auteur. Si la Chambre vote la question préalable, la discussion principale n'a pas lieu;

les *questions préjudicielles,* qu'il faut résoudre avant de continuer le débat principal. Ainsi les rappels au règlement ou à l'ordre du jour, les propositions d'ajournement ou de renvoi à la commission;

les *questions de priorité,* pour savoir par exemple dans quel ordre plusieurs amendements doivent être discutés. En général, c'est l'amendement qui s'écarte le plus du texte proposé qui est mis le premier en discussion.

364. *Votation.* — On distingue une discussion générale, portant sur l'ensemble de la proposition, sur les idées générales, sur l'opportunité de la réforme; et une discussion par articles qui n'a lieu que si la Chambre l'ordonne après la discussion générale. Enfin on vote sur l'ensemble de la loi.

Les votes sont déterminés en général à la majorité des suffrages exprimés. A voix égales, la proposition est repoussée.

Les Chambres votent le plus souvent par assis et levés, le bureau comptant les assis et levés comme des adversaires et des partisans de la proposition. Elles pratiquent aussi :

le scrutin public. Il est de droit après deux épreuves par assis et levé ou lorsqu'un membre le réclame après une épreuve douteuse ou, avant toute épreuve, lorsqu'il est réclamé par écrit par 10 membres au Sénat, 20 à la Chambre des Députés. Il se fait au moyen de bulletins portant le nom des représentants qui les déposent dans les urnes. Les bulletins bleus sont pour le rejet, les blancs pour l'adoption de la proposition (¹). Le Président prononce la clôture du scrutin et proclame les résultats du dépouillement fait par les secrétaires. Si l'écart des voix est faible, on procède à un pointage. L'*Officiel* publie les noms des votants et des absents ;

le scrutin public à la tribune. Il doit être demandé par 10 membres au Sénat, qui peut le refuser, par 40 membres à la Chambre. Chaque membre dépose son bulletin dans une urne placée sur la tribune, et une boule de pointage dans une autre urne ;

le scrutin secret, sur la demande de 20 sénateurs ou de 50 députés. Il se fait, comme le scrutin public, à la tribune, mais avec des boules blanches pour l'adoption, noires pour le rejet, qui ne portent pas le nom du votant.

L'appel nominal peut être réclamé pour tous les scrutins à la Chambre, pour le scrutin secret seulement au Sénat. Les Chambres statuent sans débat sur cette demande.

Les votes ne sont pas motivés, mais peuvent être expliqués avant le scrutin.

Nul n'est tenu de voter, l'abstention est facultative.

Chaque membre ne doit voter que pour lui en principe. Mais il peut en fait donner mandat à un collègue de déposer un bulletin pour lui. Cette pratique est évidemment impossible pour le scrutin secret et le scrutin public à la tribune. Elle est très fâcheuse et a pour résultat de donner à un membre assidu un nombre souvent considérable de voix et à un membre négligent des vacances indues.

Les votes sont définitifs dès leur proclamation par le président. Un vote acquis ne peut être annulé en cours de séance que pour erreur matérielle ou malentendu sur l'objet du scrutin, et après la séance, que pour erreur matérielle.

(¹) On a parfois demandé la création d'un bulletin rose ou rouge exprimant une abstention volontaire et raisonnée.

365. *Quorum.* — Un vote n'est valable que s'il réunit un certain nombre de votants, qu'on appelle le *quorum*. Lorsque le serutin public permet de constater que ce nombre ou quorum n'est pas atteint, la discussion est suspendue et renvoyée à une autre séance, — souvent tenue immédiatement après, — où le vote est valable quel que soit le nombre des membres.

Le quorum est fixé à la moitié plus un des membres de la Chambre et calculé sur le nombre légal sans déduire les sièges vacants. Au Sénat, les votants seuls comptent dans le quorum ; il faut 151 suffrages exprimés pour que le vote soit valable. A la Chambre des Députés, le bureau compte d'abord les présents et sa décision est définitive s'il est unanime. S'il est partagé, le scrutin public décide.

366. *Délibérations.* — En principe, toute proposition est soumise à deux délibérations, séparées par un intervalle de cinq jours au moins. La deuxième ne comporte pas en général une discussion générale. Elle n'a pas lieu pour les lois déclarées urgentes, pour les propositions qui reviennent de l'autre Chambre avec des changements, pour la loi du budget, la loi des comptes et quelques autres exceptions. Les C. 1791, An iii, 1848 exigeaient trois délibérations. Le même usage fut suivi en 1871 et existe en Angleterre.

367. *Urgence.* — La procédure parlementaire est simplifiée par la déclaration d'urgence. Elle peut être demandée par tout membre, à tout moment, jusqu'à la discussion des articles. Cependant, au Sénat, la demande doit être déposée au début de la séance et discutée à la fin.

Elle peut être retirée, au Sénat jusqu'à la discussion des articles, à la Chambre des Députés jusqu'au vote sur l'ensemble de la loi.

Si l'urgence est déclarée, il n'y a qu'une seule délibération et la discussion et le vote ont lieu aussitôt après le dépôt du rapport.

368. *Procès-verbaux.* — Les travaux et les votes de

9***

chaque Chambre sont constatés par un procès-verbal dont la rédaction est dirigée par les secrétaires, sous la surveillance du président. Le procès-verbal contient une analyse sommaire des discours et la mention des dépôts de propositions, projets, rapports, etc. — Le président peut n'y faire insérer que les faits qu'il a vus ou entendus, mais il ne peut, sans l'assentiment de la Chambre, rien supprimer. — Le procès-verbal de chaque séance est lu au début de la séance suivante et soumis à l'approbation de la Chambre. Chaque membre peut demander des rectifications.

En outre du procès-verbal, il est rédigé, par des secrétaires-rédacteurs, qu'il ne faut pas confondre avec les secrétaires de la Chambre, un compte-rendu analytique destiné aux journaux et qui est officiel depuis 1848.

Enfin le *Journal Officiel* publie, avec le texte des propositions et rapports, le compte-rendu sténographique de chaque séance.

Toute loi votée est rédigée en deux expéditions signées par le président et le secrétaire de chaque Chambre. L'une est déposée aux Archives parlementaires, l'autre est transmise au Gouvernement.

Les modifications au texte ne peuvent être ordonnées que par les Chambres.

LIVRE IV

Le Gouvernement.

CHAPITRE XXIV

LE PRÉSIDENT DE LA RÉPUBLIQUE

369. I. DE LA FORME DU GOUVERNEMENT. — Les innombrables formes que peut revêtir l'organisation du pouvoir exécutif se ramènent en définitive à trois types : forme collective, forme royale, forme présidentielle.

370. *Forme collective.* — Le pouvoir exécutif est confié à plusieurs personnes formant un conseil.

Cette forme est consacrée par la L. 10 août 1792 qui suspend Louis XVI de ses fonctions royales et remet l'exercice provisoire du pouvoir exécutif aux ministres; la C. 1793; la L. 19 vendémiaire An II qui mit tous les fonctionnaires sous la surveillance du Comité de Salut public; la C. An III. Quant à la C. An VIII, elle organise, malgré ses trois Consuls, le pouvoir personnel. Le Gouvernement provisoire a été collectif du 24 février au 24 juin 1848 et du 4 septembre 1870 au 13 février 1871. — La consécration constitutionnelle de cette forme a été demandée en 1848, 1875, 1884, 1888.

Les partisans de ce système prétendent que, dans un régime démocratique et républicain, le chef de l'Etat est une pompeuse et coûteuse inutilité; qu'il ne doit exercer aucune action sur le Gouvernement dont le fardeau et la responsabilité pèsent sur les ministres seuls ; qu'on ne ferait que respecter la vérité des choses en partageant officiellement le pouvoir exécutif entre les ministres qui l'exercent en fait. Ils ajoutent que c'est l'énergie, le talent, le patriotisme des gouvernements collectifs qui ont à plusieurs reprises sauvé la patrie. Enfin, les gouvernements collectifs ne peuvent être nommés que par le Corps législatif et, par suite, l'harmonie ne saurait cesser entre les électeurs et les élus. Plus de conflits, plus de coups d'Etat.

L'histoire, appelée en témoignage, n'est pas favorable à la forme collective, elle la montre en général ou tyrannique ou impuissante. Combien voudraient ressusciter le Comité de Salut public ou le Directoire ? L'harmonie qu'elle fait régner un temps n'est que la subordination du pouvoir exécutif au pouvoir législatif, le despotisme anonyme des Assemblées. Elle porte en elle la cause et presque la justification des coups d'Etat qui, à leur tour, établiront une égale harmonie par l'asservissement du pouvoir législatif au pouvoir exécutif. — Il est d'ailleurs inexact que le chef de l'Etat soit une inutilité. Aux yeux de la nation et de l'étranger, il représente la France. Il exerce sur les affaires publiques une influence certaine par le choix des ministres, par les avis qu'il peut formuler, par la résistance même qu'il trouverait bien le moyen d'opposer légalement aux mesures dangereuses pour le pays. S'il n'a pas de responsabilité constitutionnelle, il assume du moins la responsabilité morale des actes qu'il signe et c'est pourquoi il ne peut et ne doit pas s'en désintéresser. Partagée entre plusieurs, la responsabilité est moins sensible et moins efficace ; chacun a moins de souci d'une mission qui ne lui est pas personnelle. — Le chef de l'Etat possède une stabilité qui manque aux ministres si souvent élevés et renversés ; il forme dans le Gouvernement un point fixe grâce auquel les crises ministérielles ne peuvent devenir dangereuses.

371. *Forme royale.* — Elle diffère de la forme présidentielle par l'hérédité du pouvoir. Les nuances sont nombreuses entre la royauté absolue et la royauté constitutionnelle, entre la présidence absolue et la présidence constitutionnelle; et les deux formes, différentes par l'étiquette, se ressemblent parfois singulièrement par le fond. L'hérédité du pouvoir royal, l'élection du pouvoir présidentiel, voilà la caractéristique essentielle.

Elle est importante. Dans la forme présidentielle, la nation concourt plus ou moins directement à la nomination du chef de l'Etat [1]; elle se donne ce représentant comme les autres. La nation est exclue par l'hérédité monarchique. Il est vrai que la monarchie ne se fonde et surtout ne se perpétue héréditairement que par l'assentiment tacite de la nation. Mais chaque génération d'hommes n'influe pas sur le recrutement de la magistrature suprême.

L'hérédité a des partisans nombreux et convaincus. Les institutions d'un peuple, disent-ils, ont besoin, dans leur mobilité nécessaire, d'un point fixe sur l'appui duquel elles évolueront paisiblement et sûrement. Ce point fixe sera fourni par l'hérédité; il ne peut l'être par l'élection. Dans les circonstances graves, la nation tournera ses regards confiants vers un pouvoir héréditaire; ce serait un grand souci de plus que d'avoir à nommer le chef de l'Etat.

L'hérédité évite les crises, les surprises, l'attente et l'angoisse qui accompagnent toute élection, les mouvements de toute nature que peut produire la succession au pouvoir d'un parti à un autre. Elle supprime les ambitions que tente le pouvoir suprême, empêche l'arrivée inopinée d'une célébrité populaire mal pré-

---

[1] On pourrait concevoir et même citer des régimes où les pouvoirs temporaires ne sont pas dus à l'élection. Mais aujourd'hui l'antithèse n'est posée qu'entre une présidence élective et une royauté héréditaire.

parée à ses fonctions et fait monter sur le trône un homme spécialement élevé dans l'idée qu'il règnera, formé aux vertus royales, issu d'une race que l'exercice du pouvoir aura perfectionnée. Avec le régime parlementaire, il suffit au Roi (comme au Président) d'avoir de l'impartialité, de la bonne volonté, de la modération, le sens de l'opinion publique. Son rôle est d'autant plus facile qu'il n'est pas le chef ou le représentant d'un parti vainqueur dans la lutte électorale ; il n'a ni dévouements à récompenser ni ressentiments à venger. Pour le choix de ses collaborateurs, il ne consultera que l'opinion publique et pourra en suivre fidèlement les fluctuations. Il se consacrera entièrement aux affaires de l'Etat ; il n'en sera pas détourné par le souci de sa réélection et des intérêts de son parti.

L'hérédité a sans doute des inconvénients ; mais le régime parlementaire les réduit à rien et ils tiennent plutôt aux hommes qu'à l'institution elle-même.

L'élection excite les ambitions par l'appât d'une situation exceptionnelle. L'élu est le chef d'un parti, animé de passions politiques, ayant des partisans à satisfaire, des adversaires à accabler. L'élection multiplie les crises dont s'accompagne toujours la transmission du pouvoir et entretient une cause permanente d'agitation. Elle ne permet pas à l'opinion publique d'obtenir une satisfaction immédiate, car le Président récalcitrant gardera ses fonctions temporaires jusqu'au terme fixé par la loi. Le Gouvernement négligera les affaires publiques pour servir des partisans, consolider son triomphe, écraser ses adversaires. Le régime parlementaire, au lieu d'être l'instrument de l'opinion publique, sera un moyen d'opprimer les minorités.

Et à qui remettre le droit d'élire le Président ? Nouvelle difficulté ! Il y a également à craindre de constituer une aristocratie électorale dont l'élu sera le captif et de tomber au césarisme populaire, serviteur de la plèbe. Enfin l'histoire montre tantôt l'hérédité se substituant à l'élection par un savant progrès, tantôt les électeurs, en crainte de ce résultat, écartant systématiquement du pouvoir les plus dignes.

372. *Forme présidentielle.* — Ses partisans font le procès de l'hérédité. Elle est, disent-ils, un moyen aveugle de choisir le chef de l'Etat. Cette fonction si haute, si grave, si délicate est abandonnée aux hasards de la naissance. Il y faut de la stabilité, de la maturité, de la dignité professionnelle; on l'expose aux incertitudes des minorités et des régences, à l'inexpérience d'une jeunesse téméraire, aux entreprises d'un âge mûr, orgueilleux, agissant et despotique, aux lamentables décadences de la vieillesse. Elle est prise entre ce dilemme; ou une royauté active et absolue, c'est-à-dire un danger de tyrannie, ou une royauté parlementaire, insignifiante et effacée, c'est-à-dire une inutilité. Enfin l'hérédité répugne aux sociétés démocratiques; le pouvoir doit aller au plus digne et l'élection est, pour le décerner, le moins imparfait des moyens. Pourvu qu'on l'organise sagement, elle portera régulièrement à la magistrature suprême un homme de talent et de vertu, dans la plénitude de ses facultés et de son énergie. — Le caractère temporaire des fonctions inspirera au Président, avec le sentiment de sa responsabilité morale et d'un intérêt immédiat, le souci de ses devoirs. — L'élection, mieux que l'hérédité, donne le caractère représentatif et assure, soit auprès des puissances étrangères, soit auprès de la nation elle-même, le prestige et l'influence. — Elle supprime les querelles intestines et internationales que soulève l'hérédité, les guerres de succession. — Elle ne permet pas aux intérêts privés d'une famille royale de primer ceux d'une nation. — Elle a sans doute des inconvénients, mais il est possible de les écarter par une organisation qui ne comporte pas l'hérédité, dont les résultats échappent à l'action des lois. — Les mœurs politiques doivent et peuvent être telles que le Président soit le représentant du pays et non l'élu du parti.

Ce résultat n'est pas plus difficile à atteindre dans une république que dans une royauté; car quel Roi n'a ni amis ni ennemis? Quant aux adversaires de la forme même du Gouvernement, ils trouveront moins de justice sous un Roi dont ils menacent le pouvoir héréditaire que sous un Président temporaire, moins intéressé à leur élimination.

373. Tels sont les principaux arguments de part et d'autre. La question me paraît posée d'une façon trop simple et trop brutale. Cette simplicité est utile aux partis politiques pour la discussion dont les électeurs sont les juges. Mais n'oublions pas qu'il s'agit de forme seulement et que le fond, la nature intime, libérale ou tyrannique des institutions demeure la chose essentielle. Il faudrait, avant de résoudre, chercher ce que cachent les étiquettes. Sans doute telle royauté vaut mieux que certaine république et telle autre est pire que toutes les républiques. La question est-elle même susceptible d'une solution unique, générale, absolue? N'est-il pas plus vraisemblable que chaque forme de Gouvernement correspond à un état social déterminé et lui rend des services qui seraient inutiles ou dangereux pour un autre? Si j'envisage la question à ce point de vue, je dirai volontiers que la royauté est nécessaire pour donner l'unité à une nation qui s'élabore, pour y former l'éducation politique et parlementaire; que l'hérédité donne comme un noyau aux nations en formation; qu'elle favorise l'intégration de l'Etat. Ces résultats atteints, son rôle est fini et, sans perdre ses droits aux souvenirs respectueux et reconnaissants de tous, elle doit faire place à un régime nouveau où la nation émancipée et éclairée tirera de son sein son suprême magistrat.

374. La forme royale est consacrée par les Chartes et les C. impériales : Scs. An xii, Acte Additionnel, Scs. 25 décembre 1852 et 21 mai 1870.

La forme présidentielle est consacrée par les C. An viii, 1848, 1852 et par les lois de 1875.

375. « Le Président de la République est élu à la
majorité absolue des suffrages par le Sénat et par la
Chambre des Députés réunis en Assemblée nationale »
(L. 25 février 1875, art. 2).

La C. An VIII faisait élire les Consuls par le Sénat et
sur la liste de notabilité nationale. Le Scs. An x donnait au Premier Consul le droit de présenter des candidats pour les deuxième et troisième consulats ; le
Sénat pouvait en refuser deux pour chaque poste, mais
devait accepter le troisième. Le Premier Consul pouvait aussi présenter son successeur. Les deux autres
Consuls avaient également un droit de présentation
pour le poste de Premier Consul. — La C. 1848 fait
élire le Président de la République par le suffrage
universel ; celle de 1852, consacrant le même système,
permet au Président de recommander au peuple un
candidat à sa succession.

Le système compliqué de l'An VIII, qui masque la
souveraineté nationale, n'a plus de défenseurs.

L'élection au suffrage universel rallie au contraire
un assez grand nombre de partisans. Elle est présentée
par eux comme le seul mode qui respecte la souveraineté du peuple, qui donne au chef de l'Etat le prestige
et l'autorité dont il a besoin à l'égard de l'étranger,
du pays et surtout des Chambres. — La prétention est
exagérée. Le Président de la République représente le
peuple dès que ses électeurs sortent eux-mêmes de
l'élection. Il ne semble pas que le prestige et l'autorité lui aient manqué jusqu'à présent. Les choix seront
plus sûrs, fait par un corps électoral spécial et peu
nombreux, plutôt que par des millions d'électeurs
faciles à séduire et à entraîner. — Le Président élu
par le suffrage universel tirerait de son élection une
autorité excessive. Ses difficultés avec les Chambres
n'auraient aucune issue légale et se résoudraient par
la force. On l'a bien vu en 1851.

Le système admis en 1875 est donc le plus simple
et le plus sûr. Il confie l'élection aux seuls représen-

tants de la nation ; à ceux qu'une pratique quotidienne des affaires publiques donne, pour ce choix, des lumières exceptionnelles.

On lui a reproché de violer la séparation des pouvoirs et de mettre le pouvoir exécutif sous la dépendance du pouvoir législatif qui le nomme ([1]). La critique ne me paraît pas fondée. Le Président sera indépendant du Parlement parce qu'il y a deux Chambres. Rarement il se trouvera en conflit avec toutes les deux, et si le fait se produit, il est probable que les Chambres, renouvelées par des élections relativement récentes, exprimeront l'opinion du pays. S'il est en désaccord avec une seule, la dissolution, en rendant la parole au peuple, tranchera la difficulté.

376. L'Assemblée nationale forme un seul collège dans lequel chaque Chambre perd son individualité, dans lequel chaque membre de l'une ou l'autre possède une voix. L'inégalité numérique des deux Chambres assure à la Chambre des Députés un avantage marqué sur le Sénat.

Ce collège électoral est assez bigarré. Certains de ses membres sont élus au 1er degré (députés); d'autres au 2e et au 3° (sénateurs élus); d'autres enfin au 3e ou au 4° degré (sénateurs inamovibles).

Les députés ou sénateurs proclamés élus par les commissions de recensement, mais dont les pouvoirs ne sont pas encore vérifiés, peuvent voter dans l'Assemblée nationale. Il en est de même des membres exclus par application du règlement ([2]).

([1]) Pour écarter l'objection, le Gouvernement proposait (19 mai 1873) d'adjoindre à l'Assemblée nationale trois délégués de chaque Conseil général. — On a récemment proposé de confier l'élection à la réunion de deux Chambres en tout semblables au Sénat et à la Chambre, mais élues seulement pour cet objet, et d'où les sénateurs et députés seraient exclus. Ces complications ne paraissent offrir aucun avantage sérieux.

([2]) Décisions de l'Assemblée nationale, le 28 décembre 1885 et le 19 juin 1879.

L'Assemblée nationale n'est qu'un collège électoral ; elle ne peut que voter. Toute discussion est interdite. Aucun discours ne peut être prononcé. La question préalable est opposée à tout membre qui demande la parole. Telle a été la pratique suivie en 1879 et 1887.

Le Président doit être élu à la majorité absolue du suffrage, c'est-à-dire par la moitié plus un du chiffre de voix obtenu en additionnant le nombre légal des sénateurs et celui des députés. Quel que soit le nombre des tours de scrutin, cette majorité absolue est nécessaire.

377. « Un mois au moins avant le terme légal des pouvoirs du Président de la République, les Chambres devront être réunies en Assemblée nationale pour procéder à l'élection du nouveau Président ([1]). A défaut de convocation, cette réunion aurait lieu de plein droit le quinzième jour avant l'expiration de ces pouvoirs. En cas de décès ou de démission du Président de la République, les deux Chambres se réunissent immédiatement et de plein droit ([2]). Dans le cas où, par application de l'art. 5 de la loi du 25 février 1875, la Chambre des Députés se trouverait dissoute au moment où la présidence de la République deviendrait vacante, les collèges électoraux seraient aussitôt convoqués et le Sénat se réunirait de plein droit » (L. 16 juillet 1875, art. 3).

« En cas de vacance pour décès ou pour toute autre cause, les deux Chambres réunies procèdent immédiatement à l'élection d'un nouveau Président. Dans l'intervalle, le Conseil des ministres est investi du pouvoir exécutif » (L. 25 février 1875, art. 7).

378. « Il (le Président de la République) est nommé

([1]) M. Grévy, élu le 30 janvier 1879, fut réélu le 28 décembre 1885.

([2]) M. de Mac-Mahon, démissionnaire le 30 janvier 1879, fut remplacé le même jour. M. Grévy, démissionnaire le 2 décembre 1887, fut remplacé le lendemain.

pour sept ans »…. La durée des fonctions consulaires était fixée à 10 ans par la C. An VIII; le Scs. An X organisa le Consulat à vie. La présidence durait 4 ans d'après la C. 1848; 10 ans, d'après celle de 1852. Le délai de 7 ans paraît assez bien choisi.

Le Président de la République est irrévocable. L'Assemblée qui lui a confié ses fonctions ne peut pas les lui retirer. En novembre-décembre 1887, les Chambres ont déclaré qu'elles attendaient une communication du Gouvernement, c'est-à-dire la démission du Président de la République. Celui-ci finit par céder et résigna ses pouvoirs (2 décembre 1887). Cette mise en demeure adressée au chef de l'Etat par les Chambres est certainement inconstitutionnelle.

Le chef de l'Etat, on vient de le voir, peut démissionner. Le fait s'est produit deux fois depuis 1875, le 30 janvier 1879 et le 2 décembre 1887. La lettre de démission est adressée au président de chaque Chambre. L'Assemblée nationale semble avoir seule qualité pour accepter ou refuser cette démission; cependant les Chambres ont séparément donné acte des lettres de démission adressées au président de chacune d'elles.

Il n'est pas douteux : que le Président de la République qui perdrait les droits de citoyen français, qui serait condamné par le Sénat pour haute trahison serait déchu de ses fonctions; — que la fonction présidentielle est incompatible avec toute autre fonction publique, notamment avec les fonctions législatives.

379. Les lois constitutionnelles n'établissent aucune condition d'éligibilité, aucune incapacité ou incompatibilité. Il faut en conclure que tout citoyen français est éligible à la présidence de la République. Les Chambres peuvent prendre le chef de l'Etat parmi leurs membres ou en dehors. « Les membres de la famille ayant régné sur la France sont inéligibles à la présidence de la République » (L. R. 14 août 1884).

Un amendement en ce sens avait été repoussé par l'Assemblée nationale.

D'après la C. An VIII, les Consuls ne pouvaient être pris que sur la liste nationale de notabilité. Celle de 1848 exigeait que le Président fût âgé de 30 ans et n'eût jamais perdu la qualité de Français.

380. « Il est rééligible » (même texte). Cette règle est admise par les C. An VIII et 1852. Celle de 1848 déclare inéligibles pour 4 ans le Président sortant, ses parents et alliés jusqu'au 6ᵉ degré. — La prohibition de réélire s'appuie sur la crainte que l'hérédité ne s'introduise par des réélections répétées, et que le chef de l'Etat ne néglige les intérêts de l'Etat pour préparer sa réélection. Elle a l'inconvénient d'écarter nécessairement du pouvoir un homme qui a montré des talents et rendu des services, et de le pousser aux attentats constitutionnels pour garder la fonction dont il se sent digne. Grâce à elle, le Président ne s'intéresse pas aux réformes longues et mûries qu'il pourrait à peine proposer sans avoir l'espoir de les achever et d'y attacher son nom. Il est utile à l'Etat que le Président sortant puisse être réélu. L'Assemblée nationale saurait écarter le Président incapable ou indigne.

381. Les lois de 1875 n'instituent ni les deuxième et troisième Consuls que la C. An VIII appelait à suppléer le premier et à donner un avis consultatif en certaines affaires ; — ni le vice-président de la République, créé par la C. 1848 pour suppléer le chef de l'Etat. Elles ne prévoient pas le cas où le Président de la République serait empêché de remplir ses fonctions, par la maladie notamment.

Elles ont évité l'intervalle de deux Présidents en fixant la date de l'élection présidentielle. L'intérim résultant d'une démission ou d'un décès est rempli par le Conseil des ministres. Il est très court puisque les deux Chambres se réunissent immédiatement. Cependant au cas de vacance survenue après la dissolution de la Chambre des Députés, cet intérim peut durer pendant plusieurs semaines. Ce concours de circonstances est heureusement improbable.

382. *Droit comparé.* — La forme royale est encore la plus répandue, surtout en Europe. Il n'est pas sans intérêt de noter que plusieurs Constitutions donnent aux Chambres l'élection du Roi en cas de vacance du trône (Belgique, Espagne, Grèce, Luxembourg, Pays-Bas, Roumanie, Serbie, Suède), l'approbation à la désignation faite par le Roi de son successeur (Belgique, Grèce, Norvège Roumanie), une part variable dans l'organisation de la régence (Belgique, Espagne, Grèce, Pays-Bas, Portugal, Roumanie, Serbie, Würtemberg). En Espagne, l'abdication du Roi exige l'assentiment des Chambres. — En Angleterre, en Danemark, en Grèce, en Norvège, en Suède, en Würtemberg, le Roi doit appartenir à une religion déterminée.

La forme collective existe : en Suisse ; le Gouvernement de la Confédération appartient à un conseil fédéral de 7 membres élus pour 3 ans par les deux Chambres ; l'Assemblée nomme parmi eux un président et un vice-président de la Confédération ; — dans les cantons suisses en général sous diverses variantes ; — à Hambourg, Brême, Lübeck ; le Sénat, qui joint des attributions législatives au pouvoir exécutif, est élu, selon un mode compliqué, par la Bourgeoisie, assemblée élective.

La forme présidentielle n'existe pas en Europe, la France exceptée. Elle est admise par tous les Etats de l'Amérique, sauf les colonies anglaises, et par les Républiques de l'Afrique méridionale.

L'élection par l'Assemblée des deux Chambres est admise à Haïti, dans l'Uruguay et dans quelques-uns des Etats de l'Amérique du Nord.

Le Président est élu au suffrage universel en Honduras, Equateur, Salvador, Vénézuéla ; dans l'Etat d'Orange, la Chambre peut recommander un candidat auprès du peuple ; — en Guatemala, l'élection est faite par une assemblée composée de la Chambre Basse, du

Conseil d'Etat, de la Cour de justice, de l'archevêque.

Aux Etats-Unis, le Président est élu par le suffrage à deux degrés. L'élection a lieu le deuxième lundi de janvier. Chaque Etat nomme autant d'électeurs qu'il a de sénateurs et de députés, ceux-ci ne pouvant être électeurs. Les votes sont dépouillés par le président du Sénat en présence des deux Chambres. Si aucun candidat ne réunit la majorité absolue, la Chambre Basse choisit entre les trois noms les plus favorisés. Un système analogue fonctionne dans plusieurs républiques américaines : Confédération Argentine, Costa-Rica, Paraguay, Mexique, etc.

Au Mexique, le Président ne peut démissionner sans l'autorisation des Chambres.

La durée des fonctions est de 4 ans aux Etats-Unis et dans la plupart des Républiques américaines, de 5 ans au Chili, dans l'Etat d'Orange, de 6 ans dans la République Argentine, l'Equateur, la Colombie; de 7 ans à Haïti.

La réélection est prohibée dans la République Argentine, au Mexique, dans l'Etat d'Orange.

Des conditions sont en général fixées pour l'éligibilité; ainsi aux Etats-Unis, il faut être citoyen de naissance, avec 35 ans d'âge et 14 ans de résidence; au Pérou, le Président doit être un militaire.

Le vice-président, élu comme le président, existe aux Etats-Unis et dans plusieurs autres Etats.

383. II. Attributions du Président de la République. — Certaines Constitutions délèguent au chef de l'Etat le pouvoir exécutif et y ajoutent diverses autres attributions. Ainsi ont fait les C. républicaines de 1791, la Charte de 1814 et, à l'étranger, la plupart des Constitutions républicaines, plus celles de la Belgique, de l'Espagne, de la Grèce, de l'Italie, de la Norvège, des Pays-Bas, de la Prusse, du Portugal, de la Roumanie.

D'autres confèrent au chef de l'Etat la plénitude des

pouvoirs, sauf les restrictions indiquées par la Constitution. Ainsi les C. impériales, la Charte de 1814 et les Constitutions de la Bavière, du Danemark, du Luxembourg, de la Saxe, du Würtemberg.

Les lois de 1875 se bornent, sans formule générale, à énumérer les pouvoirs qu'elles donnent au Président de la République (L. 25 février, art. 3 à 5, L. 16 juillet 1875, art. 2, 6 à 9). Leurs indications peuvent se grouper en 5 classes : attributions d'ordre constitutionnel, législatif, exécutif, international, judiciaire.

384. 1° *Attributions constitutionnelles.* — Le Président de la République convoque les Chambres en sessions extraordinaires (n° 266) ; — avance, s'il le juge à propos, la date légale d'ouverture de la session ordinaire (n° 263) ; — ajourne les Chambres (n° 264) ; — prononce la clôture des sessions (n° 263) ; — dissout la Chambre des Députés (n° 470) ; — propose aux Chambres la révision de la Constitution (n° 168).

Ces attributions ont été ou seront étudiées ailleurs.

385. 2° *Attributions législatives.* — « Le Président de la République a l'initiative des lois concurremment avec les membres des deux Chambres » (L. 25 février 1875, art. 3, al. 1). Les projets de lois sont déposés sur le bureau des Chambres par les ministres ; ils sont précédés d'un exposé des motifs. Ils sont exempts de la prise en considération et de l'examen par la commission d'initiative. Ils peuvent être retirés à tout moment, même après avoir été votés par l'une des Chambres.

386. Le Président de la République peut désigner des commissaires pour assister les ministres dans la discussion d'un projet de loi déterminé (L. 16 juillet 1815, art. 6, al. 2).

387. « Il promulgue les lois lorsqu'elles ont été votées par les deux Chambres » (L. 25 février 1875, art. 3, al. 1). La promulgation, que toutes les Constitutions françaises attribuent au chef de l'Etat, constate l'accomplissement de la procédure législative, l'existence de la loi ; elle la porte à la connaissance des citoyens pour que ceux-ci, qui peuvent ignorer les votes des Chambres, s'y soumettent et l'exécutent. Elle est, a-t-on dit, l'acte de naissance de la loi.

La promulgation doit être considérée comme un acte législatif, car elle n'exécute pas. Cette idée est presque incontestable pour les Constitutions qui réservent au chef de l'Etat la sanction de la loi ; elle est encore vraie de celles qui lui accordent un délai pour solliciter des Chambres une nouvelle délibération. La loi n'est définitive que par la promulgation qui exprime la renonciation du chef de l'Etat à ce droit, son consentement à la loi. On a soutenu pourtant que la promulgation est un acte d'exécution parce que la loi existe dès qu'elle a été votée par les Chambres. La question d'ailleurs manque d'intérêt pratique.

La promulgation se fait par un décret du Président de la République. Ses formes, sur lesquelles diverses Constitutions contiennent de minutieux détails (1791, 1793, An III, An XII), sont actuellement fixées par le D. 6 avril 1876 : « Le Sénat et la Chambre des Députés ont adopté, le Président de la République promulgue la loi dont la teneur suit... La présente loi, délibérée et adoptée par le Sénat et la Chambre des Députés, sera exécutée comme loi de l'Etat ». Lieu et date.

La date du décret de promulgation est la date sous laquelle la loi est connue. Un avis du Conseil d'Etat, approuvé le 5 pluviôse An VIII, prescrivait la date du vote au Corps législatif. L'usage contraire a prévalu, à cause du droit de sanction ou de deuxième délibération qui n'existait pas en l'An VIII.

La promulgation atteste aux particuliers l'existence de la loi; elle la rend exécutoire. Aussi, quoi qu'on en ait dit, une loi non promulguée ne saurait-elle être mise à exécution, même volontairement et par les particuliers.

Pour que la loi soit obligatoire, il faut qu'elle ait été publiée, c'est-à-dire que le décret de promulgation ait été porté à la connaissance du public. Dans ce but, le

décret de promulgation est inséré au *Journal Officiel
de la République française*, qui, à cet égard, a remplacé le *Bulletin des Lois* créé le 14 frimaire An II ; et
la loi devient obligatoire « à Paris, un jour franc après
la promulgation, et partout ailleurs, dans l'étendue de
chaque arrondissement, un jour après que le *Journal
Officiel* sera parvenu au chef-lieu de cet arrondissement » (D. 5 novembre 1870, art. 1 et 2). Ainsi, on ne
saurait confondre la promulgation, qui prescrit l'exécution ultérieure de la loi et qui résulte d'un décret
du chef de l'Etat [1], et la publication qui fait la loi
obligatoire et qui résulte, par l'effet d'une présomption
légale, de l'expiration d'un délai.

Chaque ministre se charge de faire insérer au *Journal Officiel* les actes qui intéressent son département.
Le garde des sceaux s'occupe en outre des insertions
au *Bulletin des Lois*, qui continue d'être publié et qui,
pour certains actes, double le *Journal Officiel* et pour
d'autres le supplée (D. 5 novembre 1870).

388. « Le Président de la République promulgue les
lois dans le mois qui suit la transmission au Gouvernement de la loi définitivement adoptée. Il doit promulguer dans les trois jours les lois dont la promulgation,
par un vote exprès dans l'une et l'autre Chambre, aura
été déclarée urgente » (L. 16 juillet 1875, art. 7, al. 1).
Ces délais sont empruntés à la C. 1848. Celle de 1791
fixait deux mois, celles de l'An VIII et de l'An XII, dix
jours ; celle de l'An III deux jours en général, un jour
après un vote d'urgence.

Aucune sanction n'est indiquée pour le cas où les
délais prescrits seraient écoulés sans promulgation. La
responsabilité ministérielle a paru suffisante. La C.
1848 faisait passer au président de l'Assemblée le droit
de promulgation.

389. « Dans le délai fixé pour la promulgation, le

[1] Le D. 5 novembre 1870 dit inexactement que la promulgation résulte de l'insertion au *Journal Officiel*.

Président de la République peut, par un message motivé, demander aux deux Chambres une nouvelle délibération qui ne peut être refusée » (L. 16 juillet 1875, art. 7, al. 2). Le même droit était reconnu par la C. 1848 et la loi du 13 mars 1873 (¹).

Il doit être exercé sous forme d'un message et le message doit être motivé. Les Chambres ne peuvent pas refuser de délibérer, et le Président serait autorisé à suspendre la promulgation jusqu'au second vote. La seconde délibération a lieu dans les formes ordinaires ; aucune majorité spéciale n'est exigée pour le second vote. Si les Chambres persistent dans leur première décision, le chef de l'Etat doit s'incliner et promulguer la loi. Le délai, en l'absence d'un texte spécial, sera le délai normal d'un mois ou de trois jours, à compter du second vote. La C. 1848 indiquait le délai fixé pour les lois urgentes.

La seconde délibération ne peut être demandée que pour les lois proprement dites. Notamment, elle ne saurait être exigée pour les résolutions de révision ni pour les lois de révision (²).

Le droit qui nous occupe ne doit être confondu : ni avec le droit de sanction, que les Chartes donnaient au Roi, la C. 1852 au Président de la République, et le Scs. 1870 à l'Empereur ; la sanction était une partie essentielle de la loi, le refus du chef de l'Etat laissait la loi imparfaite et sa résistance ne pouvait être brisée ; — ni avec le veto suspensif que, sous le nom de sanction, la C. 1791 permettait au Roi. Le veto pouvait être exercé deux fois, et chaque fois la loi devait être renvoyée à une autre législature. Trois votes successifs et semblables, émanés de trois Chambres différentes, faisaient la loi définitive.

_____

(¹) Celle-ci ajoutait que pour les lois soumises à trois lectures le chef de l'Etat pouvait exiger un délai de deux mois entre la deuxième et la troisième.

(²) Cette exception était admise par la L. 13 mars 1873.

Aucun usage n'a encore été fait de ce droit. Il a sans doute trop peu d'importance et expose le chef de l'Etat à des démarches presque humiliantes parce qu'elles sont légalement inefficaces. Je ne vois aucune raison pour refuser le droit de sanction au chef de l'Etat, une part dans la confection de la loi au représentant suprême de la nation. Au moins devrait-il pouvoir opposer aux lois qu'il juge mauvaises un veto absolu, une résistance invincible.

390. « Il en surveille et assure l'exécution » (L. 25 février 1875, art. 3, al. 1). Cette formule très large, qui embrasse toutes les attributions exécutives, donne aussi au chef de l'Etat le droit de faire des règlements, le pouvoir réglementaire ([1]). Il y avait une disposition formelle dans les C. An VIII et 1852, les deux Chartes, le Scs. 1870. Les C. 1791, 1793, An III, refusent au Gouvernement le pouvoir réglementaire; celle de 1848 permet à l'Assemblée d'en confier l'exercice au Conseil d'Etat.

Le pouvoir réglementaire est une des formes du pouvoir législatif (n° 26), et il est difficile de préciser son domaine propre. En disant que la loi est faite par le Parlement et le règlement par le Président de la République, on aura indiqué l'intérêt et non le principe de la distinction. Quelques indications générales peuvent seules être données.

Le règlement complète ou remplace la loi.

Il complète la loi. La loi ne peut utilement et sûrement régler toutes choses. Elle se borne à poser des principes, des règles générales. Le règlement distinguera les cas d'application, prescrira des formalités, résoudra les difficultés prévues, préparera et facilitera de toutes manières l'application de la loi. Ces détails, le pouvoir législatif a parfois tenté, ainsi

---

([1]) Le pouvoir réglementaire appartient aux préfets, en vertu de textes spéciaux, aux maires en général (L. 5 avril 1884, art. 91 et s.), peut-être aux ministres (n° 430).

entre 1789 et 1791, de les faire entrer dans la loi ; plus souvent, il a préféré les laisser au pouvoir exécutif, mieux placé pour prévoir et résoudre les difficultés d'application.

La loi peut remettre au chef de l'Etat le soin de régler certains objets, solliciter pour des parties du sujet sur lequel elle statue l'intervention du pouvoir réglementaire. En ce cas, il y a une véritable délégation du pouvoir législatif. Le règlement prend alors le nom de *règlement d'administration publique.*

C'est par de tels règlements qu'ont été complétées les lois organiques de plusieurs impôts, celles sur les chemins de fer, sur l'expropriation pour cause d'utilité publique, sur la rélégation des récidivistes, sur le recrutement de l'armée, sur la nationalité, etc.

Il remplace la loi. Différents textes législatifs ou constitutionnels attribuent au chef de l'Etat le droit de régler législativement certaines matières. Ainsi le régime des colonies est en grande partie fixé par des règlements (¹).

L'usage, qui réserve au Parlement tels sujets, réserve tels autres au pouvoir réglementaire. Ainsi c'est par voie réglementaire que diverses obligations ont été imposées aux notaires (D. 31 janvier 1890), aux étrangers (D. 4 octobre 1888), que le service des téléphones interurbains (D. 31 octobre 1890), l'organisation de diverses écoles (D. 27 juillet 1890) ont été réglés, etc. — La loi prescrit parfois au chef de l'Etat d'user de son pouvoir ; ainsi la loi des finances du 29 décembre 1882 a ordonné la réorganisation de l'administration centrale dans plusieurs ministères.

391. Le règlement ne peut, en principe, ni modifier ni abroger la loi. C'est aussi une tradition généralement admise que le règlement, à la différence de la loi, ne peut établir ni une peine ni un impôt. Mais,

(¹) V. cep. L. 15 mars 1890. Il existe aussi des Sénatusconsultes importants. On a demandé la substitution des lois aux règlements pour l'Algérie.

dans les cas où le règlement est rendu en vertu d'une délégation formelle du pouvoir législatif, il peut créer des impôts ou des peines.

Le pouvoir réglementaire doit nécessairement être exercé avec le concours du Conseil d'Etat lorsqu'il s'agit d'un règlement d'administration publique. La règle se retrouve dans les C. An VIII, 1848, 1852 et dans le Scs. 1870. — Le chef de l'Etat est libre de ne pas se conformer à l'avis du Conseil d'Etat. — Quelques auteurs enseignent que le concours du Conseil d'Etat est nécessaire même quand le pouvoir réglementaire est exercé spontanément, sans l'invitation expresse d'une loi. La pratique est contraire, depuis l'O. 1ᵉʳ août 1829, relative au Code forestier, rendue sans l'avis du Conseil d'Etat.

392. Les règlements, comme les lois, sont obligatoires pour tous et doivent être appliqués par les tribunaux, pourvu qu'ils soient légalement faits, c'est-à-dire dans les limites et avec les formes prescrites. Leur violation, si la loi spéciale n'édicte aucune peine, est frappée d'une amende de 1 à 5 fr. (C. P., 471-15°).

393. Telles sont les attributions législatives du Président de la République. Cette énumération est certainement limitative. Donc, le chef de l'Etat n'a pas le droit :

de faire des lois, même provisoires, quelle qu'en soit l'urgence. Il est tenu de convoquer les Chambres s'il désire obtenir une loi ;

d'abroger les lois, car c'est une autre manière de les faire ;

de suspendre l'application des lois. Cependant la loi autorise parfois le chef de l'Etat à suspendre son application. Il en est ainsi d'abord dans les cas où l'état de siège peut être proclamé par le Président de la République ; — ensuite dans les cas où un texte reconnaît ce droit ; ainsi le Président de la République peut lever les empêchements au mariage qui résultent de l'impuberté (C. c. 145), de la parenté ou de l'alliance (C. c. 164) ;

d'interpréter officiellement les lois.

A ces règles, la responsabilité ministérielle peut fournir une sanction politique qui suffirait. Juridiquement, les actes par lesquels le chef de l'Etat aurait excédé ses attributions seraient nuls, dénués de toute force obligatoire. — La cour de cassation, fréquemment saisie de la question, distingue. Les décrets-lois du Premier Empire ont force de loi, parce que ces actes n'ont pas été annulés par l'autorité compétente à cet effet, par le Sénat qui avait le droit de casser les actes inconstitutionnels (Cass., 4 avril 1829, D., 29. 1. 209; 3 mai 1844, S., 44. 1. 576). Les ordonnances rendues de 1814 à 1848 sont nulles parce qu'elles n'ont pas été soumises à un semblable contrôle (Cass., 13 décembre 1852, S., 52. 1. 372).

La C. 1852 donna expressément la force législative aux décrets rendus par le Président de la République depuis le 2 décembre 1851 jusqu'à la constitution des grands corps de l'Etat (29 mars 1852). Les décrets rendus par le Gouvernement de la Défense nationale en 1870-71 ont été révisés par l'Assemblée nationale et ceux qu'elle n'a pas abrogés ont reçu ainsi le caractère législatif.

394. *Droit comparé.* — Le chef de l'Etat possède en général le droit de sanction. En Saxe et en Würtemberg il doit, avant de l'exercer, prendre l'avis du conseil des ministres. En Saxe et en Suède, son refus doit être motivé. Un délai pour statuer lui est parfois imparti; l'expiration du délai vaut sanction en Luxembourg et en Pays-Bas, refus en Grèce et en Danemark. En Norvège, il existe des règles semblables à celle de notre C. 1791. — Aux Etats-Unis, le Président a dix jours pour réclamer une seconde délibération et le vote ne peut être confirmé qu'à la majorité des deux tiers.

La promulgation, le pouvoir réglementaire, sont en général confiés au chef de l'Etat.

En Autriche, en Danemark, en Saxe, en Würtemberg

le Roi peut, dans les cas urgents, faire des lois provisoires.

395. 3° *Attributions exécutives.* — Elles constituent le domaine propre du chef de l'Etat, comme les attributions législatives pour le Parlement. C'est ce qu'expriment plusieurs Constitutions. « Le pouvoir exécutif suprême réside exclusivement dans la main du Roi » (C. 1791). « Le Roi (ou l'Empereur, ou le Président de la République) est le chef suprême de l'Etat » (Chartes, C. 1852, Scs. 1870). « Le peuple français délègue le pouvoir exécutif à un citoyen qui reçoit le titre de Président de la République » (C. 1848).

Les lois de 1875 ne donnent aucune formule de ce genre ; elles contiennent seulement l'indication de certains droits reconnus au chef de l'Etat.

« Il surveille et assure l'exécution des lois », formule large qui l'autorise à prendre toutes les mesures tendant au but proposé.

Il est impossible d'énumérer les attributions exécutives du Président de la République ([1]). Un nombre considérable de lois devraient être citées, tous les services publics devraient être passés en revue.

La loi la plus importante est assurément celle du budget. Le Gouvernement est chargé d'exécuter le budget, de faire les recettes autorisées, d'accomplir les travaux permis, d'appliquer aux dépenses votées les recettes encaissées. En ces quelques mots sont résumées les plus étendues et les plus importantes de ses attributions exécutives.

([1]) On distingue souvent dans les attributions exécutives le Gouvernement, qui veille à la sûreté extérieure et intérieure de l'Etat, qui entretient des relations avec les différents organes de la puissance publique, qui donne aux divers agents administratifs l'impulsion générale, et l'Administration, qui pourvoit aux intérêts collectifs soit comme intendant (en creusant des canaux, etc.), soit comme gardien et policier (V. Aucoc, Conférences sur le droit administratif). La distinction est ingénieuse, mais incomplète ; elle est faite au point de vue du droit administratif surtout.

Dans la même catégorie doivent être rangés les droits que le Président de la République exerce au nom de l'Etat soit à l'égard du domaine de l'Etat dont il a la gestion, soit à l'égard des divers établissements publics sur lesquels l'État exerce une tutelle, soit sur les particuliers pour régler leur condition à certains points de vue. C'est ainsi que représenté par les ministres ou les préfets, selon les cas, il achète des biens pour le compte de l'Etat; que, représenté par le ministre des finances et la direction générale de l'enregistrement et des domaines, il gère les biens de l'Etat. C'est ainsi qu'il approuve le budget de chaque département (L. 10 août 1891, art. 57), celui des villes lorsqu'il excède trois millions (L. 5 avril 1884, art. 145); qu'il approuve lui-même ou par les divers fonctionnaires qu'il institue un grand nombre d'actes intéressant les établissements publics (adde n° 397). C'est ainsi encore qu'il accorde aux Français l'autorisation de prendre du service militaire à l'étranger (C. c., art. 17-4°), aux étrangers l'admission au domicile (C. c., art. 13), et la naturalisation (C. c., art. 8-5°).

Ces droits de l'Etat sur son domaine, sur ses parties et sur ses membres, sont partagés entre le Président de la République ou ses délégués et les Chambres. Celles-ci exercent alors de véritables attributions exécutives (n° 350).

396. « Il dispose de la force armée » (L. 25 février 1875, art. 3, al. 3). Le texte ne lui donne pas le droit de la commander en personne, mais il ne le lui refuse pas et ce silence est significatif si on songe que la menace de démission du maréchal de Mac-Mahon fit repousser, en 1875, un amendement qui lui retirait expressément ce droit. — Le silence de la C. An VIII et des Scs. de l'An X et de l'An XII fut déjà interprété dans le même sens. — Les C. 1791 et 1852, les Chartes, le Scs. de 1870 donnent expressément au chef de l'Etat le commandement et la disposition de la force armée. La C. 1791 énonce quelques règles restrictives. — Les

C. 1793, An III et 1848 refusent au pouvoir exécutif le commandement des troupes.

397. « Il nomme à tous les emplois civils et militaires » (même texte, al. 4). Cette formule souvent reproduite a des conséquences plus ou moins importantes suivant les régimes. Elles sont assez restreintes sous l'empire de la C. de 1791, qui rend électives la plupart des fonctions administratives et judiciaires et limite les droits du Roi pour les autres corps ; — sous celles de 1793 et de l'An III qui expriment à peu près les mêmes règles. Elles sont graves depuis la C. An VIII qui a restitué au pouvoir exécutif une attribution naturelle et que les régimes suivants ont successivement consacrée. Toutefois, la C. 1848 exigeait la proposition par le ministre compétent et réservait à l'Assemblée nationale la nomination des conseillers d'Etat. Sur ce second point, la L. 24 mai 1872, art. 3, donnait la même solution, abandonnée ensuite par la L. C. 25 fév. 1875, art. 4 : « Au fur et à mesure des vacances qui se produiront à partir de la promulgation de la présente loi, le Président de la République nomme, en conseil des ministres, les conseillers d'État en service ordinaire ».

Voilà donc une catégorie de fonctionnaires où le droit de nomination accordé au Président de la République n'est pas entier puisqu'il s'exerce avec le concours du conseil des ministres. — On peut ajouter qu'en certains cas ce même droit est limité soit par la présentation faite par certains corps et dont le Gouvernement ne peut s'écarter, soit par les résultats de certains concours. — Les lois fixent, pour l'obtention de nombreux emplois publics, des conditions que le chef de l'Etat est tenu d'observer. — Enfin certaines fonctions publiques sont déférées par l'élection.

Le droit de révocation accompagne habituellement le droit de nomination. Mais les exceptions sont assez nombreuses et surtout importantes ; ainsi les tribunaux judiciaires jouissent de l'inamovibilité.

On peut rapprocher, sans confondre, le droit de suspension, de révocation et de dissolution que le Gouvernement exerce à l'égard de différents corps ou fonctionnaires élus (conseil général, conseil municipal, maire, etc.). Il est réglé par les lois spéciales. La C. 1791 en réservait une bonne part au Corps législatif. — C'est une application du droit de tutelle et du contrôle de l'Etat sur ses parties. Les conseillers d'Etat ne peuvent être révoqués que par un décret rendu en conseil des ministres. Ceux qui avaient été élus par l'Assemblée nationale ne pouvaient être révoqués que par le Sénat (L. 25 février 1875, art. 4, al. 2 et 4).

398. « Il préside aux solennités nationales »... (même loi, art. 3, al. 5) ; formule empruntée à la C. 1848.

399. *Droit comparé.* — Les attributions exécutives du chef de l'Etat varient trop grandement pour qu'il soit possible d'en donner le détail. Quelques points seulement seront indiqués.

Le commandement de l'armée est donné au chef de l'Etat en Allemagne, Autriche, Espagne, Etats-Unis, Italie, Luxembourg, Norvège, Pays-Bas, Prusse, République Argentine, Roumanie, Suède.

Les nominations de fonctionnaires sont soumises à diverses conditions en Danemark, Norvège, Suède, Würtemberg ; au contrôle du Sénat aux Etats-Unis et dans la République Argentine ; au contrôle du Congrès au Mexique.

Les révocations subissent quelques restrictions en Norvège, Suède, Würtemberg.

Je signale aussi le pouvoir modérateur que la Constitution portugaise donne au Roi pour « la conservation de l'indépendance, de l'équilibre et de l'harmonie des autres pouvoirs politiques » et dont l'exercice consiste notamment à nommer les pairs, convoquer, ajourner et dissoudre les Chambres, sanctionner les lois, suspendre les magistrats, etc.

400. 4° *Attributions internationales.* — « Les envoyés et ambassadeurs des puissances étrangères sont accrédités auprès de lui » (L. 25 février 1875, art. 3, al. 5). La règle est traditionnelle et formulée par la seule C. 1848.

401. « Le Président de la République ne peut déclarer la guerre sans l'assentiment préalable des deux Chambres » (L. 16 juillet 1875, art. 9). Il en a seul l'initiative. En fait, des nuances difficilement perceptibles distinguent la guerre proprement dite, qui exige l'assentiment des Chambres, et la répression des brigandages que le Gouvernement veut avoir le droit d'entreprendre sans l'autorisation préalable du Parlement. La distinction n'est pas faite par le texte, qui ne permet pas davantage de distinguer, comme on l'a fait, entre la *déclaration* de guerre et l'*état* de guerre. — La pratique a pourtant admis la distinction. Les expéditions de la Tunisie, du Tonkin, du Dahomey ont été entreprises et continuées sans « l'assentiment préalable des Chambres ». Celles-ci ont été seulement appelées à voter les crédits nécessaires pour les opérations déjà commencées. Elles les ont d'ailleurs votés, ratifiant ainsi les procédés du Gouvernement.

Certains voudraient réserver au chef de l'Etat le droit de guerre.

La disposition admise vaut mieux. Comment écarter les Chambres d'une décision aussi grave que la déclaration de guerre, qui met sur pied la nation entière, qui engage, avec les vies de tant d'hommes, les destinées de la patrie ? L'initiative doit être réservée au chef de l'Etat, seul en mesure de posséder sur la situation politique et militaire, des renseignements décisifs et que le sentiment de sa responsabilité, plus précis en un homme qu'en une Assemblée, modérera dans l'appréciation des faits qui paraissent motiver la guerre.

Pareille situation était faite au Roi par la C. 1791, au Directoire par celle de l'An III, aux Consuls par celle de l'An VIII, au Président de la République par celle de 1848. Les C. impériales et royales laissent au chef de l'Etat le libre droit de déclarer la guerre. Celle de 1793 le réserve au peuple; une formule semblable se trouve déjà dans la L. 22 mai 1790.

402. « Le Président de la République négocie et ratifie les traités. Il en donne connaissance aux Chambres aussitôt que l'intérêt et la sûreté de l'Etat le permettent. Les traités de paix, de commerce, ceux qui engagent les finances de l'Etat, ceux qui sont relatifs à l'état des personnes et au droit de propriété des Français à l'étranger, ne sont définitifs qu'après avoir été votés par les deux Chambres. Nulle cession, nul échange, nulle adjonction du territoire ne peut avoir lieu qu'en vertu d'une loi » (L. 16 juillet 1875, art. 8).

L'énumération est tellement large qu'en fait les Chambres sont appelées à voter sur la plupart des traités. Chacun de ses termes s'explique par une raison spéciale. Les traités de paix doivent être soumis au Parlement à cause de leur importance économique; ceux qui touchent au territoire à cause de leur importance nationale; ceux qui sont relatifs à l'état des personnes ou au droit de propriété des Français à l'étranger parce que ce sont des matières réglées par la loi, ceux qui engagent les finances de l'Etat, parce que les matières financières sont du ressort du Parlement.

Toutes ces raisons peuvent être exactes. Mais il eût été plus simple de décider, comme la proposition en a été faite, que tous les traités devraient être soumis à l'approbation des Chambres. On en est à se demander quels traités échappent au contrôle législatif. Je cite, mais ces exemples mêmes sont douteux, les conventions diplomatiques qui stipulent l'exécution réciproque des jugements, celles qui règlent l'échange des actes de l'état civil [1].

Le droit du Parlement est étendu à tous les traités par les C. 1791, 1793, An III, 1848. Il est restreint aux

---

[1] Le D. 1er avril 1891 ratifie, sans approbation des Chambres, une convention (30 août 1890) entre la France et l'Angleterre, relative au traitement réciproque des paquebots-poste.

traités de paix, d'alliance et de commerce par celle de l'An VIII, aux traités douaniers et postaux par le Scs. 1870. Il est supprimé par les Chartes de 1814 et de 1830 et la C. 1852.

Le rôle des Chambres en ces matières ne comporte aucune initiative. Elles ne peuvent obliger le chef de l'Etat à faire ou à ne pas faire un traité. Elles ne peuvent amender le texte des traités soumis à leur ratification. Elles ont seulement le droit de critiquer et de repousser. Elles peuvent aussi, et ce droit est important pour les conventions qui ne sont pas soumises à leur vote, interpeller les ministres sur la politique extérieure, sur les traités qui ont ou n'ont pas été conclus (Cf. n° 457).

403. En généralisant les données que fournissent les lois de 1875, on peut dire que le Gouvernement a la direction des relations extérieures et que les Chambres prennent connaissance de tous les actes et peuvent en repousser un certain nombre. De telles formules larges se trouvent dans certaines Constitutions (1791, An III).

404. *Droit comparé.* — Le droit de guerre appartient au Roi, sauf à fournir des explications ultérieures aux Chambres, en Autriche, Belgique, Danemark, Espagne, Luxembourg, Serbie, Italie, Pays-Bas, Portugal, Prusse, Suède. En Allemagne, l'assentiment du Conseil fédéral est nécessaire, à moins d'agression extérieure. L'assentiment des Chambres est nécessaire en Suisse, aux Etats-Unis, au Mexique, dans la République Argentine. Le Roi conclut en général les traités, avec l'obligation d'en soumettre certains, plus ou moins nombreux, au vote des Chambres. En Allemagne, les traités qui intéressent la législation fédérale doivent être approuvés par le Conseil fédéral. Tous les traités doivent être soumis aux Chambres en Angleterre, Suisse, Roumanie, République Argentine, Norvège, Portugal. Au Mexique et aux Etats-Unis, tous les traités sont soumis au Sénat seul, qui ne peut les approuver qu'à la majorité des deux tiers.

En Suède, les questions extérieures sont réglées par le Roi avec l'avis de deux ministres, dont le ministre des affaires étrangères.

405. 5° *Attributions judiciaires*. — Depuis 1789, en vertu du principe de la séparation des pouvoirs, le chef de l'Etat ne juge pas. On verra que le Conseil d'Etat, à certaines époques, a jugé au nom du Souverain (n°s 620, 621, 623). La justice est actuellement rendue au nom du peuple français, nullement au nom du Président de la République. De ce chef-là encore, celui-ci n'a pas d'attributions judiciaires. Au contraire, les Chartes disaient : « Toute justice émane du Roi. Elle s'administre en son nom ». Toutefois, le Président de la République, qui n'exerce ni personnellement ni par délégué le droit de juger, influe par d'autres moyens sur l'administration de la justice.

« Il a le droit de faire grâce ; les amnisties ne peuvent être accordées que par une loi » (L. 25 février 1875, art. 3, al. 2). La grâce dispense de la peine en totalité ou en partie, mais laisse subsister le crime, le jugement et les déchéances accessoires qui accompagnent la peine principale. L'amnistie efface le jugement et le crime, les tient pour non-avenus, empêche ou arrête les poursuites, supprime avec la peine les déchéances accessoires. Elle a donc des effets plus graves et plus pleins que la grâce.

Le droit de grâce, un moment supprimé par le Code pénal de 1791, a été constamment exercé par le chef de l'Etat. La L. 17 juin 1871 le lui déléguait, sauf le cas de ministres accusés par l'Assemblée nationale ; pour les faits relatifs à la Commune, le chef de l'Etat devait être d'accord avec une commission nommée par l'Assemblée. Le Scs. An x le subordonnait à l'avis d'un conseil privé et la C. 1848 à l'avis d'un Conseil d'Etat, l'Assemblée ayant seule le droit de gracier les condamnés de la Haute-Cour.

Le droit d'amnistie est en général réservé aux Chambres. Il est accordé à l'Empereur par l'Acte Additionnel et le Scs. 1870. Parfois la loi attribue par avance l'effet de l'amnistie aux grâces accordées à certaines catégories de faits (L. 3 mars 1879, 11 juillet 1880).

Le chef de l'Etat réhabilite les condamnés sur avis de la cour d'appel (C. I. Cr., 619 et s.).

Le Président de la République peut constituer le Sénat en Haute-Cour de justice pour juger les attentats à la sûreté de l'Etat.

Plusieurs auteurs ajoutent : le droit de prescrire des poursuites au ministère public ; — le droit de nommer les magistrats ; — le droit de les surveiller et de les contrôler.

Droit comparé. — Le chef de l'Etat jouit en général du droit de grâce, sauf à l'égard des ministres condamnés pour leurs fonctions. En Suède, il est tenu de prendre l'avis du conseil des ministres, de la Cour suprême ; aux Pays-Bas, l'avis du tribunal qui a condamné ou de la cour de cassation. — Il a souvent aussi la droit d'amnistie : Angleterre, Autriche, Bavière, Belgique, Danemark, Haïti, Roumanie, Würtemberg, Portugal, Serbie ; — en Grèce, pour les faits politiques seulement.

Certaines Constitutions disent que toute justice émane du Roi : Bavière, Italie ; que la justice est rendue au nom du Roi : Autriche, Espagne, Luxembourg, Pays-Bas, Prusse, Roumanie, Suède, Würtemberg. — L'exécution des jugements seule a lieu au nom du Roi en Grèce et en Belgique.

406. III. Actes du Président de la République. — Selon les usages du régime constitutionnel et parlementaire, les actes par lesquels le chef de l'Etat exerce ses fonctions portent sa signature et sont censés émaner de lui ; mais chaque acte est préparé par le ministre compétent. La fiction qui attribue au chef de l'Etat les actes des ministres est souvent exprimée par une formule empruntée aux usages de 1830 : « Le

Roi règne et ne gouverne pas ». — La raison est que le chef de l'Etat est irresponsable politiquement et pénalement, et que les ministres sont responsables; ceux-ci ne peuvent accepter que la responsabilité des actes qu'ils ont faits (n° 450). Aussi le chef de l'Etat doit-il respecter la liberté des ministres responsables; son irresponsabilité l'empêche d'imposer ses volontés. Elle ne le réduit pourtant pas au rôle machinal de la signature. Elle lui permet d'exercer sur les ministres, comme sur les Chambres et la nation, l'influence due à sa situation, à ses talents, à son caractère; d'émettre et de soutenir devant les ministres son avis sur les questions de tout ordre. Elle lui défend la volonté et l'autorité.

« Chacun des actes du Président de la République doit être contresigné par un ministre » (L. 25 février 1875, art. 3, al. 6). La signature du ministre engage sa responsabilité et dégage l'irresponsabilité du Président.

L'action du chef de l'Etat, limitée par l'intervention nécessaire des ministres, n'est personnelle que dans les circonstances où il représente la France, dans les solennités nationales, dans la réception des ambassadeurs ou princes étrangers. Encore est-il d'usage que ses actes et discours principaux soient à l'avance approuvés par les ministres. Ajoutez le cas où il commanderait les armées.

407. Les actes du chef de l'Etat, sauf ceux qui viennent d'être cités, sont en général appelés *décrets*.

Ils peuvent être classés à différents points de vue. Deux classifications arrêteront notre attention :

1° On peut distinguer des *actes de souveraineté* et des *actes d'administration*. — Les premiers ne sont susceptibles d'aucun recours contentieux et peuvent seulement être rétractés par le Président de la République. Les autres peuvent être attaqués devant le Conseil d'Etat et annulés pour incompétence, excès de pouvoir et même, en certains cas, pour simple violation d'un droit.

L'intérêt de la distinction est considérable. La distinction est très difficile à faire. Aucune loi ne la formule en termes précis. Les auteurs ne sont ni unanimes ni clairs (n°s 510 et s.).

2° On distingue des décrets *généraux* ou *réglementaires*, et des décrets *spéciaux* ou *individuels*.

Les décrets généraux sont les règlements (n° 390). Ils se divisent en deux catégories. Les règlements d'administration publique sont faits en vertu d'un texte formel de la loi, rappelé dans leur teneur; ils doivent être rendus avec l'avis du Conseil d'Etat réuni en Assemblée générale; mais cet avis n'est pas obligatoire.

Les décrets réglementaires ordinaires sont rendus spontanément, sans que le Conseil d'Etat soit nécessairement entendu. Ces deux catégories se distinguent d'abord en ce que l'avis du Conseil d'Etat est une formalité nécessaire pour la première, facultative pour la seconde, ensuite en ce que les règlements d'administration participent parfois des sanctions pénales que prononce la loi qu'ils complètent, tandis que les autres ne sont jamais sanctionnés que par une amende de 1 à 5 francs (C. P. 471-15°).

Les décrets spéciaux ou individuels ne concernent qu'une ou plusieurs personnes désignées, un fait en particulier. Il y en a aussi deux catégories. Les décrets en la forme de règlement d'administration publique doivent de par la loi être rendus après avis du Conseil d'Etat; ainsi les décrets de naturalisation, de changement de nom, d'autorisation des congrégations religieuses, etc. Les décrets simples sont rendus librement, par exemple les diverses nominations qui appartiennent au chef de l'Etat.

408. *Voies de recours.* — Elles sont ou gracieuses, c'est-à-dire adressées au Président lui-même avec prière de rapporter son décret; tous les actes présidentiels y sont soumis; — ou politiques, si les ministres sont interpellés au Parlement; tous les actes pré-

sidentiels peuvent donner lieu à une interpellation;
— ou contentieuses, lorsque le Conseil d'Etat est
saisi.

Pour celles-ci, il faut des distinctions. Elles sont
inapplicables, nous le savons, aux actes de souveraineté. En principe, les décrets généraux y échappent
aussi; mais ils y sont soumis lorsqu'ils sont attaqués
soit pour cause d'incompétence, par exemple si le
Président de la République a décidé en une matière
qui est du ressort du Parlement, soit pour excès de
pouvoir, si, statuant dans les limites de ses attributions,
il a omis une formalité prescrite par la loi, la consultation du Conseil d'Etat par exemple. Quant aux décrets
spéciaux, ils peuvent être attaqués devant le Conseil
d'Etat, non seulement pour incompétence ou excès de
pouvoir, mais aussi pour violation d'un droit, comme
si un décret destitue un magistrat inamovible, enlève
à un officier son grade, dépouille un particulier de sa
propriété. Le décret annulé par le Conseil d'Etat est
mis à néant.

Interprétation des décrets. — Elle appartient au
Conseil d'Etat (Conseil d'Etat, 14 mai 1830).

409. IV. Responsabilité du chef de l'Etat. — « Le
Président de la République n'est responsable que dans
le cas de haute trahison » (L. 25 février 1875). « Le
Président de la République ne peut être mis en accusation que par la Chambre des Députés et ne peut être
jugé que par le Sénat » (L. 16 juillet 1875, art. 12,
al. 1).

Il résulte de ces textes et de leur comparaison avec
ceux qui concernent les ministres :

1º que le Président de la République n'est pas soumis à la responsabilité parlementaire qui pèse sur les
ministres (nos 437 et s.);

2º que, en matière criminelle, le Président de la
République n'est responsable que d'un seul crime : la
haute trahison. Il n'existe aucune définition légale de

la haute trahison, aucune énumération légale des actes qui la constituent. Le Sénat apprécierait;

3° Que, dans le cas de haute trahison, la Chambre des Députés seule peut mettre en accusation le chef de l'Etat, et le Sénat seul peut le juger.

Les textes constitutionnels ne s'occupent pas des actions civiles qui pourraient être intentées contre le Président de la République. Elles restent donc sous l'empire du droit commun.

410. Le principe de l'irresponsabilité a été combattu avant les lois de 1875 et il est encore critiqué. C'est, dit-on, une règle d'origine royale, égarée dans une Constitution républicaine; une règle inconciliable avec les doctrines démocratiques qui veulent que chacun assume les conséquences de ses actes.

Si le chef de l'Etat doit être responsable, il faut qu'il accomplisse lui-même les actes qui engagent sa responsabilité. La responsabilité implique donc le pouvoir personnel d'un homme, exclut le rôle constitutionnel des ministres et le régime parlementaire. De telles conséquences sont redoutables et, à mon avis, inacceptables. — D'un autre côté, la responsabilité du chef de l'Etat ne saurait être mise en jeu aussi aisément que celle des ministres. L'instabilité ministérielle est un mal; l'instabilité présidentielle serait un danger. Les institutions n'auraient aucun point fixe; le Gouvernement serait à tout instant remis en question; l'expédition des affaires publiques serait exposée à des fluctuations incompatibles avec une bonne administration. — Quant à la responsabilité pénale, elle est à peu près sans application possible au chef de l'Etat. Le jugement d'un ministre serait un scandale; le jugement du chef de l'Etat serait une révolution. Aussi la responsabilité du chef de l'Etat ne serait-elle qu'une apparence, qu'une règle sans application. Après avoir créé le pouvoir personnel, on le rendrait, en fait, irresponsable. La responsabilité ministérielle n'offre pas les graves dangers de la responsabilité présidentielle. Elle sera toujours suffisante et relativement facile.

411. L'irresponsabilité absolue est consacrée par les C. 1791, An III, An VIII, par les Chartes. La C. 1852 et le Scs. 1870 déclarent le chef de l'Etat responsable en principe, mais seulement devant le peuple français auquel il a toujours le droit de faire appel. Le Conseil exécutif de 1793 est responsable de l'inexécution des lois et des décrets et aussi des abus qu'il ne dénonce pas. La C. 1848 déclare le Président de la République responsable et renvoie à une loi pour la fixation du cas de responsabilité. Les atteintes à l'indépendance de l'Assemblée nationale sont qualifiées actes de haute trahison, entraînent déchéance de plein droit du Président de la République dont les pouvoirs passent au président de l'Assemblée et provoquent la réunion immédiate et de plein droit de la Haute-Cour. La loi du 31 août 1871 et celle du 13 mars 1873 déclaraient le Président de la République responsable devant l'Assemblée nationale.

Droit comparé. — Les Rois sont en général déclarés irresponsables. Quant aux Présidents des Républiques il y a quelques nuances.

Le Président du Mexique est responsable pour trahison, violation de la Constitution, atteinte à la liberté électorale, délits graves de droit commun. Il est accusé par la Chambre Basse et jugé par la Chambre Haute. D'après la Constitution Argentine, le Président et le Vice-Président peuvent être poursuivis pour s'être mal acquittés de leurs fonctions, avoir commis des délits dans l'exercice de leurs fonctions ou des crimes de droit commun. Ils sont accusés par la Chambre Basse, jugés par la Chambre Haute.

Aux Etats-Unis, ils sont responsables pour trahison, concussion ou crimes et méfaits. L'accusation et le jugement sont réglés de même.

412. V. Situation matérielle du chef de l'Etat. — Elle est fixée expressément par la C. An III qui donne

10***

à chaque membre du Directoire un traitement égal à
la valeur de 50,000 myriagrammes de froment et logement aux frais de la République, et accorde au Gouvernement une garde de 120 fantassins et 120 cavaliers
payés par l'Etat ; — par celle de l'An viii qui donne
au Premier Consul 500,000 fr. par an et 300,000 fr.
à chacun des deux autres ; — par celle de 1848 qui
donne au Président de la République 600,000 fr. par
an et le logement aux frais de l'Etat.

Les Constitutions royales et impériales prévoient une
liste civile fixée au début de chaque règne (¹), celle de
1791 permet une garde de 1,200 fantassins et 600 cavaliers au maximum, payée par la liste civile.

Les lois de 1875 sont muettes. On applique la L.
16 septembre 1871 qui donne au Président de la
République la jouissance de plusieurs palais nationaux,
600,000 francs de traitement, 300,000 francs pour
frais de représentation et 300,000 francs pour frais de
voyage (²).

413. Les délits commis contre la personne du chef
de l'Etat sont en général réprimés plus sévèrement que
le droit commun. Le seul exemple que l'on puisse
donner actuellement de cette règle, est fourni par la
loi du 29 juillet 1881, art. 26 qui punit en particulier
l'offense au Président de la République. Les lois antérieures (L. 17 mai 1819, 24 avril 1832, 9 septembre 1835, 27 juillet 1849) prononçaient des peines
plus graves et prévoyaient aussi, pour une répression
spécialement aggravée, d'autres délits commis contre
le chef de l'Etat. Ces lois et notamment celles qui
concernaient les attentats de la vie sont caduques
comme les régimes mêmes qu'elles s'efforçaient de
défendre. Il a été question de les ressusciter.

(¹) La liste civile de Louis XVI, Napoléon Ier, Louis XVIII
et Charles X fut de 25 millions ; celle de Louis-Philippe, de
12 millions.

(²) Le D. 7 juillet 1848 ne donnait au président du conseil
des ministres que 10,000 francs par mois.

414. *Droit comparé.* — La liste civile des Rois est fixée en général au début de chaque règne ; le traitement du Président est de même fixé au début de ses fonctions aux Etats-Unis et dans la République Argentide. En Norvège, la liste civile, en Suisse, le traitement du Conseil fédéral sont fixés chaque année.

Quelques Constitutions indiquent les palais dont la jouissance est accordée au chef de l'Etat (Italie, Luxembourg).

415. VI. Obligations du chef de l'Etat. — Sans parler de ses obligations professionnelles, aussi vastes et nombreuses que ses attributions, le chef de l'Etat est parfois astreint par la Constitution à des devoirs qui ont pour but d'enchaîner sa liberté et de prévenir les abus de son autorité.

1° Il doit habituellement prêter serment de fidélité à la Constitution. La formule varie selon les régimes, l'idée reste la même.

Pour la première fois en France, les lois de 1875 ne formulent pas cette obligation. La C. 1791 faisait du refus ou de la rétractation du serment, un cas d'abdication tacite.

2° Il doit résider sur le territoire français d'après les C. 1791, An III, 1848. Il ne peut en sortir sans une autorisation du Corps législatif (C. An III, 1848) et peut être sommé par lui d'y rentrer à peine de déchéance (C. 1791). L'obligation de résider dure deux ans encore après la cessation des fonctions (C. An VIII). La L. C. 25 février 1875, art. 9 se bornait à dire : « Le siège du pouvoir exécutif et des deux Chambres est à Versailles », sans énoncer une obligation à la charge du chef de l'Etat. De même, après la L. R. 21 juin 1879 qui a abrogé le texte précité, la L. 24 juillet 1879, art. 1, s'est contentée de déclarer : « Le siège du pouvoir exécutif et des deux Chambres est à Paris ».

3° Il doit fournir annuellement aux Chambres un

compte-rendu de la situation générale des affaires publiques, d'après la plupart des Constitutions. Seules les Chartes n'indiquent pas cette obligation. Les lois de 1875 sont également muettes.

4° Je signale à titre de curiosité la défense faite par la C. An III aux Directeurs de paraître dans l'exercice de leurs fonctions sans le costume officiel.

Droit comparé.— Certaines Constitutions énumèrent les obligations du chef de l'Etat (Suède, Suisse). — Le serment est généralement exigé. — L'obligation de résider, sauf la permission des Chambres, existe en Norvège, Saxe, Serbie, Suède, Portugal, Mexique, République Argentine. — Souvent le Gouvernement est tenu de fournir chaque année le compte-rendu des affaires. — L'acceptation d'une couronne étrangère est prohibée en Grèce, subordonnée à la permission des Chambres en Belgique, Danemark, Prusse, Roumanie, Saxe.

CHAPITRE XXV

LES MINISTRES

416. I. Des ministres en général. — Les services publics de l'Etat, qui sont nombreux et variés, sont groupés en quelques catégories dont chacune forme un ministère. Chaque ministère est placé sous la direction et l'autorité d'un ministre. — L'ensemble des ministres est souvent désigné sous le nom de *cabinet* ou *ministère*.

Les lois de 1875 consacrent implicitement dans plusieurs textes l'institution des ministres ; elles règlent même certaines de leurs attributions ; mais elles ne contiennent à leur sujet aucun principe, aucune disposition générale. En cela elles ressemblent à la plupart des Constitutions françaises. Cependant celle de l'An viii créait un ministre des finances et décrivait ses attributions ; celle de l'An iii ordonnait qu'il y eût au moins six ministres, au plus huit. Celles de 1793, de l'An iii, de 1848 annonçaient une loi. Il y eut d'importantes lois rendues sur l'organisation des ministères [1]. Depuis le Premier Empire, il est d'usage que cette matière soit en entier abandonnée au chef de l'Etat. Cela n'empêche pas que plusieurs lois spéciales fixent sur des points particuliers les attributions de tel ou tel ministre.

417. Il résulte de là :

1° Que le nombre des ministres varie assez fréquemment. Les changements dans la forme politique, l'importance accrue ou diminuée de certains services provoquent des créations et des suppressions de ministères. Sur ces actes, le Parlement conserve son

---

[1] L. 27 avril, 25 mai 1791, 10 vendémiaire An v, outre quelques lois spéciales à certains ministères.

droit de contrôle; il est appelé à voter les crédits nécessaires pour les créations, les réductions permises par les suppressions et trouve dans les droits financiers les moyens de réprimer les abus.

Actuellement, il existe dix ministères : affaires étrangères; agriculture; commerce, industrie et colonies; finances; guerre; instruction publique et beaux-arts; intérieur; justice et cultes; marine; travaux publics (D. 17 mars 1890).

Les lois de 1791 et de l'An vi n'admettaient que 6 ministères; il y en eut 10 sous Louis XVIII, 9 sous Charles X, Louis-Philippe et la deuxième République; le Second Empire en compta jusqu'à 12 et le même chiffre se trouve dans le ministère du 14 novembre 1881.

Des ministères, aujourd'hui inconnus, ont existé jadis : celui de la maison du Roi ou de l'Empereur sous la Restauration et le Second Empire, ceux du trésor et du matériel de guerre en l'An x.

Des services, aujourd'hui rattachés à un ministère, ont autrefois formé des ministères spéciaux : les cultes en l'An xii et sous la Restauration, la police générale plusieurs fois entre le 12 nivôse An iv et le 21 juin 1853, les colonies (du 14 juin 1858 au 24 novembre 1860), les beaux-arts (du 2 janvier au 23 août 1870 et du 14 novembre 1881 au 30 janvier 1882), les postes et télégraphes (du 5 février 1879 au 30 mai 1887).

Différents services, qui forment aujourd'hui des ministères distincts, furent jadis groupés ensemble comme l'agriculture, le commerce, l'industrie et les travaux publics, ou rattachés à d'autres ministères comme l'instruction publique, l'agriculture, les colonies.

418. 2° Que les attributions et l'organisation de chaque ministère sont fixées aussi par le chef de l'Etat. Il existe sur ce sujet de nombreux décrets et ordonnances. La loi des finances du 30 décembre 1882, à l'exemple de celle du 24 juillet 1843, a demandé au

Gouvernement une réorganisation et en conséquence plusieurs décrets ont été rendus en ces dernières années.

Les décrets qui nomment les ministres rattachent à chaque département industriel divers services : ainsi les colonies, tantôt à la marine, tantôt au commerce ; les cultes, tantôt à la justice, tantôt à l'intérieur, tantôt à l'instruction publique.

Le classement des affaires entre les ministres se fait naturellement par leur nature. Si la même affaire intéresse deux ministres, elle est réglée de concert entre eux.

419. Les ministres dont il vient d'être question sont des ministres à portefeuille, c'est-à-dire placés chacun à la tête d'un ministère. Le régime de 1830 (O. 11 août 1830) et le Second Empire (Scs. 24 novembre 1860) ont connu des ministres sans portefeuille [1], membres du cabinet, participant aux délibérations communes, ne dirigeant aucun service public, chargés de défendre devant les Chambres les propositions du Gouvernement. Ils ne doivent pas être confondus avec les ministres d'Etat formant le conseil privé du Roi (O. 19 septembre 1815, 23 décembre 1842), ou même investis d'attributions spéciales (D. 22 janvier 1852). Les lois de 1875 n'ont rétabli ni les uns ni les autres.

420. *Droit comparé.* — Les ministres existent dans tous les pays, excepté ceux où la forme du Gouvernement est collective. En ces derniers, chaque membre du Gouvernement dirige en général une branche des affaires publiques. — La plupart des Constitutions ne fixent ni le nombre, ni les attributions des ministres. Seule celle de la Suède contient des règles précises. Il y a des indications très sommaires dans celles du Luxembourg, de la Norvège, de la Saxe, du Würtemberg. — La matière est réglée par des lois en Pays-Bas, Portugal, Roumanie.

En Angleterre, le cabinet compte habituellement

[1] Mentionnés dans l'Acte Additionnel.

14 membres ; en Prusse, 8 ; en Autriche et Belgique, 7 ; en Saxe et Würtemberg, 6 ; etc. — Il existe des ministres sans portefeuille, notamment en Autriche.

421. II. Conseil des ministres. — Les ministres forment un conseil dont les lois de 1875 reconnaissent l'existence avec des attributions propres. Ainsi :

1° Le conseil des ministres (et non pas chaque ministre pour les affaires de sa spécialité) exerce provisoirement le pouvoir exécutif lorsque la présidence de la République devient vacante (L. 25 février 1875, art. 7 *in fine*) ;

2° Il est nécessairement consulté : sur les décrets qui nomment ou révoquent les conseillers d'Etat en service ordinaire (L. 25 février 1875, art. 4, al. 1 et 2), son avis n'est pas obligatoire pour le Président de la République ;

3° Et sur les décrets par lesquels le chef de l'Etat constitue le Sénat en Haute-Cour de justice (L. 16 juillet 1875, art. 12, al. 3). Son avis n'est pas obligatoire.

A ces textes constitutionnels, il faut ajouter un certain nombre de lois qui prescrivent pour divers actes l'avis du conseil des ministres, par exemple pour l'ouverture d'un crédit extraordinaire ou supplémentaire en l'absence des Chambres (n° 341).

En fait, le régime parlementaire exige que les actes les plus importants du Gouvernement soient délibérés en conseil des ministres et décidés à la majorité. Le ministre compétent, s'il désapprouve la décision prise, a la ressource de démissionner pour ne pas contresigner l'acte du chef de l'Etat.

Le conseil des ministres délibère sous la présidence du chef de l'Etat. Il y a aussi entre les ministres un président du conseil qui, sans avoir aucune autorité effective sur ses collègues, est cependant leur chef au point de vue politique, qui en général parle au nom de tous, par exemple pour engager ou dégager la responsabilité collective des ministres dans tel ou tel vote d'une Chambre. Le président du conseil n'a rien de commun avec un premier ministre, si on entend par là le rôle d'un Richelieu.

Les ministres peuvent se réunir, hors de la présence du chef de l'Etat, dans des conseils de cabinet, où il n'est pris aucune décision définitive et officielle.

422. Ces usages ont été suivis de 1814 à 1848 sauf quelques nuances. La C. 1848 ajoutait la nécessité de faire en conseil des ministres diverses nominations.

La L. 27 avril 1791 formait avec le Roi et les ministres un Conseil d'Etat aux attributions multiples, relatives en général à l'exercice du pouvoir royal. Les C. 1793 et An III prohibaient le conseil des ministres. — Celles des deux Empires n'en font aucune mention, sauf l'exercice provisoire du pouvoir exécutif, sauf aussi les Scs. 1869 et 1870 qui adoptaient le régime parlementaire.

Droit comparé. — Le conseil des ministres est reconnu par plusieurs Constitutions étrangères. Il gouverne provisoirement pendant la vacance du pouvoir exécutif en Belgique, Espagne, Grèce, Norvège, Roumanie, Serbie, Suède. — Il forme un conseil suprême de Gouvernement en Saxe; — un Conseil d'État nécessairement consulté sur toutes les affaires ou certaines seulement en Danemark, Suède, Norvège, Pays-Bas, Würtemberg; — un conseil de régence, le cas échéant, en Bavière et en Saxe. — Il est chargé de convoquer les Chambres lorsque le Roi est mineur ou incapable de régner, en Belgique, Grèce, Italie, Norvège, Prusse, Roumanie, Suède. — Il prend la plupart des décisions en République Argentine, à Haïti.

423. III. Nomination et révocation des ministres. — Les ministres sont nommés et révoqués par le chef de l'Etat. Cela n'est pas dit expressément par les lois de 1875, mais les ministres sont compris dans la règle générale qui donne au Président de la République la nomination à tous les emplois. Il en était de même des

Chartes, tandis que la règle est expressément inscrite dans les autres Constitutions et dans la loi du 31 août 1871.

Le droit du Président de la République n'est limité par aucune loi. Il peut appeler au ministère tout citoyen français. Aucune condition n'est exigée, aucune incapacité n'est édictée. Notamment, il n'est pas nécessaire de faire partie du Parlement, mais cette qualité n'est pas incompatible avec la fonction ministérielle. C'est le système des Chartes, de l'Acte Additionnel, du Scs. de 1870. — La loi du 27 avril 1791 demandait la qualité de citoyen actif; la C. An III, l'âge de 30 ans et excluait les parents et alliés du Directoire. La C. An VIII excluait les sénateurs; celles de l'An III et de 1852 les membres des Chambres; celle de 1791, les membres du Corps législatif, du tribunal de cassation, du haut jury; la L. 29 septembre 1792, les membres de la Convention. D'après les L. 30 novembre 1789 et 26 janvier 1790, les députés ne pouvaient, même après leur démission, entrer au ministère. Les adversaires du régime parlementaire ont souvent demandé des règles semblables.

En fait le régime parlementaire (n° 450) oblige le chef de l'Etat à prendre les ministres dans la majorité des Chambres et les ministres à se retirer dès qu'ils sont en désaccord avec cette majorité. Cet usage, qui est le principe et l'âme du régime parlementaire, est implicitement consacré par le texte constitutionnel qui déclare les ministres responsables devant les Chambres (L. 25 février 1875, art. 6, al. 2).

Depuis 1875, tous les ministres ont été pris dans les Chambres, sauf le cabinet du 23 novembre 1877, qui dura 20 jours, et plusieurs ministres de la guerre et de la marine.

Les ministres sont nommés pour une durée illimitée. La durée de leurs fonctions dépend de la durée de leur accord avec la majorité des Chambres; elle est donc essentiellement variable. Le renouvellement des

Chambres n'y met pas fin ; mais il est conforme à l'esprit du régime parlementaire que le ministre en fonctions recherche une occasion qui permette à la Chambre nouvelle d'affirmer ses sentiments à l'égard du Gouvernement.

Quant au droit de révoquer les ministres qui appartient au Président de la République, il est resté sans application ([1]). Le régime parlementaire le réduit à néant.

Droit comparé. — En général, le chef de l'Etat nomme et révoque les ministres. La C. espagnole l'autorise à les prendre dans les Chambres. Diverses conditions sont exigées : l'âge de 30 ans, en Norvège, de 25 ans, au Mexique ; — la religion d'Etat pour tous les ministres, en Suède, pour certains, en Saxe ; — la nationalité de naissance, au Mexique, en Portugal, en Suède ; — la grande naturalisation, à défaut de la naissance, en Belgique ; — un délai depuis la naturalisation, en Serbie. La C. suédoise veut des hommes capables, expérimentés, intègres et de bonne réputation.

Sont exclus les membres de la famille royale, en Serbie, Belgique, Grèce, Roumanie. Au contraire, l'héritier présomptif siège avec voix consultative au conseil des ministres, en Danemark, Norvège, Pays-Bas, Suède.

En Suède et en Norvège, le père et le fils ne peuvent être ministres en même temps.

En Norvège, la révocation exige l'avis préalable du conseil.

424. IV. Attributions des ministres. — Il ne s'agit pas de préciser les attributions de chaque ministre en particulier, mais seulement d'indiquer en général leurs

_____

([1]) V. cependant la lettre du maréchal de Mac-Mahon à M. Jules Simon, suivie de la démission du ministre (*J. O.*, 17 mai 1877).

attributions communes et le mode d'action de leur autorité. On peut, à ce point de vue, classer leurs attributions en : constitutionnelles, administratives, contentieuses.

425. 1° *Attributions constitutionnelles.* — « Chacun des actes du Président de la République doit être contresigné par un ministre » (L. 25 février 1875, art. 3, al. 6). Le contreseing ministériel dégage la responsabilité du chef de l'Etat et engage celle du ministre qui signe. Il atteste que le ministre a connu, accepté, préparé l'acte présidentiel. Le ministre peut refuser sa signature, s'il n'approuve pas l'acte du chef de l'Etat ; celui-ci a la ressource de le révoquer ou de lui demander sa démission.

Chaque ministre contresigne les actes qui intéressent son département. Les ministres démissionnaires ne conservent la signature que pour l'expédition des affaires courantes. On a pu constater qu'ils mettaient à profit les dernières heures de leur autorité provisoire pour faire signer des nominations en faveur de leurs amis ou collaborateurs, et on a demandé l'interdiction des nominations *in extremis*.

Les actes qui nomment les nouveaux ministres doivent être coutresignés. En général le président du conseil démissionaire contresigne la nomination de son successeur, et celui-ci contresigne celle de ses collègues.

Tout acte du chef de l'Etat qui ne serait pas contresigné n'aurait aucune valeur, aucune force obligatoire.

La nécessité du contreseing ministériel fut établie par la loi du 1er octobre 1789, consacrée par les C. 1791, An VIII (¹), 1848, l'Acte Additionnel, la L. 31 août 1871. Les Chartes ne l'indiquent pas ; elle est sous-entendue dans le régime parlementaire qu'elles organisent. Les C. impériales, qui font les ministres responsables

(¹) Celle-ci excepte les nominations et révocations de ministres.

devant l'Empereur, l'omettent. Elle existe dans la plupart des C. étrangères.

426. « Les ministres ont entrée dans les deux Chambres » (L. 16 juillet 1875, art. 6, al. 2). Il n'importe qu'ils soient étrangers au Parlement ou membres de l'une des Chambres. Ils ne sont pas obligés d'assister aux séances; mais l'usage veut que le Gouvernement soit chaque jour représenté au moins par un ministre, qui, au besoin répondra aux questions et donnera l'avis du Gouvernement. — Depuis 1814, les ministres ont dans chaque Chambre des places distinctes qui forment le banc des ministres.

L'entrée aux Chambres est accordée aux ministres par les C. 1791 (¹), 1793, 1848 et les Chartes. Les deux premières leur assignaient même des places séparées. — La C. An III ne permet que les communications écrites entre le Directoire et les conseils. Celle de l'An VIII réserve aux conseillers d'Etat le droit de porter la parole devant le Corps législatif au nom du Gouvernement. L'Acte Additionnel instituait pour cette mission des ministres d'Etat, en outre des conseillers d'Etat. La C. 1852 revenait au système de l'An VIII; puis le Scs. 24 novembre 1860 créa « des ministres sans portefeuille pour défendre devant la Chambre, de concert avec le président et les membres du conseil d'Etat, les projets de loi du Gouvernement »; le Scs. 19 janvier 1867 autorisa en outre des délégations spéciales par lesquelles l'Empereur chargerait un ministre à portefeuille de représenter le Gouvernement auprès des Chambres; enfin les Scs. 8 septembre 1869 et 21 mai 1870 accordèrent à tous les ministres l'entrée aux Chambres.

Droit comparé. — Le droit d'entrer aux Chambres appartient aux ministres en de nombreux pays. En Allemagne, le chancelier préside le Conseil fédéral avec

(¹) Antérieurement, par le D. 21 juin 1791; celui du 23 juillet 1791 exigea leur présence un jour sur deux.

voix prépondérante. En Roumanie, la présence d'un ministre au moins est nécessaire pour que la séance puisse avoir lieu. Les Chambres peuvent exiger la présence des ministres en Autriche, Belgique, Grèce, Hongrie, Luxembourg, Prusse, Roumanie, Serbie. Aux Etats-Unis, les ministres n'ont pas entrée aux Chambres.

427. ... « et doivent être entendus quand ils le demandent » (même texte). Les C. françaises et étrangères qui accordent aux ministres l'entrée aux Chambres leur reconnaissent aussi le droit d'y prendre la parole. Cependant, d'après la C. 1791, ils n'ont le droit de parler que sur les objets de leur administration ; sur les autres objets, le Corps législatif peut leur accorder la parole.

Les règlements des Chambres accordent quelques privilèges aux ministres. Ils ne sont pas astreints à l'ordre des inscriptions pour la parole, ils peuvent parler après que la clôture a été demandée et même votée, après un vote déclaré douteux. Mais un membre peut toujours répondre à un ministre.

Le droit d'être entendu ne donne pas le droit de voter, si le ministre n'est pas membre de la Chambre devant laquelle la discussion a lieu ([1]).

428. « Ils peuvent se faire assister par des commissaires désignés, pour la discussion d'un projet de loi déterminé, par décret du Président de la République » (L. 16 juillet 1875, art. 6, al. 2 *in fine.*)

Disposition empruntée à la C. 1848 et à la pratique des deux Monarchies. Ces commissaires sont, en général, de hauts fonctionnaires spéciaux. Ils sont désignés pour chaque projet de loi déterminé et non d'une manière générale pour toutes les affaires d'une même nature.

429. 2° *Attributions administratives.* — Les C. sont

([1]) En Suisse, les membres du Conseil fédéral ont voix délibérative dans les deux Chambres.

en général muettes sur ce point. La disposition la plus importante se trouve dans la Constitution de l'An VIII : « Les ministres procurent l'exécution des lois et des règlements d'administration publique » (art. 54). A ce texte on ne peut ajouter qu'une autre disposition de la même C. relative au ministre du Trésor public, un art. de la C. 1848 sur les nominations et révocations.

Les lois d'ensemble sur les fonctions ministérielles, auxquelles renvoient les C. 1793, An III et 1848 sont aussi rares. Je ne puis citer que les lois du 25 mai 1791 et du 10 vendémiaire An IV et les décrets dits de décentralisation des 25 mars 1852 et 13 avril 1861. Les fonctions ministérielles sont précisées par une multitude d'actes spéciaux dont le détail ne saurait être donné ici.

Aujourd'hui encore la formule de l'An VIII est vraie mais incomplète, car les ministres procurent l'exécution de tous les actes du pouvoir exécutif. Chacun d'eux est, pour un département ministériel et pour tout le territoire, le délégué général du chef de l'Etat.

430. Les ministres exercent cette délégation tant à l'égard des citoyens qu'à l'égard des fonctionnaires.

À l'égard des fonctionnaires, ils agissent tantôt par voie d'autorité tantôt par voie de contrôle. C'est par voie d'autorité que le ministre adresse aux fonctionnaires soit des circulaires, instructions communes à tous et qui souvent ont pour but d'interpréter et de commenter une loi ou un décret, soit ses instructions ou ordres particuliers à tel ou tel fonctionnaire. Ces actes d'autorité ne sont obligatoires ni pour les particuliers, qui ne sont pas tenus de s'y conformer, mais ne peuvent les attaquer devant le Conseil d'Etat que si on veut leur en faire une application directe ; ni pour les tribunaux, qui ne sont pas tenus de les appliquer ; ni même pour les fonctionnaires auxquels ils sont adressés, qui peuvent, sans encourir aucune sanction pénale ou légale, n'en tenir aucun compte, mais risquent fort d'être punis disciplinairement et révoqués.

C'est en vertu de son pouvoir de contrôle que le ministre prend connaissance des actes et décisions de ses subordonnés, les confirme, les modifie, ou les annule.

A l'égard des citoyens, le ministre leur applique les lois et décrets par des arrêtés ([1]). Qu'il puisse rendre dans ce but des arrêtés spéciaux, individuels, cela n'est ni douteux ni contesté. Peut-il rendre des arrêtés généraux et réglementaires? La question est discutée. L'affirmative s'appuie sur l'art. 54 C. An VIII cité plus haut. Mais le texte n'est pas assez explicite; d'ailleurs le chef de l'Etat a le pouvoir réglementaire et le ministre n'aura qu'à en solliciter l'exercice sans l'exercer lui-même. — Certains textes de lois ou de décrets confèrent aux ministres le pouvoir réglementaire sur des matières déterminées. C'est ainsi qu'ont été rendus les arrêtés réglementaires du 15 novembre 1846 sur la police des chemins de fer, du 10 août 1852 sur la police du roulage, etc.

Une autre question se rattache à la précédente. Le ministre qui a le droit de contrôler les arrêtés réglementaires du préfet, peut-il les modifier? Cela revient à se demander s'il peut substituer son pouvoir réglementaire à celui du préfet, c'est-à-dire s'il a un pouvoir réglementaire.

Les arrêtés ministériels, généraux ou individuels, peuvent être attaqués devant le Conseil d'Etat pour excès de pouvoir ou incompétence. Les arrêtés individuels peuvent être attaqués pour violation d'un droit. En outre, on peut demander au ministre lui-même, par voie gracieuse, la rétractation volontaire de son arrêté.

431. Les ministres sont, chacun dans son département, les représentants légaux de l'Etat, du moins en principe, soit dans les actions judiciaires où l'Etat est

([1]) V. de nombreux exemples dans le Répertoire Général alphabétique du Droit français v° *Arrêté administratif,* n°s 37 et s.

partie plaidante, soit dans les actes de gestion comme les marchés de fournitures, la liquidation des pensions, l'ordonnancement des dépenses.

432. 3° *Attributions judiciaires.* — La juridiction ministérielle, dont l'existence a été contestée, est aujourd'hui généralement admise par les auteurs et la jurisprudence.

La compétence en premier ressort des ministres est établie par plusieurs textes. Ainsi le ministre des travaux publics statue sur le retrait d'une concession minière à un concessionnaire qui, au cas d'inondation, ne paie pas les taxes d'assèchement (L. 27 avril 1838, art. 6) ; — le ministre du commerce règle les indemnités dues aux émigrants par les agences d'émigration qui ne remplissent pas leurs engagements (L. 10 juillet 1860) ; — le ministre de l'instruction publique juge les recours formés contre les élections au conseil supérieur de l'instruction publique et aux conseils académiques (D. 17 mars 1880) ; etc.

433. Il y a plusieurs cas pour lesquels on doute si le ministre est juge ou administrateur. La controverse porte d'abord sur tous les cas où le ministre est saisi d'un recours contre un acte administratif d'un préfet, parce que, dit-on, l'acte ne saurait changer de nature en venant à la connaissance du ministre ; la raison n'est pas suffisante, car l'examen d'un acte non contentieux peut être lui-même contentieux. Un contrat civil ou commercial n'est pas contentieux de sa nature et peut donner lieu à un procès.

En outre, il y a des hypothèses isolées pour lesquelles le caractère contentieux est discuté : liquidation et déchéance des créances sur l'Etat ; — liquidation des pensions civiles ou militaires ; — interprétation et exécution des marchés de fournitures à l'Etat ; — décision sur les demandes en décharge de responsabilité formées par les trésoriers-payeurs généraux et les receveurs particuliers (D. 31 mai 1862).

On admet en général que ces décisions sont semblables aux jugements en ce qu'elles ont la force exécutoire et donnent l'hypothèque judiciaire. Mais, pour le surplus, sont-elles des actes administratifs ou des actes judiciaires? Si l'on admet la première solution, ces actes tombent sous le contrôle du pouvoir législatif, et la voie de l'opposition n'est pas ouverte à l'intéressé qui ne s'est pas défendu devant le ministre. Si l'on admet la deuxième opinion, les décisions contraires s'imposent.

La première solution paraît la mieux appuyée. Ces actes en effet n'ont rien de contentieux, ils ne soulèvent aucune question litigieuse, et cela est bon car autrement le ministre serait à la fois juge et partie. On objecte : 1° que ces actes produisent les effets des jugements ; cela est indifférent, car les mêmes effets sont attachés par la loi à des actes, comme les contraintes administratives, qui ne sont pas des actes judiciaires ; du reste la question discutée offre des intérêts pratiques qui prouvent que l'assimilation n'est pas complète ; — 2° que la loi autorise contre ces actes le recours au Conseil d'Etat ; cela ne prouve pas, comme on l'a vu, que l'acte soit contentieux ; — 3° que dès lors le Conseil d'Etat serait juge de premier et dernier ressort à la fois, ce qui est exceptionnel et contraire au principe des deux degrés de juridiction. Mais ce principe ne concerne pas la justice administrative.

434. En dehors des cas que la loi lui attribue expressément et en l'absence d'un texte qui donne compétence à un autre tribunal, le ministre est-il compétent; ou, pour employer la formule classique, le ministre est-il juge de droit commun en matière administrative? La question présente un intérêt sérieux en matière de cultes, d'instruction publique, etc.

La solution affirmative, toute fâcheuse qu'elle soit, me semble commandée par les textes. La L. 25 mai 1791, art. 17-1°, attribuait aux ministres le contentieux administratif; la L. 28 pluviôse An VIII, en instituant les conseils de préfecture, a déterminé dans ce contentieux des exceptions enlevées aux ministres et attribuées à la juridiction nouvelle ; elle n'a pas modifié le principe lui-même.

Un autre système attribue la juridiction de droit commun au Conseil de Préfecture. Il invoque un passage du rapport de Rœderer sur la loi de l'An VIII et les motifs d'un avis du Conseil d'Etat en date du 6 décembre 1813, inséré au *Bulletin des Lois*. Ces documents ne me paraissent avoir qu'une valeur interprétative et ne contrebalancent pas l'autorité des lois de 1791 et de l'An VIII.

Un troisième système distingue. Le ministre serait juge de droit commun pour les matières régies par des lois postérieures à l'An VIII ; le Conseil de Préfecture, pour les autres. Cette distinction me paraît inadmissible en l'absence d'un texte formel qui la consacre.

Une dernière opinion, peu suivie, donne au Conseil d'Etat la juridiction de droit commun en premier et en dernier ressort. Elle me semble condamnée aujourd'hui par la L. 24 mai 1872, art. 9, qui donne au Conseil d'Etat la décision souveraine, ce qui suppose une compétence en dernier ressort.

435. Le ministre est enfin juge d'appel pour les décisions contentieuses des préfets.

La procédure à suivre devant la juridiction ministérielle a été fixée par le D. 22 novembre 1864. On admet que les jugements des ministres doivent être motivés. Ils produisent tous les effets d'une décision judiciaire ; ils ont l'autorité de la chose jugée et la force exécutoire, ils donnent l'hypothèque judiciaire (avis du Conseil d'Etat, 25 thermidor An XII).

Ils peuvent être attaqués par plusieurs voies de recours : l'opposition, portée devant le ministre lui-même, contre les décisions rendues par défaut; la tierce-opposition, portée aussi devant le ministre, ouverte aux personnes qui, n'ayant pas figuré au procès, sont indirectement lésées par le jugement; l'appel porté au Conseil d'Etat, pour la réformation d'une décision mal rendue ; le recours en cassation, porté aussi au Conseil d'Etat, pour l'annulation d'une sentence entachée d'incompétence ou d'excès de pouvoir.

436. V. Responsabilité des ministres. — Les ministres sont responsables des actes qu'ils ont accompli personnellement, à l'occasion de leurs fonctions propres, et des actes du Président de la République qu'ils ont contresignés. Cette responsabilité peut être parlementaire, pénale, civile ([1]).

Cette triple responsabilité n'existe que dans les régimes parlementaires. Les autres régimes reconnaissent parfois la responsabilité civile ou pénale, engagée par le contreseing donné aux actes du chef de l'Etat. Ainsi en est-il de la L. 27 avril 1791, complétée par divers autres actes de la même période. Ainsi encore la L. 10 vendémiaire An iv.

La responsabilité ministérielle ne saurait être couverte par l'ordre formel du chef de l'Etat. Ce principe, exprimé par la loi de 1791 et reproduit par la C. 1791, n'a plus besoin d'être formulé. La même loi permettait à un ministre de dégager sa responsabilité d'un acte délibéré en conseil, en consignant son opposition sur le registre des actes du conseil. Cette règle ne saurait être appliquée aujourd'hui en l'absence d'un texte formel. Le ministre n'a que la ressource de sa démission.

Le ministre n'a envers le Président de la République et envers ses collègues aucune responsabilité précise. En cas de dissentiments graves ou persistants, en cas de faute, le ministre peut être révoqué ou démissionner spontanément. Il n'encourt aucune peine disciplinaire ou autre, il ne peut recevoir aucun ordre, il

([1]) On a souvent demandé que la responsabilité ministérielle fût précisée et réglée. Une loi promise par la Charte de 1830 échoua en 1832, 1834, 1835, 1836. L'Assemblée nationale avait décidé (29 nov. 1872) de faire une loi sur la matière.

ne peut être astreint à rendre compte (¹). L'usage est que les actes principaux soient préalablement communiqués au conseil des ministres et approuvés par lui, et que sur les questions importantes le Gouvernement arrête une ligne de conduite moralement obligatoire pour tous ses membres.

437. 1° *Responsabilité parlementaire*. — « Les ministres sont solidairement responsables devant les Chambres de la politique générale du Gouvernement et individuellement de leurs actes personnels » (L. 25 février 1875, art. 6, al. 2). Telle est la formule très large et très vague donnée par la loi constitutionnelle. Les tentatives faites pour la préciser sont demeurées vaines. Comment enchaîner dans des termes exacts et rigoureux la politique ondoyante et diverse ?

Cette responsabilité est mise en jeu par les votes des Chambres. Les ministres peuvent être questionnés ou interpellés par tout membre du Parlement et, après avoir entendu les explications du ministre, la Chambre vote un ordre du jour qui exprime sa confiance ou sa défiance envers le Gouvernement et que celui-ci accepte ou repousse avant le vote. Si la Chambre vote un ordre du jour repoussé par le Gouvernement, le ministère est tenu parlementairement de démissionner et de céder la direction des affaires à un ministère nouveau qui aura la confiance de la Chambre. Le même fait peut se produire sans interpellation lorsque sur une loi soit d'initiative gouvernementale, soit d'initiative parlementaire, la Chambre vote contrairement à l'avis du Gouvernement alors que celui-ci a préalablement posé la question de confiance, c'est-à-dire a déclaré qu'il démissionnera si son avis ne prévaut pas.

Le vote hostile d'une Chambre peut ne viser que l'acte d'un seul ministre ; celui-ci seul se retirera ; c'est le cas de la responsabilité individuelle. — Le vote hos-

(¹) V. cependant la lettre écrite par le Président de la République au président du conseil, le 16 mai 1877.

tile peut au contraire critiquer une décision importante sur laquelle tous les ministres ont donné leur avis, quoiqu'un seul ait donné sa signature, qui touche à l'un des articles fondamentaux du programme ministériel. Le désaccord existe alors entre la Chambre et tous les ministres, ceux-ci doivent démissionner sans exception, même ceux qui s'étaient opposés à la mesure : c'est la responsabilité solidaire. Elle n'empêche pas du reste que le nouveau ministère comprenne des membres du précédent.

La démission du ministère ouvre la crise ministérielle que clôture la nomination des nouveaux ministres. Le Président de la République a le droit et le devoir d'appeler le chef de la majorité à prendre la présidence du conseil et à choisir, avec son agrément, les autres membres du cabinet. Il est bon que la crise soit courte, quoique les ministres démissionnaires demeurent provisoirement en fonctions.

438. Les ministres sont responsables devant les Chambres. Le Sénat a donc autant de droits que la Chambre des Députés en cette matière, quoi qu'on ait prétendu. La pratique constante réserve pourtant à la Chambre des Députés le droit de renverser les ministères [1]. Cette différence, que la loi constitutionnelle ne consacre heureusement pas, ne serait admissible que dans un régime où la Chambre Haute ne serait pas élective.

439. La pratique de la responsabilité ministérielle date de 1814. L'Assemblée nationale avait cependant supplié Louis XVI de rappeler Necker (13 juillet 1789) qui emportait « son estime et ses regrets », de renvoyer ses nouveaux ministres (16 juillet 1789). La L. 25 mai 1791 autorisait le Corps législatif à présenter au Roi des observations sur la conduite des ministres, à lui

[1] Une seule exception peut être citée ; le second ministère Tirard a démissionné le 14 mars 1890 à la suite d'un vote hostile du Sénat.

déclarer qu'ils avaient perdu la confiance de la nation,
à exiger d'eux à tout moment le compte-rendu de leurs
actes. L'Assemblée législative déclara à son tour que
le ministère girondin congédié par le Roi « emportait
l'estime et les regrets de la nation » (13 juin 1792). Là
s'est bornée jusqu'à 1814 l'influence exercée par les
Chambres sur l'existence des ministères. Les C. de
1789 à 1814 excluent, en l'omettant, la responsabilité
parlementaire des ministres.

Edictée successivement par les Chartes, l'Acte Additionnel, la C. 1848 et précisée par une longue pratique
parlementaire, la responsabilité ministérielle disparut
en 1852. La C. 1852 n'admettait que la responsabilité
des ministres envers le chef de l'Etat et de celui-ci
devant le peuple. Les représentants de la nation n'y
avaient aucune part. Le Scs. 8 septembre 1869 permit
au Corps législatif de voter des ordres du jour motivés, mais n'engageant pas directement la responsabilité ministérielle. Celle-ci fut rétablie par le Scs.
21 mai 1870.

440. La responsabilité ministérielle a des inconvénients qu'il ne faut ni dissimuler ni exagérer. Elle
détourne l'attention du ministre des affaires de son
département sur les questions d'ordre purement politique ; elle l'empêche de se spécialiser par une longue
manipulation des mêmes affaires ; elle l'arrache du
pouvoir au moment où il commençait à connaître les
affaires ; elle lui enlève le goût des réformes à longue
portée, lentement mûries. — L'instabilité ministérielle
qu'elle crée est nuisible aux affaires publiques, en faisant arriver au ministère des hommes encore ignorants
qu'elle en précipite dès qu'ils savent quelque chose (¹).

Ces critiques s'adressent surtout à l'abus, si fréquent,
de la responsabilité ministérielle. On ne saurait trop
déplorer ces crises incessantes, cette lutte acharnée

_____

(¹) Depuis 1789, il y a eu 117 ministres de l'intérieur, 109 de
la guerre, 99 des affaires étrangères, 99 des finances, 94 de la
justice, 88 de la marine.

pour le pouvoir, ces interpellations et ces votes sans cesse renouvelés, cette fièvre politique qui accapare les ministres et ne leur laisse pas un instant pour l'étude et l'expédition des affaires. Ces vices, c'est dans les mœurs et non dans les institutions qu'il faut en chercher le remède.

Dans une société démocratique, la responsabilité des dépositaires du pouvoir devant les élus du peuple est nécessaire sous peine de tomber au despotisme. Or, il vaut mieux que cette responsabilité pèse sur les ministres que sur le chef de l'Etat.

La responsabilité ministérielle assure en outre la collaboration et l'accord des Chambres avec le Gouvernement. Elle donne, il est vrai, aux ministres des soucis plutôt politiques que professionnels. Mais en somme, est-il bien utile de transformer le ministre en un employé de bureau? Est-il même utile de confier le pouvoir à des spécialistes qui le considèreront surtout comme un moyen de mettre à exécution des idées théoriques et des préjugés anciens?

441. *Responsabilité pénale.* — Elle concerne les infractions commises dans l'exercice des fonctions ministérielles. Les cas n'en sont précisés que par le Code pénal, en l'absence d'une disposition spéciale de la Constitution ou d'une loi particulière. Le renvoi au Code pénal est écrit dans les lois de 1791 et de l'An iv qui pourtant indiquent quelques cas de responsabilité. La Charte de 1814 n'admet que les crimes de trahison et de concussion. La C. An viii était un peu plus large.

L'action pénale dirigée contre un ministre est soumise au droit commun, sauf en un point : « Les ministres peuvent être mis en accusation par la Chambre des Députés, pour crimes commis dans l'exercice de leurs fonctions. En ce cas, ils sont jugés par le Sénat (L. 16 juillet 1875, art. 12, al. 2) ». Le texte ne réserve pas à la Chambre seule le droit d'accusation; il le lui accorde, sans l'enlever au ministère public qui le possède selon le droit commun. Au contraire, le droit d'accusation est réservé au Corps législatif par la loi de 1791, les C. 1791 et An VIII; au Sénat, par la C. 1852; au Directoire par la loi de l'An IV.

La juridiction du Sénat n'existe que dans le cas où la Chambre a décrété l'accusation. En tout autre cas, les tribunaux ordinaires sont compétents. La loi de l'An IV admettait en tout cas la compétence de droit commun; la Charte de 1814, celle de la Chambre des Pairs.

L'action pénale est prescrite par le temps normal. Les lois de 1791 et de l'An IV admettaient une prescription de deux ans pour la plupart des cas. On a songé à faire revivre cette règle, qui convient aux matières politiques et à l'instabilité ministérielle.

Le texte ci-dessus ne vise pas les infractions étrangères à leurs fonctions que les ministres peuvent commettre. Elles demeurent donc à tous les points de vue sous l'empire du droit commun, et telle est la tradition. Seule la C. An VIII exigeait l'autorisation du Conseil d'État pour la poursuite des faits entraînant une peine afflictive ou infamante.

La responsabilité pénale des ministres n'a été appliquée que deux fois. Les ministres signataires des ordonnances du 25 juillet 1830, furent accusés par la Chambre des Députés, le 18 septembre 1830, malgré la révolution qui avait rendu le Roi responsable; condamnés par la Chambre des pairs, le 21 décembre 1830; amnistiés en 1836 et 1837. — En 1847, les ministres Teste et Cubière furent condamnés pour concussion. Diverses propositions faites depuis 1875 ont échoué.

442. 3° *Responsabilité civile.* — Elle tend à la réparation pécuniaire des dommages causés, soit à l'État, soit aux particuliers, par les actes illégaux et délictueux des ministres.

L'action civile est soumise au droit commun, réserve faite de la théorie des actes de gouvernement et d'administration (n° 510). Les Chambres ont repoussé, avec raison, des propositions tendant à soumettre cette action à elles-mêmes ou aux commissions du budget. Les règles particulières édictées en 1791 et en l'An iv s'appliquaient à l'action civile comme à l'action pénale.

La responsabilité civile, surtout envers l'Etat, est difficile à mettre en application ; comment sérieusement condamner le ministre à restituer plusieurs centaines de millions ?

443. *Droit comparé.* — La responsabilité parlementaire des ministres, engagée par leur signature, est généralement admise. Elle n'existe pas en Norvège, aux États-Unis et dans les Républiques Américaines qui ont imité leur Constitution, dans la plupart des Etats allemands. En Allemagne, la Constitution dit que le chancelier assume la responsabilité des actes qu'il signe ; le sens de ce texte est douteux.

Quant à la responsabilité pénale, elle est très diversement réglée. En Bavière, les Chambres peuvent seulement adresser une plainte au Roi qui, s'il le veut, déférera le ministre à une juridiction. Il en est de même en Saxe, sauf pour les cas où le ministre aurait violé la Constitution.

Le droit d'accuser les ministres appartient : à la Chambre unique en Grèce ; — aux deux Chambres, en Prusse, Würtemberg, Autriche ; — à la Chambre Basse seule en Bade, Belgique, Espagne, Mexique, Portugal, Hongrie ; — au Roi et aux deux Chambres en Roumanie ; — au Roi et à la Chambre Basse en Danemark ; — au Roi et à Chambre unique en Serbie.

La mise en accusation exige la majorité des deux tiers en Roumanie, Serbie.

Les ministres sont jugés par la Chambre haute en Espagne, au Mexique ; — par le suprême tribunal judiciaire ou administratif en Belgique, Bade, Portugal, Prusse, Roumanie, Serbie, Würtemberg ; — par un tribunal spécial tiré des juridictions ordinaires en Grèce ; — par le tribunal d'Etat tiré de la cour de cassation et du Conseil d'Etat en Serbie ; — par une Haute-Cour nommée en partie par le Roi parmi les membres des cours supérieures, en partie par les Chambres dans leur sein, en Saxe ; — par un jury nommé par les deux Chambres sauf les récusations en Autriche.

Les cas de responsabilité sont précisés en totalité ou en partie en Bade, Portugal, Prusse, Serbie, Autriche, Hongrie.

L'ordre du Roi ne peut couvir les ministres en Belgique, Grèce, Luxembourg, Portugal, Roumanie.

Une prescription spéciale éteint l'action en Bade, au Mexique.

Le ministre ne peut être gracié au Mexique, en Hongrie, en Saxe ; il ne peut l'être qu'en vertu d'une réserve de l'arrêt en Würtemberg ; qu'avec l'assentiment des Chambres en Belgique, Danemark, Grèce, Luxembourg, Prusse, Roumanie, Serbie.

444. VI. AUXILIAIRES DES MINISTRES. — Les ministres sont quelquefois assistés par des sous-secrétaires d'Etat, auxquels peuvent être déléguées certaines attributions spéciales. Ainsi le sous-secrétaire d'Etat aux colonies décharge le ministre de la marine des affaires coloniales.

L'institution est autorisée pour la première fois par l'O. 9 mai 1816. Elle a alors pour but de laisser au ministre le rôle politique, et de confier les affaires à un homme non politique. Les sous-secrétaires d'Etat prennent un rôle politique à partir de 1830 ; ils font partie du ministère, en suivent la fortune, l'accompagnent dans sa retraite. Ils sont choisis eux aussi dans la majorité parlementaire. La règle contraire a été édictée par le D. 14 juin 1848 et la L. 15 mars 1849, abrogée par la L. 25 avril 1872.

Leur nombre est variable encore plus que celui des ministres. Plusieurs ministères spéciaux n'en ont jamais eu. Le chiffre maximum (9) a été atteint par le cabinet du 14 novembre 1881.

445. Le ministre est aidé dans sa tâche : d'abord

par des conseils tantôt électifs comme celui de l'instruction publique, tantôt nommés par le Gouvernement comme le comité technique de l'artillerie, etc., dont les uns sont purement consultatifs, tandis que d'autres ont des attributions assez étendues ; — ensuite par les bureaux, dont le personnel nombreux prépare les affaires sans avoir un pouvoir propre ; — enfin par les agents dans les départements.

LIVRE V

Rapport des Chambres et du Gouvernement.

CHAPITRE XXVI

DE LA SÉPARATION DES POUVOIRS LÉGISLATIF ET EXÉCUTIF ET DU RÉGIME PARLEMENTAIRE

446. SÉPARATION DES POUVOIRS LÉGISLATIF ET EXÉCUTIF. — C'est aujourd'hui une notion courante, presque banale, que la nécessité de cette séparation. Elle n'est pourtant pas unanimement admise. Certains la considèrent comme une dangereuse erreur, contraire à la fois à l'unité du pouvoir et à l'unité de la volonté nationale. D'autres, plutôt historiens que métaphysiciens, constatent qu'elle est une nouveauté d'hier, que de nombreuses et florissantes sociétés l'ont ignorée, et y voient la source des troubles politiques qui dans ce siècle ont affligé la plupart des États européens.

Ses partisans même n'emploient pas pour la justifier des arguments semblables. Les uns s'en tiennent aux raisons de Montesquieu : « Lorsque dans la même personne ou dans le même corps de magistrature, la puissance législative est réunie à la puissance exécutive, il n'y a point de liberté parce qu'on peut craindre que le même monarque ou le même Sénat ne fasse des lois tyranniques pour les exécuter tyranniquement » (*Esprit des lois*, XI, 6). Les autres suivent Rousseau qui appliquait à la politique, avec une rigueur implacable, le principe de la division du travail. À chacun sa besogne :

ceux qui font les lois ne peuvent et ne doivent pas les appliquer, et réciproquement.

Le tort commun de toutes ces théories, c'est d'être absolues. La séparation des pouvoirs ne se conçoit guère dans les sociétés primitives; elle ne peut exister que dans des organismes sociaux complexes, dans des sociétés civilisées. Là où elle est admise, elle n'est pas une nécessité, elle est un mode d'organisation, ni meilleur, ni pire en soi que les autres. Dans la vie sociale comme dans la vie organique, l'évolution, dans sa phase ascendante, se traduit par une complexité croissante des fonctions et des organes, et les agencements divers dépendent de circonstances qui diffèrent et les font différer. Le but commun à atteindre, c'est la conservation et le développement de la vie. Tous les moyens sont bons qui l'atteignent.

La séparation des pouvoirs est un moyen, mais non pas le seul bon. En tout cas, la vie ne dure que par l'accord, l'harmonie, la collaboration des organes et des fonctions et par leur indépendance respective, en un mot par leur équilibre. La séparation et la subordination absolues des pouvoirs seraient également dangereuses.

On ne peut du reste pas songer à établir entre les pouvoirs une séparation complète et exacte. La classification des attributions dues à chaque pouvoir est très difficile, sinon impossible, et l'infinie variété de la vie sociale rendrait bientôt inutile ou gênant tout essai de ce genre. On a vu (nos 26 et s.) qu'il est difficile de tracer, entre le pouvoir constituant, le pouvoir législatif et le pouvoir réglementaire, des limites précises, et que l'indécision relative garantit au jeu des pouvoirs la souplesse nécessaire. Les règles trop certaines ne pourraient prévoir toutes les circonstances possibles nées de l'incessante variation de la vie sociale; les cas non prévus par elles ne pourraient être réglés, à moins de violer la classification qui cantonne chaque pouvoir dans son domaine.

Supposons la perfection obtenue même pour l'avenir,

les pouvoirs sans point de contact travailleront aveuglément et on n'obtiendra pas plus de résultats qu'avec
une machine dont les rouages seraient isolés, que dans
un atelier où, sous prétexte de division du travail, les
ouvriers n'auraient entre eux aucune relation.

La séparation rigoureuse des pouvoirs ne fournit
aucun moyen de prévenir et de résoudre les conflits.
Elle ne peut cependant avoir la prétention d'en tarir
la source. Le seul remède sera un coup d'Etat tenté
par l'un des pouvoirs contre l'autre ; remède dangereux pour la société qui en subit l'expérience. Le peuple, dégoûté du régime représentatif, se jettera dans
les bras du despotisme.

447. La C. 1791 disait : « Toute société dans
laquelle la garantie des droits n'est pas assurée, ni la
séparation des pouvoirs déterminée, n'a point de Constitution ». En conséquence, chaque pouvoir fait l'objet
d'une délégation distincte, émanant de la nation. Son
domaine, ses attributions, ses droits sont détaillés. Le
pouvoir exécutif n'exerce aucune action sur le vote de
la loi ; il n'a qu'un veto suspensif, son rôle est négatif.
Ses relations avec l'Assemblée sont minutieusement
réglées. Ses empiètements sont prévus, prévenus,
réprimés. Les empiètements du pouvoir législatif sont
traités avec plus d'indulgence, plusieurs sont autorisés.
C'est tout ensemble la séparation et la confusion des
pouvoirs. Il devait en naître, il en naquit des conflits
légalement insolubles entre le Roi et l'Assemblée.
Celle ci supprima celui-là et alla rapidement vers la
confusion entière des pouvoirs.

La Convention ne tarda pas à créer un Comité de
salut public, élu par elle dans son sein, « chargé de
surveiller et d'accélérer l'action de l'administration
confiée au conseil exécutif provisoire, dont il pourra
même suspendre les arrêtés lorsqu'il les croira contraires à l'intérêt général, à la charge d'en informer
sans délai la Convention » (L. 6 avril 1793).

La C. 1793, moins affirmative dans la forme, est

plus radicale dans le fond. Elle déclare que la garantie sociale « ne peut exister si les limites des fonctions publiques ne sont pas clairement déterminées par la loi » (Déclaration des droits de l'homme, art. 23). Elle précise les points sur lesquels le pouvoir législatif est appelé à statuer et à associer le peuple à la confection de la loi. Elle fait élire le conseil exécutif par l'Assemblée et le soumet à l'autorité du Corps législatif.

La L. 10 octobre 1793 déclare le Gouvernement révolutionnaire jusqu'à la paix. Les corps constitués sont placés sous l'autorité du Comité de salut public qui rend compte à la Convention tous les huit jours. Le conseil exécutif provisoire ne peut prendre aucune décision sans l'autorisation de ce Comité, qui rend compte à la Convention.

La L. 14 frimaire An II achève le mouvement : « La Convention nationale est le centre unique de l'impulsion du Gouvernement ». Les corps constitués sont placés sous la surveillance des Comités de salut public et de sûreté générale, qui rendent compte à la Convention chaque mois.

En conséquence, la L. 12 germinal An II supprima le conseil exécutif et les ministres, remplacés par douze commissions de la Convention, dont le nombre fut porté à seize (L. 7 fructidor An II).

La C. An III, rédigée sous l'empire des souvenirs du Gouvernement conventionnel, revient aux principes de 1791. « La garantie sociale ne peut exister si la division des pouvoirs n'est pas établie, si leurs limites ne sont pas fixées... » (Déclaration des droits de l'homme, art. 22). Aussi les Conseils et le Directoire sont-ils cantonnés dans leurs domaines propres, dont les limites d'ailleurs ne sont plus exactement déterminées. Cependant le pouvoir législatif nomme encore l'exécutif.

L'acte du 19 brumaire An VIII maintient à peu près les mêmes relations entre la commission consulaire exécutive et les délégations des Conseils. La première peut exposer ses vues aux dernières, chargées d'élaborer une Constitution. En réalité, la Constitution fut faite par la Commission consulaire.

La C. An VIII est en réaction contre la séparation des pouvoirs. Le Sénat nomme le pouvoir législatif et le pouvoir exécutif; il se recrute lui-même sur leurs présentations. Le Gouvernement, outre la puissance exécutive, a seul l'initiative des lois. Le pouvoir législatif est réparti entre deux Assemblées dont l'une discute et l'autre vote.

Le Scs. An x est plus favorable encore au Gouvernement. Le Premier Consul reçoit de nombreux et importants moyens d'action sur les Assemblées électorales, sur les listes de notabilité et sur les Chambres. Il nomme des sénateurs et préside le Sénat. Il convoque, ajourne et proroge le Corps législatif. Il désigne son successeur et même les deux autres consuls.

Le Scs. An XII ajoute encore le droit de nommer et de convoquer le Sénat, de désigner les présidents des diverses Assemblées.

La Charte de 1814 réserve au Roi seul la puissance exécutive, l'initiative et la sanction des lois, le droit de convoquer et d'ajourner les Chambres, le droit de dissoudre la Chambre des Députés, la nomination des pairs, la désignation des présidents des Chambres et des collèges électoraux. La puissance législative est exercée collectivement par le Roi et les Chambres. Les mêmes règles, à quelques détails près, passent dans l'Acte Additionnel.

La Charte de 1830 accorde davantage aux Chambres. Elles partagent avec le Roi l'initiative des lois. Pour le surplus elle est conforme à la Charte de 1814.

L'Assemblée constituante de 1848 nomme elle-même une commission exécutive (9 mai 1848), puis délègue le pouvoir exécutif au général Cavaignac (28 mai 1848). Cette ressemblance, imposée par les circonstances, avec la période révolutionnaire, ne se retrouve pas dans la C. 1848.

Celle-ci proclame : « La séparation des pouvoirs est la première condition d'un Gouvernement libre » (art. 19) et, en conséquence, elle délègue distinctement le pouvoir législatif à une Assemblée, le pouvoir exécutif à un Président de la République, élus l'un et l'autre par le suffrage universel. Mais elle ne va pas jusqu'au bout. L'Assemblée nommera le Président de la République entre les cinq candidats les plus favorisés, si l'élection populaire ne donne pas une majorité absolue à l'un d'eux dès le premier tour de scrutin; elle reçoit son serment. D'un autre côté, le chef de l'Etat a, comme l'Assemblée, l'initiative des lois et peut exiger une seconde délibération.

Le pouvoir exécutif dispersa l'Assemblée et promulgua une Constitution. Elle lui confie le Gouvernement en général. Il l'exerce « au moyen des ministres, du Conseil d'Etat, du Sénat, du Corps législatif». Ainsi, à l'opposé des lois de 1793, l'Assemblée est un agent du pouvoir exécutif. Celui-ci se réserve l'initiative et la sanction des lois, le droit de convoquer, ajourner, dissoudre le Corps législatif. Il est élu directement par le peuple et peut désigner son successeur.

Ce régime, étranger à la séparation des pouvoirs, fut atténué par les Scs. 8 septembre 1869 et 21 mai 1870, qui accordent au Corps législatif l'initiative des lois.

Le Gouvernement de la Défense nationale, à son tour, a exercé simultanément les deux pouvoirs. — L'Assemblée nationale, qui le remplaça, délégua le pouvoir exécutif en réservant son autorité (L. 17 février et 31 août 1871).

448. Il ressort, trop clairement pour que j'insiste, de cette revue rapide des lois et des faits, que jamais l'exacte séparation des pouvoirs n'a été appliquée. Violée tantôt au profit des Chambres, tantôt au profit du chef de l'Etat, elle n'a jamais subi l'épreuve de la pratique. S'il faut la juger d'après les résultats des Constitutions qui ont serré de plus près l'idéal, d'après 1791 et l'An III, on ne souhaitera pas sa réalisation complète.

Les lois de 1875 ne contiennent à ce sujet aucune formule générale. Elles ont cherché la meilleure combinaison politique non pas dans une classification rigoureuse des attributions, mais dans l'indépendance et la collaboration des pouvoirs. Il suffit de se reporter aux chapitres précédents pour constater que la séparation des pouvoirs n'est pas rigoureuse, au contraire; personne ne dira que la tyrannie en soit résultée, ni l'anarchie.

449. *Droit comparé.* — Les déclarations de principes sont rares dans les Constitutions étrangères. Celle du Mexique contient seule une formule analogue à celle de 1791. Celle de la Confédération Argentine interdit au Congrès de donner au pouvoir exécutif des pouvoirs extraordinaires ni l'ensemble des pouvoirs publics.

Les autres Constitutions, tout en écrivant les mots *pouvoir exécutif, pouvoir législatif*, ne poursuivent pas une séparation rigoureuse. Les plus précises déterminent les attributions distinctes du chef de l'Etat et des Chambres : Confédération Argentine, Danemark, Espagne, Etats-Unis, Genève, Hambourg, Mexique, Norvège, Orange, Pays-Bas, Portugal, Suisse. D'autres limitent seulement les attributions du chef de l'Etat : Allemagne, Autriche, Belgique, Grèce, Roumanie, Suède ; ou celles des Chambres : Bade, Bavière, Saxe, Serbie, Würtemberg.

Les villes de Hambourg, Lübeck, Brême, plusieurs cantons suisses, ont un régime dans lequel les pouvoirs sont confondus dans une large mesure.

450. II. Régime parlementaire. — La collaboration harmonieuse et indépendante des pouvoirs publics, c'est le régime parlementaire. Il établit entre le Gouvernement et les Chambres des relations très suivies et très intimes, les associe à la gestion des affaires publiques, garantit leur liberté sans les isoler.

C'est dans le choix et la responsabilité des ministres que consiste principalement ce régime et qu'il se révèle. Il laisse au chef de l'Etat irresponsable la nomination des ministres, mais rend ceux-ci responsables devant les Chambres; il oblige donc moralement le chef de l'Etat à les prendre dans la majorité parlementaire, surtout parmi les chefs. « Les Chambres offrent au chef de l'Etat leur majorité comme liste de candidats » (Thiers). Les ministres seront nécessairement d'accord avec cette majorité dont ils sortent et qui les a poussés au pouvoir. Les bases de cette entente sont indiquées par le programme ou la déclaration que chaque minis-tère nouveau développe devant les Chambres. Si l'ac-cord cesse, si la majorité se déplace, les votes des Chambres le marqueront bientôt, et le ministère démodé fera place aux hommes de la majorité nou-velle. — Pendant qu'ils sont en fonctions, les ministres sont indépendants et du chef de l'Etat, qui est irres-ponsable et ne saurait imposer ses volontés à des ministres responsables, et du Parlement, qui peut bien témoigner sa confiance ou son hostilité, mais ne peut, autrement que par une loi, édicter un ordre ou une défense au Gouvernement. « L'indépendance des minis-tres est la condition de leur responsabilité » (Message présidentiel du 14 décembre 1877).

Le régime parlementaire est encore caractérisé par des institutions qui permettent aux pouvoirs d'exercer les uns sur les autres une influence réciproque; — par une association du Gouvernement à la confection des lois.

Les lois de 1875, sans le dire expressément, organi-sent en réalité le régime parlementaire. Il suffit de rappeler ses dispositions sur les points où se révèle ce régime. Elles reviennent aux usages suivis de 1814 à 1848 et que l'Empire, en ses derniers jours, tenta de reprendre. Le régime parlementaire est au contraire virtuellement exclu par les Constitutions révolution-naires et impériales, dans lesquelles les pouvoirs sont tantôt rigoureusement séparés, tantôt concentrés entre les mains d'un homme ou d'une Assemblée.

Ce résumé historique prouve que le régime parlementaire ne dépend pas, quoi qu'on ait dit, de la forme royale ou républicaine du Gouvernement. La République de 1875 l'a emprunté aux Monarchies de 1814 et 1830. Les Constitutions qui l'excluent sont les unes royalistes (1791), les autres républicaines (1793, An III), les autres impériales (An VIII, 1852).

451. Ce régime a de nombreux adversaires. Il est attaqué par des arguments de toute espèce.

Les uns le critiquent théoriquement. C'est, disent-ils, une forme hybride, qui ne peut se ramener à une formule simple ni se fonder sur un principe. Le despotisme est défendable ; l'exercice du pouvoir par la nation se comprend encore. Le régime parlementaire est un expédient, il n'est pas un principe. — La critique, semble-t-il, est ici un éloge. Il faut se réjouir que le régime parlementaire ne soit pas un principe, si les principes se réduisent à la tyrannie d'un despote ou d'une Assemblée, ou à l'immense agitation d'une incessante consultation nationale.

On lui reproche encore de violer la séparation des pouvoirs. — On sait ce qu'il faut penser de ce principe. S'il faut juger les théories par les résultats, il sera permis de constater que c'est le régime parlementaire qui a le mieux assuré la liberté et géré les affaires publiques, et que les essais de séparation absolue entre les pouvoirs ont toujours préparé l'anarchie ou le despotisme.

Quelques-uns considèrent le régime parlementaire comme un heureux tempérament du pouvoir royal héréditaire, mais comme une dangereuse anomalie dans un régime républicain. Ici, disent-ils, le chef de l'État étant rééligible est en fait responsable des actes du Gouvernement. Cette responsabilité est suffisante, et elle est assez limitée pour n'avoir pas d'influence fâcheuse sur la marche des affaires publiques. La responsabilité ministérielle est inutile, plutôt même nuisible. Nous connaissons les raisons qui justifient l'irresponsabilité du chef de l'Etat. Il est inutile d'y revenir (n° 410).

452. Enfin et partout on reproche au régime parlementaire les défauts que sa mise en pratique a révélés.

Il réduit le chef de l'Etat à un rôle insignifiant et presque ridicule. — C'est là une erreur trop répandue. La mission d'un chef d'Etat parlementaire est au contraire très délicate. Elle exige des qualités plus rares que les dons brillants qui séduisent les foules. Il y faut un esprit mûr, bien équilibré, impartial, étranger aux passions et aux coteries politiques ; une appréciation fine et sensée des circonstances, de l'opinion publique, des éléments et des chefs réels de la majorité parlementaire ; une autorité morale et persuasive qui puisse au besoin s'imposer aux ministres, au Parlement, au pays ; une grande dignité de caractère et d'existence. Est-on certain de rencontrer souvent une telle réunion de talents et de vertus ? Un tel rôle à coup sûr n'est indigne de personne.

Quant aux ministres, ajoute-t-on, soumis à un contrôle incessant et tracassier, ils n'ont pas le temps de s'occuper des affaires publiques. Souvent, pour garder le pouvoir, ils cèdent aux exigences des représentants et surtout des membres de la majorité qui réservent à leurs amis les faveurs administratives. Il s'établit entre les députés et les ministres un honteux marchandage, un trafic des votes et des consciences, une vénalité qui déconsidèrent le régime. Les ministres qui veulent résister à la contagion sont promptement renversés par les appétits coalisés et remplacés par des hommes plus dociles. S'il n'y a pas vénalité, il y aura du moins les caprices d'une Assemblée mobile qui se fera un jeu de renverser les ministres, sans souci des intérêts de l'Etat. Et ainsi le Gouvernement et les affaires publiques seront à la merci d'une majorité avide, capricieuse, indisciplinée.

Que le régime parlementaire ait produit et puisse encore donner de pareils résultats, on ne le niera pas. Mais ils n'en sont pas la suite nécessaire, ils en sont l'abus et la corruption, ils en sont presque la négation puisqu'ils consistent dans la subordination du Gouvernement aux Chambres. La critique s'adresse plutôt aux hommes qu'à l'institution, aux mœurs politiques qu'aux principes. Moralisons les hommes, réformons les mœurs, ne supprimons pas les institutions.

453. Pratiqué loyalement et honnêtement, le régime parlementaire a des avantages précieux. Il établit l'union et l'accord entre les pouvoirs qu'il associe dans une action commune et prévient un grand nombre de conflits. Si des difficultés s'élèvent, elles seront tranchées par un moyen légal et pacifique, la responsabilité ministérielle, au besoin la dissolution. — Les pouvoirs associés sont par là même mieux limités et soutenus que par une distribution rigoureuse de leurs droits et les coups d'Etat deviennent presque impossibles de part et d'autre. L'opinion publique est en somme souveraine. — La nécessité morale de prendre les ministres dans la majorité parlementaire, outre qu'elle assure et entretient l'accord des pouvoirs, ouvre l'accès du pouvoir aux hommes d'Etat formés par la pratique parlementaire. — D'un autre côté, la loi faite avec le concours du pouvoir exécutif sera meilleure; elle sera proposée au moment opportun; elle sera conforme aux besoins pratiques que l'Exécutif est mieux placé pour connaître, et ne poursuivra pas l'application de chimères théoriques, plus dangereuses peut-être qu'inutiles; elle fera les réformes d'une manière progressive et non pas radicale. L'exécution à son tour sera d'autant plus fidèle et plus intelligente que le Gouvernement aura assisté de plus près au travail législatif, en aura mieux pénétré les intentions et saisi la portée.

On dira sans doute que si le régime parlementaire n'est bon qu'à la condition d'être pratiqué par des sages, il n'est pas meilleur que les autres ; qu'un bon tyran est un bienfait du ciel. Je suis fermement convaincu en effet que les formes politiques valent surtout par ceux qui les appliquent. Mais je crois que le régime parlementaire est le moins exigeant de tous. Il lui suffit d'obtenir par l'élection des intelligences moyennes, des vertus humaines, et en ceci il me paraît répondre aux tendances démocratiques, égalitaires et niveleuses de notre société contemporaine. Les autres régimes ont besoin de talents exceptionnels et de vertus surhumaines. Or les grands hommes sont rares, souvent incomplets, habituellement absolus, d'ailleurs suspects aux démocraties à moins qu'ils n'en soient servilement adorés.

454. L'instabilité ministérielle est le point faible du régime parlementaire. Les ministres changent souvent et les oscillations de la majorité menacent perpétuellement l'existence des cabinets. On a vu qu'il ne faut pas exagérer les inconvénients de la mobilité des ministères (n° 441). Certains souhaitent même, à l'exemple de l'Angleterre, la succession rythmique de deux partis dans le Gouvernement, pour combiner dans la législation et la politique les influences progressistes et les influences conservatrices. L'idée, comme beaucoup d'autres idées anglaises, n'est bonne que pour l'Angleterre, pour un pays où les deux partis s'accordent sur un grand nombre de points essentiels, comme la royauté. Elle est inapplicable dans les pays où il existe une minorité anticonstitutionnelle. On a bien songé à ne tenir aucun compte des votes émis par l'opposition royaliste ; mais on n'a pu se résoudre à violer ouvertement le principe représentatif, à méconnaître les droits d'une fraction importante du pays, et il a fallu reconnaître que la minorité pouvait consolider ou renverser les ministères, créer même, en portant ses voix tantôt dans un sens, tantôt dans l'autre, une perpétuelle et dangereuse instabilité des ministres.

Le mal ne pouvant être atteint dans sa source, on a

cherché des palliatifs. Les uns proposent de supprimer la responsabilité des ministres, ou du moins la solidarité. La réforme n'aurait sans doute pas grande portée, à cause des traditions parlementaires ; on ne peut forcer à rester les ministres qui croient devoir se retirer. — D'autres fixent une durée normale pour les fonctions ministérielles qui ne prendraient fin qu'après une délibération motivée des Chambres, exprimant leur défiance. — Il suffirait sans doute de distinguer entre les ministères. Les uns ont un caractère politique bien net et supportent facilement les changements de titulaires. Les autres, notamment les ministères de la guerre et de la marine, réclament une direction soutenue et durable, l'application prolongée d'idées techniques, souffrent de changements fréquents. Ceux-ci pourraient être soustraits au moins à la solidarité, leurs titulaires ne seraient tenus de se retirer qu'après un vote spécial dirigé contre leurs actes personnels. Le meilleur remède serait dans la sagesse des Chambres.

455. Le régime parlementaire exige que les Chambres et le Gouvernement demeurent respectivement dans leur domaine. C'est y manquer également que de tolérer l'usurpation du Gouvernement et de supporter les empiètements des Chambres. La pratique en est pour cela même assez délicate ; elle demande de bonnes mœurs politiques, de la modération, de la sagesse, de la fermeté chez tous. Il faut constater, à regret, que les usages français de ce temps tendent à s'éloigner de cet idéal. Les Chambres, surtout la Chambre des Députés inclinent à exagérer leurs droits, à abuser de leur pouvoir, à s'occuper de tout, à gêner l'action du Gouvernement dans les questions les plus réservées au pouvoir exécutif.

L'un veut établir auprès du ministre des affaires étrangères un comité parlementaire dont l'avis sera toujours nécessaire, sinon obligatoire. L'autre demande qu'en cas de guerre, un député soit adjoint à chaque corps d'armée pour faire son rapport à la Chambre.

Celui-ci veut établir une commission parlementaire pour surveiller les ordonnateurs des fonds publics; celui-là pour réviser le système de comptabilité du ministère de la guerre; cet autre, pour épurer le personnel des administrations publiques ou pour ouvrir sur les actes des fonctionnaires une enquête tendant à signaler les faits qui méritent un blâme ou une répression. — Encore ne cité-je pas les innombrables questions et interpellations adressées aux ministres.

La tendance est fâcheuse. Si elle s'accentuait, elle pourrait avoir pour effet de dégoûter le peuple de ce faux parlementarisme et de le rejeter vers les aventures et les aventuriers.

456. *Droit comparé.* — Le régime parlementaire existe dans les pays qui reconnaissent la responsabilité des ministres devant les Chambres et qui permettent aux ministres d'être représentants.

Il ne se trouve pas dans les pays où l'existence des Assemblées est due à une concession d'un pouvoir absolu, et à plus forte raison dans les pays où il n'y a pas d'Assemblées.

Il est exclu par les Etats-Unis et les Républiques américaines qui les ont imités, par la Suisse.

L'Angleterre est son berceau et son domaine le plus sûr.

CHAPITRE XXVII

ACTION DES CHAMBRES SUR LE GOUVERNEMENT

457. I. Droit de controle. — Les Chambres contrôlent le pouvoir exécutif dans tous les actes de ses fonctions. Les moyens par lesquels s'exerce ce contrôle sont nombreux et variés. Le plus efficace et le plus sûr consiste dans l'examen détaillé de la loi du budget et de la loi des comptes. Il n'est applicable qu'aux actes qui entraînent une recette ou une dépense ; mais ces actes sont les plus nombreux et les plus importants de tous ceux que peut accomplir le Gouvernement.

Le moyen le plus général et le plus employé consiste dans les questions et les interpellations par lesquelles tout membre peut demander à un ministre des explications sur tel de ses actes ou sur l'ensemble de la politique du Gouvernement.

La *question* est moins solennelle. Elle ne peut être posée et développée qu'avec le consentement du ministre intéressé. Les règlements des Chambres veulent qu'elle soit discutée soit au début, soit à la fin de la séance. Seuls, l'auteur de la question et le ministre questionné peuvent prendre la parole. Aucun vote ne termine le débat.

L'*interpellation* a une portée plus grave. L'usage n'en remonte pas au delà de 1830. Sous la Monarchie de Juillet, elle était soumise à l'autorisation de la Chambre. Le droit d'interpellation supprimé en 1852, fut rétabli avec des restrictions par le D. 19 janvier 1867. Il est aujourd'hui organisé par le règlement intérieur de chaque Chambre.

Tout membre a le droit d'interpeller un ministre. Il dépose une demande écrite. La Chambre, après avoir entendu le membre et le ministre, fixe le jour où l'interpellation devra être discutée; le délai pour les interpellations relatives aux affaires intérieures ne peut excéder un mois. Le ministre ne peut combattre, la Chambre ne peut refuser la mise à l'ordre du jour. Dans la discussion, le ministre peut opposer la question préalable, ou même refuser nettement de répondre (¹). Toute personne peut prendre part au débat, jusqu'à ce que la clôture soit prononcée par la Chambre. Tout membre peut déposer un ordre du jour dont les motifs expriment l'approbation ou le blâme du Gouvernement. La Chambre est appelée à voter sur cet ordre du jour. L'ordre du jour pur et simple, sans motifs et sans opinion formulée, est mis aux voix le premier. Après lui et s'il est repoussé, les ordres du jour sont soumis au vote en suivant l'ordre dans lequel ils ont été déposés.

Le Gouvernement indique souvent qu'il accepte tel ou tel ordre du jour. Le vote des Chambres, exprimant confiance ou méfiance envers le Gouvernement, met en jeu la responsabilité ministérielle (n° 437).

458. Aucune autre règle ne limite l'exercice du droit de question et d'interpellation. Aucune matière n'est soustraite à ce mode de contrôle. L'abus est facile, au grand dommage des travaux parlementaires arrêtés trop souvent et trop longtemps (²); la curiosité des députés peut même créer des dangers publics en soulevant des débats sur des sujets qui exigent le secret ou la prudence. La Chambre a toujours la ressource de la question préalable; le Gouvernement, celle du silence.

L'interpellation et la question ne peuvent jamais être adressées au Président de la République. A son égard, les Chambres n'ont aucun droit positif. On a

(¹) V. un refus au Sénat, le 8 avril 1889.
(²) En 1889, il y a eu à la Chambre 43 questions et 29 interpellations; 8 questions ont été transformées en interpellations.

vu cependant les Chambres se déclarer en permanence pour attendre une communication présidentielle
(n° 378).

459. L'usage veut qu'à chaque séance de l'une et
de l'autre Chambre, le Gouvernement soit réprésenté
par un ou plusieurs ministres. Les Chambres n'ont
pas le droit d'exiger la présence des ministres. Le
D. 30 mai 1848 obligeait la commmission exécutive à
assister à une séance si 40 députés en faisaient la
demande et à donner des explications.

460. Les Chambres reçoivent souvent des communications ministérielles écrites ou orales qui facilitent
leur contrôle. Ainsi certaines négociations diplomatiques, certains rapports sur divers services publics
sont, périodiquement ou suivant les occasions, portés
à la connaissance des membres des Chambres.

Les Chambres n'entendent plus le *discours du
trône* qui résumait l'état général des affaires publiques
et ne votent plus les *adresses* qui répondaient à ce
discours. Les discours et adresses ont été en usage de
1814 à 1848 et du 21 novembre 1860 au 4 septembre
1870. Ils sont suppléés par les questions et interpellations et n'offriraient plus d'utilité. Du reste, aucun
texte ne défend aux Chambres de voter une réponse aux
messages du Président de la République, ne s'oppose
même au rétablissement du discours du Gouvernement
et de l'adresse des Chambres.

461. *Droit comparé.* — Le droit de contrôle sur les
actes du Gouvernement est expressément reconnu en
Autriche; le droit d'interpeller, en Autriche, Danemark, Grèce, Luxembourg, Prusse, République Argentine, Roumanie. En Pays-Bas, il est limité par « l'intérêt et la sûreté du royaume ». En Serbie, les ministres sont tenus de répondre.

L'un et l'autre droits sont généralement exercés
dans les pays qui possèdent le régime parlementaire.

Les Chambres peuvent requérir la présence des
ministres à leurs séances, en Autriche, Bavière, Bel-

gique, Grèce, Luxembourg, Pays-Bas, Roumanie, Serbie.

Le discours du trône et l'adresse existent dans la plupart des pays de royauté. Parfois (Bavière, Saxe, Würtemberg) l'adresse doit être votée par les deux Chambres.

462. II. Droit d'enquête. — Il consiste dans la faculté de solliciter et de recueillir des renseignements sur tel fait, sur telle matière législative. Il n'est pas expressément reconnu par les lois actuelles, mais il a été exercé sans contestation depuis 1814.

En général, il est délégué à une commission chargée de faire un rapport. Cette délégation peut être conférée soit par une loi votée par les deux Chambres, soit par une résolution émanant d'une seule Chambre.

L'enquête ne peut avoir pour but que de renseigner les Chambres et au besoin le public. La commission qui en est chargée ne peut donc accomplir ni un acte législatif (voter une loi), ni un acte administratif (révoquer un fonctionnaire), ni un acte judiciaire (statuer sur une accusation, prononcer une culpabilité ou une innocence, appliquer une peine). De tels actes seraient nuls.

L'enquête se fait par tous les moyens possibles. Si elle sert à préparer une loi, elle peut demander aux particuliers et aux corps spéciaux une opinion exprimée oralement ou par écrit; elle sollicite souvent des réponses à un questionnaire détaillé; elle peut entendre tous ceux qui offrent spontanément leur concours. Les enquêtes ouvertes sur des faits politiques ont pour principal élément les témoignages.

En tous cas on ne confondra pas les enquêtes parlementaires et les enquêtes judiciaires. Pour ces dernières, les témoins sont légalement tenus de comparaître et de déposer sous la sanction d'une peine. Pour les premières, nul n'est obligé en principe d'y venir témoigner. Seulement si l'enquête est prescrite par une loi, celle-ci peut édicter cette obligation et la sanctionner pénalement. C'est ce qui a eu lieu pour l'enquête ordonnée le 26 juin 1848 et pour celles ordonnées les 13 et 16 juin 1871. Il n'en pouvait être ainsi pour une enquête ordonnée par la résolution d'une seule Chambre, alors même que la résolution donnerait à la Commission « les pouvoirs les plus étendus des Commissions d'enquête », pour employer la formule consacrée ([1]). La loi seule peut imposer une obligation aux citoyens et la sanctionner par des peines.

Quant aux fonctionnaires, ils ne sont pas davantage tenus de déposer devant les Commissions parlementaires et de leur communiquer les renseignements qu'ils possèdent à raison de leurs fonctions ; l'opinion contraire a été soutenue, mais non démontrée, notamment quant aux dossiers et documents judiciaires. L'indépendance respective des pouvoirs le veut ainsi. Le Gouvernement, supérieur hiérarchique des fonctionnaires, peut leur enjoindre de déposer ou de s'abstenir ([2]). Sinon, il sont libres.

Droit comparé. — Le droit d'enquête, pratiqué dans tous les pays, est accordé par la Constitution aux deux Chambres en Autriche, en Belgique ([3]), en Prusse, en Roumanie ; à la Chambre unique en Grèce et en Luxembourg ; à la Chambre Basse en Pays-Bas.

463. III. Droit d'accusation et de jugement. — V. nos 352 et s.

([1]) Résolutions votées par la Chambre le 15 novembre 1877 et 5 novembre 1887.
([2]) M. de Broglie déclara au Sénat, le 9 novembre 1877, que le Gouvernement refuserait aux fonctionnaires l'autorisation de déposer.
([3]) La loi du 3 mai 1880 donne à la Commission d'enquête les pouvoirs d'un juge d'instruction.

CHAPITRE XXVIII

ACTION DU GOUVERNEMENT SUR LES CHAMBRES

464. « I. Le Président de la République communique avec les Chambres par des messages qui sont lus à la tribune par un ministre » (L. 16 juillet 1875, art. 4, al. 1). — Ce texte n'autorise que les communications écrites et prescrit l'intervention d'un ministre. Il s'oppose donc implicitement à ce que le chef de l'Etat pénètre dans les Chambres. On sait qu'il y est représenté par les ministres. Il ne peut même pas y entrer pour ouvrir ou clore une session. Aucune sanction n'est prononcée pour le cas où le Président de la République violerait cette règle.

Sur ce point les Constitutions diffèrent sensiblement entre elles. La C. 1793 est la seule qui autorise le pouvoir exécutif à siéger dans l'Assemblée ; elle lui permet même de prendre la parole pour rendre compte de ses actes. — Celle de 1791 donne bien au Roi l'entrée au Corps législatif, mais celui-ci cesse immédiatement de former un corps délibérant et ne peut ni discuter, ni voter. Les communications royales se font par des messages contresignés par un ministre. Le Roi peut ouvrir et clôturer la session par un discours. — Celle de l'An III avait institué des messagers d'Etat chargés de porter aux Conseils les lettres et mémoires du Directoire. — Celles de l'An VIII, de 1848 et 1852, les Chartes, le Scs. de 1870 sont muets, mais en donnant aux ministres ou aux conseillers d'Etat le droit d'entrer et de parler aux Chambres ils excluent virtuellement le chef de l'Etat. Celui-ci ouvre et ferme les sessions en personne. On peut remarquer que d'après les Scs. An X, An XII, 25 décembre 1852, le chef de l'Etat pouvait à son gré présider le Sénat, qui d'ailleurs n'était pas une Chambre Haute. — La L. 31 août 1871 décidait que le Président de la République serait entendu par l'Assemblée toutes les fois qu'il le désirerait, à la condition d'avertir le Président. La L. 13 mars 1873, motivée par le désir de soustraire l'Assemblée à l'influence d'un chef d'Etat trop persuasif, décida que le Président de la République communiquerait avec l'Assemblée par des messages qui, à l'exception de ceux qui ouvriraient les sessions, seraient lus à la tribune par un ministre. Par un message spécial, il pouvait demander à prendre la parole ; il était entendu le lendemain à moins d'un vote spécial ; la discussion était suspendue et ne pouvait être reprise que hors de sa présence. — La loi de 1875 a supprimé l'exception.

465. Le Président de la République peut adresser des messages sur toutes sortes de questions ; en aucun cas il n'est tenu d'en envoyer. La C. An III exigeait un message annuel sur la situation financière et les abus à réformer ; celles de 1848 et de 1852, sur l'état général des affaires publiques. Le discours du trône prononcé par le chef de l'Etat ou en son nom dans la séance d'ouverture de la session répondait au même but.

Les Chambres doivent se borner à donner acte des messages ; elles ne peuvent les discuter, émettre à leur sujet un vote de blâme ou d'approbation. Elles ont seulement le droit, qu'aucun texte ne leur refuse, de discuter et de voter une réponse. Sous les régimes monarchiques, une adresse était votée en réponse au discours du trône.

Les messages n'engagent ni la responsabilité du Président de la République, ni celle des ministres qui se bornent à en donner lecture.

On ne confondra pas les messages émanés du Président de la République avec les communications orales ou écrites émanées des ministres, comme les déclarations faites aux Chambres par chaque ministère nouveau.

466. *Droit comparé.* — Les Constitutions étrangères sont peu explicites. Celles d'Allemagne, Bade,
Bavière, Espagne, Grèce, Norvège, Portugal, Saxe,
Serbie, Würtemberg, autorisent le Roi à ouvrir et
clôturer les sessions en personne ou par délégué. Celle
de Roumanie consacre l'usage des messages. Celles
d'Espagne et de Suède défendent aux Chambres de
délibérer en présence du Roi.

467. II. Les ministres, représentants du Président
de la République, ont entrée et parole dans les deux
Chambres pour y défendre leurs actes et les propositions du Gouvernement (n° 426).

468. III. Le Président de la République a le droit
de demander aux Chambres une deuxième délibération
sur une loi (n° 389).

469. IV. Il a le droit d'ajourner les Chambres
(n° 264).

470. V. « Le Président de la République peut, sur
l'avis conforme du Sénat, dissoudre la Chambre des
Députés avant l'expiration légale de son mandat. En
ce cas, les collèges électoraux sont convoqués pour de
nouvelles élections dans le délai de trois mois » (L. 25
février 1875, art. 5).

Ainsi sont tranchés les conflits élevés entre la Chambre des Députés et le Gouvernement. Ce procédé a été
violemment critiqué comme une atteinte aux droits du
suffrage universel dont la Chambre est l'expression
directe, et une concession trop grande au Gouvernement et au Sénat qui sont issus d'un suffrage indirect.

Il me paraît être un moyen pacifique et parlementaire
de décision, en l'absence duquel la force serait l'unique argument. — Je ne puis voir une violation de la
souveraineté nationale dans l'acte qui lui remet la
décision suprême. En effet, si les élections renvoient
une Chambre semblable à l'Assemblée dissoute, le
Gouvernement sera bien obligé de céder devant cette
manifestation solennelle de l'opinion publique. Si elles
donnent une Chambre nouvelle, il sera évident que

le Gouvernement a obtenu gain de cause devant le pays.

471. L'initiative de la dissolution est réservée au chef de l'Etat. Elle n'appartient ni au Sénat, qui ne donne son avis que sur demande, ni à la Chambre elle-même qui n'a pas voix au chapitre. Par conséquent, la dissolution ne pourrait être employée spontanément par une Assemblée pour trancher les conflits élevés entre une majorité et une minorité à peu près égales numériquement. En 1875, on a vainement proposé de donner à chaque Assemblée le droit de prononcer elle-même sa dissolution.

Le Gouvernement ne peut rien faire sans l'assentiment du Sénat. L'intervention du Sénat a pour but de renforcer l'autorité de l'acte du Gouvernement et de mettre obstacle aux essais de coups d'Etat. — Le Sénat est saisi par un message motivé. Il n'exerce ni un pouvoir propre, ni une attribution législative. — La dissolution est prononcée par un décret qui vise l'avis conforme du Sénat.

La Chambre peut être dissoute même pendant une session de l'Assemblée nationale dont elle fait partie.

La Chambre dissoute cesse d'exister et ne revit en aucune circonstance; si même la présidence de la République vient à vaquer, les élections ont lieu sans délai, l'ancienne Chambre n'est pas rappelée. En ce dernier cas, le Sénat se réunit de plein droit; en règle, il doit cesser de siéger.

472. Les électeurs doivent donc être convoqués pour élire une nouvelle Chambre. Sous l'empire des lois de 1875, on s'est demandé si les élections devaient avoir lieu pendant les trois mois accordés par le texte ci-dessus, ou s'il suffisait que le décret convoquant les électeurs eût paru dans ce délai, les élections pouvant être fixées à une date ultérieure non comprise dans les trois mois. Cette dernière solution, fondée sur la lettre du texte, fut adoptée par le Gouvernement (D. 21 septembre 1877) ([1]). — La première paraissait plus conforme à l'intention des constituants; ils ont voulu sans doute, en fixant un délai, empêcher une interruption du pouvoir législatif, trop longue et abandonnée à l'arbitraire du pouvoir exécutif; or le D. 2 février 1852, qui fixe un délai minimum entre la convocation et l'élection, ne fixe pas le délai maximum, et par suite le décret de convocation rendu le dernier jour du troisième mois pourrait, dans l'opinion combattue, fixer à une date trop éloignée le jour des élections, ce qui est inadmissible.

La question est résolue dans le sens qui vient d'être indiqué par la L. R. 14 août 1884, art. 4: « En ce cas, les collèges électoraux sont réunis pour de nouvelles élections dans le délai de deux mois et la Chambre dans les dix jours qui suivront la clôture des opérations électorales ».

Aucun texte ne prévoit le cas où ces délais ne seraient pas observés par le Gouvernement. On pourrait soutenir que la Chambre dissoute ressuscite.

473. La nouvelle Chambre peut être dissoute à son tour. Le droit de dissolution est illimité, mais on comprend qu'en fait il n'en sera pas abusé. Depuis 1875, une seule dissolution a été prononcée. Dans la révision de 1884, on a proposé de décider que ce droit ne pourrait être exercé qu'une fois. La proposition a été repoussée, comme elle l'avait été en 1875.

474. Il est remarquable que le Sénat ne peut être dissous en aucun cas. On a repoussé sans discussion, en 1875, une proposition qui, sur ce point, l'assimilait à la Chambre. Il en a été de même en 1888.

Cette différence entre les deux Chambres s'explique aisément lorsqu'une seule est élective; appliquée à l'autre, la dissolution est incompréhensible. Lorsque les deux Chambres sont issues de l'élection, comment rendre compte d'une telle différence? Il ne suffit pas

---

([1]) Il convoquait les électeurs pour le 14 octobre, les Chambres pour le 7 novembre. La dissolution datait du 25 juin.

de dire qu'elle fait du Sénat un élément stable et permanent des institutions constitutionnelles. Un Sénat électif et en même temps indissoluble, c'est-à-dire irresponsable, est une anomalie. — La raison m'en paraît être dans une conception plus raffinée du régime parlementaire. Si le Sénat entre en conflit avec l'un des autres pouvoirs, il suffira de dissoudre la Chambre pour donner la parole à la nation, arbitre suprême. La consultation du suffrage restreint qui nomme le Sénat n'aurait pas la même signification et la même force. — La Chambre Haute, il est vrai, peut ou s'obstiner dans une résistance qu'elle sent légalement invincible, ou refuser son consentement à la dissolution, parce qu'elle redoute la consultation nationale. Mais ce sont là des hypothèses extraordinaires. D'ailleurs, le renouvellement partiel du Sénat lui infusera un sang nouveau, à moins qu'il n'y ait un antagonisme irréductible entre le suffrage universel et le suffrage restreint. En des cas pareils, les Constitutions sont impuissantes, la parole est aux révolutions.

475. Les lois de 1875 ne prévoient pas le cas d'une dissolution illégale, c'est-à-dire appliquée au Sénat, ou à la Chambre sans l'avis conforme du Sénat. La L. 15 février 1872, décide qu'en ce cas les représentants restés libres devraient se réunir aux délégués nommés par les conseils généraux et former un Parlement provisoire.

476. Le droit de dissolution est refusé au Gouvernement par les C. 1791, 1793, An III, 1848; celle de l'An VIII est muette; le Scs. An X l'accorde au Sénat sur l'initiative du Gouvernement. Les Chartes, l'Acte Additionnel, la C. 1852, le Scs. 1870 le donnent au chef de l'Etat tout seul. D'après les Chartes, la nouvelle Chambre devait être réunie dans le délai de trois mois; le délai était de six mois d'après la C. 1852 et le Scs. 1870; l'Acte Additionnel voulait que le décret de dissolution convoquât en même temps les électeurs. Le Scs. An X est muet. Le droit de dissolution a été souvent exercé entre 1814 et 1870.   12*

477. *Droit comparé.* — Le droit existe : à l'égard de la Chambre unique en Grèce, en Luxembourg, en Serbie; de la Chambre Basse seulement en Autriche, Allemagne, Bavière, Italie, Prusse, Saxe, Würtemberg; des deux Chambres ensemble ou séparément en Bade, Belgique, Danemark, Espagne, Pays-Bas, Roumanie, Suède, Portugal.

Il est en général exercé librement; en Allemagne, la dissolution du Reichstag ne peut être prononcée que par le Conseil fédéral d'accord avec l'Empereur. À Haïti, elle exige l'assentiment du Sénat, à la majorité des deux tiers. En Serbie, le décret de dissolution doit être signé par tous les ministres.

Le délai pour les nouvelles élections est de deux mois en Danemark, Belgique, Pays-Bas; de trois mois en Bade, Bavière, Espagne, Luxembourg; de quatre en Italie; de six en Saxe, Serbie, Würtemberg. Il y a encore plus de précision : en Allemagne, Prusse, Serbie, Roumanie, les élections doivent avoir lieu dans les deux mois, la réunion de la Chambre nouvelle dans les trois mois de la dissolution ; en Belgique et en Pays-Bas, les élections doivent avoir lieu dans les quarante jours, la réunion dans les deux mois. En Grèce, en Roumanie, en Pays-Bas, en Belgique, le décret de dissolution doit convoquer les électeurs. En Portugal, Hongrie, Suède, Bavière, Espagne, Grèce, la nouvelle assemblée doit être réunie dans les trois mois.

Aux Etats-Unis, en Suisse, le droit de dissolution n'existe pas. Dans le canton d'Argovie, la dissolution peut être exigée par 2,000 citoyens.

La dissolution d'une Chambre entraîne en général suspension des séances de l'autre. Les Constitutions des Pays-Bas, de Prusse le disent expressément.

LIVRE VI

Les Tribunaux.

CHAPITRE XXIX

DE L'AUTORITÉ JUDICIAIRE EN GÉNÉRAL

478. I. RÔLE DE L'AUTORITÉ JUDICIAIRE. — ARBI-
TRAGE. — L'autorité judiciaire a pour mission de donner la solution obligatoire des difficultés juridiques
que soulève l'application des lois. Elle est instituée
pour maintenir l'ordre social en tranchant pacifique-
ment et souverainement les conflits d'intérêts, qui
sans elle se résoudraient par la force.

Cette notion large embrasse la justice judiciaire et
la justice administrative (n° 502). L'autorité judiciaire
entendue strictement ne comprend que la justice judiciaire.

479. L'autorité judiciaire, on l'a vu, est une branche du pouvoir exécutif. Elle appartient aujourd'hui
au peuple; la justice est rendue au nom du peuple
français. Le principe est formulé par les seules C.
1791 et 1848 ; il inspire toutes les C. républicaines.
Les régimes de royauté ou d'empire professent, comme
le disent les Chartes, que toute justice émane du chef
de l'Etat.

480. L'autorité judiciaire, comparée aux autres
pouvoirs sociaux et au pouvoir exécutif notamment,
offre quelques caractères propres.

1° elle n'agit jamais spontanément; elle ne peut

intervenir que si elle est saisie par l'une au moins des personnes intéressées dans la difficulté ;

2° elle ne peut, sans commettre un excès de pouvoir, statuer que sur les questions qui lui sont soumises ;

3° elle ne peut qu'appliquer les lois aux cas qu'elle examine ; elle ne peut prendre aucune mesure d'ordre législatif ou exécutif. Ceci pourtant ne doit pas être exagéré. La loi elle-même autorise assez souvent les tribunaux à prendre des décisions qui sont étrangères à toute difficulté ; elle délègue aux juges certaines des attributions de protection ou de surveillance que l'Etat possède à l'égard des individus et des groupes d'intérêts ou d'individus (tutelle, etc.) ;

4° elle est toute déléguée. Le chef de l'Etat ne participe jamais à son exercice. La L. 24 mai 1872, en donnant au Conseil d'Etat un pouvoir propre, a supprimé la dernière exception à cette règle.

481. Son intervention, dans la plupart des cas, n'est pas indispensable. Les plaideurs peuvent, au lieu d'en référer aux tribunaux établis, remettre la décision de leurs différends à des arbitres de leur choix, à des particuliers désignés par eux librement et d'un commun accord.

Le droit de constituer des arbitres a été pendant quelque temps garanti constitutionnellement. La loi du 24 août 1790 disait : « L'arbitrage étant le moyen le plus raisonnable de terminer les contestations entre les citoyens, les législatures ne pourront faire aucune disposition qui tendrait à diminuer soit la faveur, soit l'efficacité des compromis ». Elle en concluait que des arbitres pourraient être constitués en toute matière d'intérêt privé, que les sentences des arbitres seraient exécutoires en vertu d'une simple ordonnance du président du tribunal du district et insusceptibles d'appel, à moins que les plaideurs n'eussent expressément réservé ce droit. La C. 1791 déclare à son tour : « Le droit des citoyens de terminer définitivement leurs contestations par la voie de l'arbitrage ne peut recevoir aucune atteinte par les actes du pouvoir législatif. La C. 1793 copie presque textuellement la loi de 1790 : elle donne aux juges le nom d'arbitres publics. La C. An III est semblable.

La règle cesse d'être constitutionnelle en l'An VIII. Elle est seulement consacrée par la L. 27 ventôse An VIII, et elle se retrouve, avec le même caractère législatif, dans le C. pr. civ. Il ne m'appartient pas de l'expliquer dans ses détails. Je remarque seulement que le droit de constituer des arbitres est soumis à des règles très précises, qu'il est écarté en certaines matières, que l'appel est possible en général, à moins d'une renonciation expresse des plaideurs (art. 1003 et s. C. pr. civ.).

482. L'arbitrage, licite le plus souvent, n'est obligatoire en aucun cas. Il était obligatoire entre parents d'après la loi du 24 août 1790. La Convention avait exclu l'action en justice et prescrit l'arbitrage en divers cas (L. 10 juin et 2 octobre 1793 ; 12 brumaire, 10 frimaire, 17 nivôse An II). La L. 9 ventôse An IV supprima l'obligation dans tous les cas, sauf en matière de société commerciale. La dernière exception, conservée par le C. Co. (art. 51), a été supprimée par la L. 17 juillet 1856. — Avec la L. 27 ventôse An VIII ont commencé les restrictions. Elles sont motivées d'une part par la confiance qu'inspirent à la loi les tribunaux qu'elle organise, d'autre part par la nécessité d'assurer, grâce à ces tribunaux, le contrôle de l'Etat sur les procès soulevés en des matières qui intéressent l'ordre public ou les intérêts généraux de la société.

L'idée de l'arbitrage obligatoire a encore ses défenseurs, notamment pour les rapports entre patrons et ouvriers. Elle me paraît d'une application difficile. Il vaudrait mieux, tout en désirant l'extension de l'arbitrage qui évite les frais, les lenteurs, les conflits d'une action en justice, tout en facilitant et en recommandant son usage en certains cas, le laisser facultatif. L'obligation a quelque chose d'excessif; elle pourrait se réduire à une formalité ou même envenimer les querelles.

Droit comparé. — L'arbitrage est généralement autorisé. — Il est obligatoire entre patrons et ouvriers en Autriche et en Hongrie.

483. II. Séparation de l'autorité judiciaire et du pouvoir législatif. — « Il n'y a point encore de liberté, si la puissance de juger n'est pas séparée de la puissance législative et de l'exécutrice. Si elle était jointe à la puissance législative, le pouvoir sur la vie et la liberté des citoyens serait arbitraire; car le juge serait législateur » (Montesquieu, *Esprit des Lois*, XI, 6). La liberté des citoyens n'est assurée que si le juge est tenu d'appliquer une loi qu'il n'a pas faite, et si le législateur ne peut appliquer la loi qu'il fait. S'il en était autrement, la loi pourrait être faite ou modifiée pour chaque procès, selon le caprice, l'intérêt, la passion de celui qui serait en même temps législateur et juge.

Il résulte de ces motifs que la séparation de l'autorité judiciaire et du pouvoir législatif présente deux sens qui se complètent l'un l'autre et donne deux séries de conséquences.

484. A. *D'abord, l'autorité judiciaire ne peut usurper, sous aucune forme ni aucun prétexte, une attribution du pouvoir législatif.* — Le principe est posé en termes généraux et très précis par la L. 24 août 1790 : « Les tribunaux ne peuvent prendre ni directement ni indirectement aucune part à l'exercice du pouvoir législatif, ni empêcher ou suspendre l'exécution des décrets du Corps législatif sanctionnés par le Roi, à peine de forfaiture ». On trouve des formules analogues dans la C. 1791 : « Les tribunaux ne peuvent ni s'immiscer dans l'exercice du pouvoir législatif ou suspendre l'exécution des lois ni... », dans celle de l'An III : « Les juges ne peuvent s'immiscer dans l'exercice du pouvoir législatif ni faire aucun règlement. Ils ne peuvent arrêter ou suspendre l'exécution d'aucune loi ». Le principe n'est pas rapporté dans les lois de 1875; il n'en est pas moins considéré en général comme une des bases de notre régime actuel. L'art. 127-1° C. P. le consacre d'ailleurs implicitement en formulant sa sanction. Le juge qui empiète sur le pouvoir législatif commet le crime de forfaiture et est puni de la dégradation civique.

Les textes qui viennent d'être cités ne concernent que la justice judiciaire. Mais il n'est pas douteux que le principe, sauf la sanction, s'applique également à la justice administrative.

485. Voici maintenant les principales conséquences du principe :

1° « Il est défendu aux juges de prononcer par voie de disposition générale et réglementaire, sur les causes qui leur sont soumises » (C. c. 5). En d'autres termes, les décisions judiciaires ne peuvent viser que le procès qu'elles terminent et ne peuvent énoncer une règle applicable aux procès à venir. Le texte cité a pour but de proscrire les arrêts de règlement par lesquels les Parlements de l'Ancien Régime, allant au delà des besoins d'une cause, donnaient sur une question de droit une solution applicable dans l'avenir et obligatoire pour le ressort du Parlement qui l'avait rendue. — Ces arrêts sont prohibés et toute décision de ce genre devrait être annulée par la cour de cassation. C'est pour ce motif qu'ont été cassés des arrêts qui organisaient des procédures spéciales; ou qui contenaient des ordres ou des défenses étrangères à la décision elle-même et adressés aux particuliers : interdiction d'exercer telle profession, de vendre ses biens aux enchères, etc. — Les tribunaux peuvent valablement prendre des règlements d'ordre intérieur, qui ne s'adressent pas aux justiciables et ne règlent aucun point de droit. — Il y a des difficultés sur quelques matières spéciales; par exemple on conteste la validité des décisions par lesquelles certains tribunaux de commerce ont créé et organisé des agréés (n° 613).

2° Les tribunaux ne peuvent arrêter ou suspendre l'exécution d'une loi (C. P. 127-1°). Cette disposition, qui avait pour but de supprimer radicalement les remontrances et le refus d'enregistrer (L. 9 nov. 1789, 24 août 1790) que les anciens Parlements avaient souvent opposés aux ordonnances royales, est aujourd'hui sans application, grâce aux mœurs judiciaires actuelles.

486. 3° Ils ne peuvent refuser d'appliquer une loi promulguée, soit qu'ils invoquent des motifs de doctrine ou d'équité, soit qu'ils se fondent sur des irrégularités commises dans la confection de la loi, ou même sur une violation de la Constitution. — Sur ce dernier point, la solution, qui n'est guère douteuse légalement, est très vivement critiquée en elle-même. Ses défenseurs la considèrent comme une conséquence logique du principe, comme une barrière qui contient l'autorité judiciaire dans ses attributions, et sans laquelle mille prétextes seraient bien vite trouvés pour s'opposer à l'application d'une loi. — Ces arguments me paraissent faibles. L'inconvénient signalé ne saurait être bien grave, puisque les juges ne statuent jamais sans être sollicités par un particulier et que leurs décisions n'ont pas une portée générale. L'autorité judiciaire resterait dans ses attributions, car il s'agit d'une contestation soulevée par l'application d'une loi. Elle est chargée de faire respecter et exécuter les lois ; or la Constitution est la première et la plus importante des lois, elle serait violée par l'application d'une loi inconstitutionnelle. En refusant l'application d'un texte contraire à la Constitution les juges ne violent aucune loi ; une loi inconstitutionnelle n'est pas une loi. De même que les actes administratifs ne sont obligatoires pour les tribunaux que s'ils sont légalement faits (n° 492), de même les lois ne sont obligatoires que si elles sont constitutionnellement faites. Au point de vue pratique, la solution que j'appuie aurait l'avantage de mettre un frein à l'omnipotence législative. Elle rappellerait aux Chambres que leur autorité a des bornes.

Ce contrôle, exercé par des jurisconsultes impartiaux, serait préférable à celui que certaines Constitutions avaient confié à un Sénat conservateur de la Constitution qui ne pouvait être qu'inutile s'il était servile, ou brouillon s'il était indépendant, et qui en fait a toléré toutes les violations de la loi constitutionnelle.

Quelques législations, celles des Etats-Unis, de plusieurs Républiques américaines, du canton d'Uri notamment, reconnaissent à l'autorité judiciaire le droit de rejeter les lois inconstitutionnelles. La pratique a été favorable à ce système. Elle n'a pas compromis la liberté des citoyens ni l'indépendance du Parlement. Elle a protégé celle-là en contenant celle-ci dans ses bornes exactes.

Le droit réclamé pour l'autorité judiciaire suppose une Constitution qui garantisse expressément certains droits aux particuliers et fixe nettement les attributions du pouvoir législatif. La C. An III se remettait en dépôt à la « fidélité des juges ».

487. B. *En second lieu, le pouvoir législatif ne doit exercer aucune attribution judiciaire.* « Le pouvoir judiciaire ne pourra en aucun cas être exercé par le Roi, ni par le Corps législatif » (L. 3 novembre 1789, art. 19. Cf. C. 1791, C. An III). Le principe n'est pas contesté, quoiqu'il ne soit confirmé par aucun texte actuellement en vigueur. Mais il n'a aucune sanction et rien ne s'oppose légalement à ce que les Chambres se mêlent de la justice ; aucune pénalité n'est encourue.

Voici les conséquences :

1° Les Chambres ne peuvent s'attribuer la connaissance d'un procès, quel qu'il soit. A cette règle, les lois de 1875 apportent des exceptions. Nous avons vu la Chambre des Députés investie en certains cas du droit d'accusation et le Sénat siégeant comme Haute-Cour de justice (n°s 353 et s.) ([1]) ;

2° elles ne peuvent, au cours d'un procès, prendre une décision dictant aux juges une sentence ;

3° elles ne peuvent dessaisir d'un procès un tribunal compétent. Il en est autrement lorsqu'une juridiction est supprimée par une loi d'organisation judiciaire ;

4° elles ne peuvent réviser ou réformer un jugement rendu, ni en suspendre l'exécution.

Telles sont les solutions juridiques. Elles peuvent être sensiblement modifiées par une loi nouvelle déclarée rétroactive (n° 323), donc applicable aux procès pendants ou même déjà jugés dont la solution sera ainsi modifiée.

488. Il est une importante matière que la loi constitutionnelle abandonne aux Chambres et que beaucoup d'auteurs revendiquent pour l'autorité judiciaire : la vérification des pouvoirs des députés et sénateurs.

Cette opération soulève en effet des questions d'ordre purement judiciaire. Il s'agit dans tous les cas de savoir si la loi a été appliquée et cette recherche implique souvent la solution de questions juridiques délicates. L'électorat et l'éligibilité notamment dépendent de questions de nationalité, d'état civil, d'incapacités civiles ou criminelles, qui, en toute matière sauf la vérification des pouvoirs, sont du domaine judiciaire. En les résolvant, le pouvoir législatif empiète sur l'autorité judiciaire. On en peut dire autant pour les formalités auxquelles la loi soumet les élections.—Restent les questions de corruption électorale. Or il est regrettable que la loi ne spécifie pas les faits de corruption susceptibles de vicier une élection, et c'est aggraver

([1]) Il arrive aussi parfois que les Chambres exercent elles-mêmes ou par délégation des attributions judiciaires : ainsi la commission parlementaire créée pour la révision des grades conférés pendant la guerre (L. 8 août 1871) et dont les décisions ont été reconnues inattaquables par le Conseil d'Etat (15 novembre 1872).

l'inconvénient que d'en remettre l'appréciation aux Chambres elles-mêmes. L'appréciation serait mieux faite par les tribunaux qui appliquent des peines aux délits électoraux. — Les décisions des Chambres n'ont pas besoin d'être motivées. Celles des tribunaux doivent indiquer leurs motifs. Autre garantie.

Les conséquences pratiques seraient excellentes. Confiée aux Chambres, la vérification des pouvoirs est une arme de parti. La majorité, toute chaude de la lutte, statue sur les élections des amis et des ennemis; elle est trop portée à valider aveuglément ceux-là, à invalider obstinément ceux-ci. Elle juge avec ses passions surexcitées et ses intérêts. A vrai dire, elle est, dans cette cause, juge et partie et comme les différents partis politiques en usent de même lorsqu'ils disposent de la majorité, l'opinion publique s'habitue à cette pratique démoralisante.

489. On objecte que le Parlement serait à la discrétion de la magistrature. — En quoi et comment ? L'élection annulée comme irrégulière ne sera pas refaite par les Tribunaux; le dernier mot appartiendra toujours aux électeurs.

Mais, dit-on, les représentants directs du peuple souverain ne sauraient être à la merci des magistrats, qui doivent leurs sièges à la nomination par le chef de l'Etat. — C'est le peuple qui est souverain et non ses représentants. Or, la souveraineté populaire est plus blessée par des validations ou invalidations dictées par l'esprit de parti et dirigées contre l'expression vraie des votes, que par des décisions judiciaires qui appliquent la loi dans sa sereine impartialité. A supposer que le représentant du peuple mérite les égards respectueux dus à la souveraineté nationale, encore faut-il que légalement il soit un représentant du peuple; or, c'est cela précisément qui est en question. Je ne puis d'ailleurs arriver à comprendre en quoi un être quelconque peut se sentir atteint dans sa dignité, quand il s'agit de lui appliquer la loi. La loi est l'expression (non douteuse, elle) de la souveraineté nationale. Elle plane au-dessus des querelles de partis et des amours-propres de personnes. Appliquer la loi même au préjudice de députés douteux, c'est, en assurant la liberté des électeurs, respecter la souveraineté nationale dans son expression la plus certaine et la plus pure.

On objecte encore que la justice ne gagnera rien à être mêlée aux luttes politiques. — Son intervention est réclamée précisément pour enlever à une opération judiciaire le caractère d'une lutte. Les tribunaux, qui jugent souvent des procès où la politique est en cause, sauront se garder de son influence.

490. A ces arguments théoriques viennent s'ajouter des considérations tirées des faits. La L. 10 août 1871 donnait aux conseils généraux la vérification des pouvoirs de leurs membres. L'abus qu'ils firent de cette attribution l'a fait transporter au Conseil d'Etat (L. 31 juillet 1875).

Plusieurs nations étrangères ont confié cette attribution à l'autorité judiciaire. Notamment :

1° l'Angleterre. — En 1868, la vérification des pouvoirs a été confiée à un juge tiré de la Cour des plaids communs. Depuis 1879, il y a trois juges. — Cette décision a été heureusement complétée par des lois relatives à la corruption électorale, qui précisent les délits et les vices de l'élection ;

2° le Canada. L'acte du 26 mai 1874 a adopté, dans ses lignes générales, le système anglais ;

3° la Bulgarie. Les députés non contestés siègent sans vérification, la Cour de cassation statue sur les élections contestées.

On rapprochera de ce système celui :

1° des Etats-Unis. Les juges fédéraux désignent deux inspecteurs des élections. Si une élection est contestée, un officier public est chargé de l'enquête. Chaque Etat est autorisé à créer un Tribunal pour vérifier les élections en vue de la nomination du Président et du Vice-Président de l'Union ;

2° de la Grèce. Un magistrat assiste à chaque élection et peut procéder à l'instruction sur les délits électoraux. Ces magistrats sont surveillés par deux inspecteurs pris dans la Cour d'appel par la Cour de cassation ;

3° du Portugal. Quinze députés vérifiés peuvent exiger qu'une élection contestée soit examinée par des juges tirés au sort.

On voit que l'idée qui vient d'être défendue n'est pas impraticable. Bien des systèmes ont été proposés pour l'appliquer en France. On pourrait par exemple, admettre sans débat les élections contre lesquelles aucune protestation ne serait produite pendant un délai déterminé. Les élections contestées seraient examinées par la Cour de cassation, plus étrangère encore que la Cour d'appel aux passions politiques et aux querelles locales.

491. III. SÉPARATION DE L'AUTORITÉ JUDICIAIRE ET DU POUVOIR EXÉCUTIF. — « Si elle était jointe à la puissance exécutrice, le juge pourrait avoir la force d'un oppresseur » (Montesquieu, *Esprit des Lois*, XI, 6). On ne saurait confier aux mêmes mains et l'exécution des lois et la décision des difficultés que soulève cette exécution. La même autorité serait souvent juge et partie dans la même cause.

Cette séparation offre également deux sens.

492. A. *L'autorité judiciaire ne peut empiéter sur les droits et les attributions du pouvoir exécutif.* « Les fonctions judiciaires sont distinctes et demeureront toujours séparées des fonctions administratives. Les juges ne pourront, à peine de forfaiture, troubler de quelque manière que ce soit les opérations des corps administratifs, ni citer devant eux les administrateurs pour raison de leurs fonctions » (L. 22 déc. 1789, sect. III, art. 7 ; 24 août 1790, tit. II, art. 13). Le même principe est consacré par les C. 1791, tit. III, et An III. Actuellement le C. P., art. 127-2°, formule la même règle et édicte la même sanction. — Ces textes ne sont relatifs qu'aux tribunaux judiciaires; mais le principe est certainement vrai pour la justice administrative, sauf la sanction pénale et sous réserve de ce qui sera dit plus bas.

Il en résulte que les tribunaux ne peuvent :

1° prescrire les mesures qu'il appartient au Gouvernement ou à l'Administration de prendre; par exemple des mesures de police, autoriser un changement de nom. Il n'y a que de rares et insignifiantes difficultés. Les tribunaux administratifs et même judiciaires possèdent des attributions consultatives ou de tutelle.

2° interpréter, annuler ou suspendre un acte de Gouvernement ou d'Administration.

Ceci ne s'applique strictement qu'aux tribunaux judiciaires. Les tribunaux administratifs ont le droit d'interpréter les contrats administratifs; ils peuvent en certains cas (n°s 509 et s.) interpréter et annuler les actes administratifs.

La prohibition ne les vise donc que partiellement. Même à l'égard des tribunaux judiciaires, elle n'est pas absolue. Elle ne s'applique pas aux actes étrangers à l'exercice de la puissance publique, notamment aux contrats consentis par un ministre ou un préfet au nom de l'Etat ou du département; de tels contrats sont assimilés en général à ceux que passent les particuliers et les tribunaux judiciaires peuvent les interpréter ou les annuler. Quelques textes limitent formellement la prohibition : la L. 3 mai 1841 permet de vérifier la légalité de divers actes relatifs à l'expropriation pour cause d'utilité publique; le C. P. 475-15° punit d'une amende la contravention aux *règlements légalement faits;* le tribunal chargé d'infliger l'amende a donc le droit de vérifier si le règlement est légalement fait (¹).

(¹) En Autriche, les tribunaux jugent la validité des ordonnances; en Prusse, la question ne peut être portée qu'aux Chambres.

Enfin les tribunaux judiciaires peuvent contrôler les actes de nature judiciaire que divers textes permettent aux administrateurs, par exemple une saisie opérée par un préfet en vertu de l'art. 10 C. I. Cr. (Trib. conflits, 25 mars 1889).

La sanction de la règle à l'égard des tribunaux judiciaires consiste d'abord dans la peine de la dégradation civique (C. P. 127-2°), puis dans le droit d'élever le conflit qui appartient aux administrateurs. Quant aux tribunaux administratifs, la sanction ne peut être que disciplinaire.

493. A ces conséquences, il fallait jadis ajouter une règle qui, formulée avec quelques variantes par la L. 24 août 1890, les C. 1791 et An III, avait trouvé dans la C. An VIII son expression définitive : « Les agents du Gouvernement autres que les ministres ne peuvent être poursuivis pour faits relatifs à leurs fonctions qu'en vertu d'une décision du Conseil d'Etat » (art. 75). Ce texte n'ayant jamais été abrogé expressément était considéré comme applicable dans tous les régimes. Sa portée exacte était douteuse. Etendue par certaines lois à diverses catégories de fonctionnaires, elle était contestée pour d'autres catégories. Ces difficultés ne nous arrêteront pas. L'art. 75 C. An VIII a été abrogé par le D. 19 septembre 1870.

La *garantie administrative* avait dès longtemps ses partisans et ses adversaires. Ceux-ci disaient, non sans raison, qu'elle constituait pour les fonctionnaires un privilège excessif; qu'elle enlevait à l'autorité judiciaire la connaissance de procès civils ou criminels qui lui appartenaient de droit, et constituait ainsi un empiètement sur les domaines de cette autorité; enfin et surtout qu'elle privait les citoyens de toute ressource contre les abus du pouvoir, car l'Administration ne livrerait jamais ses agents, surtout s'ils étaient coupables.

Ses partisans disaient qu'elle avait pour but de protéger l'exercice du pouvoir, non ses abus; la distinction était captieuse et l'Administration réclamait le droit de l'appliquer; — qu'elle empêchait simplement les tribunaux judiciaires de connaître des actes administratifs; elle les empêchait aussi de connaître d'affaires criminelles et civiles; — qu'elle donnait au fonctionnaire la sécurité nécessaire pour faire son devoir; s'il avait fait son devoir, que pouvait-il craindre des tribunaux? — que le fonctionnaire inférieur doit pouvoir être défendu par son supérieur; ceci est une règle facile à appliquer devant les tribunaux judiciaires (¹).

494. L'application du D. 19 septembre 1870 soulève de graves difficultés. Il abroge, outre l'art. 75 précité, « toutes les autres dispositions des lois générales ou spéciales ayant pour but d'entraver les poursuites dirigées contre les fonctionnaires publics de tout ordre ». On s'est demandé si cette abrogation supprime simplement la nécessité d'une autorisation du Conseil d'Etat, ou si, chose bien plus grave, les tribunaux peuvent apprécier le fond même des actes incriminés.

Le Tribunal des conflits (nᵒˢ 518 et s.) juge constamment que la nécessité de l'autorisation a été seule supprimée, et que la compétence n'a pas été modifiée. Il fait cependant une distinction.

Les tribunaux judiciaires peuvent apprécier les actes quand ils n'engagent que la personnalité du fonctionnaire, non quand ils engagent la puissance publique. Par exemple ils peuvent apprécier : les actes d'un ingénieur qui, dans l'exécution d'un travail public, a commis une négligence dommageable pour un particulier (arrêt du 7 juin 1873), l'acte d'un agent des postes et télégraphes, qui a omis de remettre une lettre ou un télégramme (4 juillet 1874); — mais non pas : les mesures prises par un préfet relativement au

---

(¹) Entre 1832 et 1835, divers projets furent proposés, supprimant la garantie administrative et organisant une prise à partie. Les Chambres préférèrent la garantie.

colportage des journaux (9 décembre 1877), la suppression d'un journal par le général commandant pendant l'état de siège (28 novembre 1877), la diffamation commise par la voie du *Bulletin des Communes* (29 décembre 1877), etc.

Les actes où la puissance publique est engagée ne peuvent être déférés aux tribunaux judiciaires qu'après leur annulation, dans les cas légaux, par les tribunaux administratifs. Même annulés, ils ne peuvent être le principe d'une condamnation s'ils visent l'intérêt public (5 mai 1877).

Le principal, l'unique argument de ce système, c'est le texte littéral de la loi qui abroge des textes, mais ne donne pas le droit d'examiner le fond des actes administratifs.

495. La jurisprudence de la Cour de cassation est en sens contraire. Elle admet que les tribunaux ont le droit d'examiner le fond des actes administratifs qui leur sont déférés comme constituant un délit ou comme ayant causé un dommage. Pour prendre un exemple saillant, elle a admis que les tribunaux judiciaires pouvaient trouver dans le texte d'un arrêté préfectoral les éléments d'un délit de diffamation (23 janvier 1873) [1].

La Cour s'appuie, pour décider ainsi, sur le texte même du décret de 1870. Ce décret supprime « toute entrave » aux poursuites dirigées contre les fonctionnaires. Or, n'est-ce pas une entrave que la défense d'apprécier les actes des fonctionnaires ? — L'esprit qui a dicté le décret milite dans le même sens. On a évidemment cherché à faciliter l'action des particuliers contre les fonctionnaires. Or le système du Tribunal des conflits est loin de répondre à ce but. S'il s'agit d'apprécier la légalité d'un acte administratif soutenue par le fonctionnaire et contestée par le particulier, et

[1] Le Conseil d'État a rendu un arrêt dans le même sens le 7 mai 1871.

qu'on doive surseoir jusqu'à ce que le Conseil d'Etat ait statué sur ce point, on en revient au système suivi avant 1870, avec cette différence, légère en droit, nulle en fait, que le Conseil d'Etat vérifie la légalité d'un acte au lieu de statuer sur une autorisation de poursuites. S'il s'agit d'interpréter un acte administratif et que les tribunaux soient incompétents, le résultat sera bien pire ; l'interprétation ne pourra être donnée que par le fonctionnaire poursuivi ou son supérieur hiérarchique. Ainsi dans le système du Tribunal des conflits, le décret de 1870 serait ou une inutilité ou une aggravation du régime antérieur. Cela est inadmissible. —'Avant 1870, la nécessité d'autorisation avait été supprimée en certains cas comme lorsqu'une contribution directe avait été illégalement perçue ; or, dans ces cas exceptionnels, tout le monde admettait le droit d'appréciation des tribunaux. Ce qui était l'exception avant 1870 est devenu la règle ; pourquoi n'admet-on pas pour la règle ce qu'on admettait pour l'exception ?

Ces raisons sont fortes, décisives même à mon avis. L'unique argument tiré du texte ne résiste pas à l'examen des précédents et des intentions du législateur. On peut ajouter que la distinction admise par le Tribunal des conflits n'est pas consacrée par le texte qu'il invoque et qu'il viole ainsi, quoi qu'il en ait. Cette distinction au reste est très douteuse, presque arbitraire. Quel critérium permettra-t-il de distinguer les deux catégories d'actes ?

496. On a proposé d'autres distinctions.

D'après quelques-uns, les actes accomplis dans l'exercice même des fonctions publiques échapperaient à l'examen des tribunaux ; ceux accomplis à l'occasion seulement des fonctions y seraient soumis. — La distinction n'est pas dans la loi et elle est assez subtile. Elle laisserait en fait une portée insignifiante au décret de 1870. Dès avant 1870, il était douteux que les actes de la seconde catégorie rendissent nécessaire l'autorisation du Conseil d'Etat.

D'après d'autres, les actes contenant excès de pouvoir pourraient être appréciés par les tribunaux, non pas les actes accomplis dans les limites des fonctions. — Les recours pour excès de pouvoir sont jugés par le Conseil d'Etat, on reviendrait ainsi au régime antérieur à 1870.

497. Depuis 1870, diverses propositions ont eu pour but de préciser le sens du texte qui vient d'être étudié, d'augmenter même les garanties qu'il accorde aux particuliers contre les abus des fonctionnaires. L'une veut que l'action portée devant les tribunaux civils à raison d'un acte administratif illégal ou arbitraire soit suspendue jusqu'à ce que la section contentieuse du Conseil d'Etat ait statué : 1° sur le caractère administratif de l'acte ; 2° sur l'illégalité ou l'arbitraire. Si la solution est négative sur le premier point, ou affirmative sur les deux, le tribunal civil restera saisi. Si la solution est affirmative sur le premier point, négative sur le second, l'action s'arrêtera. — L'autre donne compétence au tribunal civil pour juger les actions fondées sur l'art. 1382 du Code civil, apprécier s'il y a faute ou abus de pouvoir, et pour condamner aux dommages-intérêts le fonctionnaire ou, si l'Administration revendique la responsabilité de l'acte, l'Etat. — Une troisième veut rendre le conflit impossible lorsque l'action en dommages-intérêts est fondée sur un attentat à la liberté ou un abus de pouvoir (C. P. art. 114 à 122, art. 284), et lorsque l'action est criminelle ou correctionnelle. L'ordre de l'autorité supérieure ne pourrait dégager le fonctionnaire poursuivi, mais le supérieur pourrait se substituer à lui.

498. La question qui vient d'être examinée n'est pas la seule difficulté à laquelle ait donné lieu le décret de 1870. On s'est demandé encore à quels fonctionnaires il devait s'appliquer. L'examen de ces questions m'entraînerait trop loin. Il me suffit d'en avoir signalé l'existence.

499. Le même décret ajoutait qu'il serait ultérieurement statué sur les peines civiles à édicter contre les poursuites téméraires. Cette promesse n'a pas été tenue. Le rapport fait à l'Assemblée nationale sur les actes du Gouvernement de la Défense nationale conclut à ne pas faire la loi annoncée.

500. *Droit comparé.* — Plusieurs Constitutions étrangères laissent libres les poursuites contre les fonctionnaires : Belgique, Prusse, Roumanie, Würtemberg. D'autres admettent la nécessité d'une autorisation soit en principe (Bade, Serbie), soit en certains cas (Espagne, Saxe). — La loi autrichienne réserve à une juridiction spéciale la connaissance de tels procès.

501. B. *Le pouvoir exécutif doit rester étranger à l'administration de la justice.* — Cette seconde face du principe est plus importante que la première. « L'intervention de la justice dans l'administration, dit Tocqueville, ne nuit qu'aux affaires, tandis que l'intervention de l'administration dans la justice déprave les hommes et tend à les rendre tout à la fois révolutionnaires et serviles ».

Il résulte notamment :

1° que les fonctionnaires de tout ordre ne peuvent prendre part à aucun jugement. La règle subit de nombreuses et importantes exceptions. Les ministres, les préfets, les maires ont des attributions judiciaires. Le garde des sceaux peut présider le tribunal des conflits (L. 24 mai 1872, art. 23) et même, d'après plusieurs auteurs, la Cour de cassation siégeant comme juridiction disciplinaire (L. 20 avril 1810, art. 59) (¹). Le préfet préside le conseil de préfecture ; il est officier de police judiciaire (C. I. Cr. 10). — Quant au chef de l'Etat, s'il a des attributions d'ordre judiciaire (n° 405), il ne détient aucune parcelle du pouvoir de juger. La chose ne date que de la L. 24 mai 1872 qui donne au Conseil d'Etat seul la juridiction souveraine en matière administrative. Auparavant, le chef de l'Etat était réputé

(¹) Il a perdu des droits plus étendus.

déléguer entièrement la justice judiciaire, mais retenir la justice administrative, et les décisions du Conseil d'État n'étaient que des avis que le chef de l'Etat s'appropriait et qu'il émettait comme des jugements rendus par lui. Aujourd'hui toute justice, judiciaire ou administrative, est déléguée (v. nᵒˢ 620 et s.).

2ᵒ Que les fonctionnaires de tout ordre ne peuvent intimer aux tribunaux aucune injonction ni défense.

La sanction consiste d'abord dans la nullité des actes par lesquels les fonctionnaires attenteraient aux droits des tribunaux et dans la résistance que ceux-ci pourraient opposer à ces actes. Elle n'est sérieuse que pour les juges judiciaires dont l'inamovibilité garantit la fermeté ; elle est faible pour la plupart des juges administratifs, sur lesquels le droit de révocation donne au Gouvernement une influence certaine.

En outre le Code Pénal inflige la dégradation civique aux administrateurs qui intimeraient « des ordres, des défenses quelconques aux cours ou tribunaux » et une amende (de 16 à 150 francs) à ceux qui s'aviseraient de décider des droits et intérêts privés du ressort des tribunaux judiciaires malgré la réclamation des parties intéressées (art. 130-1ᵒ). Cette deuxième sanction ne garantit que les tribunaux judiciaires.

Droit comparé. — L'indépendance des tribunaux est expressément garantie par plusieurs Constitutions : Autriche, Bade, Bavière, Danemark, Mexique, Portugal, Prusse, Saxe, Serbie, Würtemberg.

CHAPITRE XXX

502. I. Principe de la distinction. — Entre les personnes et les corps investis du pouvoir de juger, on distingue deux grandes catégories. Sous réserve des explications qui seront données ultérieurement, les deux catégories diffèrent sur deux points principaux. L'une est compétente en matière d'intérêts privés ; l'autre, dans les cas où l'intérêt public est en jeu. L'une jouit de l'inamovibilité qui garantit son indépendance ; l'autre est amovible. La première s'appelle la *justice judiciaire* ou, plus ordinairement, l'*autorité judiciaire*; la seconde s'appelle la *justice administrative*.

La distinction de deux justices est très vivement attaquée par les uns, très ardemment défendue par les autres. Examinons rapidement ce débat.

503. Les adversaires de la justice administrative la disent illogique, injuste, contraire à la séparation des pouvoirs. Elle est illogique, car la fonction de juger est en tous cas semblable à elle-même et il n'y a aucune raison de principe ou d'utilité qui commande l'institution de tribunaux administratifs. La seule raison, et là éclate l'injustice, c'est le désir de soustraire l'administration au contrôle que les juges indépendants pourraient exercer sur ses actes illégaux, de priver les particuliers, dans leurs rapports avec la puissance publique, de la garantie que ces juges donnent à leurs droits dans leurs rapports avec d'autres particuliers. C'est le motif auquel on essaie de donner une formule présentable en disant que les intérêts généraux doivent l'emporter sur les intérêts privés ; or devant toute justice, il s'agit de droits et non pas d'intérêts, et la question litigieuse doit se résoudre par une règle de droit, non par la nature des intérêts engagés. Si l'on avoue que les tribunaux administratifs font autrement, on prononce leur condamnation.

Aussi bien ces tribunaux, composés de membres de l'Administration, sont-ils juges et parties au mépris du principe de la séparation des pouvoirs. Ils sont appelés à statuer sur les litiges soulevés par des actes qu'eux-mêmes, leurs pareils ou leurs subordonnés, ont accomplis. Quelle garantie de tels juges peuvent-ils offrir aux particuliers en conflit avec la puissance publique? Aucune, d'autant plus qu'ils sont à la discrétion d'un des plaideurs, de la puissance publique qui a les moyens de récompenser les services et de punir les résistances.

La justice administrative se comprend dans les régimes où toute justice émane du chef de l'Etat; où la justice judiciaire est une délégation limitée du Roi qui retient la compétence générale et peut l'exercer avec le concours d'un Conseil d'Etat. Elle est inadmissible dans un régime comme le nôtre où une telle distinction n'existe pas.

504. Les partisans de la justice administrative protestent contre l'idée de sacrifier, avec les formes extérieures de la justice, les droits et les intérêts des particuliers. L'Administration a besoin d'une action libre que gênerait le contrôle des tribunaux judiciaires. Elle ne demande pas le droit de violer les lois; elle demande à être maîtresse dans son domaine, à agir rapidement et librement, à subir le seul contrôle de ses tribunaux propres au lieu du contrôle d'une autorité étrangère. Dans leur contrôle, les tribunaux judiciaires flotteraient entre deux excès: ou bien l'habitude des affaires civiles les inclinerait à méconnaître l'intérêt public et ses droits, ou bien la crainte de céder à ce penchant les pousserait à sacrifier l'intérêt privé. On constate que dans les questions que réclament les deux justices, la jurisprudence administrative protège mieux que la jurisprudence judiciaire les droits particuliers; qu'elle a créé contre les abus administratifs une ressource qu'ignorerait la justice judiciaire, le recours pour incompétence ou excès de pouvoir.

Au reste, les matières administratives sont assez nombreuses, assez importantes, assez spéciales pour mériter des tribunaux particuliers, comme en ont le commerce et l'industrie.

En supprimant la justice administrative pour donner une compétence générale aux tribunaux judiciaires, on courrait deux risques : d'abord celui de surcharger à l'excès les tribunaux judiciaires, puis celui de n'obtenir que des décisions imparfaites, non parce que les membres de ces tribunaux sont incapables de connaître des questions que les juges administratifs, ayant fait les mêmes études, doivent étudier également, mais parce qu'ils ne peuvent, en général, embrasser l'extrême complexité et du droit civil et du droit administratif.

505. Tels sont les avis et les arguments. Il semble qu'il y en ait de bons des deux côtés et la question mieux posée serait peut-être plus uniformément résolue.

Il est difficile de contester que, dans un pays civilisé et centralisé, les affaires administratives ne soient trop nombreuses et trop spéciales dans leur nature pour être attribuées aux tribunaux judiciaires. Elles méritent des juridictions spéciales ; je ne dis pas des juridictions exceptionnelles, car la nécessité des tribunaux administratifs me paraît résulter de la nature des choses.

Le principe admis, son application peut paraître imparfaite. Ce qui choque le plus les adversaires de la justice administrative, et là dessus les critiques sont fondées, c'est la réunion dans les mêmes personnes des qualités d'administrateur et de juge, c'est que les ministres par exemple, chefs de l'administration, soient également juges de droit commun en matière administrative, que le préfet ait des attributions contentieuses, que les conseils de préfecture soient en même temps conseils et juges de l'administration. Ces règles sont contraires, non pas à l'abstraite séparation des pouvoirs, mais à la nécessaire division des rôles, et elles tombent sous la haute condamnation de Montesquieu. L'indépendance réclamée par l'administration est ici dépassée ; elle pouvait conduire à créer des tribunaux spéciaux, non à confondre l'administration et la justice.

Une réforme qui les séparerait ne serait pas suffisante. La justice administrative doit, pour être respectée, être une véritable justice. Les garanties accordées aux juges judiciaires et surtout l'inamovibilité ne seraient pas moins bonnes et utiles, concédées aux juges administratifs ; elles donneraient à leurs arrêts une autorité que les plaideurs sont trop souvent portés à contester. Pour les refuser, il ne suffit pas de dire : que l'action administrative serait gênée par l'inamovibilité, car on semble réclamer ainsi une indépendance entière sous la trompeuse apparence d'un contrôle judiciaire ; ni que le sentiment professionnel remplacera chez les juges administratifs la garantie que l'inamovibilité donne aux juges judiciaires, car ceux-ci ont assurément un égal sentiment professionnel et sont en plus inamovibles.

On dira peut-être que l'intérêt particulier doit souvent céder devant l'intérêt général et que des corps inamovibles consentiront rarement à ce sacrifice. Pourquoi des juges amovibles y consentiront-ils plus facilement, sinon parce qu'ils seront accessibles à la séduction, à la crainte, à l'influence du Gouvernement, à tout ce que doit ignorer un juge ? Au reste, les lois, la théorie des actes de Gouvernement font à l'intérêt général une part assez belle pour qu'on ne doive pas redouter les empiètements de l'intérêt individuel. Enfin, s'il s'agit vraiment de l'intérêt général de la nation (et non de l'intérêt du Gouvernement en fonctions), les juges sauront le faire prévaloir et les particuliers accepteront leurs arrêts avec d'autant plus de respect qu'ils les connaîtront indépendants.

On peut ajouter, quant aux conseils de préfecture, que leurs membres en général considèrent leurs fonctions comme transitoires. Ils y attendent, plus ou moins patiemment, l'occasion d'entrer dans l'Administration active. Ils ne peuvent donc s'y attacher comme les juges judiciaires s'attachent aux leurs ; ils peuvent même considérer leur exercice comme un moyen de gagner la faveur du Gouvernement, qui nomme les sous-préfets.

506. En résumé, la justice administrative doit être séparée de la justice judiciaire ; ses organes doivent demeurer étrangers à l'Administration et recevoir les garanties accordées aux organes de la justice judiciaire.

L'opinion qui vient d'être formulée fut soutenue à l'Assemblée constituante de 1789 et à celle de 1848.

La suppression des tribunaux administratifs a été souvent demandée, notamment en 1840, 1849, 1865, 1872. Les Chambres l'ont toujours refusée.

La distinction des deux ordres de juridiction date du D. 11 septembre 1790 qui donne compétence administrative aux directoires de district et de département, déjà chargés de l'administration active. Depuis cette date, les lois accusent une double tendance à séparer les administrateurs et les juges administratifs et à augmenter leurs attributions. Il n'est pas téméraire d'espérer que ce mouvement aboutira à une réorganisation dans le sens qui a été indiqué [1].

507. *Droit comparé.* — Des tribunaux administratifs existent dans les Etats Allemands, en Espagne, en Portugal. Ils ont en général une organisation analogue à celle des tribunaux judiciaires. Il n'y en a pas en

[1] Le Gouvernement, en réponse à une proposition tendant à supprimer les conseils de préfecture par voie budgétaire (ce qui serait irrégulier et ne donnerait pas compétence aux tribunaux civils, mais aux ministres) a déposé un projet de loi qui ferait des conseils de préfecture une véritable carrière judiciaire (juin 1891).

Angleterre, Belgique, Danemark, Grèce, Hongrie, Italie, Norvège, Pays-Bas, Roumanie, Russie, Serbie, Suède. Cependant en plusieurs de ces pays, il existe un Conseil d'Etat, une Cour de comptes; en Suède, les fonctionnaires administratifs tranchent beaucoup de questions contentieuses. En Autriche, une unique Cour administrative rend, sur la légalité des actes administratifs, des décisions obligatoires pour les fonctionnaires.

508. III. Compétences respectives des deux justices judiciaire et administrative. — Elle est déterminée, non par une loi de principe et d'ensemble, mais par une foule de dispositions particulières dont la plus importante est la L. 28 pluviôse An VIII. Le détail ne saurait être donné ici. Il suffira de poser quelques règles générales qui rendront compte de l'esprit qui anime toute cette législation. Du reste, la jurisprudence de la Cour de cassation et celle du Conseil d'Etat s'accordent pour décider que la compétence administrative, n'étant pas exceptionnelle, mais dérivant de la nature des questions, n'a pas besoin de s'appuyer, pour chaque cas, sur un texte spécial. Toutefois, à l'égard des actes contractuels de l'administration, elle n'existe que dans les cas cités par la loi.

509. A. *Les juridictions administratives sont compétentes :*

1° Lorsqu'un droit a été lésé par un acte de la puissance publique. Il faut d'abord qu'un droit ait été lésé, c'est une condition commune à toutes les actions portées en justice. C'est la loi qui fixe les droits et qui par suite détermine les cas où une action pourra être intentée. Il en résulte qu'il faut bien distinguer les actes d'administration pure que, à cause de leur but d'utilité publique, la loi permet sans restriction aux fonctionnaires, et les actes contentieux soumis à des restrictions au profit des particuliers dont les droits seront violés si les limites ne sont pas respectées. Les premiers ne peuvent donner lieu à une action, les seconds le peuvent. Un exemple éclaircira ces formules abstraites. Les dons et legs faits aux établissements publics (hospices, etc.) ne peuvent être acceptés par eux qu'avec l'autorisation du Gouvernement. Cette autorisation est accordée ou refusée librement; c'est un acte d'administration pure, dont on peut demander à son auteur la rétractation volontaire et gracieuse, qui peut être attaqué pour incompétence ou excès de pouvoir (n° 513), mais qui ne peut être critiqué s'il est accompli par le fonctionnaire compétent et selon les formes légales. Supposons maintenant que le don ou legs excède la portion du patrimoine dont la disposition est permise (C. c. 913, etc.), l'héritier, dont la réserve est atteinte, peut intenter l'action en réduction pour faire réduire le don ou le legs mais non pour faire révoquer l'autorisation. Quelques textes permettent un recours contentieux contre des actes administratifs qui ne lèsent qu'un intérêt. Par contre, la violation d'un droit n'ouvre parfois aucun recours; ainsi en cas d'expropriation pour cause d'utilité publique, de réquisitions militaires. La loi alors établit des règles qui limitent l'arbitraire de l'administration et stipulent une indemnité.

Il faut en second lieu que la lésion résulte d'un acte émanant de la puissance publique, c'est-à-dire des fonctionnaires appartenant au Gouvernement ou à l'administration. En effet les actes législatifs ou réglementaires échappent au contrôle des tribunaux de tout ordre, et quant aux actes judiciaires, ils interprètent mais n'agissent pas, et les modes de recours contre eux sont différents (appel, pourvoi en cassation).

D'après la jurisprudence du Conseil d'Etat, il faut que l'acte soit fait par le fonctionnaire en cette qualité, au nom de la puissance publique. — Reste à savoir quels sont les agents qui ont le droit d'engager par leurs actes la puissance publique. Il s'élève à ce sujet quelques difficultés (¹).

510. Tous les actes de la puissance publique ne donnent pas lieu à une action portée devant les tribunaux administratifs. Il faut excepter :

a. Les actes contractuels, pour lesquels les tribunaux judiciaires sont compétents. Pour les faire en général, il n'est pas nécessaire d'être un administrateur; ils ne supposent pas des pouvoirs spéciaux; chaque particulier en fait de semblables sur ses biens. Ils intéressent le patrimoine de l'Etat au même titre que le patrimoine des particuliers. Ainsi les contrats de vente, de louage, etc., passés par les fonctionnaires dans l'intérêt de l'Etat. — Quelques contrats sont placés par la loi dans la compétence administrative; ainsi les marchés relatifs aux travaux publics, la vente des biens de l'Etat, les marchés de fournitures;

b. Les actes réglementaires. Ce sont en effet de véritables actes législatifs, accomplis en vertu d'une délégation générale et tacite, ou spéciale et expresse du pouvoir législatif;

c. Les actes de gouvernement, à cause de leur caractère politique et de la raison d'Etat qui les rend nécessaires. On n'a jamais donné une définition claire des actes de gouvernement. Je ne pense pas qu'on arrive à préciser une notion qui emprunte à la politique une élasticité voulue et un vague qui rappelle la théorie des légistes sur les *cas royaux.* On ne peut que citer des exemples empruntés à la jurisprudence du Conseil d'Etat : faits de guerre (destruction de maisons, récoltes ou plantations), répartition d'une indemnité obtenue diplomatiquement d'un Etat étranger, mesures de sûreté publique et politique comme les décisions des commissions mixtes de 1852, actes de souveraineté

(¹) V. la liste des agents et les difficultés signalées dans le *Répertoire général alphabétique du Droit français,* vº *Agent du Gouvernement.*

comme la concession d'un nom ou d'un titre nobiliaire appartenant même à une famille existante, etc. (¹).

511. La théorie des actes de gouvernement, définitivement entrée dans la jurisprudence du Conseil d'Etat, est difficile à défendre juridiquement. Parmi les faits qu'elle couvre, les uns n'avaient pas besoin de cette garantie ; ainsi la répartition d'une indemnité est un acte de pure administration et les parties intéressées n'ont aucun droit à invoquer contre le Gouvernement français. Les autres sont d'audacieuses violations de la loi ; il est inacceptable que les agents de la force publique puissent impunément méconnaître les garanties légales de la liberté individuelle, que la propriété du nom soit à la merci du chef de l'Etat. De tels actes ne s'expliquent que par la raison d'Etat, qui est l'absence même de raison.

Aussi quelques-uns veulent-ils que les tribunaux judiciaires soient compétents au moins pour apprécier leur légalité, ou bien pour réprimer les attentats qu'ils portent à la propriété et à la liberté individuelles.

512. Les faits personnels au fonctionnaire rentrent dans la compétence des tribunaux judiciaires. La jurisprudence entend par faits personnels les actes étrangers aux attributions du fonctionnaire et les actes relatifs aux fonctions, mais interdits par la loi. S'il y a doute sur la nature de l'acte, les tribunaux judiciaires doivent surseoir jusqu'à la décision de l'autorité administrative. L'erreur du fonctionnaire sur l'étendue de ses attributions ou les défenses de la loi ne le constitue pas en faute et n'enlève pas à ses actes le caractère administratif. Ainsi un acte peut être à la fois illégal et administratif (Trib. conflits, 23 novembre 1878, S., 80, 2, 154). Sur ce dernier point, le Tribunal des

_____

(¹) La jurisprudence du Conseil d'Etat semble tendre à s'adoucir. Des arrêts récents ont refusé le caractère d'acte de gouvernement aux arrêtés qui suspendent les traitements ecclésiastiques (1er février 1889), qui expulsent des étrangers (14 mars 1890).

conflits exagère la protection due à l'administration ; l'erreur du fonctionnaire lui est imputable et il doit en supporter les conséquences. La fonction ne peut couvrir celui qui ne sait même pas l'exercer.

513. 2° *Lorsqu'un excès de pouvoir a été commis par un administrateur.* On peut alors demander l'annulation de cet acte. — Ici, il n'est pas nécessaire qu'un droit ait été violé, il suffit qu'un intérêt soit lésé. — Il y a excès de pouvoir :

a. Lorsqu'un fonctionnaire empiète sur le domaine législatif ou judiciaire, ou simplement sur les attributions d'un autre fonctionnaire ;

b. Lorsqu'il n'observe pas, pour un acte rentrant dans ses attributions, les formalités et les conditions exigées par la loi ;

c. Lorsque l'acte, d'ailleurs légal et régulier, ne remplit pas le but proposé par la loi. Ainsi le préfet a la police des gares de chemin de fer ; il ne peut pas concéder un monopole pour le stationnement des voitures ; car son droit de police a pour but d'assurer l'ordre, et la concession d'un monopole n'y saurait contribuer.

Ces trois formules résument la très intéressante jurisprudence du Conseil d'Etat qui a développé de la manière la plus ingénieuse la décision du D. 7-14 octobre 1790 prescrivant de soumettre au Roi les réclamations d'incompétence. La théorie, appliquée à des cas particuliers par diverses lois (L. 10 août 1871, art. 88, 27 juillet 1872, art. 30), est consacrée en général par la L. 24 mai 1872, art. 9.

514. Il y a, entre les deux premiers chefs de la compétence administrative, quelques différences.

1° Dans le premier chef, l'action est portée d'abord devant une juridiction du premier degré (ministre, conseil de préfecture) et peut ensuite aller en appel devant le Conseil d'Etat. Dans le second chef, l'affaire va directement devant le Conseil d'Etat ;

2° Dans le premier chef, l'action se termine par un

jugement disant le droit, prononçant des condamnations pécuniaires, mais respectant l'acte administratif.
Dans le second chef, la décision ne porte que sur l'excès
de pouvoir et non sur le droit violé, elle prononce
l'annulation de l'acte excessif, mais aucune condamnation pécuniaire ;

3° Dans le premier chef, la décision a tous les effets
d'un jugement : autorité de chose jugée, hypothèque
judiciaire, force exécutoire. Dans le second chef,
l'arrêt du Conseil d'Etat a bien l'autorité de la chose
jugée, mais ne produit aucun des deux autres effets;

4° Dans le premier chef, le jugement n'a d'effet
qu'entre les parties plaidantes. Dans le second chef,
l'acte annulé perd sa valeur d'une manière absolue; il
est non avenu à l'égard de tout le monde et non pas
seulement à l'égard de celui qui l'a attaqué.

515. Le recours pour incompétence ou excès de
pouvoir s'applique à tous les actes administratifs sauf
les actes de gouvernement et les actes réglementaires.
Il suit de là qu'un même acte peut être susceptible et
d'une action rentrant dans la compétence d'un tribunal administratif ou judiciaire et du recours pour incompétence ou excès du pouvoir. Le particulier lésé a-t-il
le choix entre les deux actions? peut-il directement
invoquer l'incompétence ou l'excès du pouvoir, ou
est-il tenu de commencer par l'action contentieuse
sauf, s'il perd son procès, à intenter l'autre recours?

Il semble préférable de lui laisser le choix. Les deux
actions sont nettement distinctes; on ne viole donc
pas les lois de compétence en commençant par l'une
ou par l'autre. Le recours au Conseil d'Etat est, il est
vrai, un moyen extraordinaire, mais aucun texte
n'oblige à intenter d'abord les recours ordinaires ;
l'annulation prononcée par le Conseil d'Etat aurait
l'avantage de faire justice d'un coup à tous les intéressés et de supprimer toutes les actions qui auraient
pu être intentées devant les tribunaux administratifs
ou judiciaires.

516. 3° *Pour interpréter certains actes administratifs.* Les actes administratifs sont interprétés officiellement par leurs auteurs, sauf le recours au supérieur
hiérarchique et au Conseil d'Etat. — Les actes du
Président de la République, malgré le pouvoir propre
donné au Conseil d'Etat, sont interprétés par leur
auteur avec l'avis du Conseil d'Etat (C. d'Etat, 14 mai
1880, S., 1881, 3, 74). — Les contrats administratifs dont le contentieux appartient aux tribunaux administratifs ne peuvent être interprétés que par eux.

4° *En matière pénale*, dans les cas spécifiés par la
loi comme la grande voirie.

517. B. *Les juridictions judiciaires sont compétentes :*

1° pour toutes les actions où aucun intérêt administratif n'est engagé ;

2° pour les actes contractuels de l'administration.
On peut ajouter les quasi-contrats, les délits et les
quasi-délits, en un mot tous les actes où l'administration agit comme agirait un particulier. La loi admet
expressément quelques exceptions ;

3° pour l'interprétation et l'application entre les
particuliers des actes réglementaires qui sont, on l'a
vu, comparables à des lois ;

4° pour l'application entre les particuliers des actes
spéciaux (et non plus réglementaires) de l'administration. — L'interprétation appartient à l'autorité administrative (n° 516). Les tribunaux judiciaires sont incompétents pour interpréter les actes administratifs, excepté
les contrats dont le contentieux leur appartient. Cette
incompétence est d'ordre public ; elle peut être invoquée à tout moment de l'instance et même devant la
Cour de cassation ; les deux parties plaidantes ont le
droit de la soulever; le tribunal saisi peut et doit d'office la reconnaître. — Toutefois l'incompétence n'existe
que si l'interprétation soulève des difficultés sérieuses.
— Dès que l'acte administratif a un sens clair, non con-

testé par les plaideurs, le tribunal judiciaire peut l'appliquer.— Les tribunaux judiciaires peuvent d'ailleurs vérifier la légalité et la régularité de l'acte administratif dont on leur demande l'application. Par exemple, ils peuvent méconnaître un décret de naturalisation rendu sans l'avis du Conseil d'Etat;

5° pour les difficultés soulevées par l'exécution des jugements, même administratifs, à moins qu'elle ne comporte des actes administratifs;

6° pour certaines matières attribuées par les lois, notamment pour la plupart des contributions indirectes;

7° pour appliquer les lois pénales, sauf les cas attribués par la loi aux tribunaux administratifs, comme la grande voirie.

518. III. Conséquences. Conflits. — La distinction de la justice administrative et de la justice judiciaire et de leurs domaines respectifs, a pour conséquence que tout tribunal, saisi d'une affaire qui n'est pas de sa compétence, doit refuser de statuer et se déclarer incompétent. Il doit le faire non seulement quand il en est sollicité par le plaideur ou l'Administration, mais même d'office et spontanément.

Or il peut arriver ou que la même affaire soit revendiquée à la fois par la justice judiciaire et la justice administrative, ou que les deux justices se déclarent incompétentes. On dit alors qu'il y a *conflit d'attributions, conflit positif* dans le premier cas, *conflit négatif* dans le second. Le moyen de résoudre les conflits forme l'objet d'une théorie importante.

La même théorie embrasse les cas où un acte administratif insusceptible de recours serait déféré aux tribunaux judiciaires (n° 492); elle sert alors à faire respecter la séparation du pouvoir exécutif et du pouvoir judiciaire.

On n'a pas prévu le cas où l'acte administratif insusceptible de recours serait déféré à un tribunal administratif, parce que l'ordre du Gouvernement suffirait pour que ce tribunal se dessaisît.

519. Le jugement des conflits fut confié par la L. 21 fructidor An III au ministre de la justice sauf l'approbation du Directoire qui pouvait en référer au Corps législatif. Le Conseil d'Etat fut ensuite (R. 5 nivôse An VIII) chargé de préparer les décisions des Consuls. La compétence demeura au chef de l'Etat avec le concours du Conseil d'Etat délibérant au contentieux jusqu'à la C. 1848 et les L. 9 mars 1849 et 4 février 1850. C'était la conséquence de la théorie d'après laquelle le chef de l'Etat pouvait retenir une partie du droit de justice ; il était naturel qu'il décidât entre les deux branches du pouvoir exécutif. L'O. 1er juin 1828 avait formulé quelques règles précises et protectrices ; elle est encore en vigueur.— Les lois de 1848, 1849, 1850 donnèrent le jugement à un tribunal spécial des conflits. Supprimé par le D. 25 janvier 1852, il a été rétabli par la L. 24 mai 1872. Cette institution doit être approuvée ; elle ne serait pas suppléée, quoi qu'on ait dit, par la responsabilité ministérielle ; sans elle, la justice administrative trancherait les difficultés entre elle et la justice judiciaire, elle serait juge et partie.

520. Le Tribunal des conflits se compose (L. 24 mai 1872, art. 25) : du garde des sceaux président. Il est regrettable que le Gouvernement ait la direction de débats où ses actes peuvent être mis en question, qu'il ait même une voix dans le vote ; le Tribunal devrait élire son président ; — de trois conseillers d'Etat en service ordinaire, élus par leurs collègues ; — de trois conseillers à la Cour de cassation élus par leurs collègues ; — de deux membres et deux suppléants élus par les membres précédents.

Les membres sont élus pour trois ans (sauf le garde des sceaux) et indéfiniment rééligibles.

Ils nomment un vice-président parmi eux. La L. 4 février 1850 désignait le ministre de l'instruction publique pour présider à défaut du garde des sceaux.

Cinq membres au moins doivent prendre part à chaque jugement.

Les fonctions du ministère public sont remplies par un avocat général à la Cour de cassation et un maître des requêtes au Conseil d'Etat, désignés annuellement par un décret. Chacun d'eux a un suppléant nommé de la même manière.

521. La théorie des conflits est presque entièrement conçue et organisée au profit de l'Administration. Celle-ci a le droit d'élever le conflit devant les juridictions judiciaires, l'autorité judiciaire n'a pas le droit d'élever le conflit devant les tribunaux administratifs. La L. 24 mai 1872 autorise seulement les ministres à élever le conflit dans l'intérêt de la compétence judiciaire devant la section du contentieux du Conseil d'Etat, si cette section refuse de se déclarer incompétente. — Cette inégalité, assez choquante, ne peut s'expliquer que par les souvenirs de l'ancien régime où les tribunaux judiciaires se montraient souvent agressifs à l'égard des administrateurs.

On a fait remarquer que contre les empiètements obstinés des administrateurs et des juridictions administratives, il y a la ressource de la révocation qui n'existe pas contre les magistrats judiciaires inamovibles. La ressource est illusoire, car c'est l'Administration elle-même qui devrait l'employer. On peut se demander s'il y aurait des inconvénients sérieux à permettre aux plaideurs eux-mêmes d'élever le conflit devant l'un et l'autre ordres de juridictions.

522. Le conflit peut être élevé en principe devant toutes les juridictions judiciaires. La règle comporte de nombreuses exceptions. Le conflit ne peut être élevé :

devant la Cour de cassation, parce qu'elle n'est pas une juridiction au sens propre du mot ;

devant les cours d'assises, parce que les infractions qui y sont jugées sont très graves et que les fonctionnaires ne peuvent échapper à la responsabilité de tels actes. Les crimes des fonctionnaires soulèvent parfois des questions préjudicielles dont la solution appartient normalement à une juridiction administrative : par exemple les éléments du crime de concussion sont déterminés par la Cour des comptes. La Cour d'assises peut ou statuer immédiatement ou renvoyer devant le tribunal compétent pour la solution de la question préjudicielle. Quant à l'action civile accessoire à l'action publique et intentée devant la Cour d'assises, elle peut-être arrêtée par un conflit ;

devant les tribunaux correctionnels, pour des raisons analogues. Cependant le conflit peut être élevé dans deux cas : quand il s'agit d'un délit dont la loi attribue la connaissance à la juridiction administrative, ainsi un délit de grande voirie ; — quand il existe une question préjudicielle qui rentre dans la compétence légale d'un tribunal administratif, ainsi l'interprétation du cahier des charges édicté pour un travail public dont l'exécution a été l'occasion d'un accident ;

devant le tribunal de simple police ; les questions qui y sont agitées ont trop peu d'importance pour mériter les honneurs d'un conflit. Au besoin, on les retrouverait en appel, devant le tribunal de première instance ;

devant les tribunaux de commerce, parce que le ministère public, dont l'intervention est exigée par la loi pour le conflit, n'existe pas devant ces tribunaux. Cela ne veut pas dire que le conflit ne puisse pas être élevé en matière commerciale ; devant la Cour d'appel, le conflit peut être élevé au sujet d'un procès commercial ;

devant le jury d'expropriation, auprès duquel il n'existe pas un ministère public.

523. Le conflit peut être élevé pendant toute la procédure ; il ne peut plus l'être dès qu'il existe un jugement ou un arrêt définitif, c'est-à-dire insusceptible d'opposition ou d'appel, ou accepté volontairement par les plaideurs (O. 1er juin 1828). Il est probable

que si la procédure a pu être menée sans réclamation
jusqu'au jugement définitif, la violation des règles de
compétence n'est ni bien certaine ni bien grave.

Il faut, pour que le conflit devienne impossible, que
le jugement soit rendu sur le fond lui-même du procès.
Ainsi un jugement définitif sur la compétence ne met
aucun obstacle au conflit; bien plus, il marque le
moment à partir duquel le conflit est utile et possible.
Le conflit est encore possible si le jugement définitif a
été rendu dans la quinzaine accordée au préfet pour
élever le conflit.

Jusqu'en 1828, le conflit avait été possible même
après un jugement jouissant définitivement de l'autorité de la chose jugée. A l'appui, on disait que l'autorité de la chose jugée est d'ordre privé, tandis que
les règles de compétence administrative sont d'ordre
public.

524. L'arrêté de conflit est nécessairement précédé
d'un déclinatoire d'incompétence, par lequel l'Administration demande au tribunal judiciaire de se dessaisir de l'affaire. Le déclinatoire consiste, dans la forme,
en un mémoire motivé remis par le préfet au ministère
public. Celui-ci est tenu de communiquer au tribunal
le déclinatoire d'incompétence, mais il reste libre de
l'appuyer ou de le combattre dans les conclusions qu'il
doit donner. Le tribunal est tenu de statuer. S'il
admet le déclinatoire et se déclare incompétent, l'administration est satisfaite, il n'y a pas lieu au conflit.

S'il repousse le déclinatoire et se déclare compétent,
le ministère public adresse au préfet, dans les cinq
jours, une copie de ses conclusions et du jugement.
Du jour de cet envoi, constaté sur un registre spécial,
court un délai de quinze jours pendant lequel l'Administration a le droit d'élever le conflit, passé lequel le
conflit est impossible.

525. Le déclinatoire est nécessaire, même si le tribunal a déjà statué sur l'exception d'incompétence
soulevée par l'un des plaideurs. En effet, la question

n'est pas réputée jugée à l'égard de l'Administration qui n'a pas figuré dans le procès, et le tribunal, mieux renseigné par une discussion nouvelle, peut se déclarer incompétent. La jurisprudence est constante en ce sens.

La solution est vraie, même pour le cas où le préfet aurait figuré au procès et opposé l'incompétence comme plaidant au nom de l'Etat ou du département, personnes morales. En élevant le conflit, il n'agit plus en la même qualité ; il agit au nom de la puissance publique.

Qu'arrivera-t-il si le jugement sur la compétence est frappé d'appel par l'un des plaideurs? En général, on distingue. Si le jugement admet la compétence du tribunal, le préfet a 15 jours pour élever le conflit; et l'arrêté de conflit empêche la Cour de statuer ; passé ce délai, la Cour est saisie, le préfet peut encore proposer un déclinatoire et, s'il est écarté, élever le conflit. Si le jugement admet l'incompétence, le délai de 15 jours court de la signification de l'acte d'appel; passé ce délai, un déclinatoire demeure nécessaire pour que l'arrêté de conflit puisse être élevé ; la jurisprudence admet qu'il n'est pas nécessaire, si l'arrêté de conflit est pris dans le délai. Ce dernier point est contesté.

526. Le conflit est élevé par un arrêté préfectoral. Le préfet compétent est celui du département où siège le tribunal saisi, alors même, selon la jurisprudence, que le conflit est élevé devant la Cour d'appel et que la Cour siège dans un autre département que le tribunal. Chaque préfet n'a, il est vrai, qu'une compétence territoriale, limitée à son département. Mais l'O. 1828, art. 8 admet la solution proposée, pour le cas où le préfet aurait soulevé l'incompétence devant le tribunal, et il n'y a aucune raison pour ne pas l'étendre au cas où il intervient pour la première fois devant la Cour. Ce préfet est sans aucun doute le mieux renseigné de tous sur l'affaire et les moyens à invoquer à l'appui de l'incompétence du tribunal.

L'arrêté de conflit doit viser le jugement sur la compétence, l'acte d'appel s'il y a lieu; rapporter textuellement la disposition législative qui attribue compétence à l'administration ou aux tribunaux administratifs. La jurisprudence n'attache pas la nullité à la violation de ces prescriptions; il suffit, d'après elle, que la L. 24 août 1790 soit visée (Trib. conflits, 7 juillet 1888).

L'arrêté de conflit est adressé au ministère public et communiqué par lui au tribunal. Le tribunal doit surseoir au jugement et la procédure s'arrête. Il en doit être ainsi, d'après l'opinion générale, même si l'arrêté de conflit est irrégulier; car, dit-on, les tribunaux ne peuvent apprécier les actes administratifs; la question sera jugée par le Tribunal des conflits. Cependant, si l'arrêté a été pris après l'expiration du délai de quinze jours, le tribunal peut n'en tenir aucun compte (L. 24 mai 1872, art. 12).

Les actes postérieurs à la notification de l'arrêté de conflit seraient nuls, et les juges qui les auraient faits encourraient une amende de 16 à 150 francs (C. P. 128).

527. L'arrêté de conflit reste pendant quinze jours au greffe du tribunal où les parties plaidantes, avisées par le ministère public, peuvent en prendre communication et déposer leurs observations écrites. Puis le ministère public adresse le dossier, avec ses observations, au garde des sceaux. Celui-ci doit le transmettre dans les vingt-quatre heures au secrétariat du Tribunal des conflits.

Cette transmission saisit le Tribunal.

Il juge après avoir entendu un rapport fait alternativement par un conseiller d'Etat et un conseiller à la Cour de cassation, et les conclusions du ministère public, fournies alternativement par un maître des requêtes au Conseil d'Etat et un membre du parquet de la Cour de cassation.

Quand le rapport est fait par un conseiller à la Cour

de cassation, les conclusions sont données par un maître des requêtes et *vice versâ*.

528. Le Tribunal des conflits confirme ou annule l'arrêté de conflit. S'il le confirme, le tribunal judiciaire est définitivement dessaisi ; l'affaire ne sera pas jugée ou elle sera portée à une juridiction administrative, que l'arrêt ne désigne pas. — S'il l'annule, il peut donner des motifs de droit, alors le tribunal judiciaire demeure saisi. L'annulation peut aussi être motivée sur une irrégularité de formes ou sur l'incompétence du préfet ; on se demande si l'arrêté peut être renouvelé régulièrement. La réponse négative s'appuie principalement sur l'art. 11 de l'O. 24 mai 1828 qui prescrit un délai rigoureux pour l'élévation du conflit ; on ajoute encore que la faute de l'Administration ne doit pas entraîner pour les plaideurs des retards préjudiciables à leurs intérêts. Ces raisons sont graves. On leur objecte le principe que les droits ne sont pas perdus en général pour des vices de forme, la gravité des intérêts publics supérieurs aux intérêts privés, les textes qui permettent de réparer en appel les irrégularités commises devant la première juridiction et d'élever le conflit devant la Cour d'appel. Il ne me semble pas que de telles considérations puissent balancer l'autorité du texte invoqué par l'opinion contraire.

L'arrêt du Tribunal des conflits doit être rendu dans les deux mois qui suivent le dépôt du dossier au secrétariat. Si un mois après l'expiration de ce délai, le tribunal judiciaire n'a reçu la notification d'aucun arrêt, il peut passer outre et rendre un jugement.

529. Ce qui précède est relatif au conflit positif élevé dans l'intérêt de l'administration, et ne concerne :

ni le conflit positif au profit de l'autorité judiciaire. Il ne peut être élevé que par les ministres, et seulement devant la section du contentieux du Conseil d'Etat, après que celle-ci a refusé de se reconnaître incompétente ;

ni le conflit négatif. Il n'y a en jeu ici aucun intérêt public, mais seulement l'intérêt d'ordre privé qu'ont les particuliers à obtenir une décision judiciaire. Chaque plaideur saisit directement par une requête le tribunal des conflits. Il n'est pas nécessaire que le jugement sur la compétence soit en dernier ressort. Il n'y a pas lieu à conflit lorsque l'acte n'est pas contentieux ou rentre dans la compétence d'une troisième autorité, ni lorsque le Tribunal saisi, sans statuer sur la compétence, surseoit jusqu'à l'interprétation que doit donner une autre autorité.

Droit comparé.— Le jugement des conflits est confié : tantôt au Roi (Espagne) ; tantôt au Parlement (Suisse) ; tantôt à la Chambre Haute (Mexique) ; tantôt à la suprême juridiction judiciaire (Belgique, Italie, Luxembourg, Roumanie, Grèce, Danemark) ; tantôt à une juridiction spéciale où l'Administration et la justice judiciaire sont également représentées (Autriche, Bavière, Prusse, Saxe, Würtemberg).

CHAPITRE XXXI

DE LA JUSTICE JUDICIAIRE ([1])

530. I. PRINCIPES GÉNÉRAUX. — La justice judiciaire est rendue par six catégories de tribunaux : Cour de cassation, Cours d'appel, tribunaux de première instance, tribunaux de commerce, juges de paix, conseils de prud'hommes. Ces diverses juridictions sont soumises à plusieurs règles générales ([2]), admettant des exceptions et soulevant des controverses. La plupart figurent dans le questionnaire que l'Assemblée nationale avait dressé pour elle-même (D. 31 mars 1790) et sont posées pour la première fois par la L. 16-24 août 1790.

531. 1° *Les juridictions sont permanentes.* — Elles siègent d'une manière continue et non en sessions régulières ou irrégulières. Le motif est que les plaideurs doivent toujours trouver une juridiction prête à leur donner justice. Les délais et les formalités de la procédure lui enlèvent beaucoup de sa valeur pour les tribunaux peu occupés. Aussi a-t-on songé à établir pour le premier ressort, soit en matière civile, soit en matière correctionnelle, des sessions périodiques.

La règle reçoit exception en matière criminelle : les Cours d'assises ne siègent en principe que tous les trois mois, et quinze jours au plus chaque fois; le nombre et l'importance des affaires criminelles obligent parfois à tenir des sessions extraordinaires dans l'intervalle des sessions ordinaires. La Cour d'assises de la Seine siège presque sans interruption.

([1]) La matière est réglée par une foule de textes. Les plus importants sont : L. 16-24 août 1790, 27 ventôse An VIII, 28 avril 1810, 30 août 1883. Les projets de réforme sont innombrables. — Il ne sera pas question des tribunaux coloniaux.

([2]) V. Garsonnet, *Traité de Procédure civile.*

532. La permanence des juridictions n'est pas absolue. Elle est interrompue :

par les jours fériés, qui sont les dimanches et les
fêtes légales de l'Ascension, de l'Assomption, de la
Toussaint, de la Noël, du 14 Juillet, les lundis de
Pâques et de Pentecôte. Les tribunaux criminels, les
juges des référés, les juges de paix peuvent siéger un
jour férié. Les actes de juridiction gracieuse peuvent
être accomplis. Un jugement rendu un jour férié ne
serait pas nul pour cela seul ;

par les vacances judiciaires. Leur nécessité a été
contestée sous prétexte que le besoin des plaideurs
d'avoir justice est supérieur aux convenances person-
nelles des magistrats. On s'accorde pourtant à reconnaître que les vacances judiciaires sont plutôt favorables à une bonne administration de la justice. Pour
être magistrat, on n'en est pas moins homme, on n'en
a pas moins des intérêts particuliers à gérer, des affaires privées à régler. Les vacances donnent les loisirs
nécessaires ; sans elles, les magistrats négligeraient
souvent leurs fonctions au profit de leurs affaires. Les
vacances mettent une trève dans cette mission toujours
délicate, souvent terrible du juge ; elles donnent du
repos à l'esprit, de la détente au caractère.

L'expérience a confirmé ces idées. Les vacances,
fixées à deux mois (du 15 septembre au 15 novembre)
par le D. 23 septembre 1791, furent supprimées par
le D. 16 vendémiaire An II et remplacées par le repos
aux *décadis* de chaque mois, soit trois jours par
mois. La L. 21 fructidor An IV les rétablit. Elles ont
une durée de deux mois : jadis du 1er septembre au
1er novembre ; depuis la L. 30 août 1883, du 15 août
au 15 octobre.

Le cours de la justice n'est pas entièrement suspendu par les vacances judiciaires. Chaque juridiction
institue une chambre des vacations qui statue sur les
affaires urgentes ou lorsque les plaideurs acceptent sa
compétence. Les délais prescrits par le C. Pr. Civ. conti-

nuent de courir. Les actes utiles aux procès sont valablement faits.

Les juges de paix, les membres des tribunaux de
commerce, des conseils de prud'hommes, des chambres correctionnelles dans les tribunaux d'arrondissement et des Cours d'appel, des chambres des mises en
accusation dans les Cours d'appel, de la chambre criminelle de la Cour de cassation ne prennent pas de
vacances. Ils prennent des congés à tour de rôle pour
éviter que la juridiction ne chôme.

Droit comparé. — Les tribunaux des pays étrangers
sont en général permanents. Les exceptions les plus
importantes existent en Norvège, Suède et surtout en
Angleterre; la Haute-Cour anglaise est seule permanente.

533. 2° *Les juridictions sont sédentaires.* — Elles
siègent dans une seule localité de leur ressort, et ne
se déplacent pas en tournées. Les plaideurs viennent
auprès d'elles, elles ne vont pas chez les plaideurs (¹).

Ce second caractère est étroitement uni au premier :
une juridiction ne saurait être permanente sans être
sédentaire.

La règle comporte des exceptions. Les conseillers
des Cours d'appel se déplacent pour aller présider les
Cours d'assises dans les départements du ressort. Les
circonstances ont parfois rendu nécessaire le déplacement de certaines juridictions. Ainsi l'invasion de
1870-71 a obligé la Cour de cassation à siéger successivement à Tours, Poitiers, Pau ; pendant la Commune
la Cour de cassation et la Cour d'appel de Paris ont
siégé à Versailles.

Les juridictions doivent en principe siéger dans les

(¹) On a demandé que le Gouvernement pût confier au même
juge de paix deux cantons et créer des audiences foraines. Certains projets de réforme, en supprimant les tribunaux peu occupés, créaient un président juge d'instruction et des sessions
bi-mensuelles fournies par les juges du tribunal voisin. Un système analogue existe dans les cantons de Neufchâtel et du
Valais.

locaux qui leur sont affectés. Cependant, les actes de juridiction gracieuse peuvent être accomplis dans la maison du juge ; les juges de paix, quand ils habitent au chef-lieu du canton, et les juges des référés peuvent tenir audience dans leur maison pourvu que les portes en soient ouvertes, et que la publicité ne manque pas à l'administration de la justice.

Droit comparé. — En Suède, le juge unique des campagnes fait des tournées lorsqu'il a plusieurs districts dans son ressort. Aux Etats-Unis, les juridictions fédérales et celles propres à chaque Etat sont ambulantes. En Angleterre, depuis 1873, la Haute-Cour est sédentaire. Néanmoins ses membres vont faire des tournées dans les comtés ; seulement tout plaideur peut exiger que les questions de droit soient jugées à Londres par la Cour entière. Les 60 cours de comtés tiennent des assises dans 521 localités. L'Ecosse et l'Irlande ont un régime analogue. En Espagne, les cours criminelles, sédentaires en principe, peuvent constituer un tribunal dans une autre ville.

534. 3° *Les juridictions sont composées de plusieurs juges.* — La pluralité des juges est présentée comme une garantie de bonne justice, parce qu'elle empêche les décisions hâtives, provoque une discussion et une délibération fécondes, associe les lumières de plusieurs hommes, évite beaucoup de chances d'erreur ou d'oubli.

Elle a des inconvénients. En divisant entre plusieurs la responsabilité des actes judiciaires, elle la diminue et nuit à la bonne administration de la justice. Elle rend plus difficile le recrutement des tribunaux ; il est plus aisé de trouver quelques bons juges que plusieurs centaines ; on risque, en associant les hommes, de ne pas associer des lumières. Aussi plusieurs projets de réforme sont-ils fondés sur l'unité du juge.

La règle a ses exceptions. Les juges de paix, les juges des référés, les juges commis à diverses opérations judiciaires, comme le juge d'instruction et le juge des ordres sont des juridictions composées d'un seul juge.

Droit comparé. — Le juge unique existe pour le premier ressort en divers pays : Danemark, Espagne, Mexique, Norvège, Pérou, Portugal, Suède, Turquie.

Dans les pays scandinaves, il siège habituellement avec des assesseurs pris parmi les citoyens.

Aux Etats-Unis, en Angleterre, le juge est unique en principe dans toutes les juridictions. Toutefois en Angleterre, la Chambre des Lords et la Haute-Cour doivent siéger à trois membres.

535. 4° *Les mêmes tribunaux exercent la juridiction civile et la juridiction criminelle.* — La règle contraire avait été appliquée par la Constituante. La L. 22 juillet 1791 instituait des tribunaux de simple police composés d'officiers municipaux, et des tribunaux correctionnels composés de juges de paix. La L. 25 février 1791 avait déjà créé des tribunaux criminels composés de juges tirés du tribunal de district. Les attributions de simple police furent données aux juges de paix par le Code des délits et des peines du 3 brumaire An iv ; les attributions correctionnelles, aux tribunaux de première instance, par la L. 27 ventôse An viii ; les attributions criminelles aux Cours d'assises par le C. I. Cr. de 1808.

Voici l'application détaillée du principe.

Le juge de paix, qui a une compétence civile assez importante, statue sur les contraventions de simple police.

Le conseil des prud'hommes exerce quelques attributions correctionnelles à l'égard des ouvriers.

Le tribunal de première instance, juge de droit commun en matière civile et juge d'appel pour les sentences civiles du juge de paix, statue sur les délits correctionnels en premier ressort, et en appel sur les contraventions de simple police déjà jugées par le juge de paix. Ses membres sont appelés à composer la Cour d'assises, dans les chef-lieux de département où ne siège pas une Cour d'appel.

La Cour d'appel, outre ses chambres civiles, a une chambre des mises en accusation pour décider si une affaire doit être renvoyée devant la Cour d'assises, une chambre correctionnelle pour juger les appels de police correctionnelle. Ses membres fournissent le président de chaque Cour d'assises et les assesseurs de celle qui siège dans la même ville que la Cour d'appel. Sa première chambre est compétente pour juger correctionnellement certaines catégories de personnes.

La Cour de cassation a une chambre criminelle.

Il résulte notamment de ce principe que, dans les juridictions composées de plusieurs chambres, une affaire civile peut être valablement jugée par une chambre correctionnelle et réciproquement; que les membres de la chambre correctionnelle peuvent être appelés à siéger exceptionnellement dans une chambre civile incomplète ou partagée également entre deux opinions; — que les membres de chaque chambre n'y sont pas établis à perpétuelle demeure, mais sont soumis au roulement qui varie d'année en année leurs occupations ordinaires.

Le principe reçoit exception quant aux tribunaux de commerce, qui n'ont aucune part à la juridiction criminelle;

En matière de crimes l'élément judiciaire est assisté d'un jury.

Les règles qui président à l'exercice de l'une et l'autre juridictions ne sont pas identiques. La différence la plus importante consistait en ce que les cours d'appel ne pouvaient juger civilement qu'avec 7 membres et jugeaient correctionnellement avec 5 (L. 27 ventôse An VIII, art. 27); aujourd'hui, le chiffre de 5 suffit dans les deux cas (L. 30 août 1883, art. 1). L'intervention du ministère public est obligatoire dans tous les cas en matière criminelle, en certains cas seulement en matière civile (n° 598).

Droit comparé. — Le principe ci-dessus est généralement appliqué à l'étranger, sauf en Angleterre, Ecosse, Irlande et dans la plupart des Etats allemands. En Danemark, il y a un tribunal criminel spécial pour Copenhague. L'Espagne a des juridictions exclusivement criminelles.

536. 5° *Toute affaire doit passer devant deux degrés de juridiction.* C'est en principe un minimum et un maximum.

C'est un minimum. Toute affaire doit être jugée deux fois. Le principe admis par la Constituante (D. 1er mai 1790), supprimé par la C. 1793, a été définitivement rétabli par la C. An III. En soumettant une même affaire à deux tribunaux, on a plus de chances d'obtenir une meilleure justice, de corriger des erreurs ou des injustices. La seconde juridiction devra avoir le dernier mot, car elle est composée de magistrats plus nombreux, plus anciens, plus expérimentés ; elle est plus éloignée des justiciables et par suite plus étrangère, s'il se peut, aux influences et aux coteries locales. Ces raisons ne sont pas unanimement acceptées.

Il est des cas où l'affaire n'est jugée qu'une fois. Tantôt c'est le premier degré qui manque et la cause est jugée directement par la juridiction d'appel ; par exemple en cas d'évocation, de règlements de juge, de poursuites disciplinaires ; surtout les crimes sont jugés en premier et dernier ressort par les Cours d'assises. — Tantôt c'est le second degré qui est supprimé, et l'affaire ne va pas en appel ; ainsi les procès dont la loi veut hâter la solution définitive, ceux dont l'importance pécuniaire est inférieure à un chiffre fixé par la loi, etc.

C'est un maximum. Aucune affaire ne peut être jugée plus de deux fois. Si on soumettait un procès à plusieurs degrés de juridiction, on augmenterait beaucoup les frais et les lenteurs sans accroître sensiblement les chances d'une solution exacte et équitable.— La règle est sans exception. La Cour de cassation, qui est souvent saisie après la Cour d'appel, ne constitue pas un troisième degré de juridiction (n° 544).

Droit comparé. — Le principe ci-dessus est assez
généralement appliqué. Les lois russes et grecques n'y
admettent que peu d'exceptions. — Trois degrés se
trouvent dans la plupart des Etats allemands, en Autriche, en Hongrie, en Danemark, en Suède, en Norvège ; quatre dans le canton des Grisons. — En
Angleterre, la matière est très compliquée ; il peut y
avoir jusqu'à quatre degrés.

537. 6° *Les juridictions sont hiérarchisées.* — Il y
a des juridictions supérieures et des juridictions inférieures.

La hiérarchie judiciaire, contraire aux principes de
la Révolution, date du Scs. An x qui donne au tribunal de cassation le droit de censure et de discipline
sur les tribunaux criminels et d'appel, aux tribunaux
d'appel le même droit à l'égard des tribunaux de première instance, à ceux-ci enfin le même droit à l'égard
des juges de paix (art. 82-3). Elle a duré jusqu'à nos
jours ; elle existe en général en pays étrangers.

Les Cours d'appel se réunissent annuellement pour
examiner de quelle manière la justice a été rendue
dans le ressort, entendre les observations du ministère
public, émettre un éloge ou un blâme qui est transmis au garde des sceaux. Mais elles ne peuvent citer
devant elles les magistrats des juridictions inférieures,
leur adresser des ordres ou des défenses, dénoncer à
la Cour de cassation les fautes disciplinaires.

La hiérarchie se révèle encore par des différences
dans les traitements, les prérogatives, les costumes ;
par des règles d'étiquette ; par des devoirs de défé-
rence. Elle est compliquée par l'existence, pour le
même ordre de juridictions, de plusieurs classes qui
diffèrent entre elles par les traitements ; la L. 30 août
1883 en a notablement réduit le nombre.

Elle a ses détracteurs. Elle est illogique, dit-on, car
la fonction de juger est la même dans toutes les juridictions ; ceux qui l'exercent doivent être égaux, et
ne pas se classer comme des fonctionnaires administra--

tifs, dont les attributions sont diverses et d'inégale importance. Elle rend illusoire la garantie de l'inamovibilité, car le Gouvernement peut agir sur les juges par l'espoir de l'avancement. — L'expérience ne paraît pas avoir justifié ces critiques. Elles portent du reste surtout sur le mode de recrutement des magistrats.

538. 7° *Les juridictions sont composées de fonctionnaires.* — Leurs membres ne sont pas des citoyens temporairement et accidentellement associés à l'administration de la justice ; ce sont des hommes ayant la profession et l'habitude de juger. Cela ne veut pas dire qu'ils sont tous nommés par le Gouvernement ; les membres des tribunaux de commerce et des conseils de prud'hommes sont élus.

La règle subit une exception importante en matière criminelle. La Cour d'assises comprend un élément judiciaire fourni par les juridictions, chargé d'appliquer la loi et un jury tiré au sort pour chaque procès sur une liste de citoyens, qui statue sur la culpabilité des accusés sans prononcer l'arrêt.

On a souvent proposé l'extension du jury aux matières civiles : des citoyens donneraient leur opinion sur la question litigieuse et des magistrats rendraient le jugement en appliquant la loi d'après l'avis formulé par le jury [1]. L'argument principal sur lequel s'appuient ces propositions est une raison utilitaire. L'intervention du jury civil rendrait inutiles un grand nombre de magistrats dont les sièges pourraient être supprimés. L'Etat réaliserait de ce chef une économie sérieuse. Il y a plus : l'appel, incompatible avec le jury, serait radicalement supprimé et tout un ordre de juridictions disparaîtrait. D'ailleurs, ajoute-t-on, le

---

[1] Le jury civil a été repoussé par l'Assemblée Constituante, la Convention, l'Assemblée de 1848. Le principe, soumis à une enquête approfondie par l'Académie des Sciences morales et politiques, en 1872, et par la Société de la législation comparée en 1869, a été généralement condamné.

jury fonctionne en matière criminelle, en matière
d'expropriation pour cause d'utilité publique. Une
L. 21 avril 1871 l'a chargé de fixer entre locataires et
bailleurs les indemnités dues à raison des événements
de la Commune. Pourquoi ne l'appliquerait-on pas
d'une manière générale? Les raisons qu'on pourrait
invoquer sont tout aussi bonnes pour supprimer le
jury en matière criminelle, ce que personne n'oserait
proposer. Quelques-uns disent encore que l'association
habituelle des citoyens à l'administration de la justice
serait pour la démocratie une excellente école.

Ces raisons ne me persuadent pas. La dernière tend
à transformer en école l'exercice si délicat et si important des fonctions judiciaires. Or il faut à la société
des juges expérimentés et non des citoyens en apprentissage. — On sait déjà ce qu'il faut penser de la suppression de l'appel. — Quant à l'économie promise, elle
serait chèrement payée par le bouleversement de
mœurs judiciaires plusieurs fois séculaires, et surtout
il vaut mieux avoir de bons magistrats coûtant cher,
que de mauvais jurés à bon marché. — L'analogie
invoquée est facile à réfuter. La loi de 1871 est un
accident isolé et s'explique par les circonstances extraordinaires de sa date. En matière d'expropriation,
le jury, dont les décisions parfois scandaleuses vont
provoquer une loi restrictive de ses droits, se borne
à fixer le chiffre d'une indemnité; il sert de garantie
contre l'Administration à l'inviolabilité de la propriété
privée et peut, sous ce prétexte, se permettre quelques
erreurs. Enfin le jury criminel est appelé à répondre
par un *oui* ou par un *non* à des questions simples,
portant sur des faits faciles à vérifier, étrangères aux
questions de droit que la loi réserve aux magistrats de
la Cour d'assises. Dans les procès civils, les faits et le
droit ne se séparent pas aussi aisément et les jurés
civils seraient fréquemment appelés à résoudre des
questions qu'ils ignorent absolument. L'équité a en
droit criminel une influence légitime; en droit civil,

elle enlèverait aux relations des hommes toute sécurité, toute stabilité, car elles sont fondées sur des lois qui, bonnes ou mauvaises, doivent être appliquées telles qu'elles sont. Les erreurs du jury criminel sont nombreuses; si elles ne sont pas trop sévèrement relevées, c'est qu'elles profitent généralement aux accusés. Peut-être vaut-il mieux acquitter dix coupables que de condamner un innocent; que dirait-on d'une justice civile qui se tromperait dix fois sur onze?

Or le jury civil se tromperait souvent. Il ne suffit pas, pour juger les procès civils, d'apporter à l'audience une bonne volonté entière, une conscience intègre, une attention indéfectible, même une intelligence supérieure, toutes choses qui font un excellent juré criminel. Il faut encore la connaissance approfondie des lois, l'expérience des affaires, l'habitude de la juridiction; ces qualités ne peuvent se trouver que chez le juge de profession.

Restent les difficultés d'application. Les tribunaux jugent annuellement un nombre considérable d'affaires, environ 200,000 en première instance et 20,000 en appel, sans compter les affaires commerciales et celles que décide le juge de paix. Pour suffire à un service aussi chargé, il faudrait un nombre formidable de jurés; les citoyens seraient à tout instant enlevés à leurs occupations et le jury civil se résoudrait en une charge intolérable pour une démocratie laborieuse. L'indemnité accordée aux jurés n'atténuerait l'inconvénient qu'imparfaitement et au prix d'un lourd fardeau pour le budget de l'Etat. D'un autre côté on ne pourrait, sans violer l'égalité chère aux démocraties, sans risquer de créer une aristocratie judiciaire, sans revenir indirectement à exclure le jury civil, en réserver les fonctions aux citoyens riches et oisifs. Enfin, l'intervention des jurés retarderait l'administration, déjà si lente, de la justice.

539. Pour éviter les inconvénients du jury civil et en conserver les avantages, on a proposé soit de limiter son application à quelques matières et de l'étendre progressivement, soit de créer des jurys spéciaux (agriculteurs, industriels, artistes, etc.) pour chaque catégorie d'affaires, soit d'adjoindre aux tribunaux des jurés spécialistes pour statuer sur les questions techniques. Ces systèmes ressemblent beaucoup soit au jury civil qui vient d'être combattu, soit aux expertises que les tribunaux peuvent prescrire et confier à des spécialistes.

540. On a songé aussi à étendre le jury aux affaires correctionnelles. L'idée est plus acceptable; je ne la crois pas applicable à cause du nombre considérable d'affaires (165,000 environ) que les tribunaux correctionnels jugent annuellement, de la charge qu'il faudrait imposer aux citoyens pour admettre les jurés au correctionnel, des lenteurs qui en résulteraient dans l'administration de la justice.

541. *Droit comparé*. — L'expérience faite à l'étranger est contraire au jury civil. Le jury civil n'existe guère que dans les pays de civilisation anglaise. En Angleterre, les plaideurs peuvent renoncer au jury et usent largement de ce droit. En Ecosse, il existe de même un courant d'opinion et des usages opposés au jury civil; le magistrat n'est pas tenu de se conformer à l'avis des jurés. Aux Etats-Unis, le même mouvement hostile au jury civil est très accusé. Au Canada, il faut un jugement pour autoriser l'emploi du jury civil, et le magistrat a dans bien des cas le droit de réviser et de réformer le verdict. — La loi portugaise admet le principe, mais permet aux plaideurs d'y renoncer. En fait, le jury ne fonctionne jamais.—En Suède, les tribunaux ruraux se composent d'un juge unique et ambulant et de douze assesseurs dont l'opinion n'est obligatoire pour le juge que s'ils sont unanimes. — En Norvège, le juge unique des tribunaux de première instance est assisté de membres désignés par le conseil municipal.

Le jury correctionnel existe en Allemagne et en Suisse.

542. II. Organisation des tribunaux judiciaires. —
On fait remarquer en général que les circonscriptions
judiciaires correspondent à la division administrative
du territoire en départements, arrondissements, cantons, prescrite par la L. 22 décembre 1789, faite par
la L. 4 mars 1790 (¹). La ressemblance n'est qu'approximative. Les Cours d'appel ne correspondent à aucune
circonscription administrative. Les tribunaux de commerce et les conseils de prud'hommes sont répartis
irrégulièrement sur le territoire. Le canton, qui est
pourvu d'un juge de paix, n'est qu'une circonscription
électorale et financière.

543. 1° *Cour de cassation*. — Elle a été créée, sous
le nom de tribunal de cassation et comme juridiction
unique et sédentaire, par le D. 24 mai 1790 ; organisée
par celui du 1ᵉʳ décembre 1790. Le Scs. An xii lui a
donné le nom de Cour, et à ses membres le titre de
conseillers.

Elle se compose actuellement de 49 membres : un
premier président, 3 présidents de chambre, 45 conseillers. La L. 27 ventôse An viii lui donnait 48 membres ; le quatrième président a été créé par le D.
28 janvier 1811. Les L. 2 brumaire et 5 vendémiaire
An iv lui donnaient 50 membres ; celle du 1ᵉʳ décembre
1790, 42. On a proposé en ces derniers temps de
supprimer 9 ou 15 membres.

Le tribunal de cassation s'était spontanément divisé
en trois sections. Cette division fut consacrée par la
L. 19 septembre 1793 et dure encore. Il y a : la chambre des requêtes, la chambre civile, la chambre criminelle.

Chacune comprend un président et 15 conseillers.
Le premier président peut siéger dans l'une ou l'autre
indifféremment. Il préside habituellement la chambre
civile. Chaque chambre ne peut juger que si 11 mem-

(¹) Cette division a été plusieurs fois remaniée (C. 1793, An iii,
An viii).

bres sont présents (L. 27 ventôse An VIII, O. 15 janvier 1826). Les membres de chaque chambre y sont définitivement attachés. Le roulement, qui est de règle pour les autres juridictions, est inconnu à la Cour de cassation depuis 1815, quoique la L. 27 ventôse An VIII, qui le prescrivait, n'ait jamais été abrogée.

544. La Cour de cassation a pour fonction principale de statuer sur les pourvois formés contre les décisions judiciaires en dernier ressort et fondés sur une prétendue violation de la loi. — Elle est saisie soit par l'un des plaideurs, soit par son procureur général. En ce dernier cas, l'annulation n'a aucun effet à l'égard des particuliers. Les juridictions dont les sentences peuvent lui être déférées sont : toutes les juridictions civiles et criminelles qui vont être étudiées, sauf celle des prud'hommes pêcheurs, les tribunaux militaires et maritimes en certains cas, le jury d'expropriation pour cause d'utilité publique.

La Cour de cassation a le droit et le devoir de casser les sentences judiciaires qui violent une loi soit au fond, soit dans la forme.

Elle doit se borner à vérifier la conformité du jugement avec la loi ; elle ne peut entrer dans la vérification des faits qui ont donné lieu au procès ou motivé le jugement. Elle doit les tenir pour certains, dès que le jugement le déclare, et rechercher seulement si la loi leur a été correctement appliquée. Comme on l'a dit souvent, elle juge le jugement et non le fond du procès. — La règle remonte au D. 1er décembre 1790 et est répétée par les C. 1791, 1793, An VIII. Si la Cour entrait dans l'examen des faits, elle commettrait un excès de pouvoir. Il est vrai qu'il n'existe aucune sanction.

La Cour de cassation, pour le même motif, casse simplement les sentences contraires à la loi et ne peut y substituer une décision correcte. Elle renvoie l'affaire devant une juridiction du même ordre que celle dont la décision a été cassée.

C'est cet ensemble de règles qui permet de dire que la Cour de cassation ne constitue pas un troisième degré de juridiction, car elle ne juge pas le fond du procès. De même, la nouvelle juridiction saisie ne statue pas en troisième ressort; la première sentence est annulée et réputée n'avoir jamais existé.

545. Les cassations diverses prononcées par une Cour unique ont pour but d'obtenir une interprétation et une application uniformes de la loi dans tous les tribunaux et de compléter l'unité de la loi par l'unité de la jurisprudence. Il ne peut donc plus se produire aujourd'hui les diverses jurisprudences adoptées séparément par les différents Parlements de l'ancien régime. La même question de droit sera résolue de la même manière par tous les tribunaux; du moins les décisions divergentes seront annulées. — Le but ne peut être atteint que par une Cour suprême très savante, très sage et très constante dans ses opinions. Les arrêts qui rompent avec une tradition sont pour les affaires une cause de trouble profond, parce que les particuliers, pour le règlement de leurs intérêts, ont compté sur l'opinion jusque-là appliquée par les tribunaux et déclarée conforme à la loi. Et le trouble est d'autant plus dangereux que l'arrêt nouveau, s'appliquant à des faits déjà accomplis sous l'empire de l'ancienne jurisprudence, produit les fâcheux effets de la rétroactivité.— La stabilité est en général le caractère de la jurisprudence suprême, et ses évolutions répondent souvent à un besoin réel, exprimé par l'opinion publique. En certaines matières pourtant, ses arrêts révèlent une regrettable incertitude.

546. L'opinion juridique émise par l'annulation d'un arrêt ne s'impose pas obligatoirement à la juridiction devant laquelle l'affaire a été renvoyée. Le deuxième jugement peut être semblable au premier. Vraisemblablement, il sera cassé à son tour; le pourvoi est alors jugé par la Cour tout entière, chambres réunies; l'opinion formulée par cette deuxième cassation

13***

est obligatoire pour la troisième juridiction saisie, qui doit, quoi qu'elle en pense, l'appliquer aux faits du procès, ce que la Cour de cassation ne peut pas faire.

C'est en ce sens qu'on peut dire que la Cour de cassation donne de la loi une interprétation obligatoire pour les tribunaux. Mais cette interprétation n'est obligatoire légalement que pour le procès même qui l'a provoquée; elle est sans force légale dans les autres affaires de même nature soulevant la même question de droit. Seulement, en fait, les arrêts de la Cour de cassation jouissent d'un crédit considérable et sont très souvent invoqués comme des arguments dans les procès. Cela tient : à la haute autorité que la Cour suprême doit à la science de ses membres; à l'ennui qu'éprouvent la plupart des magistrats dont les décisions sont cassées et qu'ils évitent en conformant leurs opinions à celles de la Cour de cassation.

547. Le système qui vient d'être exposé date de la L. 1ᵉʳ avril 1837, qui marque le terme de nombreuses fluctuations.

La L. 24 août 1790 ordonnait aux juges de s'adresser au Corps législatif pour obtenir une loi nouvelle ou une interprétation législative. — Le D. 1ᵉʳ décembre 1790 décidait que si, après deux cassations, le troisième jugement était semblable aux autres, le Corps législatif serait appelé à statuer souverainement sur la question de droit et à donner l'interprétation de la loi. — Le système passa dans la C. 1791. Il est consacré, mais dès le deuxième jugement, par la C. An III. — L'A. C. 5 nivôse An VIII chargea le Conseil d'Etat, sous la direction des Consuls, de « développer le sens des lois ». Puis la L. 16 septembre 1807 donna à l'Empereur en Conseil d'Etat l'interprétation des lois ; son intervention était obligatoire après deux cassations et une troisième décision semblable aux premières ; la Cour de cassation saisie du deuxième pourvoi avait la faculté de solliciter l'interprétation impériale ou de statuer en chambres réunies. Ce procédé a été souvent employé, et il y a un assez grand nombre d'avis du Conseil d'Etat qui ont la valeur de lois interprétatives. On s'était demandé cependant si ces avis avaient une portée générale ou une application restreinte au procès pendant. La dernière opinion avait prévalu (avis du Conseil d'Etat approuvé le 17 décembre 1823).

Ce système fut supprimé par la L. 30 juillet 1828. Celle-ci remettait la décision, après deux cassations, à la troisième juridiction saisie qui statuait alors chambres réunies. C'était méconnaître le but pour lequel la cour suprême avait été établie.

La loi de 1837 est venue répondre à l'objection.

En résumé, la loi française a successivement consacré l'interprétation législative donnée par les Chambres, l'interprétation réglementaire donnée par le Gouvernement, l'interprétation judiciaire donnée par une juridiction. Le dernier système est le plus simple et le plus pratique, mais il a des dangers signalés plus haut. Le second a le défaut de confondre le pouvoir exécutif et le pouvoir législatif. Le premier serait le meilleur si on pouvait espérer des Chambres une discussion sérieuse et compétente sur des questions étrangères à la politique.

548. La Cour de cassation a d'autres attributions moins importantes et surtout moins générales. Elle annule les actes judiciaires contenant un excès de pouvoir. Elle statue sur certains règlements de juges, sur certaines demandes de prises à partie, de renvoi pour insuffisance ou suspicion légitime. Elle procède à la révision des procès criminels. Elle exerce des attributions disciplinaires. Elle peut être consultée sur les lois.

549. Tel est le rôle de la Cour de cassation en général. Quel est le rôle de chacune des chambres ?

La chambre criminelle, comme son nom l'indique, s'occupe des affaires criminelles. Elle est saisie directement.

Les affaires civiles en principe sont soumises successivement à la chambre des requêtes et à la chambre civile. La chambre des requêtes statue sur l'admissibilité des pourvois. Elle écarte ceux dont les motifs ne sont pas sérieux et autorise les autres à aller devant la chambre civile qui en examinera les motifs en eux-mêmes.

La chambre des requêtes soulage la chambre civile, lui épargne l'examen de pourvois insignifiants ou absurdes, et lui laisse ainsi le temps d'étudier les questions délicates. Son existence est menacée. On lui reproche de mesurer en fait sa sévérité sur l'abondance ou la pénurie des affaires inscrites au rôle de la chambre civile ; d'avoir créé indûment une jurisprudence à elle propre ; enfin d'avoir ajouté à la loi une règle fâcheuse, à savoir qu'un pourvoi ne réussira que si deux chambres sont d'accord pour l'admettre. Ces critiques, parfois exagérées, ne manquent pas de vérité. Elles conduiraient soit à donner à la chambre des requêtes les attributions d'une seconde chambre civile, soit à la remplacer par des maîtres des requêtes.

Le préliminaire de la chambre des requêtes n'existe pas en toute matière. La chambre civile est saisie directement des pouvoirs formés par le procureur général dans l'intérêt de la loi, des pouvoirs relatifs à l'expropriation pour cause d'utilité publique, aux listes électorales, à l'élection des tribunaux de commerce, etc.

A l'inverse, la chambre des requêtes statue au fond sur certaines affaires : demandes d'annulation pour excès de pouvoir, règlements de juges, renvois.

Les trois chambres de la Cour de cassation se réunissent pour statuer sur les pourvois formés après une deuxième cassation et sur les affaires disciplinaires.

L'audience est publique en principe. La Cour statue en chambre du conseil, hors la présence du public, en assemblée générale, avec 34 membres au moins, sur les affaires disciplinaires, les questions d'ordre intérieur, les avis à donner sur les lois. Le premier président a peu d'attributions propres.

550. *Droit comparé.* — Il existe en de nombreux pays une juridiction analogue à la Cour de cassation : Belgique, Allemagne, Espagne, Roumanie, Serbie, Russie, Luxembourg, Autriche ; assez souvent la Cour suprême a quelques autres attributions. En Italie, il y a 5 Cours de cassation (Rome, Florence, Palerme, Turin, Naples) avec le rôle de la Cour française, pour un ressort déterminé ([1]). En Hongrie, Pays-Bas, Portugal, la Cour suprême est tantôt tribunal d'appel, tantôt tribunal de cassation ; en Danemark, Suède et Norvège, elle entre dans l'examen des faits et forme un nouveau degré de juridiction. En Angleterre, il n'y a rien qui ressemble à la Cour française.

551. 2° *Cours d'appel.* — La Constituante voulait supprimer à jamais les Parlements de l'ancien régime. Aussi tout en consacrant le principe de l'appel et en donnant même aux tribunaux de district la connaissance des appels portés contre les sentences des juges de paix, refusa-t-elle d'organiser des juridictions supérieures. L'appel du jugement rendu par un tribunal de district devait être porté à l'un des sept tribunaux de district les plus voisins (D. 24 août 1790). De même, d'après la C. An III, l'appel était porté à l'un des trois tribunaux les plus voisins.

L'expérience fut décisive. Les juges d'appel manquaient d'autorité, étant du même degré que ceux du premier ressort. L'égalité établie entre les tribunaux commençait à faire naître les représailles et les complaisances réciproques.

L'opinion publique réclamait des tribunaux supérieurs qui furent créés sous le nom de *tribunaux d'appel*, par la L. 27 ventôse An VIII. Ils ont recouvré ce nom en 1848 ; plus souvent et plus longtemps ils se sont appelés *Cours royales* ou *impériales*. Aujourd'hui ce sont des *Cours d'appel.*

([1]) La L. 6 décembre 1888 attribue à la Cour de cassation de Rome tous les pourvois en matière pénale.

La L. 27 ventôse An viii divisait le territoire européen de la France en 29 ressorts de tribunaux d'appel. Le chiffre a varié plusieurs fois avec les annexions et démembrements du territoire. Il y a aujourd'hui 26 Cours d'appel. Les propositions souvent faites de supprimer quelques Cours peu occupées ont toujours échoué devant l'explosion du patriotisme ou plutôt de l'égoïsme local.

La L. 30 août 1883 s'est bornée à des réductions de détail sur le personnel.

Elle a aussi supprimé les trois classes établies jadis entre les Cours d'appel. Toutes les Cours sont désormais égales, notamment au point de vue des traitements. La Cour de Paris est hors classe.

La loi de 1883 fixe pour chaque Cour le nombre de ses membres (de 10 à 23; 72 à Paris) et de ses chambres (de 1 à 3; 9 à Paris), non comprise une chambre des mises en accusation sans personnel propre. Dès qu'il y a deux chambres, l'une est affectée aux affaires correctionnelles. Si une Cour est surchargée de travail, un décret en Conseil d'Etat peut créer une chambre temporaire.

Les conseillers sont soumis au *roulement;* ils passent successivement dans toutes les chambres. On évite ainsi la routine fatale aux mœurs judiciaires; on permet au magistrat de compléter son éducation juridique. Le roulement est opéré chaque année par une commission composée du premier président, des présidents de chambre et du doyen de la Cour.

A la tête de chaque Cour, il y a un premier président; chaque chambre a un président. Le personnel comprend 26 premiers présidents, 63 présidents de chambre, 451 conseillers.

Les arrêts doivent être rendus avec un nombre impair de membres, pour éviter un partage égal entre les voix. Il faut 5 membres au moins en toutes matières; avant la loi de 1883, le minimum était de 7 membres pour les affaires civiles, de 5 pour les affaires correctionnelles. — Une chambre incomplète appelle à siéger des membres disponibles d'une autre chambre ou, à leur défaut, un avocat en suivant l'ordre du tableau, au besoin un avoué.

552. En matière contentieuse, la Cour statue le plus souvent sur l'appel interjeté contre les jugements des tribunaux de première instance et de commerce, les ordonnances de référés, les sentences arbitrales en certains cas. Elle juge parfois en premier et dernier ressort : évocation (C. Pr. Civ., 473), règlements de juges (*ib.*, 363-4), prises à parties (*ib.*, 509), poursuites correctionnelles contre diverses personnes (C. I. Cr., 479). — La chambre des mises en accusation décide s'il y a lieu de renvoyer un inculpé devant la Cour d'assises.

En outre, la Cour exerce un droit de surveillance sur les juridictions inférieures du ressort ; elle peut, sur la dénonciation d'un de ses membres, prescrire des poursuites au ministère public ; elle est nécessairement consultée en quelques cas (réhabilitation des condamnés, etc.) et peut l'être sur les projets de loi.

La Cour d'appel siège : tantôt en audience ordinaire, pour l'exercice de presque toutes ses attributions ; — tantôt en audience solennelle, où deux chambres sont réunies, avec 9 membres au moins ; ce mode est obligatoire dans les cas indiqués par la loi (questions d'Etat, renvoi après cassation) ; — tantôt en assemblée générale, pour ses attributions non contentieuses.

L'audience est en général publique. La chambre du conseil — la première chambre en remplit habituellement les fonctions — siège pour les appels formés contre les décisions de la chambre du conseil du tribunal civil ; elle n'est pas publique. L'assemblée générale ne siège pas publiquement.

Le premier président a peu d'attributions propres, si on omet celles qui concernent l'ordre des travaux, comme la distribution des affaires entre les chambres. Parfois les plaideurs lui adressent des requêtes auxquelles il répond par des ordonnances (C. C. 382).

553. 3° *Tribunaux de première instance.* — Il y a en principe un tribunal de cet ordre dans chaque arrondissement, sauf Saint-Denis et Sceaux qui dépendent du tribunal de la Seine ; en tout 359. Ce nombre est sans doute excessif, depuis que la facilité des communications a rapproché la justice des justiciables. Aussi quelques-uns proposent-ils la suppression pure et simple de cette classe de juridictions. D'autres proposent de supprimer les tribunaux peu occupés. Quelques-uns n'en conservent qu'un par département, sauf à déléguer des sections dans des villes importantes ou à établir au chef-lieu de chaque arrondissement un juge d'instruction auquel se joindraient, à époques fixes, deux autres juges pour tenir des audiences. Les intérêts locaux soulevés et coalisés n'ont pas permis l'adoption d'un de ces systèmes. La L. 30 août 1883 a seulement réduit le personnel. On avait proposé de former chaque tribunal par la réunion des juges de paix de l'arrondissement.

Le tribunal siège en général au chef-lieu de l'arrondissement. Il y a plusieurs exceptions : Bourgoin au lieu de la Tour du Pin, Chambon au lieu de Boussac, Lourdes au lieu d'Argelès, Saint-Mihiel au lieu de Commercy, Saint-Palais au lieu de Mauléon.

La L. 30 août 1883 fixe la composition de chaque tribunal, le nombre des chambres (de 1 à 4 ; à Paris, 11), le nombre des membres. Il y a dans chaque tribunal, un président, autant de vice-présidents que de chambres moins une (11 à Paris), des juges (de 2 à 11 ; à Paris 64), des juges suppléants (de 2 à 6 ; à Paris 20).

Chaque chambre doit siéger en nombre impair, avec trois membres au moins. Elle se complète au besoin avec des juges d'une autre chambre, des juges suppléants, des avocats ou avoués. Ceux-ci ne peuvent être en majorité.

Le roulement, réglé annuellement par une commission composée du président, des vice-présidents et du doyen, fait passer chaque juge successivement dans toutes les chambres.

Les tribunaux de première instance se divisaient en 5 classes, distinguées surtout par les traitements. La réduction ou même la suppression des classes a été souvent demandée afin d'empêcher l'action du Gouvernement qui accorde l'avancement. La L. 30 août 1883 a réduit les classes à 3, le tribunal de la Seine excepté. La première classe comprend les tribunaux siégeant dans les villes de 80,000 habitants au moins, plus ceux de Nice et de Versailles ; soit 12 tribunaux, 34 chambres, 12 présidents, 22 vice-présidents, 87 juges, 56 suppléants. La deuxième classe comprend les tribunaux des villes comptant entre 20,000 et 80,000 habitants plus celui de Chambéry, soit 64 tribunaux, 82 chambres, 64 présidents, 20 vice-présidents, 232 juges, 145 suppléants. La troisième classe comprend les autres tribunaux, soit 284 tribunaux, 293 chambres, 284 présidents, 9 vice-présidents, 646 juges, 575 suppléants.

554. Les attributions des tribunaux de première instance sont :

A. *Contentieuses.* Ce sont les principales. Elles s'exercent : en matière civile, soit en premier ressort pour les affaires qui ne sont pas attribuées à une autre juridiction par un texte formel, soit en appel pour les décisions des juges de paix et les sentences arbitrales, soit même en premier et dernier ressort pour les affaires dont l'importance pécuniaire n'excède pas 1,500 francs en capital ou 60 francs en revenu ;

en matière commerciale, dans les arrondissements où il n'y a pas un tribunal de commerce ;

en matière pénale, soit en premier ressort pour les faits qualifiés *délits* par la loi, soit en appel à l'égard des sentences rendues par le juge de paix sur les contraventions de simple police ;

en matière administrative, très rarement ; par exemple pour les contestations relatives à la perception de certains impôts indirects.

B. *Gracieuses*. Ils sont appelés soit à homologuer des actes privés comme les délibérations des conseils de famille autorisant l'aliénation d'un immeuble appartenant à un mineur, soit à accorder des autorisations comme pour aliéner un immeuble dotal en certains cas (C. c. 1555, 1558), pour habiliter la femme mariée au défaut du mari (C. c. 28).

C. *Disciplinaires*. Ils surveillent les juges de paix.

D. *Extrajudiciaires*. Ils règlementent le service des huissiers audienciers, nomment le bureau de l'assistance judiciaire, donnent un avis sur les projets de cession des offices ministériels, etc.

Le tribunal siège en général à l'audience publique. Ses attributions de juridiction gracieuse sont exercées en chambre du conseil secrète, par la première chambre. Les attributions extrajudiciaires sont exercées en assemblée générale.

555. Le président du tribunal a personnellement des attributions importantes, sans compter celles qui concernent le service intérieur du tribunal. Il juge provisoirement en référé un grand nombre de questions. Il reçoit des requêtes et rend des ordonnances en plusieurs cas; légalise les actes notariés, etc.; autorise l'incarcération des enfants; tente de concilier les époux qui demandent le divorce ou la séparation de corps; préside le collège sénatorial, etc. — Il peut être suppléé par les vice-présidents et les juges à leur défaut, par ordre d'ancienneté.

Les juges reçoivent souvent des fonctions particulières. L'un d'eux est chargé de l'instruction. Un autre est chargé des *ordres* qui répartissent entre les créanciers hypothécaires le prix d'une adjudication. Un juge préside les enquêtes destinées à recevoir la preuve testimoniale.

556. 4° *Tribunaux de commerce.* — Ils furent exceptés dans la suppression générale que prononça la Constituante de tous les tribunaux d'exception (D. 27 mai 1790). Leur compétence s'augmenta même de celle des amirautés supprimées (D. 24 août 1790). Leur existence fut confirmée par les Chartes.

Elle est motivée par les intérêts du commerce. Ils exigent une grande promptitude et une grande simplicité dans la procédure ; les questions commerciales sont mieux connues et jugées par des commerçants que par des juges. L'expérience déjà plusieurs fois séculaire leur donne une grande autorité. Leur jurisprudence est aussi sage et aussi intègre que les justiciables peuvent le souhaiter. Ils soulagent plusieurs tribunaux de première instance d'un nombre considérable d'affaires [1].

On a vainement objecté que les tribunaux de commerce sont des jurys et en ont tous les défauts, notamment l'incapacité de juger. La différence avec le jury consiste en ce qu'ils sont élus, c'est-à-dire choisis par les justiciables eux-mêmes et non pas aveuglément tirés au sort. Et c'est pourquoi l'expérience n'a pas révélé en eux les défauts inhérents au jury civil. La loi même a pris soin d'organiser l'éducation judiciaire des juges commerciaux ; elle veut qu'ils débutent comme juges suppléants, puis deviennent juges avant de devenir présidents. La précaution est bonne et semble avoir porté ses fruits.

On objecte encore que de nombreux tribunaux civils jugent commercialement dans les arrondissements où il n'y a pas de tribunaux de commerce, et que toutes les Cours d'appel sont appelées à examiner des affaires commerciales. Il est vrai, mais le commerce n'a sa juridiction spéciale que dans les villes où son importance permet d'en établir ; les Cours d'appel exercent un contrôle juridique sur les juges commerciaux, souvent tentés de faire prévaloir l'équité sur la loi.

557. Les tribunaux de commerce sont créés par décrets rendus avec l'avis du Conseil d'Etat (C. com.,

---

[1] En 1888, les tribunaux de commerce ont jugé plus de 195,000 affaires.

615 et s.). Ils doivent siéger dans la même ville que le tribunal civil, à moins que le même arrondissement n'en reçoive plusieurs. En 1888, il y avait 223 tribunaux de commerce et 169 tribunaux civils jugeant commercialement.

Ils doivent compter au moins trois membres ; le maximum, fixé à 8 par le C. Co., à 14 par la L. 3 mars 1840, n'est plus limité (L. 18 juillet 1889). Le décret de création fixe le chiffre. Ils ne se divisent pas en chambres, sauf celui de la Seine. Ils jugent à trois membres ; au besoin ils se complètent par le tirage au sort sur une liste d'éligibles dressée chaque année.

558. Les tribunaux de commerce jugent les affaires commerciales soit en premier ressort seulement, soit en premier et dernier ressort selon l'importance pécuniaire. En chambre du conseil, ils nomment pour chaque faillite un juge-commissaire et des syndics provisoires ; ils désignent les huissiers audienciers, etc.

L'appel des jugements rendus par les tribunaux de commerce est porté devant la Cour d'appel du ressort. On a demandé la création de Cours d'appel commerciales, en soutenant qu'il y avait les mêmes motifs que pour les tribunaux eux-mêmes. Il semble préférable d'assurer le contrôle de juges jurisconsultes sur une juridiction qui, sans cela, dégénérerait rapidement en une juridiction d'équité et rendrait inutiles toutes les lois commerciales.

Le président a des attributions propres qui rappellent celles du président du tribunal civil. Notamment, il légalise des signatures, reçoit des requêtes et rend des ordonnances, etc.

Les juges-commissaires des faillites ont également quelques pouvoirs propres et rendent des ordonnances.

559. *Droit comparé.* — Il existe des juridictions commerciales, en Autriche, Belgique, Grèce, Hongrie, Luxembourg, Prusse, Russie, Serbie, République Argentine et plusieurs autres Républiques américaines. En Portugal, le juge est assisté de jurés commerçants pour juger les affaires commerciales. Le Danemark et la Norvège ont des tribunaux maritimes.

En Allemagne, la L. 27 janvier 1877 a créé dans chaque tribunal de district une chambre commerciale composée d'un juge et de deux assesseurs commerçants. L'appel est porté devant le tribunal supérieur du commerce qui siège à Leipzig (L. 12 juin 1869).

L'Angleterre a possédé jusqu'en 1873 une Haute-Cour d'amirauté et une Haute-Cour des faillites, aujourd'hui supprimées. Le premier degré n'a jamais existé.

Les tribunaux de commerce ont été supprimés au Mexique en 1857, en Italie en 1888.

560. 5° *Juges de paix.* — La L. 24 août 1790 créa un juge de paix par canton. Il devait juger les petits procès et concilier amiablement les autres. L'institution avait pour but de rapprocher la justice des justiciables, de la faire expéditive, et enfin de rendre inutile le plus souvent possible la juridiction du tribunal de première instance. Elle était demandée par la plupart des cahiers aux Etats généraux et imitait l'ancienne procédure sommaire en vigueur au Châtelet de Paris dès 1302 et qu'un édit de septembre 1769 avait tenté d'appliquer dans les provinces. Elle a été expressément consacrée par toutes les Constitutions jusqu'à celle de 1848, celle-ci comprise.

Les résultats n'en ont pas été brillants au point de vue de la conciliation, qui n'est guère aujourd'hui qu'une vaine formalité. La juridiction contentieuse des juges de paix a rendu et rend encore de grands services; elle donne une justice prompte, économique, équitable.

Aussi les propositions qui tendent à la supprimer et à la remplacer par des conciliateurs élus ont-elles peu de chances de succès. — A l'inverse, on a souvent regretté que le juge de paix n'eût pas une compétence plus étendue; en augmentant ses attributions, on rapprocherait la justice des justiciables, on la ferait plus simple, plus patriarcale, moins coûteuse; on déchargerait les tribunaux civils dont un grand nombre pourraient alors être supprimés. — Je ne pense pas que la réforme soit désirable. « La compétence de ces juges, disait Thouret à l'Assemblée constituante, doit être bornée aux choses de conventions très simples et de la plus petite valeur, et aux choses de fait qui ne peuvent être bien jugées que par l'homme des champs qui vérifie sur le lieu même l'objet du litige, qui trouve dans son expérience des règles et des décisions plus sûres que la science des formes et des lois n'en peut fournir aux tribunaux... Il faut que tout homme de bien, pour peu qu'il ait d'expérience et d'usage, puisse être juge de paix ».

Si on enlève à l'institution sa compétence bornée, on lui enlève avec ses caractères son utilité. La fonction nouvelle réclamera des connaissances plus étendues, des études plus spéciales; il ne suffira plus d'être « homme de bien ». Or si les « hommes de bien » sont assez nombreux pour que les justices de paix soient convenablement pourvues, il ne sera pas facile de trouver un aussi grand nombre d'hommes aptes aux nouvelles fonctions; — il faudra même renouveler en grande partie le personnel en exercice. La simplicité qui est tout l'avantage de la justice de paix ne convient pas aux causes graves et importantes dont connaissent les tribunaux civils. Or étendre les formes protectrices de la procédure aux justices de paix, c'est les dénaturer. — Enfin le rôle de conciliateurs dévolu aux juges de paix sera difficile à combiner avec une compétence plus étendue (¹).

Il existe, il est vrai, en Algérie et dans diverses colonies, des juges de paix à compétence étendue. Mais les circonstances ne sont pas identiques. Les juridictions d'équité conviennent aux peuples primitifs; elles sont nuisibles aux peuples civilisés dont les affaires sont complexes et fondées sur une loi certaine.

(¹) En 1888, les juges de paix ont siégé comme juges dans 315,000 affaires; comme conciliateurs, dans 36,000.

De nombreux projets ont été déposés à la Chambre des Députés en vue de donner aux juges de paix une compétence plus large. La Chambre a voté (du 13 au 24 février 1891) une loi qui étend notablement leurs attributions. Le Sénat n'a pas encore statué.

561. Dans chaque canton ([1]), il y a un juge de paix et deux suppléants qui remplacent le juge empêché. En 1790, le juge siégeait assisté de deux prud'hommes assesseurs élus et permanents. Les suppléants **ont** remplacé les assesseurs (L. 29 ventôse An IX). — Si le juge et les suppléants étaient tous empêchés, les plaideurs demanderaient au tribunal de première instance le renvoi de l'affaire devant le juge de paix d'un des cantons voisins (L. 16 ventôse An XII, art. 1).

562. Le juge de paix a des attributions judiciaires et des attributions extrajudiciaires.

Les attributions judiciaires concernent :

A. *Les matières civiles.* Il est juge tantôt en premier et dernier ressort, tantôt en premier ressort seulement. Sa compétence a été successivement étendue par les L. 25 mai 1838, 14 mai 1851, 21 mai 1855. Il peut, au lieu de juger, concilier les parties et dresser un procès-verbal de conciliation qui a la valeur d'un acte authentique. Pour les matières qui rentrent dans sa compétence en dernier ressort, il peut juger selon l'équité et même contre la loi ; car ses jugements ne peuvent être annulés par la cour de cassation que pour excès de pouvoir (L. 25 mai 1838, art. 15).

B. *Les matières pénales.* Il est juge de simple police et prononce sur les infractions qualifiées contraventions et punies de 1 à 5 jours de prison, de 1 à 15 francs d'amende.

C. *Les matières administratives.* Il est juge pour la petite voierie, pour l'application des tarifs de douane et d'octroi ; on lui porte les appels contre les décisions

---

([1]) Certains voudraient qu'il n'y eût qu'un juge de paix par arrondissement ; cela serait sûrement insuffisant.

des commissions qui dressent les listes électorales, etc.

Les attributions extrajudiciaires concernent également :

A. *Les matières civiles*. Il convoque et préside le conseil de famille, dresse le contrat d'adoption, reçoit les actes d'émancipation, appose et lève les scellés dans un grand nombre de cas. Surtout, il est appelé à concilier tous les plaideurs dont les affaires doivent aller devant le tribunal de première instance ; et celui-ci ne peut être saisi qu'après l'insuccès du préliminaire de conciliation.

B. *Les matières pénales*. Il est officier de police judiciaire, chargé de rechercher les délits et les preuves.

C. *Les matières administratives*. Il vise et déclare exécutoires les contraintes délivrées par l'administration des contributions indirectes et celle de l'enregistrement. — Il concourt à la formation des listes du jury, etc.

563. *Droit comparé*. Le système français, qui réunit aux mêmes mains les plus humbles fonctions judiciaires et le pouvoir de conciliation, se retrouve en Bade, Belgique, Espagne, Roumanie, Serbie, sauf quelques nuances dans l'organisation. — Des conciliateurs spéciaux existent, distincts des juges de paix, en Autriche, Italie, Würtemberg. — La conciliation n'existe pas en Hongrie. Des tribunaux analogues aux juges de paix existent en Allemagne, Luxembourg, Pays-Bas, Portugal, Russie ; — n'existent pas en Angleterre, Suède, Hongrie, Norvège, Danemark, Prusse. — En ces trois derniers pays, il existe des conciliateurs.

564. 6° *Conseils de prud'hommes*. — Cette juridiction disparut avec les jurandes et maîtrises dont elle était la conséquence (L. 17 mars 1791). Elle fut rétablie à Lyon par la L. 18 mars 1806 qui autorisait des créations semblables en d'autres villes. Elle a été souvent réglementée, tantôt dans un sens favorable aux patrons (D. 11 juin 1809), tantôt dans un sens favorable aux ouvriers (L. 27 mai 1848). Les lois des 1er juin 1853 et 7 février 1880 paraissent tenir la balance à peu près égale.

Le but de cette juridiction est de fournir aux patrons et ouvriers industriels une justice prompte, peu coûteuse, rendue par des juges spécialistes élus par les justiciables, et surtout de prévenir par la conciliation un grand nombre de procès. L'idée est séduisante ; aussi plusieurs songent-ils à étendre la compétence des prud'hommes aux différends entre les négociants et leurs employés, à créer des prud'hommes spéciaux pour le commerce, pour l'agriculture, pour les mines. On se souviendra à ce propos de ce qui a été dit sur l'arbitrage et les juges de paix. Les conseils d'appel dont on a aussi demandé la création ne paraissent pas utiles ; il importe que cette juridiction ne soit pas entièrement livrée à elle-même et subisse le contrôle de juges jurisconsultes.

565. Les conseils de prud'hommes sont établis par des décrets rendus avec l'avis du Conseil d'Etat ; ils se composent pour moitié de patrons, pour moitié d'ouvriers. Le décret qui les crée fixe le nombre de leurs membres ; le minimum est six membres. Ils élisent un président et un vice-président, l'un parmi les patrons, l'autre parmi les ouvriers. En 1890, il y avait 130 conseils de prud'hommes. Leurs attributions sont les unes judiciaires, les autres extrajudiciaires.

Ils jugent : en matière civile, les procès entre patrons et ouvriers relativement au métier ; ils statuent soit en dernier ressort, soit en premier ressort, l'appel devant être porté aux tribunaux de commerce ; — en matière pénale : les manquements des apprentis envers les patrons et les infractions à la discipline des ateliers. L'appel va à la chambre correctionnelle du tribunal de première instance.

Leurs attributions extrajudiciaires consistent surtout à concilier les différends entre patrons et ouvriers. Ils ont aussi un rôle en matière de marques de fabrique et de dessins, dans l'inspection des ateliers, etc.

566. Il faut classer à part les prud'hommes pêcheurs de la Méditerranée. Cette institution très ancienne fut exceptée de la suppression générale de 1791 et est encore régie par des usages et des règlements remontant à l'ancien régime. Il en résulte notamment que la procédure est purement orale, que les jugements n'ont qu'un caractère disciplinaire, sont insusceptibles de recours et sont exécutés par les prud'hommes eux-mêmes.

567. *Droit comparé.* — Il existe des tribunaux analogues aux conseils de prud'hommes en Allemagne, Autriche, Belgique, Portugal, dans les cantons suisses de Genève, Neufchâtel, Vaud.

568. III. Le personnel des juridictions. — 1° *Son recrutement.* — Le mode n'en est pas uniforme. Il faut distinguer les tribunaux de commerce et les conseils de prud'hommes d'une part, les autres juridictions d'autre part.

569. A. *Tribunaux de commerce et conseils des prud'hommes.* — Ils sont électifs. Sur le principe, il n'y a guère de difficulté. Ces juridictions ne peuvent répondre à leur but, rendre les services attendus qu'à la condition de sortir de l'élection. L'application du principe, la composition du corps électoral sont moins simples.

570. *Tribunaux de commerce.* D'après la L. 24 août 1790, ils étaient élus par tous les commerçants du ressort. Cependant Paris, Lyon, Marseille et Bordeaux avaient un régime spécial fondé sur le suffrage à deux degrés (D. 27 janvier 1791 et 19 vendémiaire An IV). Cette législation fut abrogée par le C. Co., 1807. Désormais l'électorat commercial appartint à un nombre limité de notables commerçants désignés annuellement par le préfet avec l'approbation du ministre de l'intérieur. La L. 28 août 1848 déclara électeurs tous les commerçants patentés depuis 5 ans et domiciliés depuis 2 ans; elle fut abrogée par le D. 2 mars 1852 qui rétablit le système du C. Co. Le D. 27 octobre 1870 revint au régime de 1848, mais il fut cassé par l'Assemblée nationale, le 3 avril 1871, et remplacé par la L. 21 décembre 1871. Cette loi instituait une liste d'électeurs commerciaux comprenant au moins 50 noms et au plus 1000, en général un dixième du nombre des patentés. La liste du département de la Seine devait porter 3000 noms. Les listes étaient dressées dans chaque ressort par une commission composée du maire de la ville où siège le tribunal de commerce, de membres du conseil général du département, de la chambre de commerce, du tribunal de commerce, du conseil des prud'hommes.

571. Ce régime a enfin été modifié par la L. 8 décembre 1883 ([1]). Actuellement, l'électorat commercial appartient à tous les commerçants. Les efforts tentés pour donner l'électorat aux femmes commerçantes n'ont pas abouti; il semble pourtant qu'il y ait quelque chose à faire en ce sens.

La liste des électeurs est dressée pour chaque commune dans la première quinzaine de septembre, par

---

([1]) Art. 1. « Les membres des tribunaux de commerce sont élus par les citoyens français commerçants patentés ou associés en nom collectif depuis cinq ans au moins, capitaines au long cours et maîtres au cabotage ayant commandé des bâtiments pendant cinq ans, directeurs des compagnies françaises anonymes de finance, de commerce et d'industrie, agents de change et courtiers d'assurances maritimes, courtiers de marchandises, courtiers interprètes et conducteurs de navires institués en vertu des art. 77, 79 et 80 du code de commerce, les uns et les autres après cinq années d'exercice, et tous, sans exception devant être domiciliés depuis cinq ans au moins dans le ressort du tribunal. Sont également électeurs dans leur ressort les membres anciens ou en exercice des tribunaux et des chambres de commerce, des chambres consultatives des arts et manufactures, les présidents anciens ou en exercice des conseils de prud'hommes ».

L'art. 2 fixe les incapacités.

le maire assisté de deux délégués du conseil municipal.
Les réclamations sont portées au juge de paix.

Le suffrage universel appliqué pour la troisième
fois aux élections commerciales n'a pas donné des
résultats satisfaisants. Comme en 1790 et en 1848, les
nouveaux électeurs ont négligé l'exercice de leur droit
de suffrage, les anciens se sont désintéressés de ce
droit prodigué, et les abstentions, très rares sous le
régime du C. c. de 1852 et de 1871, s'élèvent aujour-
d'hui à un chiffre formidable. Le résultat avait été
prophétisé en 1848 et en 1883; il me semble la condamnation, par les intéressés même, du régime qui
l'a produit. On peut même craindre que les élections
commerciales ne tombent aux mains de quelques intri-
gants et que l'institution ne soit corrompue par une
application défectueuse.

On a songé à rendre le vote obligatoire, à établir le
suffrage à deux degrés que consacraient les L. 4 février
1791 et 19 vendémiaire An IV. Ce ne serait encore que
des palliatifs. Le régime de 1871 paraît préférable.

Est éligible tout électeur âgé de 30 ans, tout ancien
commerçant domicilié dans le ressort du tribunal. On
débute nécessairement comme juge suppléant; après
un an d'exercice, le juge suppléant peut être élu juge;
il faut deux ans d'exercice comme juge pour être élu
président. Chacun est élu avec sa qualité : juge suppléant, juge, président. Le tribunal de commerce se
renouvelle par moitié tous les ans. Le président et les
juges sortants ne sont rééligibles qu'une fois; ils rede-
viennent éligibles après un an. Les juges suppléants
sont immédiatement rééligibles ou éligibles comme
juges.

572. Les électeurs sont convoqués par le préfet dans
la première quinzaine de décembre au plus tard. Le
vote a lieu au chef-lieu de chaque canton, sous la présidence du maire ou de son délégué, assisté des deux
plus âgés et des deux plus jeunes électeurs présents.

Le président est élu au scrutin individuel. Les juges

et suppléants sont élus au scrutin de liste, mais séparément.

Le scrutin dure de 10 heures du matin à 4 heures du soir.

Pour être élu au premier tour, il faut obtenir la majorité absolue des suffrages exprimés et un nombre de voix égal au quart des électeurs inscrits.

Le deuxième tour de scrutin a lieu quinze jours après.

Les électeurs et le procureur général ont 5 jours pour attaquer les élections devant la cour d'appel.

573. *Conseils de Prud'hommes.* Sont électeurs : les patrons âgés de 25 ans, patentés depuis 5 ans et domiciliés depuis 3 ans ; les ouvriers ayant 25 ans d'âge, 5 ans de profession, 3 ans de domicile (L. 1er juin 1883, art. 4). L'élection est soumise à peu près aux mêmes règles que celle des tribunaux de commerce. Les réclamations sont jugées par le conseil de préfecture. Sont éligibles les électeurs âgés de 30 ans, sachant lire et écrire([1]).

574. B. *Autres juridictions.* — Ici les controverses sont vives, soit sur le mode de recrutement (nomination par le chef de l'Etat, élection au suffrage universel ou au suffrage restreint, cooptation, concours), soit sur les conditions exigées des magistrats.

La Constituante vota le 4 août 1789 la suppression des offices vénaux, des offices de judicature notamment. Puis elle décréta que les juges seraient élus à temps par le peuple et recevraient leur institution du Roi qui ne pourrait la refuser (D. 24 août 1790, 1er décembre 1790).

L'élection populaire est de nouveau consacrée par les C. 1791, 1793, An III. Elle a été proposée et repoussée le 14 octobre 1848 ; votée par la Chambre des Députés le 10 juin 1882, puis finalement rejetée le 27 janvier 1883.

([1]) *Adde* L. 10 décembre 1884.

La nomination par le chef de l'Etat a été établie par la C. An viii, sauf les juges de paix, encore élus par le peuple, et le tribunal de cassation élu par le Sénat sur la présentation du Premier Consul. Les exceptions ont été supprimées par le Scs. An xii. La règle a été depuis consacrée par toutes les Constitutions. La L. 30 août 1883 la confirme encore, en dépit des efforts faits pour la renverser.

575. Le droit de nomination par le chef de l'Etat a donc encore un grand nombre de partisans et même la majorité. C'est, en effet, le système le plus pratique et le plus sûr. Il ne vaut pas tant par lui-même que par comparaison avec les autres régimes proposés dont les uns seraient trop dangereux, les autres trop compliqués.

Il a besoin d'une réglementation sage, précise et rigoureuse. Il risque de mettre les tribunaux judiciaires à la discrétion du Gouvernement ; l'inamovibilité (n° 585) ne pare qu'imparfaitement à cet inconvénient, car l'avancement est un appât pour les ambitieux, une récompense pour les complaisants. Il ouvre la porte, pour les nominations et l'avancement, aux influences politiques ; il assure moins les bons choix que les choix utiles au Gouvernement et l'inamovibilité rend définitives les mauvaises nominations.

A ces inconvénients, on a proposé plusieurs remèdes. Les uns visent surtout les classes et l'avancement. Certains voudraient supprimer la hiérarchie judiciaire, faire à tous ses membres une situation égale, sauf peut-être des indemnités de résidence. D'autres, moins radicaux, conservent la distinction entre le premier ressort et l'appel, ou même admettent dans chaque degré plusieurs classes, mais n'acceptent l'avancement qu'à l'ancienneté ou sur présentation.

La suppression totale de la hiérarchie judiciaire et des classes enlèverait aux magistrats l'aiguillon qui les pousse à travailler pour avancer ; elle aboutirait probablement à la création de corps de magistrature locaux, moins soucieux de leurs fonctions que de leurs intérêts et de leurs affections, trop intimement mêlés à la vie des justiciables pour ne pas subir l'influence des passions villageoises. Il me paraît également impossible de supprimer l'avancement au choix, de condamner tous les magistrats, quelles que soient leurs capacités et leur activité, à suivre la même carrière. La réduction du nombre des classes, déjà opérée par la loi de 1883, et la présentation par la Cour pour l'avancement au choix auraient sans doute de grands avantages pratiques.

D'autres systèmes, voisins de celui-ci, veulent limiter l'arbitraire du Gouvernement soit pour l'entrée dans la magistrature, soit pour l'avancement. Les fonctions judiciaires ne seraient ouvertes qu'aux vainqueurs d'un concours spécial ou aux candidats portés sur une liste de présentation dressée par une assemblée où divers éléments seraient représentés. Pour l'avancement, le Gouvernement serait tenu de choisir entre des candidats présentés soit par les corps judiciaires seulement, soit par les corps politiques seulement, soit par les uns et les autres. Quelques-uns voudraient accorder le droit de présentation à l'Académie des sciences morales et politiques, aux Facultés de droit, aux avocats, aux officiers ministériels, aux jurés. Le moyen serait sans doute efficace ; l'application seule peut paraître délicate. Il faut éviter de créer des magistratures locales et particularistes, de permettre les complaisances réciproques ou les hostilités des divers corps dotés du droit de présentation. On y parviendrait peut-être en adoptant des circonscriptions un peu étendues, en faisant dresser plusieurs listes de présentation par divers corps, en tenant ces listes secrètes. — Certains n'autoriseraient les choix qu'entre des catégories ; la difficulté consiste à trouver des catégories qui ne soient ni trop étroites ni trop larges.

On a songé aussi à exiger des magistrats des condi-

tions plus rigoureuses, ainsi un âge plus avancé pour
certaines fonctions, le doctorat en droit, un stage plus
long dans la profession d'avocat, les offices ministériels, les Facultés de droit. Il semble que ces conditions
ne garantissent pas les qualités qui font le bon magistrat; elles auraient pour effet de retarder l'âge d'entrée
dans la magistrature sans qu'il y ait là un avantage
évident; elles pourraient avoir sur le doctorat en droit
une influence fâcheuse.

576. Tels sont les correctifs proposés pour diminuer
les inconvénients que présente la nomination des
magistrats par le Gouvernement. Beaucoup les trouvent insuffisants et préfèrent un régime différent dans
son principe.

Le plus bruyant de ces systèmes propose l'élection
des juges par le suffrage universel. On en devine l'argument essentiel. Le peuple étant le souverain a le
droit de déléguer directement ses attributions lorsqu'il
ne peut les exercer lui-même. Le troisième pouvoir
doit être institué par lui comme l'est le pouvoir législatif, comme devrait l'être le pouvoir exécutif. — A supposer que le peuple soit souverain, il est obligé de
déléguer ses pouvoirs, non seulement par la force des
choses, mais parce qu'il n'est pas capable de les exercer. Et notre question reste entière, car elle se réduit
à demander si le suffrage universel est apte à choisir
de bons juges. Or si l'on peut admettre la compétence
du peuple pour nommer des députés, il ne paraît pas
possible d'en dire autant pour l'élection des juges. Le
choix d'un député est relativement simple. Il s'exerce
entre un petit nombre de candidats et pour un faible
nombre de sièges. Il est dicté par des considérations
politiques très importantes, très saillantes, très connues. Le choix d'un juge s'exercerait entre de nombreux compétiteurs et pour un nombre considérable
de sièges. Il doit être guidé par une appréciation délicate des qualités intellectuelles, des connaisances juridiques, des caractères des candidats; de ces choses,

les électeurs ne sauraient avoir une notion suffisante, et en fait ils s'inspireraient le plus souvent des opinions politiques, plus faciles à comprendre et à juger. L'accord du juge avec l'opinion publique, à laquelle les questions de droit restent étrangères, n'a que de minces avantages et peut avoir de terribles conséquences. Le juge issu d'une élection politique et d'un mouvement d'opinion serait l'instrument d'un parti au lieu d'être l'interprète du droit. Il serait à la fois le chef et l'esclave de ses électeurs, l'ennemi et la victime du parti adverse. Son indépendance serait d'autant plus contestable qu'on déclare l'inamovibilité inconciliable avec l'idée d'élection et qu'on souhaiterait des élections fréquemment répétées. Ainsi la justice manquerait des qualités nécessaires à sa mission sociale : la capacité, l'impartialité, l'indépendance.

Enfin les divers tribunaux auraient un caractère local et particulariste.

On objecte les tribunaux de commerce et les prud'-hommes. L'analogie n'existe pas. Ces juridictions sont peu nombreuses; elles sont choisies par un corps électoral restreint; elles ne donnent aucun traitement; enfin l'équité et l'usage ont plus de place dans les matières de leur compétence que dans les matières civiles.

577. L'expérience, qui est en matière sociale l'argument décisif, a condamné le système de l'élection populaire. Les élections de 1790, faites d'ailleurs au suffrage restreint, furent assez bonnes. L'œuvre impartiale de ces juridictions souleva les réclamations passionnées des politiciens déçus et aboutit à une épuration des tribunaux. Elus pour six ans, les juges furent renouvelés intégralement en 1792. La Convention eut plus d'une fois recours à des épurations.

Le système lui survécut; les élections de l'An v furent annulées en partie par le Directoire, en totalité par le Corps législatif; le Directoire reçut plusieurs fois le droit de nommer provisoirement les juges;

l'institution ainsi faussée et forcée donna en l'An vi des résultats tels que la C. An viii répondit au vœu général en donnant au Gouvernement le droit de nommer les juges.

L'exemple des pays étrangers confirme notre histoire. Les Etats-Unis ont d'abord pratiqué la nomination par le Président sur l'avis du Sénat, pour la justice fédérale. En 1846, ils ont établi l'élection et réduit (entre un et dix ans) la durée des fonctions judiciaires. Dès longtemps, l'opinion publique a dénoncé la médiocrité générale des juges élus et plusieurs cas de corruption. Les Etats qui pour leur justice propre avaient adopté à leur tour l'élection populaire semblent en souffrir et se tourner d'un autre côté. Notamment leurs lois augmentent la durée des fonctions judiciaires, tellement qu'elles touchent à l'inamovibilité (12 ans en Californie et en Louisiane, 14 ans dans l'Etat de New-York, 15 ans dans le Maryland, 21 ans dans la Pennsylvanie). C'est le début d'un mouvement de réaction.

De même en Suisse. La sagesse proverbiale du peuple suisse a su longtemps éviter les dangers de l'élection et de la courte durée (entre trois et huit ans) des fonctions judiciaires. Les magistrats en exercice sont généralement renouvelés indéfiniment. On remarque cependant que les passions politiques influent trop sensiblement sur la solution de certains procès et l'opinion publique commence à s'émouvoir.

578. Certains partisans de l'élection, reconnaissant les défauts du suffrage universel appliqué au choix des juges, proposent de confier l'élection à un corps électoral restreint (¹). Cette opinion mitigée doit encore être repoussée, à cause du principe même qu'elle

(¹) On trouve une application partielle de cette idée : en Russie, le juge de paix est élu par le conseil de district ; au Mexique, la Chambre Basse élit la cour suprême de justice. — En France, on a songé à faire nommer la Cour de cassation par les Chambres.

adopte. Elle serait aussi d'une application difficile. Comment et de quels éléments composer le corps électoral spécial? Comme tous les justiciables sont intéressés dans l'affaire, on verrait des extensions progressives proposées et admises, et on reviendrait fatalement au suffrage universel. Réussît-on même à éviter cette extension, on remettrait le choix des juges à une coterie tyrannique. On n'empêcherait pas à coup sûr la formation de corps judiciaires recrutés sur place, imbus de soucis et de préjugés locaux.

579. Un autre système consiste à faire nommer les juges supérieurs par les juges inférieurs, ou bien à l'inverse les inférieurs par les supérieurs, ou enfin à permettre que chaque tribunal se recrute lui-même. C'est le meilleur moyen de faire de la magistrature une caste fermée où nul n'entrera que les parents et amis des juges en fonctions, et de ressusciter les compagnies judiciaires de l'Ancien Régime.

580. On a songé enfin à donner aux tribunaux le droit de nommer leurs présidents. Le Gouvernement perdrait ainsi des nominations importantes, un moyen d'action puissant. Le difficile, c'est d'admettre soit une élection à temps, soit une élection à vie. — Certains voudraient aussi que les présidents fussent nommés à temps; la règle augmenterait les droits du Gouvernement; elle est inacceptable.

581. *Droit comparé.* — Les juges sont en général nommés par le chef de l'Etat. Mais les conditions requises sont en général plus rigoureuses qu'en France; les choix du Gouvernement s'exercent sur une liste de présentation en Italie; dans les Pays-Bas, la Cour suprême est élue sur présentation de la Chambre Basse; en Belgique, la Cour de cassation est nommée sur la présentation des deux Chambres, les membres des Cours d'appels, sur la présentation des Cours et des conseils provinciaux.

En Suisse et dans plusieurs Républiques américaines, les juges sont élus.

En Hongrie, Roumanie, Suède, les juges inférieurs sont élus.

582. 2° *Conditions requises.* — Pour être nommé à une fonction judiciaire, il faut remplir les conditions suivantes :

a. La qualité de Français. — Un étranger, même autorisé à domicile, ne peut être nommé magistrat. — Le magistrat qui perd la qualité de Français est déchu de ses fonctions ;

b. La jouissance des droits civils et politiques. — Les incapables soit du droit civil, soit du droit criminel ne peuvent entrer dans la magistrature. — Toute incapacité encourue pendant l'exercice des fonctions entraîne déchéance ;

c. Un certain âge : 25 ans pour les juges titulaires ou suppléants des tribunaux de première instance ; 27 ans pour les présidents ou vice-présidents des mêmes tribunaux, pour les conseillers des cours d'appel ; 30 pour les juges de paix et leurs suppléants, pour les présidents de chambre et premiers présidents des Cours d'appel, pour les membres de la Cour de cassation. — Aucune dispense d'âge ne peut être accordée ;

d. Le diplôme de licencié en droit obtenu devant une Faculté de droit française.

e. Un stage de deux ans au barreau.

Les deux dernières conditions ne sont pas exigées des juges de paix. Le faible traitement et l'avenir borné que donnent ces fonctions font les candidats assez rares et les choix assez difficiles pour que les exigences soient réduites.

L'absence d'une des conditions ci-dessus énumérées entraîne une incapacité générale pour toutes les fonctions judiciaires. En outre, deux magistrats parents ou alliés jusqu'au degré d'oncle et de neveu inclusivement ne peuvent faire partie d'un même tribunal. Le Gouvernement peut autoriser leur présence simultanée si la juridiction compte plus de huit membres. Si l'alliance est survenue depuis l'entrée en fonctions des deux magistrats, le Gouvernement peut aussi les autoriser à siéger ensemble.

Ne peut siéger tout magistrat titulaire ou suppléant dont l'un des avocats ou avoués représentant l'une des parties intéressées au procès est parent ou allié jusqu'au troisième degré inclusivement.

Ces conditions sont seules exigées par les lois. Il n'y a pas une filière à suivre régulièrement pour parvenir des fonctions du début aux plus élevées. Un citoyen peut être directement nommé à un poste quelconque. L'avancement est aussi affranchi de toutes règles. — En fait les nominations et promotions ont toujours lieu sur les présentations faites par le premier président et le procureur général de chaque Cour d'appel.

583. *3o Serment et installation des magistrats.* — Tout magistrat doit :

d'abord prêter serment. C'est le préliminaire obligé de son entrée en fonctions. Tous les jugements ou actes judiciaires auxquels participe un magistrat qui n'a pas encore prêté serment sont nuls ; le magistrat lui-même est frappé de peines disciplinaires et d'une amende (C. P. 196). — Le traitement court du jour où le serment a été prêté. Le magistrat qui laisse passer deux mois à compter de sa nomination sans prêter serment ou qui refuse de le prêter est réputé démissionnaire. — Le serment est dû à chaque promotion ou changement de ressort. Le serment des juges de paix et des prud'hommes est reçu par le tribunal de première instance ; les juges de ce dernier tribunal et ceux du tribunal de commerce prêtent serment devant la première chambre de la Cour d'appel ; les membres des Cours d'appel et de la Cour de cassation devant la Cour elle-même en assemblée générale.— Le serment est aujourd'hui purement professionnel. Sa formule est fixée par le D. 22 mars 1852. — Il y a eu un serment politique, supprimé par le D. 5 septembre 1870.

en second lieu, se faire installer. La cérémonie consiste simplement en une lecture du procès-verbal de la prestation de serment ; puis le président appelle le nouveau magistrat à prendre place parmi ses collègues.

La juridiction chargée de recevoir le serment ou d'installer ne peut refuser, sans commettre un excès de pouvoir. Elle peut cependant surseoir pour signaler au Gouvernement l'incapacité du magistrat nommé.

584. 4° *Avantages attachés aux fonctions judiciaires.* — Les principaux sont :

a. La dispense de certains services publics : tutelle, curatelle, etc ; elle n'existe pas au profit des juges du commerce et des prud'hommes ;

b. Un privilège de juridiction : les poursuites correctionnelles dirigées contre un magistrat sont jugées par la première chambre de la Cour d'appel (C. I. Cr., 479, 483) ;

c. Un traitement : les chiffres ont été souvent modifiés. Ils ont été augmentés par la L. 30 août 1883 actuellement en vigueur. Depuis la L. 23 mai 1854, on ne distingue plus les divers éléments (fixe, supplément, assistance), dont se composait jadis le traitement ;

585. *d*. L'inamovibilité. Le magistrat ne peut, en principe et sous réserve des peines disciplinaires, ni être dépouillé de ses fonctions, ni être déplacé du siège qu'il occupe. Le Gouvernement n'a sur lui aucun moyen d'action. Les peines disciplinaires sont appliquées par la cour de cassation.

L'inamovibilité a pour origine la vénalité des charges usitée sous l'ancien régime. Le juge ayant payé sa fonction ne pouvait équitablement en être privé sans indemnité ; la pénurie constante du trésor royal empêchait le remboursement et assurait l'inamovibilité.

Elle est aujourd'hui considérée généralement comme indispensable pour que la justice soit bien rendue. Elle garantit l'indépendance et l'impartialité du juge, en lui enlevant le souci de ses intérêts privés et la crainte d'encourir, par une décision désagréable aux puissants, une révocation. Elle empêche que la justice ne devienne une institution de parti, et la formule du droit l'expression d'une opinion politique. Elle assure l'exacte séparation du Gouvernement et de l'autorité judiciaire. Elle donne aux citoyens la certitude que les jugements ne sont dictés ni par la peur, ni par l'ambition, et elle garantit aux juges le prestige, à leurs décisions l'autorité nécessaires à l'ordre social. Enfin, les juges, par l'exercice prolongé de leurs fonctions, acquerront de l'expérience et des lumières nouvelles ; ils s'attacheront d'autant plus à leurs fonctions qu'ils les savent plus définitives.

L'inamovibilité est l'objet de critiques anciennes. On lui reproche son inutilité. Le juge amovible peut être impartial et éclairé ; le juge inamovible peut être servile et inintelligent. Et l'on cite des exemples. — Les exceptions confirment la règle et ne prouvent pas que pour l'immense majorité des juges, l'inamovibilité ne soit une garantie utile.

On ajoute qu'elle est contraire aux principes républicains et démocratiques. Elle supprime la responsabilité, or tous les pouvoirs doivent émaner de la nation et être responsables devant elle. — La société a moins besoin d'institutions logiques que d'institutions bonnes. Elle veut avant tout que la justice soit bien rendue et si l'inamovibilité y concourt, elle doit être admise, quand même elle violerait la sainteté des principes. Mais encore la contradiction que l'on suppose entre la démocratie et l'inamovibilité est démentie par l'histoire constitutionnelle et par le droit comparé. Il n'y a pas de principe qui tienne contre les faits qui vont être résumés (n° 587). Ils montreront qu'une magistrature inamovible convient à tous les régimes, et on pourrait même soutenir que, représentant la fixité et la stabilité du droit écrit au sein de la mobilité de l'opinion publique, elle a dans les régimes républicains une utilité particulière.

586. Les pires ennemis de l'inamovibilité sont ceux

qui, sous prétexte de la respecter, demandent non sa
suppression, mais sa *suspension* pendant le temps
nécessaire pour effectuer l'épuration des juges récal-
citrants. L'inamovibilité, disent-ils, garantit un contrat passé entre le juge et le Gouvernement. Si celui-
ci disparaît emporté par une révolution, son successeur n'est pas lié par les engagements qu'il n'a pas
pris et peut refuser de renouveler le contrat avec des
hommes qui sont ses ennemis naturels. L'inamovibilité est une garantie prise contre le pouvoir exécutif;
le pouvoir législatif en est affranchi et peut le méconnaître lorsqu'elle gêne son action réformatrice. Il en a
même le devoir lorsque l'inamovibilité, édictée en
faveur du peuple, fournit un moyen de résister aux
volontés du peuple exprimées par ses représentants et
devient un danger au lieu d'être une protection.

Toute cette logique n'empêchera pas que l'inamovibilité cesse dès qu'elle est suspendue. On peut persuader
aux passions populaires qu'elle est un frein et par conséquent un ennemi ; on ne fera pas qu'elle soit respectée
parce qu'elle n'a été violée que pendant quelques mois.

Ce système porte en lui-même sa punition. Une
épuration appelle l'autre, et chaque parti arrivant au
pouvoir respectera à sa manière l'inamovibilité en élimi-
nant ses adversaires au profit de ses amis. Les fonctions judiciaires seront ainsi mises en coupes réglées
comme un butin.

La servilité des juges soumis à ce régime est iné-
luctable. Ils n'en seront d'ailleurs pas plus fidèles. On
les verra suivre et quitter avec un égal empressement
tous les partis, afin de conserver leurs places. Il est
plus habile et plus sage d'attendre que le temps amène
le renouvellement progressif des corps judiciaires.

587. L'inamovibilité fut accordée aux juges élus à
temps par les constitutions révolutionnaires (D. 24
août 1790, C. 1791). Néanmoins les élections furent
plusieurs fois annulées (D. 3 brumaire An IV, 19 fructidor An V).

La C. An viii la consacre à son tour, tout en donnant au Premier Consul le droit de nommer les juges. Ceux-ci ne conservaient leurs fonctions que s'ils étaient maintenus tous les trois ans sur les listes de notabilité. Le Gouvernement pouvait indirectement obtenir des électeurs une radiation qui entraînait la destitution. Le coup d'Etat du 18 brumaire avait été suivi d'une épuration de la magistrature.

Le Scs. 12 octobre 1807 organisa une commission de six sénateurs pour procéder à l'examen des juges signalés pour leur incapacité, leur inconduite et leurs déportements, et pour proposer à l'Empereur des mesures à leur égard. De là une nouvelle épuration (D. 24 mars 1808). Une troisième résulte de nombreuses omissions volontairement faites dans le renouvellement des Cours d'appel (D. 10 octobre 1810). Le Scs. 1807 décidait au surplus que l'inamovibilité pourrait être accordée par l'Empereur à son gré, aux magistrats ayant cinq ans d'exercice. La magistrature ainsi épurée subit avec une docilité passive les événements de 1814 et de 1815.

La Charte de 1814 garantissait l'inamovibilité aux juges *nommés par le Roi*. Le texte fut interprété par diverses ordonnances (15 février, 7 et 12 juillet, 18 septembre 1815) qui, soit par voie d'omission, soit par voie d'exclusion, épurèrent la magistrature impériale. Un projet de loi dans ce sens, déposé le 29 novembre 1814, avait été retiré à cause de l'opposition manifestée par la Chambre des Députés. Entre temps, Napoléon Ier, rentré pour cent jours, en consacra quelques-uns à épurer les tribunaux. L'inamovibilité était ajournée au 1er janvier 1816.

La Chambre *introuvable* de 1816 vota la suspension de l'inamovibilité et l'épuration par une commission de députés. La Chambre des Pairs arrêta la loi par un vote négatif.

La Charte de 1830 avait un texte semblable à celui de 1814. La Chambre des Députés repoussa, le 7 août

1830, une proposition tendant à renouveler l'investiture des juges par le Roi. Elle préféra exiger un serment dont la formule fut telle qu'une centaine de démissions furent envoyées (L. 31 août 1830).

Le Gouvernement provisoire de 1848 déclara que l'inamovibilité était contraire à la République, approuva (24 mars) les suspensions de magistrats prononcées dans les provinces et donna (17 avril) au garde des sceaux le droit de continuer jusqu'au vote d'une loi organique sur la magistrature. Mais la C. 1848 garantit l'inamovibilité. La Constituante (10 avril 1849) et la Législative (8 août 1849) repoussèrent des propositions tendant à une nouvelle investiture. Les réductions ne purent être faites que par voie d'extinction ; les tribunaux en exercice reçurent une nouvelle investiture.

Le Second Empire ne toucha pas ouvertement à la magistrature inamovible ; il préféra, en fixant une limite d'âge autorisant la mise à la retraite, hâter le renouvellement du personnel judiciaire.

Le garde des sceaux du Gouvernement de la Défense nationale, autorisé par le D. 10 septembre 1870, avait frappé de déchéance quinze magistrats, anciens membres des commissions mixtes de 1852 (D. 28 janvier 1871). Son acte fut annulé par l'Assemblée nationale (L. 25 mars 1871).

588. Récemment l'inamovibilité a été suspendue. On sait que la L. 30 août 1883 a opéré dans le personnel judiciaire d'importantes réductions. Au lieu de les réaliser progressivement à mesure des vacances par décès, démission, mise à la retraite, la loi de 1883 a suspendu pour trois mois l'inamovibilité. Dans ce délai, le garde des sceaux eut le droit et l'obligation d'éliminer un nombre de magistrats égal au nombre des sièges supprimés.

Les exclusions, c'est-à-dire les révocations, pouvaient porter sur l'ensemble du personnel et non séparément sur chaque juridiction ; les anciens membres des commissions mixtes de 1852 devaient nécessairement être éliminés. En dépit de demandes énergiquement appuyées et même d'un vote de la Chambre des Députés, les éliminations durent être strictement égales aux réductions. Cette disposition restreint heureusement la portée de cette suspension de l'inamovibilité. En fait les démissions provoquées par la loi et les réductions ordonnées par elle ont amené le renouvellement d'une partie considérable des corps judiciaires.

La loi de 1883 accorda aux magistrats éliminés une pension de retraite égale à un cinquième de leur traitement moyen, pour ceux qui avaient moins de six ans de services ; un quart du traitement moyen des six dernières années pour ceux qui avaient entre six et dix ans de services ; deux cinquièmes entre dix et vingt ans ; moitié, entre vingt et trente ans. Au-dessus de trente ans, chaque année en plus augmentait la retraite d'un soixantième. Quant aux magistrats qui n'avaient pas droit à une retraite, ils reçurent une indemnité annuelle.

589. L'inamovibilité, même quand elle n'est pas suspendue, n'est pas une règle absolue. Elle ne signifie pas que le juge gardera sa fonction jusqu'à la fin de ses jours.

Ainsi les juges des tribunaux de commerce et des conseils de prud'hommes sont inamovibles, mais élus à temps. De même sous les C. 1791 et An III, tous les tribunaux étaient élus à temps et inamovibles.

Ainsi lorsqu'une loi supprime une juridiction ou une fonction judiciaire, elle enlève aux juges leurs fonctions.

Un juge peut encore être privé de son siège par mesure disciplinaire (n° 595).

Enfin, les juges peuvent être mis à la retraite. La mise à la retraite est tantôt obligatoire pour le Gouvernement, tantôt facultative.

Elle est obligatoire lorsque le magistrat a atteint la limite d'âge, qui est 75 ans pour les conseillers à la

Cour de cassation et 70 ans pour les autres magistrats
(D. 1er mars 1852). La règle, surtout considérée comme
une obligation, a été critiquée et son abrogation a été
souvent demandée. Elle oblige à conserver les vieillards infirmes et à exclure les vieillards sans infirmités.

Elle est facultative lorsque le magistrat est atteint
d'infirmités graves et permanentes (L. 16 juin 1824).
La demande de mise à la retraite peut être formée soit
par le magistrat intéressé, soit par le procureur général. Elle est examinée d'abord par une assemblée composée du premier président, des présidents de chambre
et du doyen de la Cour d'appel, qui entend le procureur
général. Si l'avis de la commission est favorable, le
garde des sceaux peut consulter l'assemblée générale
de la Cour. Si ce second avis est aussi favorable, le
garde des sceaux peut proposer au chef de l'Etat un
décret de mise à la retraite. La demande repoussée ne
peut être reproduite avant deux ans écoulés.

Le magistrat mis à la retraite jouit d'une pension.
Il peut aussi recevoir l'honorariat. Le magistrat hono-
raire continue d'appartenir à l'ordre judiciaire à certains égards, par exemple au point de vue de l'action
disciplinaire, du privilège de juridiction, des règles
d'étiquette. La loi connaît même, mais la pratique
ignore, un honorariat spécial aux Cours d'appel et de
cassation, qui donne le droit de siéger avec voix délibérative aux audiences solennelles. L'honorariat ne
peut être conféré ni aux juges commerciaux ni aux
prud'hommes.

590. Les juges de paix ne jouissent pas de l'inamovibilité et ne sont pas soumis aux règles relatives à la
mise à la retraite. Ils joignent à leurs fonctions judiciaires des attributions administratives; ils sont officiers de police judiciaire; ils sont dispensés des conditions de diplôme. Autant de raisons pour les soustraire
au droit commun de l'inamovibilité et de la retraite.

591. *Droit comparé.* — L'inamovibilité de la magistrature est reconnue par la plupart des lois étrangères,

sous quelques nuances. Elle est limitée par : des causes légales de destitution, en Angleterre et en Suède ; — une destitution prononcée par jugement, en Autriche, dans les Etats allemands, en Belgique, Danemark, Espagne, Portugal, Grèce, Luxembourg, dans les Pays-Bas, en Russie, Hongrie, Norvège ; — par le droit de suspension accordé au Roi dans des cas déterminés, en Espagne et Norvège ; — par le droit de déplacer le magistrat sans changer son traitement, en Serbie. En Portugal, le déplacement est obligatoire après six ans d'exercice au même siège ; en Espagne, après huit ans d'exercice ou lorsque le magistrat s'est marié ou a acquis un immeuble dans son ressort.

Aux Etats-Unis et dans la Confédération Argentine, l'inamovibilité est subordonnée à la bonne conduite du magistrat. En Italie, elle n'est acquise qu'après trois ans d'exercice ; le Gouvernement conserve encore le droit de déplacer le juge, après avis d'une commission élue dans son sein par la Cour de cassation de Rome.

En Roumanie, la Cour de cassation seule est inamovible.

592. 5° *Obligations, incapacités et incompatibilités attachées aux fonctions judiciaires.* — Le magistrat est soumis à des obligations spéciales.

Les unes sont relatives à ses fonctions : ainsi il doit juger lorsqu'il en est requis et ne peut s'abstenir sous aucun prétexte ; il doit juger en conscience ; il doit garder le secret des délibérations ; il doit être assidu aux audiences ; il ne peut s'absenter sans un congé régulier et il n'a droit qu'à un mois de congé par an.

Les autres y sont étrangères et touchent à sa vie privée ; il doit résider au siège du tribunal ; il doit s'abstenir de certains actes jugés contraires à sa dignité professionnelle (achat de droits litigieux, billet à ordre, mandat salarié, consultations juridiques, manifestations politiques). La plupart de ces actes sont permis aux membres des tribunaux de commerce et des conseils de prud'hommes.

14***

La sanction consiste, suivant les cas, dans la nullité des actes, des peines, des mesures disciplinaires, la privation des traitements, la présomption de démission, des dommages-intérêts aux particuliers, la prise à partie. Quelques mots sur celle-ci.

593. Les magistrats sont en général irresponsables à raison de l'exercice de leurs fonctions. Il y a exception pour un certain nombre de cas énumérés limitativement par les textes (C. Pr. Civ. 505 et s.) : par exemple en cas de dol, de fraude, de concussion, de déni de justice, etc. La prise à partie, ouverte dans ces cas exceptionnels, peut s'adresser soit à un juge, soit à une chambre, soit à une juridiction entière. Elle est portée en règle à la juridiction supérieure qui en autorise préalablement l'exercice. Elle se prescrit par dix ou trente ans selon les cas.

On s'est demandé si le D. 19 septembre 1870 a supprimé la prise à partie comme une entrave aux poursuites. La jurisprudence répond : non. Les auteurs sont divisés. Quelques-uns proposent de distinguer : la prise à partie subsisterait, l'autorisation de la juridiction supérieure serait supprimée.

594. Les magistrats sont incapables de la plupart des fonctions électives. Ils ne peuvent faire partie du jury. Les incapacités ne pèsent pas sur les membres des tribunaux de commerce et des conseils de prud'hommes.

Les fonctions de juge suppléant sont incompatibles avec le ministère ecclésiastique, la profession de greffier, d'huissier, de commerçant. Les autres fonctions judiciaires sont incompatibles, en outre, avec le ministère public, les fonctions administratives, la profession d'avocat, le mandat législatif; non avec la qualité de professeur dans une Faculté de Droit. — Celui qui exerce une fonction ou profession de ce genre, est réputé y renoncer en acceptant un siège judiciaire. Réciproquement, le magistrat qui accepte une fonction ou pratique une profession incompatible, est réputé démissionnaire.

595. 6° *Discipline judiciaire.* — C'est l'ensemble des règles et des sanctions relatives aux devoirs professionnels des magistrats.

Elle est distincte de la répression pénale et de la répression civile. La première ne comprendrait pas tous les faits que vise la discipline, ou appliquerait des pénalités exagérées. La seconde serait aussi incomplète et ne prononcerait que des dommages-intérêts. La discipline judiciaire s'applique à tous les manquements professionnels et leur inflige une pénalité appropriée, c'est-à-dire professionnelle.

Il se peut que le même fait exige à la fois la répression disciplinaire et les autres. L'action disciplinaire reste indépendante des actions civile et pénale. Elle peut être intentée avant ou après celles-ci; son exercice n'arrête pas leur cours ou leur commencement, de même qu'elle n'est jamais tenue de surseoir ; les résultats des actions civile et pénale n'influent pas nécessairement sur l'issue de l'action disciplinaire. La prescription en est réglée différemment.

La juridiction disciplinaire, attribuée aux Cours et Tribunaux par la L. 20 avril 1810, a été réservée par la L. 30 août 1883 à la Cour de cassation érigée en conseil supérieur de la magistrature ([1]).

Elle comprend tous les manquements professionnels; la liste n'en est pas donnée par la loi. Celle-ci se borne à citer les délibérations politiques, les manifestations hostiles à la République.

La Cour de cassation, siégeant comme juridiction

([1]) On avait proposé : d'attribuer la juridiction disciplinaire à un conseil composé de 3 sénateurs, 3 députés, 3 conseillers à la Cour de cassation, 3 conseillers d'Etat élus respectivement par leurs collègues, ce conseil aurait pu révoquer les magistrats; de composer le conseil supérieur avec des membres pris dans diverses juridictions. Le premier système consacrait la fin de l'inamovibilité; le second était discutable.

disciplinaire, siège toutes les chambres réunies. Le procureur général représente le Gouvernement.

Elle est saisie par le garde des sceaux. Elle ne statue qu'après avoir entendu ou dûment appelé le magistrat poursuivi.

Les peines disciplinaires sont : la censure simple, la censure avec réprimande et privation du traitement pendant un mois, la suspension provisoire avec privation du traitement pendant la durée. La destitution ne peut être prononcée que pour les faits entraînant incapacité des fonctions judiciaires, légalement constatés.

La Cour de cassation est également appelée à donner un avis obligatoire pour le Gouvernement : sur le déplacement d'un magistrat. Le déplacement ne peut entraîner aucun changement de fonction, aucune diminution de classe ou de traitement; — sur la mise à la retraite d'office des magistrats que des infirmités graves et permanentes mettent hors d'état de remplir leurs fonctions.

Le garde des sceaux a la surveillance des juges civils et commerciaux. Il peut appeler tout magistrat pour lui demander des explications sur sa conduite, et lui infliger une réprimande qui est transmise à l'intéressé par le premier président de la Cour d'appel du ressort.

Les règles qui précèdent ne concernent pas : les conseils des prud'hommes. Leurs membres sont placés sous l'autorité disciplinaire de l'Administration et du ministre du commerce; — les tribunaux de commerce; ils sont placés sous la surveillance du ministre de la justice.

596. IV. LE MINISTÈRE PUBLIC. — LES AVOCATS. — LES OFFICIERS MINISTÉRIELS. — 1° *Ministère public.* — Conformément aux traditions de l'ancien régime, il représente et défend les intérêts de la société et en même temps ceux du Gouvernement.

La Constituante faillit le supprimer; en le maintenant, elle le soumit à des règles toutes nouvelles. Le D. 24 août 1790 et la C. 1791 admettent des commissaires du Roi institués auprès de chaque juridiction ; ils sont inamovibles, ils n'ont pas l'initiative des poursuites criminelles, ni le droit de soutenir l'accusation devant le jury. Ils ont seulement le droit de donner leurs conclusions. Ils peuvent aussi soutenir la prévention en matière correctionnelle. Le D. 22 octobre 1792 leur enleva toute attribution en matière pénale. — L'institution considérée comme une représentation du pouvoir royal devait logiquement disparaître avec celui-ci. La C. 1793 n'en dit rien. — La C. An III rétablit les règles de 1790, sauf l'inamovibilité. Enfin celle de l'An VIII supprima l'accusateur public et en transmit les fonctions au commissaire du Gouvernement ; ce régime, dans ses traits essentiels, s'est perpétué jusqu'à nos jours.

597. Les attributions générales du ministère public consistent à veiller à l'observation des lois et à l'exécution des jugements, à défendre les intérêts de l'Etat, des départements, des communes, des établissements publics, des incapables.

Parmi ses attributions, les unes concernent l'administration, les autres la justice.

Les premières sont assez nombreuses. Le ministère public est chargé d'assurer l'exécution des jugements. Il surveille l'administration de la justice ; il signale les abus dans des mercuriales adressées aux tribunaux. Il avise le garde des sceaux des vacances de sièges, des manquements commis par les magistrats ; il lui transmet tous les six mois la statistique judiciaire, c'est-à-dire le résumé des travaux judiciaires ; il lui adresse les jugements portant déclaration d'absence. Il vérifie la tenue des actes de l'état civil, inspecte les établissements d'aliénés. Il donne son avis sur les dispenses en matière de mariage, etc.

598. Relativement à la justice, le ministère public joue un rôle important, soit en matière civile, soit en matière criminelle.

En matière criminelle, il intente et soutient l'action publique; il est le chef des officiers de police judiciaire, excepté le préfet et le juge d'instruction. Son intervention est exigée par la loi en diverses circonstances.

En matière civile, il agit : tantôt par voie d'action; il joue alors dans le procès le rôle ordinaire d'un plaideur. Il en est ainsi : 1° en matière de juridiction gracieuse; ainsi le ministère public peut demander la déclaration d'absence; — 2° lorsqu'il s'agit d'une amende que doit prononcer un tribunal civil; les cas sont nombreux dans le C. Pr. Civ. et les lois spéciales; — 3° en matière de juridiction contentieuse. Il agit parfois sur la réquisition de certaines personnes; ainsi on l'a vu proposer le déclinatoire d'incompétence et notifier l'arrêté de conflit. D'autres fois il agit spontanément et d'office; ainsi il peut en certains cas demander la nullité d'un mariage, l'interdiction judiciaire d'un aliéné, la déchéance d'un grevé de substitution. Plusieurs auteurs et la jurisprudence lui donnent le droit d'agir dans tous les cas où l'ordre public est intéressé, par exemple en matière d'opposition à mariage, de rectification des actes de l'état civil. La doctrine incline à ne lui donner le droit d'agir que dans les cas prévus par une loi formelle. En tout cas, il n'est pas obligé d'agir, sauf exception (C. civ. 491); — 4° quant aux attributions spéciales du procureur général près la Cour de cassation qui peut, dans l'inaction des plaideurs, former un pourvoi dans l'intérêt de la loi, dont les résultats ne toucheront pas les parties en cause; — 5° lorsque la loi le charge de représenter certains intérêts publics ou privés; ainsi il plaide au nom de l'Etat dans les procès relatifs au domaine, lorsque le préfet l'en charge; il plaide au nom des absents; il défend aux demandes en réduction de l'hypothèque légale des femmes mariées.

tantôt par voie de réquisition. Il n'est alors ni demandeur ni défendeur; son rôle se borne à donner des conclusions. — Il peut conclure en toute matière;

il est tenu de conclure : dans les causes énumérées par la loi (C. Pr. Civ. 83); devant la Cour de cassation; toutes les fois qu'il en est requis par le tribunal.

599. Il y a entre les deux modes de son action plusieurs différences dérivant du caractère accessoire ou principal de son rôle.

Lorsque le ministère public agit, il peut former contre les jugements les recours ouverts à tout plaideur; il doit, à peine de nullité, être associé à tous les actes de procédure; il peut former toute sorte de demande; il peut récuser un juge; il n'a la dernière parole que s'il est défendeur. — Lorsqu'il requiert, il n'a aucun recours, sauf le pourvoi en cassation dans l'intérêt de la loi; il n'est pas nécessairement présent à tous les actes de la procédure; il ne peut former aucune demande aux lieu et place des plaideurs; il ne peut récuser les juges; il prend la parole le dernier.

Lorsque le ministère public perd le procès qu'il a soutenu comme demandeur ou défendeur, il n'est pas condamné à payer les frais faits par l'adversaire, contrairement au droit commun.

600. Le ministère public existe auprès des tribunaux de première instance, des Cours d'appel, de la Cour de cassation. Il n'existe pas :

auprès des tribunaux de commerce. Choisi parmi les commerçants, il eût été inutile; choisi en dehors d'eux, il eût paru aux juges du commerce un censeur gênant. Son contrôle sur les matières commerciales s'exerce devant la Cour d'appel;

auprès des juges de paix. L'importance de la juridiction n'a pas paru assez grande pour mériter un ministère public. Les affaires un peu graves iront en appel devant le tribunal de première instance. Cependant, quand le juge de paix siège comme tribunal de simple police, les fonctions du ministère public sont remplies par un commissaire de police, ou un suppléant du juge de paix, ou un maire désigné pour un an par le procureur général près la Cour d'appel;

auprès des conseils de prud'hommes pour les mêmes motifs.

601. L'ensemble des fonctionnaires du ministère public institués auprès de chaque juridiction porte le nom traditionnel de *parquet*.

Le parquet de la Cour de cassation comprend : un procureur général, six avocats généraux ; entre ceux-ci on distinguait jadis un premier avocat général. Le poste a été supprimé (D. 16 novembre 1870).

Le parquet de chaque Cour d'appel comprend : un procureur général, chef du ministère public dans le ressort de la Cour, et ayant un pouvoir disciplinaire sur ses subordonnés ; il est plus spécialement chargé des fonctions intérieures du parquet, mais l'usage lui concède le droit de porter la parole aux audiences ; — des avocats généraux, à raison d'un par chambre, la chambre des mises en accusation exceptée ; leur rôle essentiel est de porter la parole ; ils sont aussi appelés dans l'ordre d'ancienneté à remplacer le procureur général empêché. Le D. 16 novembre 1870 a supprimé le premier avocat général investi de prérogatives particulières ; — des substituts du procureur général. Il y en a deux auprès de chaque Cour ; par exception, il y en a onze à Paris, trois à Rennes, un à Bastia. Ils rédigent les actes judiciaires, notamment les rapports adressés à la chambre des mises en accusation et les actes d'accusation. Au besoin, ils suppléent les avocats généraux aux audiences.

En cas d'empêchement de tous les membres du ministère public, les fonctions en sont remplies par un conseiller désigné par la Cour.

Le parquet de chaque tribunal de première instance comprend : un procureur de la République, chef du parquet sous l'autorité du procureur général ; — des substituts du procureur de la République, à raison d'un par chambre. Mais 155 parquets ne se composent que du procureur de la République. La L. 30 août 1883 qui dispose ainsi, ajoute que le procureur général peut déléguer temporairement un juge suppléant ou un substitut appartenant à un autre parquet du ressort. Si tous les membres du parquet sont empêchés, le tribunal désigne un juge ou un suppléant pour en faire les fonctions.

602. Les fonctionnaires du ministère public sont nommés par le chef de l'Etat et révocables. En général, les nominations ont lieu sur la présentation du procureur général. Les conditions exigées sont : la qualité de Français, le grade de licencié en droit, un stage de deux ans au barreau, l'âge de 30 ans pour le procureur général, de 23 ans pour le substitut du procureur de la République, l'âge de 25 ans pour les autres postes.

Ils sont soumis aux mêmes incapacités et incompatibilités que les magistrats. Comme ceux-ci, ils doivent prêter serment et se faire installer. Ils sont soumis aux mêmes obligations, jouissent des mêmes prérogatives et de la même irresponsabilité. Toutefois, ils ne sont pas touchés par la limite d'âge, ne sont pas inamovibles, ne peuvent recevoir l'honorariat. — Ces ressemblances, jointes à la différence des rôles, ont fait appeler le ministère public la magistrature *debout* et le personnel des juridictions, la magistrature *assise*, expressions plus pittoresques qu'exactes.

603. Le ministère public n'appartient pas à la magistrature; il est un agent du Gouvernement. De là, deux séries de conséquences :

1° Le ministère public dépend du Gouvernement et spécialement du garde des sceaux. Celui-ci a sur lui le pouvoir disciplinaire, il peut lui adresser des injonctions obligatoires, sanctionnées par le déplacement ou même la révocation du fonctionnaire récalcitrant. Cette dépendance a d'ailleurs des limites. Si le garde des sceaux peut enjoindre des poursuites criminelles, le ministère public, contraint d'agir, reste libre de conclure selon sa conscience : *la plume est serve, la parole est libre.* A l'inverse, si le garde des sceaux peut défendre des poursuites, la juridiction saisie malgré le ministre peut valablement statuer; l'action est bien et dûment intentée. En tout cas, le garde des sceaux ne peut se substituer au ministère public pour intenter ou arrêter des actions;

2° Le ministère public est indépendant des tribunaux. Ceux-ci ne peuvent lui adresser ni ordres, ni défenses, ni blâme ou réprimande. Ils peuvent cependant, en certains cas, le mettre en demeure de commencer des poursuites (C. I. Cr., art. 235) ou de donner ses conclusions (C. Pr. Civ. art. 83) et dénoncer au garde des sceaux ses manquements professionnels. Réciproquement, les tribunaux ne relèvent à aucun titre du ministère public, qui n'a que le droit de les surveiller.

Le ministère public est un et indivisible. Cela signifie d'abord qu'il forme une hiérarchie avec subordination et que les degrés inférieurs doivent obéissance aux supérieurs. Cela veut dire, en outre, que les actes faits par un membre du ministère public engagent la hiérarchie tout entière; cependant le supérieur peut interjeter appel d'un jugement rendu conformément aux conclusions du subordonné ou auquel le subordonné aurait acquiescé. — Les difficultés relatives à l'exercice des fonctions qui s'élèvent entre un supérieur et son subordonné sont résolues par l'assemblée du parquet. Mais le chef du parquet a toujours le droit de siéger pour soutenir son opinion dans les conclusions données au tribunal.

604. Aux parquets se rattache l'institution des attachés au parquet. Elle est actuellement abandonnée aux chefs de parquet qui l'organisent à leur gré. Elle forme en général un noviciat judiciaire. Les attachés font à titre gracieux l'apprentissage des fonctions qu'ils aspirent à exercer. Ils sont librement choisis par le chef du parquet, qui garde une égale liberté pour les présentations qu'il est appelé à faire.

Un décret dû à M. Dufaure (8 mai 1879), aujourd'hui inappliqué, avait tenté de réglementer cette institution. Il distinguait deux classes d'attachés ; le garde des sceaux les répartissait entre les différents parquets, pour un délai de trois ans au maximum. Les attachés de la deuxième classe étaient choisis en nombre illimité parmi les docteurs en droit ou les licenciés en droit ayant subi les examens du doctorat moins la thèse. Les attachés de première classe, au nombre de quarante-huit au plus, étaient choisis au concours entre les docteurs en droit présentés par le premier président, le procureur général ou le bâtonnier des avocats, ou entre les attachés de deuxième classe, les docteurs en droit admissibles au concours d'agrégation, lauréats de l'Institut ou licenciés ès-lettres.

Ce noviciat judiciaire, auquel on n'a pas laissé le temps de faire ses preuves, est certainement préférable au système des juges et conseillers auditeurs, que les lois du Premier Empire et de la Restauration autorisaient le Gouvernement à adjoindre aux juridictions, qui recevaient voix délibérative à 27 ans, et qui donnaient le moyen de déplacer la majorité sur une question importante.

605. *Droit comparé.* — Le ministère public existe dans un grand nombre de pays. En Danemark et Norvège, il est confondu avec l'administration. En Autriche, Serbie, Suisse, il n'existe qu'en matière criminelle. L'Angleterre l'a établi en 1879 pour les mêmes matières, à l'exemple de l'Ecosse et de l'Irlande.

606. 2° *Avocats.* — L'office de l'avocat consiste à conseiller les plaideurs et à porter la parole en leur nom devant les tribunaux ; il n'est pas tenu de produire à cet effet un mandat régulier. Accidentellement, il peut être appelé à remplacer un magistrat ou un membre du ministère public.

Le ministère de l'avocat n'est pas obligatoire pour les plaideurs, en ce sens que ceux-ci peuvent eux-mêmes défendre leur cause ; mais s'ils ne plaident pas en personne, ils ne peuvent faire plaider qu'un avocat. Devant la Cour d'assises, l'accusé peut être autorisé par le président à faire présenter sa défense par un parent ou un ami (C. I. Cr., art. 295). L'avocat n'est pas un officier ministériel et n'est pas tenu de donner son assistance à quiconque la requiert. Cependant l'avocat désigné par le président pour défendre d'office un accusé ne peut refuser sans de graves motifs approuvés par la cour d'assises.

607. Pour porter le titre d'avocat, il faut : être Français ; — être mâle ; — être licencié en droit ; — avoir prêté devant une Cour d'appel le serment professionnel ([1]) ; le serment ne peut être refusé que s'il est irrégulier en la forme ; — être exempt des incapacités légales.

Le droit d'exercer la profession d'avocat n'appartient qu'aux membres de l'*Ordre*. L'Ordre des avocats fut supprimé par le D. 11 septembres 1790 ; dès lors tout citoyen put recevoir le mandat de plaider et nul ne put plaider pour autrui sans un mandat formel (D. 27 mars 1791). L'Ordre, que ses membres et le public avaient toujours considéré comme existant, fut rétabli officiellement par la L. 22 ventôse An XII. Le règlement annoncé par cette loi ne fut pas fait ; l'Ordre reprit ses traditions qui, plusieurs fois modifiées et rétablies, ont été consacrées par l'O. 27 août 1830. La suppression de l'Ordre et de son monopole ont été souvent réclamées.

Il existe un *barreau* ou *ordre* devant chaque cour et devant chaque tribunal, sauf les tribunaux des villes sièges de Cour d'appel. Les différents barreaux sont distincts ; un avocat inscrit dans l'un n'a pas un droit acquis à être inscrit dans un autre, de même qu'un avocat rayé d'un tableau n'est pas nécessairement exclu des autres. Toutefois entre les barreaux il existe d'étroites relations que la loi reconnaît ; ainsi l'avocat inscrit dans un barreau peut plaider devant toutes les juridictions françaises.

Chaque barreau dresse le tableau de ses membres.

([1]) Il y eut un serment politique, supprimé par le 1er mars 1848.

Pour y être porté, il faut, outre les qualités exigées pour le titre d'avocat, résider dans l'arrondissement, obtenir l'agrément de l'ordre représenté par son conseil, avoir trois ans de stage. — Au tableau principal est annexé un tableau des avocats stagiaires ; nul ne peut y demeurer plus de cinq ans. L'Ordre soutient qu'il est maître de son tableau, c'est-à-dire qu'il peut à son gré refuser l'inscription au tableau ou au stage à un avocat réunissant les conditions nécessaires. La jurisprudence admet que la décision de l'Ordre peut être frappée d'appel devant la Cour.

L'Ordre élit annuellement un conseil chargé de le représenter, d'admettre au stage et au tableau, de dresser les tableaux, de surveiller les stagiaires, de réprimer les fautes disciplinaires. Il élit aussi un bâtonnier.

L'avocat peut se présenter devant les juridictions de tout ordre sauf le Conseil d'Etat et la Cour de cassation.

608. Il jouit de certaines prérogatives ; notamment la défense est libre, le cabinet de l'avocat inviolable, le secret professionnel le dispense de révéler à la justice ce qu'il a appris dans l'exercice de sa profession. En revanche, il est tenu de ne pas abuser de sa liberté au préjudice des juges ou des adversaires, de garder le secret, d'observer dans l'exercice de sa profession des règles assez strictes ; il doit s'abstenir de faire des actes de commerce, d'accepter des mandats salariés, de rechercher les causes, n'accepter que celles qui lui paraissent justes. La profession d'avocat est incompatible avec la plupart des fonctions et professions, sauf les fonctions électives, celle de juge suppléant, celle de professeur dans une Faculté de droit.

Il passe avec son client un contrat innommé. Il est tenu de plaider, de donner tous les soins à la cause ; ses obligations sont sanctionnées par des dommages-intérêts, des peines disciplinaires ou même correctionnelles. Il a le droit d'exiger les honoraires librement convenus avec son client, non soumis à un tarif légal ; sa créance n'est pas garantie par un privilège ; l'avocat pourtant pourrait refuser de rendre le dossier tant qu'il n'est pas payé ; la compétence, en cas de procès à ce sujet, est celle du droit commun. Les traditions de l'ordre défendent de réclamer une provision, de stipuler comme honoraires une partie des sommes allouées au client par le jugement (pacte *de quotâ litis*).

L'avocat est, à tous les points de vue et même pour les faits de sa vie privée, sous l'autorité disciplinaire du Conseil de l'Ordre. Les peines applicables sont : l'avertissement, la réprimande, la suspension, la radiation.

Le procureur général peut former appel contre toute décision du Conseil ; l'avocat condamné, seulement si la peine est la suspension ou la radiation. L'appel est porté devant l'assemblée générale de la Cour.

La juridiction près de laquelle l'avocat exerce jouit aussi d'un pouvoir disciplinaire rarement exercé.

609. Il faut classer à part les avocats au Conseil d'Etat et à la Cour de cassation. Ceux-ci sont des officiers ministériels nommés par le Gouvernement, formant une corporation privilégiée et fermée. Pour y entrer, il faut, outre une charge vacante, l'âge de 25 ans, un stage de 2 ans au barreau, un examen subi avec succès devant le Conseil de l'Ordre, un avis favorable de la Cour de cassation.

L'Ordre a un conseil élu, exerçant le pouvoir disciplinaire. Il ne peut prononcer la suspension qu'avec l'approbation du garde des sceaux. La destitution ne peut être prononcée que par le chef de l'Etat.

610. *Droit comparé.* — La profession d'avocat existe à peu près partout. Aux Etats-Unis, elle est ouverte aux femmes ; dans beaucoup d'Etats américains, en Egypte, aux étrangers.

611. 3° *Greffiers.* — Ils ont pour fonction d'assister

le tribunal et les magistrats dans toutes les attributions judiciaires, de tenir le rôle des audiences, de garder les archives, d'en délivrer des expéditions authentiques, de les communiquer sans déplacement, de tenir certains registres (renonciations à succession, etc.). Leur présence aux actes judiciaires est exigée à peine de nullité, sauf exception.

Il y a un greffier auprès de toutes les juridictions. Il est généralement nommé par le chef de l'Etat. Jusqu'en l'An iv, il était nommé à vie, et jusqu'en l'An viii, il était choisi par le tribunal lui-même. La L. 28 juillet 1816 lui donne le droit de présenter son successeur et de faire payer ce droit de présentation. Auprès du Conseil des prud'hommes, il existe un secrétaire greffier nommé et révoqué par le Conseil.

Pour être greffier, en général, il faut l'âge de 25 ans et la présentation par le titulaire sortant. Les greffiers des Cours d'appel et de cassation doivent avoir 27 ans, être licenciés en droit, avoir deux ans de stage au barreau, être présentés par le titulaire sortant. — Tout greffier doit prêter un serment professionnel et fournir un cautionnement. La fonction est incompatible avec les fonctions publiques, la profession d'avocat, les offices ministériels. Le greffier est souvent assisté de commis-greffiers assermentés qui peuvent le suppléer dans toutes ses fonctions. Il est soumis à l'autorité disciplinaire du ministère public, du président de la juridiction, du garde des sceaux. Il peut être puni de l'avertissement et de la destitution.

612. 4° *Avoués.* — Ce sont les représentants nécessaires des plaideurs devant les tribunaux de première instance et les Cours d'appel. Ils ont le monopole de leurs fonctions; nul autre qu'un avoué ne peut représenter les plaideurs dans la procédure.

Le nom date du D. 29 janvier 1791 qui supprimait les offices des procureurs de l'ancien régime. Supprimée par le 3 brumaire An ii, réclamée en l'An v par le tribunal de cassation, l'institution fut rétablie par la L. 27 ventôse An VIII et organisée par la L. 27 ventôse An XII. La suppression en a été demandée à plusieurs reprises. On lui reproche d'augmenter les frais des procès, d'empêcher dans une vue intéressée les transactions entre plaideurs, de nuire à la justice qui serait mieux rendue si le tribunal avait devant lui les parties en cause. — Les critiques sont exagérées. L'avoué rend des services. Il accélère le cours des procès parce que les actes judiciaires s'échangent entre avoués et qu'on n'est pas tenu aux délais obligatoires si les plaideurs ont des domiciles éloignés. L'avoué met entre les plaideurs une égalité nécessaire ; il guide de ses conseils un plaideur inexpérimenté dont triompherait trop aisément un adversaire plus expert dans les roueries juridiques. D'ailleurs les tribunaux ont toujours le droit d'exiger que les parties se présentent en personne à l'audience, d'ordonner la comparution personnelle.

L'avoué rédige les actes de procédure. Il ne plaide pas, à moins d'une autorisation spéciale qui ne peut être accordée que dans les villes où il n'y a pas une Cour d'appel.

Les avoués forment une corporation dont les membres sont en nombre limité. Ils ne peuvent refuser aux plaideurs leur ministère. Ils sont liés envers leurs clients par un contrat de mandat *sui generis*. C'est un mandat salarié, un mandat général, mais non réduit aux actes d'administration, l'art. 1988 C. c. étant inapplicable, un mandat qui ne peut être révoqué que selon des formes légales.

L'intervention d'un avoué, obligatoire en principe, est facultative pour l'État plaidant relativement à son domaine, pour l'Administration des douanes, pour celle de l'enregistrement, pour les hospices. Elle est exclue : devant les juridictions criminelles, excepté pour la partie civile ; — devant les tribunaux de commerce ; — en matière civile exceptionnellement (conciliation au début d'une demande en divorce ou en séparation de corps, interrogatoire sur faits et articles); — devant le jury d'expropriation.

Elle est permise, mais seulement en vertu d'un mandat spécial, devant les juges de paix et les tribunaux de commerce.

L'avoué est nommé par décret sur la présentation du titulaire sortant et l'avis du tribunal ou de la Cour et de la chambre de discipline. Il doit être âgé de 25 ans, jouir de ses droits civils et politiques, avoir le brevet de capacitaire en droit et un certificat de stage dans une étude. Il est soumis à l'obligation du serment et du cautionnement.

Son ministère est incompatible avec toute fonction, sauf celle de juge suppléant, et avec toute profession.

La compagnie des avoués auprès de chaque juridiction nomme une chambre de discipline. Celle-ci peut prononcer le rappel à l'ordre, la censure simple, la censure avec réprimande, l'interdiction d'entrer à la chambre pendant six mois au plus; elle donne son avis sur la suspension. — En outre la juridiction peut prononcer l'avertissement, la défense de récidiver, la condamnation aux frais du procès à l'occasion duquel la faute disciplinaire a été commise, la suspension pour six mois au plus. Le garde des sceaux peut approuver ou repousser ces pénalités, demander au chef de l'État un décret de destitution.

613. Certains tribunaux de commerce, suivant un usage dont les débuts remontent au XVIIe siècle, reconnaissent, pour la représentation des plaideurs, des *agréés*. Les agréés n'ont pas le caractère d'officiers ministériels; leur intervention n'est ni obligatoire ni privilégiée. Ce sont des mandataires salariés dans les termes du droit commun. La loi des patentes les soumet cependant à l'impôt. On a soutenu que les tribunaux de commerce commettent, en désignant des agréés, une illégalité et un excès de pouvoir; en conséquence la Cour de cassation a souvent annulé les décisions de ce genre. En tous cas, l'agréé ne peut plaider sans un mandat régulier de son client, et le tribunal de commerce ne peut refuser d'entendre un autre mandataire régulièrement institué.

Droit comparé. — Les avoués existent en beaucoup de pays. Les avocats sont en même temps avoués en Allemagne, Autriche, Hongrie, Espagne. Les fonctions de l'avoué n'ont pas d'équivalent en Danemark, Suède, Norvège, Suisse, Roumanie, Grèce, Egypte.

614. 5° *Huissiers.* — Ils ont le monopole des significations d'actes judiciaires ou extra-judiciaires et ne peuvent refuser leur ministère. Plusieurs assistent aux audiences pour maintenir l'ordre; ceux-ci ont le monopole des actes d'avoué à avoué. Le tribunal peut désigner un huissier pour tel ou tel acte.

Les huissiers sont répartis dans les communes. Ils forment par arrondissement une compagnie qui élit une chambre de discipline.

L'autorité disciplinaire est exercée à leur égard comme à l'égard des avoués.

L'huissier est nommé par décret; il doit avoir 25 ans d'âge, 2 ans de stage, un certificat de capacité et de moralité délivré par la chambre de discipline.

615. APPENDICE. *Des offices ministériels.* — Les fonctions des greffiers, des avoués, des huissiers sont l'objet d'offices ministériels ([1]).

La vénalité et l'hérédité des offices de l'ancien régime furent supprimées par le D. 4 août 1789. En pratique, la vénalité reparut immédiatement, appliquée sinon à l'office du moins aux actes et dossiers détenus par le titulaire. L'usage était de traiter pour la cession à prix d'argent; les chambres de discipline, appelées

---

([1]) Il y a d'autres offices (notaires, etc.) étrangers à l'administration de la justice.

à donner un avis sur les nominations, ne se montraient favorables qu'aux acheteurs. L'usage s'était même étendu à des professions qu'aucune chambre de discipline ne surveillait.

La L. 28 avril 1816 augmenta le cautionnement et autorisa à présenter au Gouvernement un candidat pour la succession. La pratique reconnut aisément le même droit aux héritiers et à la veuve de l'officier ministériel décédé en fonctions. Les L. 28 avril 1832 et 25 juin 1841, en établissant un droit de mutation sur les cessions, ont consacré le droit de propriété sur l'office, que plusieurs contestaient.

616. Ce droit de propriété est très spécial.

Dans les rapports de l'officier ministériel et de l'Etat, le droit se réduit à présenter un candidat. Il appartient au titulaire de l'office, à ses héritiers s'il meurt en fonctions, à sa veuve dans le même cas et selon son régime matrimonial ; il n'appartient pas aux créanciers. La présentation n'est pas, en droit, obligatoire pour le Gouvernement ; l'officier ministériel peut être destitué et perd alors son droit de présentation.

Dans les rapports des particuliers entre eux, l'office est un meuble. Tous les contrats ne sont pas licites relativement à l'office. L'office ne peut être donné en gage, ni loué, ni exploité en société ; telle est la jurisprudence constante. L'office peut être seulement cédé, soit à titre gratuit par donation ou legs, soit à titre onéreux par vente. La cession comprend, outre l'office, les dossiers et la clientèle. Le vendeur est tenu à la délivrance et à la garantie. La créance du prix est, d'après la jurisprudence, garantie par le privilège du vendeur ; mais le défaut de paiement du prix n'autorise pas l'action en résolution, dès que la nomination est faite, car les actes du Gouvernement ne peuvent être révoqués par les particuliers.

Le Gouvernement exerce son contrôle sur le prix stipulé et peut réduire les chiffres excessifs qui créeraient une charge exagérée pour le cessionnaire, l'empêcheraient de trouver dans sa profession une rémunération suffisante et le pousseraient peut-être à violer, dans un but lucratif, ses devoirs professionnels.

CHAPITRE XXXII

617. I. Principes généraux. — Ils sont à peu près les mêmes que ceux qui ont été indiqués pour la justice judiciaire.

Les tribunaux administratifs sont permanents; leurs vacances sont fixées chaque année par un décret qui institue une chambre des vacations. Ceci ne s'applique qu'aux tribunaux composés de plusieurs juges.

Ils sont sédentaires.

Ils sont composés de plusieurs juges; ainsi les Conseils de préfecture, les tribunaux militaires et maritimes, le Conseil d'Etat, diverses commissions. Les exceptions sont nombreuses : les ministres, les préfets maritimes, les préfets, les sous-préfets, les maires sont des juges uniques.

Ils n'exercent pas en général la juridiction criminelle, si ce n'est pour appliquer quelques amendes ou exercer la police de leurs audiences. Seuls les tribunaux militaires et maritimes appliquent des lois pénales.

Ils constituent deux degrés de juridiction. Mais, outre que l'appel, plus largement ouvert qu'en matières civiles, n'est pas toujours possible, il peut arriver qu'une même affaire passe devant trois degrés, ainsi devant le préfet, le ministre et le Conseil d'Etat; les affaires qui rentrent dans la compétence du maire peuvent même passer devant quatre degrés.

Ils sont hiérarchisés. Mais la hiérarchie n'est pas aussi exacte qu'entre les tribunaux judiciaires, à cause du nombre et de la spécialité des tribunaux administratifs.

Ils sont composés de fonctionnaires. Le jury n'a

aucune place. Ces juges sont souvent des administrateurs en même temps que des juges ; ainsi les ministres et préfets maritimes, préfets, sous-préfets, maires.
Les tribunaux maritimes et militaires sont composés de
membres pris parmi les justiciables ; diverses commissions comprennent des citoyens désignés par les pouvoirs publics.

618. Les tribunaux administratifs sont nombreux.
On peut les classer à divers points de vue. Je distin-
guerai les tribunaux généraux, dont la compétence
s'étend à plusieurs matières et les tribunaux spéciaux,
compétents pour tel sujet spécial.

619. II. Tribunaux administratifs généraux. — Ce
sont : d'une part les ministres, préfets et maires, qui
sont en même temps administrateurs et juges ; d'autre
part le Conseil d'Etat et les conseils de préfecture. Les
attributions contentieuses des ministres sont connues ;
celles du préfet et du maire appartiennent au droit
administratif. Il reste à étudier les Conseils.

620. A. Conseil d'Etat. 1° *Historique.* — Le nom
du Conseil d'Etat apparaît pour la première fois dans
la L. 25 mai 1791, art. 15 : « Il y aura un Conseil
d'Etat composé du Roi et des ministres ». Ses attributions, administratives et contentieuses, sont énumérées
aux art. 16 et 17. Il n'a pas un pouvoir propre, distinct de l'autorité royale.

Puis l'institution disparaît, omise par les C. 1791,
1793, An III. Elle est rétablie par la C. An VIII, qui,
complétée par les A. C. 5 nivôse et 7 fructidor An VIII,
lui assigne un rôle considérable.

Sous ce régime, le Conseil d'Etat se compose de
trente à quarante membres choisis par le Premier
Consul sur la liste de notabilité nationale, auxquels
peuvent être adjoints des conseillers d'Etat en service
extraordinaire. Les Consuls le président ; les ministres
y ont entrée, mais non voix délibérative.

Ses attributions sont législatives, administratives et

contentieuses. En matière législative, le Conseil d'Etat est chargé de rédiger les projets de loi à la demande des Consuls sur la proposition des ministres ; trois de ses membres sont choisis par le Premier Consul pour défendre les lois devant le Corps législatif ; il développe le sens des lois à la requête du Gouvernement. Il rédige les règlements d'administration publique. — En matière administrative, il peut être consulté sur tous les actes du Gouvernement ; il accorde ou refuse l'autorisation nécessaire pour poursuivre les fonctionnaires publics. En outre cinq conseillers d'Etat sont chargés, quant à la préparation des affaires, de cinq branches de l'administration (bois, forêts et anciens domaines ; domaines nationaux ; ponts et chaussées, canaux, cadastres ; sciences et arts ; colonies). — En matière contentieuse, le Conseil d'Etat est chargé de résoudre en dernier ressort les difficultés qui s'élèvent en matière administrative et de trancher les conflits d'attribution.

En aucun cas, le Conseil d'Etat n'agit avec un pouvoir propre et en son nom personnel. Il agit « sous la direction des Consuls » qui sont réputés avoir fait tous les actes du Conseil.

Il est divisé en cinq sections à compétence distincte : finances, législation civile et criminelle, guerre, marine, intérieur. Les affaires de toute nature sont généralement délibérées par la section compétente sous la présidence d'un membre désigné annuellement par le Premier Consul. Les projets de lois et de règlements sont, en outre, examinés dans l'assemblée générale du Conseil, sous la présidence d'un Consul.

Ces règles essentielles furent complétées en quelques points.

Le Scs. An x éleva à 50 le nombre maximum des membres du Conseil et donna voix délibérative aux ministres.

L'A. C. 18 germinal An xi créa les auditeurs chargés de développer devant la section compétente les motifs des propositions ministérielles, sans voix délibérative.

Le Scs. An XII institua une sixième section, celle du commerce, conféra l'inamovibilité aux membres qui auraient cinq ans de service ordinaire. Les princes français furent membres de droit du Conseil d'Etat. L'Empereur en était le président, ou désignait un grand dignitaire. Les sections correspondantes du Conseil d'Etat et du Tribunat pouvaient demander à se réunir et à délibérer ensemble, sous la présidence de l'archichancelier ou de l'architrésorier.

Le D. 11 juin 1806 précisa la distinction du service ordinaire et du service extraordinaire; la liste de ce dernier était dressée chaque trimestre par l'Empereur. Il établit la même division entre les auditeurs. Il créa les maîtres des requêtes, divisés également en deux services, chargés de faire des rapports sur les affaires contentieuses, votant dans les affaires qu'ils rapportaient. Il augmenta à différents points de vue (haute police administrative, marchés et fournitures, comptabilité nationale, prises) la compétence contentieuse du Conseil et lui donna la juridiction disciplinaire sur les fonctionnaires. Il créa une commission du contentieux composée du ministre de la justice, de six maîtres des requêtes, de six auditeurs et chargée d'instruire et de rapporter les affaires. Enfin il institua les avocats au Conseil d'Etat.

Le D. 22 juillet 1806 porte règlement de la procédure imposée aux affaires contentieuses.

621. La Charte de 1814 était muette relativement au Conseil d'Etat. L'O. 23 août 1815 modifia sur quelques points le régime établi par l'Empire. Le nombre maximum des conseillers en service ordinaire était fixé à trente; les auditeurs, supprimés. Le Conseil était divisé en cinq comités présidés par les ministres : législation, contentieux, finances, intérieur et commerce, marine et colonies. Il n'eut plus d'attribution législative et n'eut pas encore de pouvoir propre. —

Les auditeurs furent rétablis par l'O. 26 août 1824. Le nombre des comités fut abaissé à quatre par l'O. 5 novembre 1828 : justice et contentieux, guerre et marine, intérieur et commerce, finances ([1]).

La Charte de 1830 étant muette à son tour, le régime des ordonnances continua. Les plus importantes sont celles du 2 février et du 12 mars 1831 qui prescrivent la publicité, le débat oral et l'institution d'un ministère public en matière contentieuse ;

celle du 5 février 1838 créant un comité des travaux publics, de l'agriculture et du commerce ;

celle du 18 septembre 1889 fixant l'organisation générale du Conseil d'Etat.

L'incertitude et la quasi-illégalité de ce régime soulevaient dès longtemps des réclamations. Le 20 août 1830, une commission avait été nommée pour préparer une loi. Divers projets furent présentés en 1833, 1834, 1835, 1836, 1837, 1840, et repoussés. Enfin fut rendue la L. 19 juillet 1845. Elle ne contient pas d'innovation grave et se borne à codifier les ordonnances. Cependant elle exige l'avis du Conseil d'Etat pour toutes les ordonnances d'administration publique ou en cette forme ; elle autorise à demander son avis sur un projet de loi et en toute matière administrative. Elle ne lui donne pas de pouvoir propre ; toutefois, en matière contentieuse, le Roi ne peut s'écarter de la décision proposée par le Conseil d'Etat que par une ordonnance motivée rendue en Conseil des ministres et insérée au *Moniteur*.

622. La C. 1848 contient un chapitre VI relatif au Conseil d'Etat. On a prétendu que cette institution était une concession aux partisans de la dualité des Chambres. Les dispositions constitutionnellles furent complétées par la L. O. 3 mars 1849.

([1]) En outre, l'O. 19 avril 1817 institue un Conseil de cabinet composé des ministres à portefeuilles, de 4 ministres d'Etat, de 2 conseillers d'Etat. Un Conseil analogue exista sous le Second Empire (D. 1er février 1852).

Les conseillers d'Etat, au nombre de quarante, étaient nommés pour six ans par l'Assemblée nationale, renouvelés par moitié à chaque législature, indéfiniment rééligibles. La révocation en était prononcée par l'Assemblée sur la proposition du Président de la République. Le service extraordinaire cessait d'exister mais le Conseil pouvait toujours consulter les spécialistes. Le conseil était présidé par le vice-président de la République. Les ministres y avaient voix délibérative. Il y avait en outre 24 maîtres des requêtes nommés par le Gouvernement et 24 auditeurs, issus du concours.

Le conseil devait être consulté sur tout projet de loi émanant du Gouvernement sauf quelques exceptions (budget, lois militaires, lois urgentes, traités), sur les projets dus à l'initiative parlementaire que l'Assemblée lui renverrait sur les règlements d'administration publique. Il pouvait être chargé par la loi de faire un règlement. Il recevait un rôle de contrôle et de surveillance à l'égard des fonctionnaires publics. Il donnait son avis sur l'exercice du droit de grâce. Il tranchait entre les ministres et sur leur demande les difficultés relatives à leurs attributions et à l'application des lois. Le jugement des conflits lui était enlevé et confié à une juridiction spéciale.

Le Conseil d'Etat se divisait en trois sections : législation, administration, contentieux. Il se réunissait en assemblée générale pour examiner les projets de lois et de règlements et pour statuer sur les recours formés par le ministre de la justice contre les arrêts de la section du contentieux pour excès de pouvoir ou violation de la loi.

La section du contentieux avait un pouvoir propre et rendait des décisions en son propre nom.

623. La C. 1852 consacre aussi au Conseil d'Etat un titre VI complété par le D. 25 janvier 1852. Les membres du Conseil d'Etat, conseillers en service ordinaire ou en service extraordinaire, maîtres des requêtes, auditeurs divisés en deux classes, sont nommés et révoqués par le chef de l'Etat. Celui-ci préside le Conseil et nomme un vice-président. Les ministres ont voix délibérative. Les attributions du Conseil d'Etat sont les mêmes qu'en l'An VIII. Il est divisé en six sections dont les présidents sont nommés par le chef de l'Etat : législation, justice et affaires étrangères; contentieux; intérieur, instruction publique et cultes; travaux publics, agriculture et commerce; guerre et marine; finances. Il n'a en aucun cas de pouvoir propre. En matière contentieuse, l'affaire est préparée par la section du contentieux et délibérée en assemblée spéciale du contentieux. Cette assemblée comprend, outre la section, dix conseillers d'Etat désignés par le Président de la République à raison de deux par section.

Le Scs. 1870 confirme ces règles.

624. Le Gouvernement de la Défense nationale supprima le Conseil d'Etat et le remplaça par une commission provisoire formée de 8 conseillers, 10 maîtres des requêtes et 12 auditeurs, et divisée en trois sections dont une contentieuse (D. 15 septembre 1870).

Le 1er juin 1871, le Gouvernement déposa un projet de loi sur la réorganisation du Conseil d'Etat imité de la législation de 1845, de 1849 et de 1852; il attribuait au Gouvernement la nomination des membres, aux ministres la présidence des sections; il supprimait le service extraordinaire; il donnait un pouvoir propre à l'assemblée spéciale du contentieux; il rétablissait le tribunal des conflits. La commission de l'Assemblée nationale proposait de donner à l'Assemblée la nomination des membres, aux sections l'élection des présidents, de maintenir le service extraordinaire et d'accorder à chaque ministre voix délibérative dans les affaires de sa spécialité. Au sein même de l'Assemblée nationale, il s'éleva de graves discussions sur le mode de nomination des membres du conseil; — sur ses attributions contentieuses que plusieurs critiquaient comme un empiètement sur le pouvoir judiciaire et comme

n'offrant pas les garanties d'une justice indépendante ;
— sur le principe même de l'institution. Certains la
disaient plutôt utile sous un régime de pouvoir personnel que sous un régime représentatif. Ils y voyaient
même un danger : elle masquerait la responsabilité
ministérielle, elle assurerait une centralisation excessive.

De ces débats est sortie la L. 24 mai 1872, actuellement en vigueur dans ses parties essentielles. Elle a
été complétée et modifiée par les L. 1er août 1874,
25 février 1875, 13 juillet 1879, par les D. 21 août 1872,
8 février 1873, 10 août 1876. Les lois de 1875 consacrent implicitement l'existence du Conseil d'Etat (L.
23 février 1875, art. 5). La suppression en a été encore
réclamée en 1879.

625. 2° *Organisation du Conseil d'Etat.* — Le personnel du Conseil d'Etat comprend :

1° Des conseillers en service ordinaire. — Leur
nombre était de 22 d'après la L. 1872 ; il a été porté
à 32 par la L. 1879. — D'après la L. 1872 ils étaient
élus par l'Assemblée nationale en séance publique, au
scrutin de liste, à la majorité absolue aux deux premiers tours, à la majorité relative au scrutin de ballot-
tage entre les plus favorisés des deux premiers tours.
Une commission de quinze membres dressait par ordre
alphabétique une liste de présentation portant moitié
en sus du nombre des sièges à pourvoir. La révocation
était prononcée par l'Assemblée. Le Gouvernement
pouvait suspendre les conseillers d'Etat pour deux
mois au plus.— La loi constitutionnelle donne le droit
de nomination et de révocation au Président de la
République ; le décret doit être rendu en conseil des
ministres. Les membres nommés par l'Assemblée nationale ne pouvaient être révoqués que par le Sénat
(L. 25 février 1875, art. 5).

Les conseillers en service ordinaire doivent avoir
30 ans accomplis. Leurs fonctions sont incompatibles

avec toutes les fonctions publiques salariées et avec la
situation d'administrateur d'une compagnie privilégiée
ou subventionnée par l'Etat. Cependant les officiers
généraux ou supérieurs, les inspecteurs et ingénieurs
des ponts et chaussées, des mines et de la marine, les
professeurs de l'enseignement supérieur, peuvent être
attachés au Conseil d'État sans perdre leurs fonctions,
mais sans cumuler les deux traitements. De plus, les
membres qui ont trois ans d'exercice peuvent être nommés pour trois ans au plus et jusqu'à concurrence d'un
cinquième du Conseil, à des fonctions publiques, sans
perdre leur siège et leur rang au Conseil; ils ne peuvent cumuler les deux traitements.

Ils peuvent recevoir l'honorariat en quittant leurs
fonctions;

2° Des conseillers en service extraordinaire. Ce sont
des fonctionnaires que le Gouvernement adjoint aux
sections du Conseil d'Etat pour les aider de leurs
connaissances spéciales et techniques. Ils ne peuvent
être adjoints à la section du contentieux. Le Président
de la République les nomme et les révoque librement. Ils perdent leur siège au Conseil dès qu'ils
cessent d'appartenir à l'administration active. Ils
doivent avoir 30 ans. Les incompatibilités énoncées ci-
dessus ne les concernent pas. Ils ne reçoivent aucun
traitement pour leurs travaux au Conseil d'Etat. Leur
nombre, limité à 15 par la L. 1872, a été porté à 18
par celle de 1879;

3° Des maîtres des requêtes, au nombre de 24 d'après
la L. 1872, de 30 depuis 1879. Ils sont nommés et
révoqués par un décret rendu sur la proposition du
vice-président du Conseil d'Etat et des présidents des
sections. Un tiers des places doit être réservé aux
auditeurs de première classe. Les maîtres des requêtes
doivent avoir 27 ans et sont soumis aux règles ci-
dessus sur l'incompatibilité;

4° Des auditeurs. Ils sont divisés en deux classes.
La première comptait 10 auditeurs et la seconde 20,

selon la L. 1872. La L. 1879 institue 12 auditeurs de
première classe et 24 de seconde classe. Les uns et les
autres étaient nommés au concours d'après la loi de
1872 et en principe les auditeurs de seconde classe
pouvaient seuls concourir pour la première classe. La
loi de 1879 a conservé le concours pour la seconde
classe seulement. Pour être admis à concourir, il faut
être Français, jouir de ses droits civils et politiques,
avoir au 1er janvier de l'année du concours plus de
21 ans et moins de 25, avoir satisfait à la loi du recrutement, produire soit l'un de certains diplômes, soit
un certificat de sortie de certaines écoles, soit un
diplôme d'officier (v. D. 14 octobre 1870, 14 août
1879, etc.). Les auditeurs de première classe sont
nommés par décret sur la présentation du vice-président du Conseil et des présidents de section, parmi
les auditeurs de seconde classe ou parmi les anciens
auditeurs ayant 4 ans d'exercice soit comme auditeurs,
soit comme fonctionnaires. Ils doivent avoir moins de
30 ans.

Les auditeurs de seconde classe ne restent en fonctions que pendant 4 ans au plus et ne reçoivent aucune
indemnité. Toutefois la L. 23 mars 1880 permet de
leur accorder, après un an de service, un traitement
dont le montant est fixé annuellement par la loi des
finances.

Les auditeurs de première classe sont nommés sans
terme; ils reçoivent un traitement égal à la moitié de
celui qui est accordé aux maîtres des requêtes. En
quittant leurs fonctions, ils peuvent, s'ils ont huit ans
de service, être nommés maîtres des requêtes honoraires.

626. En outre de ce personnel régulier, les ministres ont voix délibérative dans les affaires non contentieuses qui intéressent leur département. Le garde des
sceaux a voix délibérative en toute matière lorsqu'il
préside.

Les fonctions de greffier sont remplies par un secré-

taire général qui a rang de maître des requêtes. Il y a
un secrétaire pour chaque section et un secrétaire spécial pour l'assemblée spéciale du contentieux. Les uns
et les autres sont nommés et révoqués par le chef de
l'Etat sur la proposition du vice-président du Conseil
et des présidents de section.

627. Le Conseil d'Etat est divisé en sections. La L.
1872 en créait quatre, dont trois pour l'administration
et une pour le contentieux. La L. 1879 en crée cinq,
organisées par le D. 2 août 1879 : législation, justice
et affaires étrangères ; intérieur, cultes, instruction
publique et beaux-arts ; finances, marine, guerre, colonies, postes et télégraphes ; travaux publics, agriculture, commerce ; contentieux. Le garde des sceaux et
le vice-président du Conseil d'Etat peuvent toujours
adjoindre une section à une autre ([1]).

Chaque section se compose de cinq conseillers (quatre
d'après la L. 1872) et d'un président. La section du
contentieux a sept membres. Le président est nommé
par décret entre les conseillers en service ordinaire.
Le garde des sceaux peut présider toutes les sections,
sauf celle du contentieux.

Les conseillers sont répartis entre les sections par
un décret ; les conseillers en service extraordinaire,
les maîtres des requêtes et les auditeurs, par un arrêté
du garde des sceaux. — La répartition des auditeurs
peut être modifiée tous les ans. Celle des autres membres ne peut être faite que tous les trois ans, à moins
que le conseiller ne forme une demande appuyée par
le vice-président du Conseil d'Etat.

628. Le Conseil d'Etat délibère tantôt en assemblée
générale, tantôt en assemblée spéciale du contentieux,
tantôt en sections. L'assemblée générale est présidée

([1]) Le Gouvernement a récemment proposé la réduction à
trois des sections administratives et la création d'une seconde
section du contentieux (10 mars 1891).

par le garde des sceaux (¹); à son défaut par un vice-président nommé par décret entre les conseillers en service ordinaire; au besoin par le plus ancien président de section.

Les conseillers d'Etat en service ordinaire prennent part avec voix délibérative à tous les travaux du Conseil.

Les conseillers en service extraordinaire ont voix consultative en général; ils ont voix délibérative soit en section, soit en assemblée générale, dans les affaires intéressant le ministère duquel ils dépendent.

Les maîtres des requêtes font des rapports soit aux sections, soit à l'assemblée générale. Ils ont voix délibérative dans les affaires qu'ils rapportent. En outre, trois d'entre eux sont désignés par décret comme commissaires du Gouvernement au contentieux.

Les auditeurs préparent les affaires qu'ils rapportent, ils ont voix délibérative à la section, voix consultative à l'assemblée générale. Ils sont aussi chargés de résumer les discussions relatives à certaines affaires importantes, comme les projets de lois et de règlements.

Le secrétaire général dirige les bureaux attachés au Conseil d'Etat, tient la plume aux assemblées générales, signe et certifie les expéditions des actes du Conseil excepté en matière contentieuse. Au besoin, il est suppléé par un maître des requêtes désigné par le garde des sceaux. Les secrétaires de section notent les délibérations et les décisions. Le secrétaire du contentieux délivre les expéditions authentiques et exécutoires des arrêts.

(¹) On a souvent demandé l'exclusion des ministres du Conseil d'Etat et spécialement que la présidence fût enlevée au garde des sceaux. Il est certainement fâcheux que le Gouvernement puisse modifier la majorité dans le Conseil. Un projet de loi déposé par le Gouvernement (9 février 1873) créait un président du Conseil d'Etat, ayant entrée au Conseil des ministres avec une voix consultative pour les affaires soumises au Conseil d'Etat.

629. 3º *Attribution du Conseil d'Etat.* — Elles peuvent se classer en trois catégories : attributions législatives, administratives, contentieuses.

Entre ces différentes classes, il existe plusieurs différences importantes :

1º En matière législative, l'affaire est délibérée d'abord en section, puis en assemblée générale. En matière administrative, l'affaire est tantôt délibérée définitivement en section, tantôt portée en second lieu à l'assemblée générale. En matière contentieuse, la décision est rarement prise par la section ; en général, elle est portée en second lieu à l'assemblée spéciale du contentieux ;

2º En matière législative, l'avis du Conseil d'Etat est toujours facultatif et consultatif. En matière administrative, son avis, toujours consultatif, est nécessaire en certains cas à peine d'excès de pouvoir. En matière contentieuse, il a un pouvoir propre et rend des arrêts exécutoires par eux-mêmes ;

3º En matière contentieuse, l'audience est publique, le débat est oral, le ministère public est entendu dans ses conclusions. Ces trois règles sont étrangères aux matières législatives et administratives.

La L. 1872 ne donne pas la liste complète des attributions du Conseil d'Etat. Elle en cite plusieurs et ajoute : « Il exerce en outre, jusqu'à ce qu'il en soit autrement ordonné, toutes les attributions qui étaient conférées à l'ancien Conseil d'Etat par les lois ou règlements qui n'ont pas été abrogés ».

630. *Attributions législatives.* — « Le Conseil d'Etat donne son avis : 1º sur les projets d'initiative parlementaire que l'Assemblée nationale juge à propos de lui renvoyer ; 2º sur les projets de loi préparés par le Gouvernemnnt et qu'un décret spécial ordonne de soumettre au Conseil d'Etat » (L. 24 mai 1872, art. 8). Ainsi la collaboration n'est jamais obligatoire ni pour les Chambres ni pour le Gouvernement. Sur ce point, la L. de 1872 se rapproche des lois monarchiques et s'écarte des lois impériales.

L'affaire est d'abord délibérée en section. Le président de section distribue les rapports à faire et fixe l'ordre des délibérations. La présence de trois conseillers en service ordinaire est nécessaire. En cas de partage, la voie du président est prépondérante.

L'affaire passe ensuite devant l'assemblée du Conseil. 16 conseillers en service ordinaire doivent être présents pour la validité de la délibération. En cas de partage, la voix du président est prépondérante.

631. « Des conseillers d'Etat peuvent être chargés par le Gouvernement de soutenir devant l'assemblée les projets de loi qui ont été renvoyés à l'examen du Conseil » (L. 24 mai 1872, art. 8). Cette faculté a été étendue à tous les projets par la L. C. 16 juillet 1875, art. 6. En l'An VIII, la loi était toujours soutenue devant le Corps législatif par des conseillers d'Etat ; sous le Second Empire, le même rôle était dévolu au président et aux vice-présidents du Conseil.

632. *Attributions administratives.* — Le Gouvernement peut consulter le Conseil d'Etat sur toute question. Il est tenu de le faire, sauf à ne pas suivre l'avis exprimé : pour les règlements d'administration publique. La rédaction en est souvent confiée au Conseil d'Etat par le Gouvernement; elle ne lui est pas attribuée par la loi comme il en était sous les C. An VIII et 1852 et le Scs. 1870; elle ne peut pas lui être remise par les Chambres comme le permettait la C. 1848; — et pour les décrets en forme de règlement d'administration publique.

En matière administrative, l'affaire est parfois délibérée en section seulement. Elle est, en outre, portée à l'assemblée générale : 1° quand il s'agit d'un règlement d'administration publique; 2° quand il s'agit d'un décret en la forme d'un règlement et qu'un texte formel prescrit la réunion de l'assemblée; 3° quand il s'agit d'un des décrets énumérés par le D. 4 avril

1886 (27 catégories); 4° quand, en dehors de ces cas, le ministre, le président de section ou la section elle-même réclame l'assemblée.

Le Conseil d'Etat a perdu : le droit d'autoriser les poursuites dirigées contre les fonctionnaires publics, le pouvoir de contrôle et de surveillance sur les fonctionnaires que lui accordait la C. 1848 et que la L. 1872 lui refuse par cela seul qu'elle ne le lui donne pas.

633. *Attributions contentieuses.* — Le Conseil d'Etat considéré comme juridiction joue, selon les cas, trois rôles distincts :

A. Il siège parfois comme tribunal de cassation et suprême régulateur des autorités et juridictions administratives. Ainsi : *a.* « Le Conseil d'Etat statue souverainement sur les demandes d'annulation pour excès de pouvoir formées contre les actes des diverses autorités administratives » (L. 24 mai 1872, art. 9. Comp. D. 14 octobre 1790 et 25 mai 1791).

Ce recours est ouvert contre tous les actes administratifs, excepté les actes de gouvernement; peu importe qu'ils émanent d'un fonctionnaire comme le préfet, d'un corps délibérant comme un Conseil général, ou d'une juridiction comme un Conseil de préfecture. Même en ce dernier cas, il importe peu qu'un recours ordinaire, tel que l'appel, soit encore possible.

Ce recours doit être formé dans les trois mois qui suivent l'acte incriminé. Il est dispensé de l'intervention d'un avocat au Conseil d'Etat (D. 2 novembre 1864).

b. Il fait les règlements de juges entre les tribunaux administratifs, c'est-à-dire tranche les questions de compétence et résout les conflits élevés entre deux juridictions administratives. Il ne connaît plus des conflits d'attributions (L. 24 mai 1872, art. 25 et s.),

c. Il connaît des recours fondés sur une violation de la loi soit au fond, soit en la forme. Ces recours, à la différence du pourvoi en cassation qui sanctionne en général toute violation de la loi, ne sont admis que dans les cas limitativement prévus par les lois. Les arrêts de la Cour des comptes peuvent être attaqués soit par le ministre, soit par le comptable en cause (L. 16 septembre 1807, art. 17). Les décisions des Conseils de révision peuvent être attaqués par le ministre seulement et dans l'intérêt de la loi. L'annulation prononcée peut profiter mais non pas nuire aux parties intéressées (L. 27 juillet 1872, art. 20).

En tous ces cas, le Conseil d'Etat ne peut qu'annuler les décisions qui lui sont déférées et ne peut leur substituer un arrêt de sa façon.

634. B. Il siège parfois comme tribunal d'appel. « Le Conseil d'Etat statue souverainement sur les recours en matière contentieuse administrative » (L. 24 mai 1872, art. 9).

On peut donc lui déférer les jugements : des ministres ; des Conseils de préfecture, sauf ceux qui concernent les comptes des receveurs de communes ou d'établissements publics dont les revenus n'excèdent pas 30,000 francs (l'appel est alors porté à la Cour des comptes) ; de certaines commissions de travaux publics, comme les commissions de plus-value ; des préfets dans les cas exceptionnels où la loi prescrit de saisir le Conseil d'Etat en appel, par exemple en matière d'établissements dangereux et insalubres ; en général l'appel des décisions préfectorales est déféré au ministre compétent dont la décision peut à son tour être déférée au Conseil d'Etat.

L'appel est fondé non seulement sur une violation de la loi, mais sur toute erreur du premier juge, laquelle peut consister soit en une inexacte appréciation des faits litigieux, soit en une fausse application de la loi.

635. C. Il siège parfois comme tribunal de premier et dernier ressort. Cela n'a lieu qu'en quelques cas expressément indiqués par les lois spéciales : infractions aux lois et règlements qui régissent la Banque de France (L. 22 avril 1806); — décrets qui violent un droit (D. 25 janvier 1852); — élections aux conseils généraux (L. 31 juillet 1875); — demandes du ministre de l'intérieur tendant à faire déclarer démissionnaires les membres des conseils municipaux, généraux et d'arrondissement qui refusent de remplir leurs fonctions (L. 7 juin 1873); — appels comme d'abus (L. 18 germinal An x), etc.

636. Le mode de procéder en matière contentieuse s'est formé peu à peu à travers bien des vicissitudes. — Le pouvoir propre, reconnu en 1849, a disparu en 1852 pour reparaître en 1872. — Le droit de décider a été réservé à l'assemblée générale jusqu'en 1849, à la section du contentieux de 1849 à 1852, enfin à une assemblée spéciale en 1852. — La publicité des audiences, le débat oral et l'institution du ministère public datent de 1831. La procédure a été fixée par les D. 11 juin et 22 juillet 1806.

L'affaire est exceptionnellement jugée par la section du contentieux dans les cas énumérés par les lois où la constitution d'un avocat au Conseil d'Etat n'est pas nécessaire. Encore, dans ces cas, un conseiller d'Etat ou le ministère public peut-il exiger que l'assemblée spéciale soit saisie.

La section du contentieux se distingue des autres par quelques particularités : elle compte six membres outre le président; aucun conseiller en service extraordinaire ne peut lui être adjoint; elle ne peut être présidée par le garde des sceaux; elle doit juger à cinq membres au moins; en cas de partage, le plus ancien maître des requêtes présent à l'audience, vote; trois commissaires du Gouvernement, pris parmi les maîtres des requêtes, sont institués auprès d'elle.

L'affaire est ordinairement instruite par la section du contentieux et décidée par l'assemblée spéciale du contentieux.

Celle-ci comprend : le vice-président du Conseil, la section du contentieux au complet, huit conseillers en service ordinaire choisis dans les autres sections par le vice-président du Conseil, assisté des présidents de section. Elle délibère avec neuf membres au moins et toujours en nombre impair ; au besoin, le moins ancien s'abstient.

La procédure exige en général le concours des avocats au Conseil d'État. Il y a exception : au profit de l'État ; pour les recours fondés sur l'incompétence ou l'excès de pouvoir ; en matière d'impôts directs, d'élections, de liquidation de pension, de contraventions, etc.

La demande est introduite : au nom de l'État, par un rapport du ministre intéressé ; au nom d'un particulier, par une requête. Les détails de la procédure doivent être cherchés dans les textes spéciaux.

Le délai accordé en général pour saisir le Conseil d'État est de trois mois à compter de la notification de l'acte incriminé. Il y a quelques exceptions (L. 10 août 1871, art. 88 ; D. 17 mars 1880, art. 12, 13). On a plusieurs fois demandé que les recours fondés sur l'incompétence ou l'excès de pouvoir fussent jugés dans le délai d'un an, afin que les particuliers puissent obtenir une prompte satisfaction.

Le recours formé, et à plus forte raison le délai des recours, ne sont pas suspensifs, n'empêchent l'exécution de l'acte attaqué. Il y a pourtant des exceptions légales (L. 10 août 1871, art. 88). De plus, le Conseil d'État saisi peut ordonner le sursis à l'exécution. Enfin le Conseil de préfecture peut subordonner à une caution l'exécution de ses décisions (L. 24 mai 1872, art. 24).

L'affaire est instruite et préparée par la section du contentieux. L'audience est publique ; les plaidoiries sont orales, le ministère public conclut ; le jugement est lu publiquement.

Le jugement a l'autorité de la chose jugée et la force exécutoire ; il jouit de l'hypothèque judiciaire.

637. Les voies de recours contre les arrêtés du Con-

seil d'Etat sont : l'opposition, lorsque l'arrêt a été
rendu par défaut ; elle est ouverte pendant deux mois
à dater de la notification de l'arrêt ; elle n'est pas
suspensive de l'exécution ; — la révision, pour omission
d'une formalité substantielle, pour usage d'une pièce
fausse ou pour indue-rétention par l'adversaire d'une
pièce décisive ; elle est ouverte pendant deux mois ; —
la tierce opposition, ouverte pendant 30 ans aux personnes non représentées au procès et lésées indirectement par l'arrêt.

Tous les recours sont portés au Conseil d'Etat lui-
même.

638. *Droit comparé.* — Le Conseil d'Etat, tel qu'il
existe en France, n'est pas une institution généralement connue. Ce titre désigne souvent la suprême
juridiction administrative dépourvue d'attributions législatives et administratives : Autriche, Bade, Bavière,
Espagne, Prusse, Saxe.

Le Conseil d'Etat, au sens français du mot, a été supprimé récemment en Grèce et en Roumanie.

Il se compose souvent des ministres, soit exclusivement comme en Danemark et Würtemberg, soit principalement comme en Russie, Suède, Norvège.

L'institution a une existence bien distincte dans
plusieurs républiques américaines, en Italie, Luxembourg, Serbie, Pays-Bas, Portugal. Dans ces deux derniers pays, les membres de la famille royale y siègent
de droit.

En Allemagne et en Suisse, le rôle du Conseil d'Etat
français est rempli par le Conseil fédéral.

639. B. Conseils de préfecture. — 1° *Organisation.*
— L'Assemblée constituante, après avoir interdit aux
tribunaux judiciaires de connaître des matières administratives, attribua une compétence contentieuse aux
directoires de département et de district, c'est-à-dire
à l'Administration active (D. 11 septembre 1790).

La L. 28 pluviôse An VIII a séparé la juridiction

administrative de l'exécution et l'a donnée aux Conseils de préfecture. Toutefois la séparation est imparfaite, le Conseil de préfecture possède encore des attributions administratives ; il est présidé par le préfet.

La loi de l'An VIII a été modifiée par celle du 21 juin 1865, actuellement en vigueur. Le ministre de l'intérieur a mis à l'étude un projet de loi qui apporterait dans le régime des Conseils de préfecture d'importants changements.

640. Chaque département possède un Conseil de préfecture composé de 3 ou 4 membres selon son importance. Celui de la Seine en compte 9 (L. 23 mars 1878).

Les conseillers de préfecture sont nommés et révoqués par décret. Les conditions requises sont : l'âge de 25 ans, le grade de licencié en droit ou dix ans d'exercice de fonctions administratives ou judiciaires, de fonctions de maire ou de conseiller général. Les fonctions de conseiller de préfecture sont incompatibles avec toute fonction publique.

Le Conseil de préfecture est présidé par le préfet, qui a voix prépondérante en cas de partage. En outre, chaque année, un décret nomme parmi les membres du Conseil un vice-président.

Le Conseil de préfecture ne peut juger qu'avec trois membres. Au besoin il se complète en appelant à siéger un conseiller général étranger aux fonctions judiciaires.

Le secrétaire général de la préfecture joue le rôle de ministère public.

Le greffe est tenu par un secrétaire greffier à la nomination du préfet.

641. 2° *Attributions*. — Elles sont contentieuses et administratives.

Sa compétence contentieuse résulte :

1° De la L. 28 pluviôse An VIII, art. 4. — Ce texte fondamental donne compétence au Conseil de préfecture :

a. En matière d'impôts directs : demande en décharge ou en réduction, mais non les demandes en remise ou en modération, qui ne sont pas contentieuses et sont adressées au préfet ; les premières invoquent un droit, les secondes sollicitent une faveur ; — demande en réintégration au rôle ; — demande en mutation de cote ; — réclamation contre le classement cadastral.

b. En matière de travaux publics. On entend par travaux publics tous ceux qui sont exécutés dans un but d'utilité publique, non seulement par l'Etat, mais même par des communes ou des établissements publics. Cette notion est pourtant critiquée. Le Conseil de préfecture est compétent pour interpréter et faire exécuter les marchés, pour fixer les indemnités dues aux propriétaires de terrains occupés ou fouillés, pour ordonner la réparation des torts et dommages causés soit par le fait de l'Administration, soit par le fait de l'entrepreneur.

c. En matière de grande voirie. La grande voirie comprend les routes nationales et départementales, les rues de Paris, les chemins de fer, les cours d'eau navigables ou flottables, les canaux et les ports. Le Conseil de préfecture peut non seulement régler les questions civiles, par exemple celles qui intéressent les droits de propriété et de servitudes, mais encore prononcer les peines portées par les lois contre les contraventions.— Il est compétent en matière de petite voirie pour réprimer les usurpations commises sur les chemins vicinaux.

d. En matière de domaines nationaux ; seulement pour les cas où l'Etat est vendeur ; les autres cas appartiennent aux tribunaux judiciaires. Cette compétence exceptionnelle des Conseils de préfecture avait pour but de garantir définitivement les ventes faites sous la Révolution.

2° De nombreuses lois postérieures. Le détail ne saurait trouver place ici. Il suffira de signaler les principaux chefs de compétence : élections des conseils d'arrondissement, des conseils municipaux, des conseils de prud'hommes, des délégués sénatoriaux; comptes des receveurs des communes et des établissements publics dont le budget n'excède pas trente mille francs; établissements dangereux et insalubres; logements insalubres; servitudes militaires; — associations syndicales; forêts; pêche, etc.

642. La procédure à suivre devant le Conseil de préfecture est réglée par le D. 12 juillet 1865 qui a codifié la jurisprudence du Conseil d'Etat en ces matières.

Elle est beaucoup plus simple que la procédure civile. Le ministère des avoués y est inconnu; les avocats peuvent assister les plaideurs. Le Conseil est saisi par un mémoire signé du demandeur et déposé au greffe. Le président désigne un rapporteur qui, après avoir pris connaissance du mémoire, avertit le défendeur. Celui-ci dépose aussi un mémoire. L'audience est publique; le Conseil entend le rapport, les plaidoieries orales des parties ou de leurs avocats, les conclusions du ministère public.

Le Conseil de préfecture statue avec pouvoir propre depuis 1865. Auparavant, il donnait un avis au préfet, qui était réputé rendre le jugement.

Les *arrêtés* du Conseil de préfecture produisent les effets ordinaires des jugements : autorité de la chose jugée, force exécutoire, hypothèque judiciaire.

Ils sont susceptibles de recours : d'opposition, devant le Conseil même, si l'une des parties a fait défaut; — d'appel devant le Conseil d'Etat, dans les trois mois de la décision; l'appel n'est pas suspensif, mais le Conseil de préfecture peut exiger une caution pour le cas où l'exécution serait poursuivie malgré un appel formé; — de tierce-opposition, pendant trente ans, de la part de ceux qui seraient lésés par l'arrêté sans avoir pris part au procès.

Les difficultés qui s'élèvent au cours de l'exécution sont de la compétence des tribunaux civils à moins qu'il ne s'agisse d'actes administratifs.

643. En matière administrative, le Conseil de

préfecture peut être consulté par le préfet sur toute question. La consultation est obligatoire pour certains cas (approbation ou annulation de délibération des conseils municipaux, etc.). — Le Conseil a un pouvoir propre lorsqu'il exerce la tutelle administrative, comme lorsqu'il accorde ou refuse l'autorisation de plaider aux communes, etc.

644. III. Tribunaux administratifs spéciaux. — Il y en a plusieurs catégories : conseil supérieur de l'instruction publique et conseils académiques, conseils de révision, etc. La Cour des comptes est le plus important de tous et sera seule étudiée.

645. 1° *Historique.* — Les nombreuses chambres des comptes de l'Ancien Régime furent supprimées (L. 29 septembre 1791); leurs attributions politiques disparurent et leur compétence domaniale et criminelle fut répartie entre les tribunaux. Le Corps législatif reçut le contrôle de la comptabilité publique et même le jugement des comptes en derniers, après leur vérification provisoire faite au bureau de comptabilité nommé par le Roi.

D'après la C. 1793, les comptes en derniers sont rendus à des commissaires responsables nommés par le conseil exécutif et surveillés par d'autres commissaires nommés par le Corps législatif hors de son sein, responsables des abus ou erreurs qu'ils ne dénoncent pas. Le Corps législatif arrête les comptes.

La C. An III ordonne que les comptes seront rendus à cinq commissaires élus par le Corps législatif.

Celle de l'An VIII institue sept commissaires élus par le Sénat sur les listes de notabilité.

Ces commissions ne suffirent pas à leur tâche, qui était considérable, et on dut revenir à l'idée d'une juridiction nombreuse et fortement constituée.

C'est ainsi que fut créée la Cour des comptes par la L. 16 septembre 1807. La nouvelle juridiction diffère sensiblement des anciennes chambres des comptes :

elle est unique; elle n'a aucune attribution politique; sa compétence se réduit à la comptabilité publique et, même en ces matières, n'est jamais pénale. Elle leur ressemble par son caractère judiciaire et l'inamovibilité de ses membres. Elle n'a rien de commun avec le régime de 1791 à 1807.

La Cour des comptes est chargée de la comptabilité judiciaire, distincte de la comptabilité législative et de la comptabilité administrative.

646. 2° *Organisation.* — La Cour des comptes se compose de : un premier président, trois présidents de chambre, 18 conseillers-maîtres, 86 référendaires dont 26 de première classe et 60 de seconde classe, 25 auditeurs dont 15 de première classe et 10 de seconde. Il existe aussi un procureur général assisté d'un avocat général choisi parmi les référendaires de première classe et d'un substitut choisi parmi les référendaires de deuxième classe et un greffier. Tous ces membres sont nommés par décret; l'âge de 30 ans est seul requis. Cependant : 1° l'âge de 25 ans seulement est exigé des référendaires de deuxième classe; le passage à la première classe a lieu, après deux ans d'exercice, moitié à l'ancienneté, moitié au choix; — 2° les auditeurs de deuxième classe sont nommés à la suite d'un examen spécial, parmi les licenciés en droit âgés de 21 ans au moins et de 28 ans au plus; le passage à la première classe a lieu moitié au choix, moitié à l'ancienneté. La moitié des places de référendaires de deuxième classe est réservée aux auditeurs de première classe.

Les membres de la Cour des comptes sont inamovibles excepté le procureur général, les auditeurs, le greffier. La limite d'âge est de 75 ans pour les conseillers-maîtres, de 70 ans pour les référendaires.

647. La Cour se divise en trois chambres; la première s'occupe des comptes relatifs aux recettes de l'Etat et des départements; la deuxième, des comptes relatifs aux dépenses de l'Etat et des départements; la troisième, des comptes relatifs aux recettes et dépenses des communes et des établissements publics.

Chaque chambre se compose d'un président et de 6 conseillers-maîtres. Le premier président siège où il veut. Les référendaires et les auditeurs ne sont attachés spécialement à aucune chambre.

Le premier président répartit les affaires entre les chambres et désigne les rapporteurs parmi les référendaires. Les auditeurs peuvent, après 4 ans d'exercice et au nombre de 15 au plus, être chargés des rapports.

Le rapporteur vérifie toutes les opérations arithmétiques, la conformité du compte avec les règles de la comptabilité publique établies par les lois, décrets et circulaires, la conformité des recettes et des dépenses avec le budget général départemental, etc. Il résume ces opérations dans un rapport.

Le rapport est soumis à la révision d'un conseiller-maître; puis la chambre compétente statue. Le procureur général représente le Gouvernement. Il veille à l'exacte présentation des comptes et requiert les amendes encourues par les comptables retardataires.

Les audiences de la Cour des comptes ne sont pas publiques.

648. 3° *Attributions.* — La Cour des comptes a des attributions de juridiction, de contrôle, de discipline.

Juridiction. — Les justiciables de la Cour des comptes sont les comptables en deniers, c'est-à-dire ceux qui effectuent des recettes ou dépenses en argent ; non les comptables en matières, ceux qui ont le maniement du matériel appartenant à l'Etat, sauf quelques exceptions (tabac, poudres et salpêtres, etc.), ni les ordonnateurs, ceux qui donnent aux comptables l'ordre de payer. A l'égard des ordonnateurs et des comptables en matières, la Cour n'a que des attributions de contrôle.

Elle est compétente, non seulement à l'égard des comptables de droit, que leurs fonctions appellent régulièrement à opérer des recettes ou des dépenses, mais aussi à l'égard des comptables de fait, de ceux qui, par erreur ou par dol, se sont immiscés dans le maniement des fonds, comme si un maire a usurpé sur les attributions du receveur municipal, ou un curé sur les fonctions du conseil de fabrique. Telle est la jurisprudence constante du Conseil d'Etat.

La Cour des comptes recherche si le comptable en recettes a fait rendre dans les délais légaux tous les produits qu'il est chargé de recouvrer; si le comptable en dépenses n'a fait que ses dépenses régulières et autorisées.

Elle peut déclarer le comptable quitte, en avance ou en retard. Dans les deux premiers cas, elle le décharge de toute responsabilité. Si elle le déclare en avance, son arrêt ne condamne pas l'Etat à rembourser au comptable ses avances; le comptable devra s'adresser au ministre des finances pour faire reconnaître et ordonnancer sa créance. Si le comptable est déclaré en débet ou en retard, l'arrêt le condamne à payer et ce jugement jouit de l'hypothèque judiciaire, outre le privilège attaché aux créances de l'Etat sur les comptables.

La Cour des comptes n'est compétente : ni pour les crimes et délits qu'elle découvre en vérifiant les comptes; il en sera seulement référé au ministre des finances qui saisira le ministre de la justice; — ni pour les questions de droit civil qui peuvent s'élever au cours de la vérification et qui rentrent dans la compétence des tribunaux civils.

La Cour statue sur les demandes en réduction, translation de main-levée de l'hypothèque légale qui grève les biens des comptables.

La juridiction de la Cour des comptes s'exerce le plus souvent en premier et dernier ressort. Toutefois les comptes des communes et établissements publics dont le revenu n'excède pas 30,000 francs sont vérifiés en premier ressort par le Conseil de préfecture, en appel par la cour des comptes.

Ses arrêts ne sont susceptibles que d'un recours au

Conseil d'Etat, dans les trois mois, pour incompétence, excès de pouvoir, violation de la loi; et d'un recours en révision porté devant la chambre qui les a rendus, si des pièces fausses ont été produites ou des pièces essentielles omises.

649. *Contrôle.* — La Cour des comptes contrôle :

1° Les ordonnateurs. Le contrôle porte sur les comptes que chaque ministre fournit annuellement pour son département et que le ministre des finances dresse annuellement aussi sur l'administration générale des finances. La Cour recherche si ces comptes concordent d'une part avec les comptes particuliers des comptables, d'autre part avec les lois et spécialement avec la loi du budget. Chaque chambre rend une déclaration pour les matières de sa compétence. Les trois chambres réunies rendent, avant le 1er septembre de l'année qui suit la clôture de chaque exercice (1891 pour 1889), deux déclarations générales en audience publique et solennelle : l'une vise les comptes de l'année écoulée sans distinction d'exercice, l'autre vise chaque exercice particulier, non comprises les opérations relatives aux exercices précédents. — Les deux déclarations servent au Parlement pour préparer la loi des comptes.

La Cour adresse chaque année au Président de la République un rapport sur la marche générale de l'administration financière et les améliorations dont elle paraît susceptible.

2° Les comptables en matières. Elle recherche et déclare si leurs comptes sont d'accord avec les comptes des ministres.

650. *Discipline.* — La Cour des comptes a un pouvoir disciplinaire : sur ses membres, qu'elle peut frapper de censure, de suspension, de déchéance; en ce dernier cas, sa décision doit être soumise à l'approbation du chef de l'Etat; — sur les comptables qui ne fournissent pas leurs comptes dans les délais légaux. Elle applique les peines et amendes prononcées par les lois et règlements.

TABLE DES MATIÈRES

15,703. — Bordeaux, Vᵉ Cadoret, impr., rue Montméjan, 17.

décision de la C. An III. La C. An VIII exige un an
d'intervalle. En sens inverse la L. 5 fructidor An III
décide : « Tous les membres actuellement en activité
dans la Convention sont rééligibles. Les Assemblées
électorales ne pourront en prendre moins des deux
tiers pour former le Corps législatif » ; et la L. 13 fructidor An III ajoute que si 500 conventionnels ne sont
pas élus, ceux qui l'auront été choisiront eux-mêmes
un nombre de membres suffisant pour atteindre ce
chiffre. Et, en conséquence, 396 députés en nommèrent
104 le 4 brumaire de l'An IV.

Ces décisions, sans exemple ni imitation, ni en
France ni à l'étranger, ne peuvent être approuvées.
La réélection forcée viole ouvertement la liberté de
l'électeur. La prohibition de la réélection la viole
moins gravement, mais ne laisse pas à l'électeur un
choix libre ; elle le prive du représentant qu'il désire ;
elle écarte de la Chambre les membres qui commençaient à connaître les affaires et le régime parlementaire ; elle empêche la formation des traditions politiques.

Droit comparé. — La réélection est en général
permise. Quelques Constitutions l'autorisent expressément : Autriche, Bavière, Pays-Bas, Prusse, Saxe.

CHAPITRE XIX

LE SÉNAT

243. I. Composition. — *Nombre des sénateurs.* — « Le Sénat se compose de trois cents membres... » (L. C. 24 fév. 1875, L. 9 déc. 1884). Le nombre des sénateurs est donc invariable, à la différence de celui des députés qui augmente ou diminue avec la population. Ce nombre, constitutionnel en 1875, a cessé de l'être depuis la L. R. 14 août 1884; il est fixé par la L. 9 décembre 1884.

C'est la loi (la loi constitutionnelle en 1875, la loi ordinaire depuis 1884) qui répartit entre les départements et les colonies, adoptés comme collèges électoraux, les sièges du Sénat. La répartition est vaguement proportionnelle à la population. D'après la L. 1884, qui a supprimé les sénateurs inamovibles et donné leurs sièges aux départements, la Seine élit 10 sénateurs; le Nord, 8; dix départements nomment chacun 5 sénateurs; douze autres en nomment chacun 4; cinquante-deux en nomment chacun 3; les dix derniers en nomment 2; Belfort, les départements algériens, les colonies de la Martinique, de la Guadeloupe, de la Réunion et des Indes Françaises ont chacun un sénateur. Les colonies de la Cochinchine, de la Guyane, du Sénégal qui nomment chacune un député n'ont pas de sénateur.

Le système de répartition proportionnelle à la population est généralement approuvé. On a cependant proposé soit en 1875, soit en 1884, d'attribuer à chaque département et à chaque colonie un nombre égal de sénateurs. Ce procédé, emprunté à des Constitutions fédératives qui l'ont consacré pour garantir les droits de tous les états confédérés, est inapplicable dans un pays unitaire comme la France. On a proposé aussi d'adopter, comme pour la Chambre des Députés, l'attribution d'un siège par un certain chiffre de population.

Quelques-uns trouvent trop élevé le chiffre de 300. Le réduire, ce serait aggraver l'inégalité numérique du Sénat dans l'Assemblée nationale.

Seule, la C. An III fixe invariablement le nombre du Conseil des Anciens (250). Le Scs. 1870 limite le nombre maximum des sénateurs aux deux tiers du nombre des députés. Les deux Chartes et l'Acte Additionnel admettent un nombre illimité de pairs.

Droit comparé. — Il est rare que la Constitution fixe le nombre des membres de la Chambre Haute : Danemark (68), Espagne (360), Pays-Bas (39). Parfois ce nombre est une fraction du nombre de la Chambre Basse : la moitié en Belgique, le tiers au Chili, le quart en Norvège. Il est parfois déterminé par l'attribution d'un même nombre de sièges à chaque circonscription (Roumanie) ou à chaque Etat confédéré (Etats-Unis, Mexique, République Argentine, Suisse). Parfois la Constitution fixe la représentation de chaque circonscription : Pays-Bas. Souvent la loi électorale établit des circonscriptions : Danemark, Espagne. Plus souvent encore le nombre est indéterminé à cause du droit illimité de nomination du chef de l'Etat ou du droit d'entrée de certaines personnes ; Angleterre, Autriche, Bade, Italie, Portugal, Saxe, Würtemberg. En Suède, il y a une attribution proportionnelle comme pour la Chambre Basse. Les circonscriptions sont communes aux deux Chambres en Belgique.

Le nombre des membres de la Chambre Haute est en général assez réduit. Le plus élevé est celui de la Chambre des lords, qui dépasse 500.

244. *Catégories de Sénateurs*. — La Chambre Haute peut être : élective en totalité comme le Conseil des Anciens de la C. de l'An III ; — nommée en totalité par le chef de l'Etat comme la Chambre des Pairs, des

deux Chartes et de l'Acte Additionnel, le Sénat de 1870 ;
— composée en totalité de membres de droit qui y
siègent en vertu d'une qualité personnelle ; — formée
par la cooptation de ses membres ; — mixte, formée
par deux de ces modes ou par les trois, selon des combinaisons variées, ou avec un système de présentation.

En 1875, un grand nombre de combinaisons possibles ont été proposées.

Certains voulaient donner au chef de l'Etat la nomination de tous les sénateurs ou d'une fraction, avec
ou sans la présentation du Sénat. D'autres lui accordaient un droit de présentation. Ces différents systèmes
furent repoussés pour un commun motif : le Sénat concourt à l'élection du Président de la République ; celui-
ci ne peut désigner ses propres électeurs. Vainement
fut-il proposé d'assurer l'indépendance des sénateurs
par l'inamovibilité. Celle-ci se heurtait à d'autres
objections.

Les combinaisons mixtes étaient très nombreuses.
Les unes admettaient des membres de droit et des
membres élus ; d'autres, des membres élus et des
membres nommés par le chef de l'Etat ; d'autres, des
membres de droit, des membres élus, et des membres
nommés. Chacune d'ailleurs réglait les diverses catégories d'une manière différente. Ces divers systèmes
étaient en général compliqués. Ils introduisaient la
politique en des corps, comme l'Institut, qui ne peuvent qu'y perdre. Ils paraissaient contraires au principe démocratique de la Constitution.

En général, on préféra faire sortir de l'élection le
Sénat tout entier.

245. Mais quels seraient les électeurs ?

Les uns proposaient le Sénat lui-même, qui nommerait les membres par exemple sur la présentation
du Président de la République.

Le suffrage universel avait ses partisans. Dans un
régime de souveraineté nationale, de démocratie et
d'élections, aucune institution, disaient-ils, n'aura

15,703. — Bordeaux, Vᵉ Cadoret, impr., rue Montméjan, 17.

www.ingramcontent.com/pod-product-compliance
Lightning Source LLC
Chambersburg PA
CBHW031354210326
41599CB00019B/2765